谨以此书祝贺武汉大学恢复法科教育四十周年

感谢湖北山河律师事务所对本书出版的资助

"聚焦破产"丛书

改革开放四十周年破产法热点透视

主编 张善斌

副主编 夏勇 张亚琼

WUHAN UNIVERSITY PRESS
武汉大学出版社

图书在版编目(CIP)数据

改革开放四十周年破产法热点透视/张善斌主编 .—武汉：武汉大学出版社,2019.3
"聚焦破产"丛书
ISBN 978-7-307-11366-4

Ⅰ.改… Ⅱ.张… Ⅲ.破产法—中国—文集 Ⅳ.D922.291.924-53

中国版本图书馆 CIP 数据核字(2019)第 024740 号

责任编辑:陈 帆　　责任校对:汪欣怡　　版式设计:马 佳

出版发行：**武汉大学出版社**　(430072 武昌 珞珈山)
(电子邮箱：cbs22@ whu.edu.cn　网址：www.wdp. com.cn)
印刷:武汉中远印务有限公司
开本:720×1000 1/16　印张:31.75　字数:518 千字　插页:2
版次:2019 年 3 月第 1 版　2019 年 3 月第 1 次印刷
ISBN 978-7-307-11366-4　定价:98. 00 元

作者简介

张善斌

1965年生，湖北天门人，法学博士，武汉大学法学院教授，博士生导师，现为武汉大学法学院民商法教研室主任，中国法学会民法学研究会理事，湖北省法学会理事，湖北省法学会婚姻家庭法研究会副会长，湖北省法学会民法学研究会常务理事，湖北省法学会商法学研究会常务理事。主要研究方向为民法基础理论、人格权法、侵权法、合同法、物权法、公司法、破产法等。出版著作5部，发表论文30余篇，主持国家社科基金项目1项、中国法学会部级法学研究课题1项，以及横向研究课题9项。成功组织了两届破产法珞珈论坛、破产法实务沙龙（2018年），主持了“破产清算程序中和解若干法律问题研究”“供给侧结构性改革与破产法热点问题研究”等破产法横向课题，主编出版了《破产法的“破”与“立”》（2017年）、《破产法文献分类索引》（2017年）、《破产法研究综述》（2018年）等著作。

作者简介

夏　勇

湖北荆州人，湖北省高级人民法院民二庭四级高级法官，武汉大学法学硕士，中南财经政法大学法学博士在读。曾在《当代法学》《中国法律》《人民法院报》等刊物发表文章5篇；作为主要执笔人参与最高人民法院审判理论重大课题、湖北省法学会重点调研课题4项。

张亚琼

法学博士，现任湖北山河律师事务所律师、合伙人，“破产重组法务”公众号发起人。长期专注于破产重组相关理论研究和法律实务，作为管理人先后主办家美天晟武汉置业发展有限公司破产重整案、升阳置业发展有限公司重整案、武汉广场有限公司清算案等具有重大影响破产及清算案件，取得了良好的法律效果、社会效果。持续为政府部门提供破产重组相关法律咨询服务，对多领域的困境企业重整挽救有深刻理解。发表了《“债转股”在破产重整程序中的适用与规范》《破产重整投资人招募之类型化分析》《困境房企重整复苏之路径分析》等多篇学术论文。

前 言

对于“破人”而言，2018年值得铭记。在这一年里，我们回顾了改革开放四十年的伟大成就，总结了破产法施行三十年的风风雨雨，也见证了几件有影响的“破事”。2018年3月6日，最高人民法院发布《全国法院破产审判工作会议纪要》，从管理人制度的完善、破产重整、破产清算、关联企业破产、执行程序与破产程序的衔接等方面明确了破产审判工作的总体要求，为破产审判工作指明了方向，对破产审判中的若干具体问题作了明确规定。2018年8月24日，曾经的世界500强渤海钢铁集团进入破产重整程序，其1920亿的金融债权成为我国破产案件之最，这是继重庆钢铁股份有限公司成功破产重整之后又一重大破产案件，受到广泛关注。2018年9月7日，全国人大常委会将《企业破产法》修订纳入全国人大立法规划。2018年10月24日，周强院长代表最高人民法院向全国人大常委会报告关于“基本解决执行难”工作时，建议推动建立个人破产制度，完善现行破产法。修订《企业破产法》和建立个人破产制度是当前破产法立法中最热门的两个话题。

还有一件值得一提的事情：世界银行2018年发布的《2019年营商环境报告》显示，中国营商环境总体评价在190个经济体中位列第46位，较上一年度上升了32位。破产是化解企业债务危机的重要方式，也是优化资源配置，提升企业质效的重要手段。破产法是市场经济法律体系的重要组成部分，是市场经济的产物，也是市场经济的晴雨表。破产法律制度完善程度及其实施效果是检验一个国家或地区是否实现市场经济的重要指标，是评价营商环境的重要因素。正因为如此，世界银行将“办理破产”作为营商环境的评估指标，主要考察办理商业破产所需的时间、成本、结果和回收率，以及破产法律框架的优点。中国营商环境总体评价的上升令人欣慰，但在11项量化指标中，“办理破产”的指标在190个经济体中位列第61位，落后于总体评价，让“破人”汗颜——破产法拖后腿了！

破产法需要修改完善，破产法实施效果需要大幅提高，“破人”责无旁贷。

在此背景下，武汉大学法学院联合湖北省高级人民法院于 2018 年 11 月 17 日举办了“第二届破产法珞珈论坛——纪念改革开放四十周年暨破产法理论与实务研讨会”，旨在回顾和总结改革开放四十周年来破产法的立法和司法经验，研究目前破产法存在的问题，展望破产法的未来。本次论坛围绕“破产审判工作机制研究”“管理人制度实践与完善”“重整制度实践与完善”“破产清偿制度”“关联企业破产问题研究”等主题展开讨论，取得了丰硕的成果，现精选其中的 38 篇论文结集出版，以飨读者。

本书收录的论文中，既有关于破产法的理论探究，也有破产法实践的经验总结；既有学术新秀的锐意创新之作，也有经验丰富的破产审判专家的实践反思。这些文章分别从不同角度总结破产法的经验，探讨破产法的热点问题，提出完善破产法律制度的建议，对于破产法的理论研究和司法实践具有十分重要的意义，充分展现了学者、法官和管理人对破产法的理性思考与开拓进取的创新精神。当然，由于时间仓促，书中定有不少错误，敬请读者批评指正！

本书的出版得益于湖北山河律师事务所的资助，得益于武汉大学出版社的鼎力支持，对此，我们表示衷心感谢！

张善斌

2019 年 3 月

目　录

第一部分：破产审判工作机制研究

第二部分：管理人制度实践与完善

第三部分：重整制度实践与完善

第四部分：破产清偿制度

第五部分：关联企业破产问题研究

第六部分：其他

第一部分：破产审判工作机制研究

人民法院在审理企业破产案件中的几个法律适用问题探讨

杨汉平*

内容提要：当前我国经济已由高速增长阶段转向高质量发展阶段。破产案件的审理正是促进中国经济结构不断优化、市场活力充分焕发和公司治理法治化的重要手段，是推动供给侧改革和市场信用提升的重要路径。但在具体的司法实务中，仍然存在规范供给不足和法律实践经验稀缺的问题。许多审判实务中的问题成为阻挡法院和法官实质公正审判和程序权利正当、充分保障的难点。笔者试图借助对基层破产审判实务中面临的主体角色定位不明、程序存在障碍、债权缺乏充分保障、与政府的协调与协作等问题的分析，寻求解决之道，为破产司法实践提供适宜的路径建议与可行的参考。

从市场内在的功能和外在的作用来看，其在资源配置方面更有效率，但这种配置不能保障公平正义。① 破产制度既弥补了企业市场行为与公平竞争规范性之外的主体效能的规治问题，也完善了市场竞争优胜劣汰的善后处置。因此，破产案件的审理是当前人民法院优化经济发展结构，保持企业竞争活力和市场秩序的基本法律调整方法，也是通过法律手段和法治方法，解决企业竞争性困局与信用困境，促进经济社会高质量规范发展的重要制度路径。但是，在破产案件的审判实务中，由于立法资源供给不足和司法实践不充分等原因，客观上存在许多实际问题和争议需要明辨与厘

---

* 杨汉平，湖北省武汉市东西湖区人民法院专职审判委员会委员。

① 参见张守文：《政府与市场关系的法律调整》，载《中国法学》2014 年第 5 期。

清。这就需要规范可行的解决办法，以实现经济的法治化和高质高效健康发展。笔者根据相关破产案件的审理实务，对审判实践中涌现的问题作梳理与探讨，并提出相关解决意见与建议，借此抛砖引玉，提高破产案件审判工作与相应诉讼程序的质量与效率。

一、申请破产的债权人在破产程序中死亡的案件处理

根据《企业破产法》规定，破产申请人既可以是自然人，也可以是企业法人或其他组织。因此，可能出现破产申请人在破产程序启动后死亡的情形。对于申请破产的自然人在破产程序中死亡的案件，法院应当如何应对，是法院必须面对的现实困境。参照《民事诉讼法》第151条“原告死亡，没有继承人，或者继承人放弃诉讼权利”的规定，在一般民事案件中，原告死亡，没有继承人或者继承人放弃诉讼权利的，应当终结诉讼。但是，破产案件是一种集中偿债的公设程序，具有开放性，破产申请人只是破产程序的发动者，而实际行使债权人权利的是所有适格的破产债权人。因此，破产程序实质上潜在地认可了一个涉案的债权人集体。

破产案件具有涉及债权人众多、涉及诉讼利益广泛的特点，破产程序实质上亦具有对所有债权人开放，且所有申报债权的债权人均享有实质上的诉讼参与权和表决权的特殊性。因此，申请破产的自然人死亡后，不宜简单地终结案件。恰当的做法是，破产申请人死亡的，有继承人且愿意继承其债权和诉讼权利的，由继承人继受破产申请人的主体地位，继续破产诉讼。而当破产案件没有继承人，或者继承人放弃诉讼权利时，在第一次债权人会议召开前，依据不告不理和当事人自主处分诉权的原则，人民法院宜终结破产案件。若第一次债权人会议已召开，债权人会议实际已存在，只要人数和所代表的债权数额均过半数的债权人主张继续进行破产程序，人民法院就应当尊重其他债权人的意愿与诉求继续破产程序。原来申请破产的自然人债权人的法律主体地位由原本存在的潜在债权人替代，从而让实质上享有表决权，能够自主决定自身债权利益的适格债权人以主体身份继受破产诉讼，并借助债权人会议来表达和实现自己的权利。但是，人民法院应当通过裁定或其他适当方式公开告知或释明破产申请人变更的原因与理由，以充分保障破产诉讼集中清偿债权的目标的有效实现，并提高诉讼效率。

二、破产案件审判与破产诉讼案件审判中法官的回避

破产案件是法院根据申请人申请，对不能清偿到期债务并且资产不足以清偿全部债务或者明显缺乏清偿能力的债务人进行清产还债的案件。破产诉讼案件则是债务人、债权人对债权表记载的债权有异议时，通过起诉要求确认争议权利或变更权利的存在、给付顺序或给付条件等的诉讼。依据《企业破产法》的规定，破产案件和破产诉讼案件均在债务人住所地法院进行，因此有些法院往往将两类案件直接交由同一法官审理。提出争议和审理争议的为同一法官，可能形成先入为主的认知与成见，从而影响不同程序对纠纷的分权审查与纠偏的公正救济性。比如一房二卖的合同当事人之一对先期另一买方申报并经法院裁定确认的债权表记载的债权有异议时，提起优先债权的确认之诉。如果此案件仍然由原作出裁定确认债权表中相关债权成立的法官审理，则涉及法官审理自己的裁判的问题，对当事人救济权利的行使显然不公。因此，破产案件的审判法官不宜担任破产诉讼案件的审判法官，避免将破产案件的审判思维与偏见带入破产诉讼案件的审理之中，使破产案件与破产诉讼案件适当区别开，以实现审判独立和相互监督，实现破产救济之诉权的有效行使，从而更加充分和理性地维护破产当事人的合法权益。因此，破产案件和破产诉讼案件的审判分权与回避，既可以充分保障当事人获得公正审判的诉讼权利，又可以促进司法权力的正当运作与相互监督，实现司法权力的规范行使。

三、进入破产程序的破产企业尚未完成的工作或产品的成品化费用及其负担

破产程序中的破产财产或者破产财产之外的偿债财产可能并未形成完整独立的市场价值，比如产品未形成成品、建筑工程尚未完工或竣工验收。债务人作为产品生产方，产品后期的投入应当由其承担，并列入破产债务。但是，产品生产者或者建筑企业进入破产程序后，大多无力承担此项成品化的费用，如果债权人或管理人不能介入或向市场筹集资金，促进成品化工作，实现既定交易，那么破产企业和相关债权人将面临更大的损

失与危困局面。特别是在房地产开发企业的破产案件中，大批的购房消费者不能获得可交付的房屋，其基本的居住权利将受到损害，引发重大的稳定问题。因此，未完工程项目或商品的成品化费用的合理投入和公平负担，成为破产案件不能回避的现实矛盾，也是破产当事人各方都面临的难题。要使完成工作或产品成品化的相关新增费用的负担做到既公平、合理，又权利义务一致，就需要理性的权衡与审慎的取舍。

以房地产开发项目设备生产企业为例，可能且可行的做法如下：

其一，确定竣工验收前后的时间节点。竣工验收前，房屋未特定化，合同不能履行，因此就不存在由作为合同债权人的买方负责筹措此项费用的问题。而竣工验收后，如果存在后续费用，一般应当由破产债务人依据既定的合同来承担由于资金链断裂所造成的后果。

其二，按合同是否具有可继续履行性来确定。在合同不解除并可继续履行时，应先由破产债务人承担此费用，特别是尚未完工的房屋建筑工程或者大型定制设备等半成品的成品费用。由于破产债务人陷于破产绝境就是因为其已发生资金链断裂，无资产无能力继续完成合同义务，因此，在债务人无力或继续履行亦不为多数债权人认可的情况下，期待债务人完成未完工作已不可能。此时，如果相关的合同债权人认为继续履行合同，实现房屋或产品交付，对于合同债权人来讲是更加有利的选择，就应当允许相关合同债权人筹措成品化的费用，并由其先行垫付，由管理人组织债务人原有的产能或者其他社会力量继续完成其成品化工作，借助合同相对人的力量促成交易，最大限度促进交易实现。但是，这种完成成品的费用应当得到相关合同债权人的个别认可。比如，在进入破产程序后，原合同约定的交付任务尚未完工，管理人或者债务人又无能力或不主张继续履行合同时，若合同债权人认为继续履行合同有益于保护或实现其更大的利益，人民法院就应当准许合同债权人先行筹措此项需要新投入的完工费用，以实现在破产债务人无力负担继续履行合同义务的情况下最大化可交易行为，尽力减少待决交易和影响购房者居住权的重大矛盾的数量。而对新增的完成合同的费用这一次要的新生之债，则可以由垫付了筹措资金的合同债权人再行作为破产债权进行后续的破产债权申报。从而实现对合同债权人合法权利的恰当保护。由于这一债权的生成源于破产债务人的不动产交付义务，而债权人并无过错，且已经支付了超过合同约定总价款的百分之五十以上的费用，债务人应当履行给付合同给定房屋的义务。按照《最高人民法院关于人民法院办理执行异议和复议案件若干问题的规定》（以下简称《执行异议和复议规定》）第29条“金钱债权执行中，买受人对登记在被执行的房地产开发企业名下的商品房提出异议，符合下列情形且其权利能够排除执行的，人民法院应予支持：……（三）已支付的价款超过合同约定总价款的百分之五十”的规定，在债权人先行垫付后，其债权应当具有排除其他债权执行的优先性，以此保障合同相对人的居住权益的充分实现。但是，对于一般商品的成品化的费用，由于其不具有债权保护的优先性价值，故其只能作为普通破产债权对待。当特定的需方债权人作出了相关投入后，其因此所生合同衍生债权，不宜作为共益性债权优先受偿，只能作为一般债权进行破产债权的后续申报，并不享有优于其他普通债权的优先受偿权利。在此，需要说明的是，由于合同债权人的成品化投入资金的先行垫付并不可能百分之百地得到破产清偿，为保护合同债权人的合法利益，在保障债权人意思自治的同时，应当赋予合同债权人对成品化费用部分支出的真实性、合理性及其量化额度提出异议或者进行相应诉讼的救济权利，以充分保障合同债权人的相对利益。作出这样的规定，可以激活破产制度中债权人（合同相对人）的个别积极性，从而通过债务人的破产管理和债权人良性介入的制度安排，全面地促进交易，实现破产主体的最大利益平衡与权利实现。

此外，还需要说明的是，按照上述最高人民法院的《执行异议和复议规定》第29条关于“金钱债权执行中，买受人对登记在被执行的房地产开发企业名下的商品房提出异议，符合下列情形且其权利能够排除执行的，人民法院应予支持：……（三）已支付的价款超过合同约定总价款的百分之五十”的规定，确认合同履行程度的量化标准只能适用原商品房买卖合同所确定的价格，不应适用于发生破产造成成品化支出的增加的工程建设费用。但当新的费用明显过大，致已付比例严重低于合同约定总价款的百分之五十时，如果需要继续履行合同，法院就必须释明相关增加的合同费用并明确分配其负担义务，以促使相关合同当事人尽力履行新增加的成品化费用的合同价款的一半，以妥当保护合同相对一方的合法权利与债权实现，促进交易互利性的实现。

四、破产债务人和管理人在破产涉诉案件中的诉讼资格与诉讼权利

正当当事人的理论基础是诉的利益，即“某一主体是否有资格成为某一具体案件的当事人，除了看其是否具有当事人能力外，还需看他是否对该案的诉讼标的存在‘诉的利益’”。① 据此可以认为，管理人既是接受法院指定依法取得债务人企业权益清理职责的法律主体，也是具有相应职业能力与管理资格的企业管理人与诉讼实施者，具有破产债务实体利益的代表性和程序利益的主导权，因此，应当有权独立参与破产企业的管理与法律事务的处置。但是，同时不能无视与忽视的是破产债务人的法律地位——并不能因为管理人的确定而使其丧失民事诉讼的全部主体权利，其对于诉讼的结果仍然具有当然的诉的利益。因此，在所有涉及其财产处置与未来命运的诉讼中，其都应当具有诉讼参与的主体身份与地位。只不过其中一些民事权利可以由管理人代理行使。我国《企业破产法》第 25 条中规定管理人有接管、管理、处分债务人财产和代表债务人参加诉讼、仲裁或者其他法律程序的职责和权利。这种权利实际上取代了债务人进入破产程序前的完全民事主体权能。在破产程序终结，债务人被注销企业法人执照后，如果有与破产企业相关的后续民事纠纷的，也可以管理人为当事人继续进行诉讼。由此可见，管理人是依破产法确定的破产企业的权利代表，是一个寄生于困境企业或僵尸企业身上的特殊的寄生性法律主体。但是，我国的管理人并不同于英美国家作为破产依托人的管理人。② 因此，笔者倾向于认为，管理人具有替代债务人管理与诉讼的独立诉讼主体地位，以实现集中偿还债务人的特定事务的管理性责任，但其权利义务的根本指向仍然是破产债务人而非信托或其他方式管理的财产，破产债务人仍应以自己名义并依附于管理人的代理权参加诉讼。《企业破产法》第 122 条规定：“管理人于办理注销登记完毕的次日终止执行职务。但是，存在

---

① 李晓：《破产管理人的诉讼地位》，载《北京政法职业学院学报》2017 年第 2 期。

② 参见吴在存：《美国破产重整及管理人制度的考察与启示》，载《人民司法（应用）》2018 年第 28 期。

诉讼或者仲裁未决情况的除外。”该规定表明，管理人的主体延续大于破产债务人，它还是破产企业注销义务的完成主体。在债务人被登记注销后，如果仍有债务人涉案纠纷未作出最终裁判的，仍然要以管理人为当事人进行诉讼。这不仅表明管理人具有代替债务人对外行使诉讼权利的资格与能力，而且也具有以其管理的权限进行善后诉讼的权利与责任，其权能是大于和强于债务人的，但并不能取代破产债务人地位。因此，在债务人总体上进入客体化和被动化的休眠状态下，管理人应当具有承继债务人诉讼权能的法律授权。但是管理人的主体性介入并不能根本替代破产债务人，其行为的结果仍然在客观上归于债务人承受。因此，我国管理人的法律地位只能是寄生和依附于破产债务人的临时公设性主体，其应当就自己的管理行为对破产债务人负责，并承担相应的责任。在其管理过程中，如有失职或损害债务人或其他相关人员合法利益的情形，还应当作为独立的民事主体承担管理过失之行为责任。而破产债务人则应当依法承受管理人对破产企业管理的所有相应的法律后果。因此，在破产诉讼中，破产债务人和管理人应当作为共同原告或被告连带参与诉讼，管理人可以一并代理行使破产债务人的诉讼权利。

但是客观上，在司法实务中，却形成了一种否定其诉讼承继主体地位的认识和裁判实践。虽然，这些裁判所针对的只是与破产管理相似的破产清算组，但其意义却不言自明。最高人民法院在“陈德荣与国营乐山造纸厂破产清算组职工破产债权确认纠纷申诉、申请民事裁定书”中认为：由于国营乐山造纸厂的破产程序尚在进行中，其主张的债权需在该破产企业的财产中得到给付，而破产企业财产在该企业未被注销前仍在该企业名下，并不属于破产清算组，故在破产企业未被注销之前，仍应以破产企业为被告提起民事诉讼。原一、二审法院裁定驳回陈德荣起诉正确。① 对此，笔者认为，这一认定具有一定的局限性。因为破产企业财产虽然在破产企业名下，但是依据《企业破产法》第 20 条和第 25 条关于管理人接管债务人的财产和接管债务人财产、印章和账簿、文书等资料职责的规定，此时，破产债务人的财产应当在管理人的接管控制之下，且破产债务人的诉讼权利亦已依法转由管理人接管行使（根据《企业破产法》第 25

① 参见最高人民法院（2015）民申字第 3345 号：陈德荣与国营乐山造纸厂破产清算组职工破产债权确认纠纷申诉、申请民事裁定书。

条第 7 项规定，管理人有代表债务人参加诉讼、仲裁或者其他法律程序的职责）。因此，管理人完全可以代行债务人的实体权利和诉讼权利，只不过在处置的表述上应当明确管理人处置的仍为未注销的破产债务人的财产，以使诸多由管理人行使的诉讼权利的实体结果能够最终落实到破产债务人的名下，使诉讼与仲裁等法律文书确定的民事权利与义务可以得到准确而又切实地执行。因此，在管理人参与诉讼的同时，应当列出破产债务人作为共同当事人（共同原告或者共同被告等），同时明确其诉讼程序权利可以由管理人代行。破产债务人参加涉及破产利益的诉讼是因为诉讼的结果直接应当由其承受，而管理人参加诉讼的原因则是由于法院依法指定其作为破产债务人的管理行为应当履行管理职责和承担管理责任之利害关联。

在具体司法实践中，关于针对破产债务人破产债务纠纷的诉讼主体的确定有四种供选方案：第一，破产债务人企业；第二，管理人；第三，并列时二选一，即将债务人企业和管理人均列为当事人，选择其一，履行义务、行使权利；第四，并列且只选管理人。笔者认为，第四种方案最佳，即将破产债务人和管理人均列为诉讼一方，但只选择由管理人行使诉讼权利和履行代理诉讼的管理义务，而破产债务人只作为一个客体化的利害关系实体并存于相关权益的诉讼之中，充分体现管理人与被管理主体的债务处置之共同体地位，和管与被管的行为与行为结果归属的法律属性。相关的判决主文可以写，由某某公司管理人以某某公司的财产对相对一方当事人履行义务或行使权利等。这样，管理人的确认之诉、变更之诉都可以自然地转承于给付之诉的实体承受人即破产债务人身上，而不会人为产生新的诉讼障碍。在相关行政部门协助执行法院裁判时，就不会出现权利主体不一致或需要进行主体转承与转换的不当后果，使原来难以配合变更权属关系的主体转换问题得到解决，也有利于管理人在破产债务人注销（法律死亡）后，能够依法继续为破产企业注销后的相关利益主体行使管理人的善后权责（根据《企业破产法》第 121 条和第 122 条规定，管理应当自破产程序终结之日起 10 日内，持人民法院终结破产程序的裁定，向破产人的原登记机关办理注销登记；管理人于办理注销登记完毕的次日终止执行职务。但是，存在诉讼或者仲裁未决情况的除外）。

五、破产债务人作为担保人在未履行担保责任前是否可以与债务人协商先行实践担保求偿权

破产担保人是否要在为破产债务人承担担保责任后，才能向主债务人行使追偿权，这一问题一直存在争议。有观点认为，依据我国《担保法》第 31 条，保证人承担担保责任后，有权向债务人追偿，破产债务人作为担保人的，只能在承担了担保责任后，才有权向主债务人进行追偿。但也有不同的观点，例如北京市高级人民法院 2013 年 7 月 22 日发布的《北京市高级人民法院企业破产案件审理规程》第 164 条规定："……保证人被确定应承担保证责任的，保证人的管理人可以就保证人应承担的保证责任份额向主债务人行使求偿权。无需破产债务人履行了担保责任后，再向债务人追偿。"

而笔者则认为，在破产债务人作为担保人担保主债务人清偿债权的情况下，虽然破产债务人尚未向债权人履行担保责任，但如果破产债务人与主债务人能够通过协商达成由主债务人向破产债务人履行担保的同等责任的协议，应当准许破产债务人先行行使追偿权，以积极实现破产债务人的担保责任和债权人的债权利益。理由是：首先，基于意思自治的私权协议应受法律尊重。虽然我国《担保法》第 31 条只明确规定了保证人承担保证责任后，有权向债务人追偿，但是对于当事人在平等协商基础上所达成的在担保责任确定后未实际履行前为积极促进债务人偿还主债务而达成的解决纠纷的协议，法律也并未明确其违法性或禁止性。对于当事人基于意思自治原则所成就的协商一致的合意，在不违反法律规定的情况下，应当受到人民法院的尊重与保护。

其次，债务人和破产担保人的偿债协议既体现了对主债务人利益的充分保障，亦不损害国家、社会和第三者的利益。破产担保人如果最终被宣告破产，其向债权人履行保证责任的偿债率肯定不足百分之百，如果主债权人在债务人处得不到充足的清偿，仍然会向破产担保人继续追偿，这样就会陷入破产债务担保人旷日持久的破产程序中，无法得到及时充分的清偿，同时也会造成债务人消极与逃债现象的发生。如果认可破产担保人的管理人在担保债务确定后，未依法进行破产清偿前对主债务人进行追偿，那么，在法律条文准许的空间内，破产担保人就既能够促进破产债务人积

极履行担保之责，又能及时充分地保障主债权人债权的充分实现，还可以通过管理人的努力尽力以主债务人的财产清偿债务，从而减少破产担保人的中间性责任，降低破产负担。因此，这种协议既符合法律保护债权的初衷，又可以促进债务人及时履行债务，使交易尽量减少对担保人的利益负担，可以说是一举多得，故应当得到法院的支持和今后立法的关注与肯定，从而认可和设定担保人对主债务人的先行追偿制度。

再次，主债务人和破产担保人双方的协议有利于担保人的管理人积极履行管理职责。管理人是由法院指定的为保障债权人利益，实现债务集中清偿的破产债务人的企业临时管理人，既要维护破产债务人的合法权益，也更要保障债权人担保债权的充分实现。而管理人的重要职责之一就是保障债权清偿和维护破产债务人权益，积极追讨破产财产和债权，减少债务人损失与负担。当作为破产债务人的保证人被确定应承担保证责任时，保证人的管理人如果可以就保证人应承担的保证责任份额向主债务人无障碍地行使求偿权，就可以使管理人积极作为，主动促进主债务人以其财产清偿债务，从而充分地实现债权，并最大限度地减少破产担保人的利益损失。

最后，主债务人和破产担保人双方的协议对法律规定的不足和程序规定的不到位具有弥补作用。我国不存在个人破产制度，对个人只能提起无限责任的要求或诉讼。在个人与破产企业存在利害关联的情况下，不能对操纵或实际控制企业的高管进行及时有效的法律追究，是破产法面临的现实问题，也是保障债权人债权充分实现的客观障碍。而且，企业破产审判程序客观上存在时间较长和许多拖延与不便的问题，破产担保人的管理人如果对主债务人个人束手无策，仅仅凭借破产清偿份额来履行担保义务，其可能得到的清偿额度不仅极为有限，也会造成对债权人利益保护的迟延和不公。为弥补破产法制度和担保规范的消极性缺陷，司法实务中经合法性审查后适当赋予破产担保人对主债务人积极和公允地追偿和依法达成相应调解协议的权利，可以更加全面地保障债权人的债权通过积极有效的方式充分实现，也不失为一种合理的利益权衡和程序补充。

为公平起见，破产债务人从主债权处追回的担保责任财产不应列入破产财产，且应当专门用于清偿主债权。履行完清偿责任后，仍有剩余的，亦应当返还给主债务人。但是，如果协商不成，破产债务人要求人民法院判决确认其对主债务人的追偿权时，在立法并无新规的情况下，则仍然应严格依据《担保法》第31条规定，驳回当事人的这类诉请。司法实务中还经常有法院判决书或仲裁裁决明确确定破产担保人在履行担保责任后可以向主债务人追偿，但不宜确认破产担保人在未履行担保责任前，即与主债务人协商先行向破产担保人履行清偿责任，以免形成法律适用的冲突和违反一事不再理的程序规定。此外，由于我国并无个人破产的制度规定，特别是对于主债务人为自然人的担保情形，尤其需要积极地促使主债务人履行义务以保障债权的充分和及时清偿，对于一般基于信任和关联关系而对主债务人提供担保的破产保证人而言，更应当准许其积极地促进债务人履行清偿义务。

六、政府在破产诉讼过程中的统筹与协调

破产案件不仅涉及冲突利益的法律评判，也包含着破产企业的多重政府保障与监管问题，因此，破产案件不仅内在的法律性复杂多元，其外部的社会性所涉亦十分庞杂。这样，破产案件的审理就既要依靠司法独立高效的市场化与规则化判断，也需要借助政府和社会的力量进行有效的规治与监管，以保障优胜劣汰的良性竞争和市场主体的优质高效。

首先，破产案件的秩序和维稳问题需要政府的介入与协调。破产案件某种意义上，就是社会发展矛盾的经济呈现。其司法处置涉及国有资产保护、金融安全、破产企业职工安置与社会保障，以及相关债权人债权保护的清偿顺序、清偿比例和相关债权债务免除等利益分配问题，这些在破产集中清偿程序中都是涉及利益诉求与争议的社会问题，极易引起信访和群体性事件的发生，造成社会失序。这些涉及社会安定与有序的重大问题，需要地方党委和政府的领导、参与、协调与协作，以维护破产案件司法审判的规范化，保障政府介入的有序进行。

其次，税费政策和其他公共政策的协调与运用。税费问题往往是破产案件处置绕不开的矛盾。税收优先是我国《企业破产法》和《税收征收管理法》规定的原则。在一般情况下，除保障职工的基本劳动报酬、社会保障与保险等费用外，税收应当优先于其他普通债权的清偿。人民法院应当依据市场规则和既定法律推进破产重整、和解与清算程序，保障税收不因企业破产而流失。但是，当破产具有政策性或涉及民生、环境和社会安全等重大公共与社会问题时，政府则应当对破产案件做出具有社会政策

倾斜和社会福利保障的政策措施、保险救济和公共救助的保底性公共安排，以维护社会的基本公平和市场竞争秩序的基本公共基础，使破产制度的功效得到良性施予与建设性规治。

再次，政府应当为破产案件的审判提供公共经济支持。在市场调节企业竞争发展的不良结果发生后，困境企业应当依法退出市场，以维护公正、诚信和高效的市场竞争秩序。此时，政府这只有形的手，应当作为公权力力量介入其中，实现市场主体的优胜劣汰，给予资金困境下的债务人在管理性资金和管理费用的筹措、准备和借垫等方面的经济支持，以有效解决破产债务人的遗留问题。进入破产程序，往往有些案件涉及面广、环节复杂，因此管理成本较高，比如对债权债务的清理、原有合同的终止与继续履行、财产评估、涉案诉讼费用等破产费用与共益性支出等，都需要地方政府或政府主导的基金组织提供及时或应急性的资金支持和救助。在法院或管理人无法、无力通过市场化运作方式进行筹集或筹措的情况下，就需要政府的统筹协调与公共支持，使管理人能够及时筹措资金，推进破产程序良性和有序地推进，从而通过破产和资源重构来维护市场的主体公平与竞争的健康有序。

但是，必须强调，破产案件的审判是运用市场化的法治方式解决市场活力与市场公平问题的规范性程式，法院在审理破产案件过程中，仍然具有其司法权力行使的独立性。政府不能借助其权威或协同与协作处置行政事务的主体优势干预司法判断，否则就会造成破产程序的过度行政化，使司法程序失去中立性、公平性和正当权威，也会破坏市场经济的优胜劣汰的制度性调整的稳定性和统一性，最终影响司法判断的客观、精准与高效，给债权人、债务人和公共利益带来更多的权力误导与不良损耗。

破产案件中维稳应对的实证分析

张亚琼*

内容提要：如何应对人数众多的中小债权人的群体矛盾并回应集体诉求是破产实务中的一大难题。通过对破产实践案例进行梳理，可以发现实务中在不同的程序阶段已生发出诸多行之有效的应对举措，如预重整、债权收购、特殊债权人的提前清偿、特别债权的及时认定、分段差额清偿、设置小额债权组、预留维稳保证金等。通过实证分析可知，破产案件中的维稳应对并不存在万全之策，而是需要在面临具体案情时采取行之有效的具体方法。在面对新的案件时，应当积极制定维稳预案，建立联动机制，坚持程序公开，并在法律原则指导下进行适度的司法创新。

在破产案件中，如何应对人数众多的中小债权人的群体矛盾并回应集体诉求，可以说是法院和管理人最为关注的痛点问题。这样的实务难题，在法律文本以及法学教科书上是找不到答案的。理性的方法是，应当坚持从实务中来，到实务中去，通过对以往司法案例进行实证分析，进而总结归纳解决问题的合理路径，为理论提供素材，为实务提供指引。

笔者尝试对若干涉及众多债权人的破产案件进行梳理，就其中一些行之有效的维稳应对方法，按程序阶段进行了提炼。当然，囿于能力及材料获取的有限性，本文仅作不完全的归纳和分析。但笔者仍愿做这样的努力，冀望为更加深入的研究探讨提供些许思路。

---

* 张亚琼，法学博士，湖北山河律师事务所合伙人。

一、前期的预防

在破产案件立案受理前后，从法院和管理人的角度出发，因对案情掌握有限，即使预见到破产程序中会出现群体性纠纷，一般也难以提前采取有效措施进行防范。但在实务中，有些案例在立案之初就通过预重整等有效措施，对可预见的维稳问题进行预防，取得了良好效果。

案例 1.1：深圳福昌电子重整案。深圳中院收到重整申请后于 2015 年 11 月 13 日决定以预重整方式审理，在法院正式立案受理前选定管理人进入企业理清债权、债务，协助展开谈判，研究恢复生产。管理人进场后，摸清了财务底数，协调劳动和经济主管部门完成了近 4000 名员工和 500 余家供货商的核实和安抚工作，积极协助潜在重组方了解企业情况，为受理创造了有利条件。2016 年 6 月 29 日，深圳中院正式裁定受理福昌电子重整案，其后重整计划草案得以顺利表决通过。充分的预重整为正式重整工作奠定了良好基础，提前解决了潜在的社会稳定问题，重整期间未发生任何债权人维权的群体性事件。①

近年来，成功运用预重整的案例还包括中国第二重型机械集团公司与二重集团（德阳）重型装备股份有限公司（简称中国二重）重整案、杭州怡丰成房地产开发有限公司重整案、厦门琪顺公司重整案等。

在破产实务中，预重整一般是在申请破产重整前，债权人、债务人等各方通过协商预先拟定重整计划，在获得多数债权人同意后，进入破产重整程序；其后庭外重整计划经法院审查批准，对全体债权人发生司法效力，并交付债务人执行。对于破产程序中的维稳应对而言，预重整的意义显而易见：其一，预重整可以使债权人在程序启动之前就充分表达诉求，使法院和管理人及时掌握案件矛盾和维稳痛点。其二，可以及时协调政府有关部门，对职工债权、供应商债权等群体诉求提前制定应对预案，通过提前垫付或收购等方式及时消解矛盾、平复情绪。其三，在法院和管理人提前介入企业的情况下，充分评估企业挽救的可能性，从而提高正式重整

① 参见《深圳市中级人民法院破产审判典型案例（2006—2016 年）》，载徐阳光主编《中国破产审判的司法进路与裁判思维》，法律出版社 2018 年版，第 594~595 页。

程序的质量和效率，尽快回应债权人诉求。

正是由于预重整具有诸多积极意义和功能价值，这一制度已被最高人民法院通过司法政策予以初步确立。① 在实务操作中，除了对法院和管理人的职业素养要求较高外，这一制度目前还存在着一定的现实操作障碍，如临时管理人如何选任，预重整如何与正式重整程序进行有效衔接，预重整决议的效力如何确定等。

二、中期的应对

破产程序启动后至破产分配开始前，是整个破产程序的主体环节，也是涉众型破产案件中群体性矛盾最容易爆发的环节。由于职工债权、集资类债权等多数小额债权长期被悬空，或一些群体类债权性质在法律上没有明确依据进而得不到确定回复，常常会引发大量的群体性事件，从而使得维稳应对成为破产工作的重要内容。对于此类敏感债权人群体，破产实践中逐渐积累了一些行之有效的应对举措。

（一）债权收购

案例 2.1：杭州中润客运公司等四家公司破产重整案。该案涉及出租车司机、承包人、拆迁户、失地农民等 2000 余名债权人。此案涉及出租车数量众多，因车辆托管而形成了混乱且复杂的出租车权属和经营关系，极大地威胁着行业稳定。为此，管理人在第一次债权人会议召开前，专门开展了清晰车辆产权、矫正经营关系的债权收购工作，将不正常经营的车辆从下游承包人手中收回并归还给上游车主，消除了该类债权人群体中的不稳定因素。其后，针对重整计划草案第一次表决中普通债权组未通过的情况，管理人与重整方开展了按预计清偿率，提前对剩余近 600 名普通债权人的债权收购工作。最终经各方努力，参与第二次表决的普通债权组的债权人仅有 98 人，重整计划草案也得以顺利表决通过。②

案例 2.2：湖南娄底九龙集团破产重整案。该案中，为保护人数众多

---

① 详见《全国法院破产审判工作会议纪要》（法［2018］53 号）第 22 条。

② 参见张辰：《出租车企业重整之路——中润等四家公司破产重整案》，载浙江省律师协会《破产疑难案件实务应对》，法律出版社 2017 年版，第 67~73 页。

的个人民间融资债权人的合法权益，在重整计划批准实施前，管理人根据企业的财务状况，应债委会的要求，决定采用市场化手段，引入投资人作为收购方为债权人提供债权流转机会，及时制定了民间融资债权流转方案。① 自2018年6月28日起，管理人协助收购方正式开展债权收购流转工作。截至2018年7月11日，签订债权转让协议的总转让人数达8795人，总计转让价款2.91亿元。②

在破产程序中，债权收购是指投资人通过与原债权人协商一致，将债权转让给投资人，从而由投资人取代原债权人的地位参与破产程序的投资方式。在涉众型破产案件中采取债权收购的优势在于：第一，具备法律基础，即合同法规定的债权转让，债权收购方作为受让人可依据转让协议对债务人主张债权。第二，有利于简化破产程序，提高效率。如能将分散在各个中小债权人的债权及相关权利主张集中由特定的投资人行使，将有利于管理人将工作重心转移到资产清理归集、破产重整等工作中。第三，债权收购有利于提前回应诉求，化解群体矛盾。债权收购工作，一般能够提前对中小债权人进行部分或全部清偿，可以快速化解积怨，平复不稳定情绪。

值得注意的是，在破产程序中开展债权收购也存在一定的操作难度：其一，需提前协调引入投资人，作为收购方积极参与破产程序。投资人需要符合具备资金实力、信用度高、有相关处置经验、具有社会责任感等条件。其二，需开展大量的债权收购谈判工作。投资人选定后，可与管理人配合办公，并针对不同类型的债权人群体制定合理的收购方案，协商以合理价格收购债权，并签订债权转让协议。其三，需要根据案件具体情况确定债权收购的类型。从既有案例看，破产债权收购包括补差型收购和买断型收购两种类型。补差型收购是指，收购方与转让方约定，如果标的债权最终的破产分配清偿价款高于收购价款的，则收购方按破产债权清偿率获得清偿价款高于收购价款的差额部分，应由收购方、债务人委托管理人直接支付给转让方；如果标的债权的最终清偿价款低于收购价款的，则由收

① 参见九龙集团重整管理人：《九龙集团民间融资债权流转方案》，载微信公众号“九龙集团重整管理人”，2018年6月25日。

② 参见九龙集团重整管理人：《九龙集团破产重整各项工作有序向前推进》，载微信公众号“九龙集团重整管理人”，2018年7月11日。

购方承担相应风险，不由转让方支付差额。买断型收购是指，收购方与转让方约定，不论标的债权的最终清偿价款高于或低于收购价款，转让方均同意将债权及其对应的表决权等附属权利全部转让，即使清偿价款高于收购价款，收购方也不再向转让方支付差额。

（二）特殊债权人的提前清偿

案例 2.3：建德新安江镍合金有限公司破产重整案。该公司涉及 436 名职工面临失业压力，建德法院于 2010 年 10 月受理破产重整后，及时报请市委、市政府启用欠薪应急周转金 100 万元，垫付了 2010 年 7 月的工资。其后，管理人经报法院批准，以拍卖方式提前处置炉渣和部分存货，回收资金 4000 余万元，保证了职工工资和生活费的正常发放，并提前优先偿还了拖欠的职工工资和集资款 423.66 万元，有效地缓解了企业职工的不满情绪，减少了企业重整的阻力。① 温州月兔电器集团破产清算案② 等其他案例也通过出租厂房、处理库存或其他继续经营等方式，将所获收益用于提前支付拖欠工资及社保费用。

案例 2.4：舟山市海泰水产有限公司破产清算案。该案涉及大量民间借贷，其中包括 37 名 60 岁以上的老年人。该部分老年债权人大多无收入来源，生活陷入切实困难，长期信访闹访，甚至阻挠财产处置程序。管理人针对此特殊情况，一方面耐心沟通，另一方面向法院提交救助金申请书，请求从破产抵押财产变现款中提取 60 万元资金作为救助金来源，向符合条件的老年债权人发放，作为普通债权之外的特别救济。经过多方努力，别除权人同意从其优先受偿的抵押物变价款中支取 60 万元，用于提前向老年债权人发放。③

---

① 参见陈小明、蔡妮：《债权人会议导向型的破产案件难题解决之道——建德市新安江镍合金有限公司破产重整案》，载浙江省律师协会《破产疑难案件实务应对》，法律出版社 2017 年版，第 285~291 页。

② 参见童平宇等：《全国知名空调企业的拯救之路——温州月兔电器集团有限公司破产清算案》，载浙江省律师协会《破产疑难案件实务应对》，法律出版社 2017 年版，第 154~160 页。

③ 参见王力、张驰：《在公平原则指导下对生活困难债权人的特殊救济——舟山市海泰水产有限公司破产清算案》，载浙江省律师协会《破产疑难案件实务应对》，法律出版社 2017 年版，第 83~90 页。

对于破产企业职工、老年债权人等特殊敏感债权人群体，在破产分配尚未启动时，通过积极筹措资金进行专门提前清偿或进行特别救济，对于稳定情绪、保障破产程序顺利推进无疑具有积极意义。

但从破产法的基本原理进行审视，这样的举措未必是天然正确的。其一，可能与破产法上的公平有序清偿原则相冲突。从对保障债权人的权利来看，破产法要旨不在于满足个别债权人的利益，更不是要使债权人都获得全额清偿，而是要做到对全体债权人公平和有序的清偿，保障对社会资源配置的公正与有效。① 尽管破产受理前拖欠的职工债权及社保费用相对普通债权具有优先清偿顺位，但其清偿的时点原则上应与其他债权一致，即应在经过债权人会议表决并经法院批准后的破产债权分配程序中统一清偿，而不是像共益债务一样，由债务人财产随时清偿。其二，可能引发新的不稳定因素。在缺乏明确法律依据的情况下，对某类债权人进行提前清偿，极有可能引起其他类别债权人群体的不满和攀比，进而提出清偿主张，引发新的不稳定因素。

因此，实务中对特殊债权的提前清偿应审慎适用，至少应当对如下问题予以充分关注：第一，尽量满足程序正当性。因提前清偿可能会造成对其他债权人的不公，故在适用前应充分考量程序正当性问题，即应及时向债权人大会进行披露并取得同意，或者至少应当经过债权人委员会的批准或授权。第二，尽量采用债权收购等替代方式。与债权收购相比，提前清偿的资金来源一般是债务人自身财产，从而容易引发争议。而债权收购则可以较好地回避此处弊端，由收购方通过债权转让的方式，使特殊债权提前获得安抚，而由收购方取代原债权人的地位。第三，需多方考虑清偿资金来源问题。债务人进入破产程序后，大多缺乏现金流，因此需要积极筹措用于清偿的资金。实务中一般通过继续营业取得收入、库存产品及其他资产处置变现等方式获取。而根据《企业破产法》的规定，债务人继续营业需要经过债权人会议决议，资产的提前处置变现需要报请债权人委员会同意或法院许可。

（三）特别债权的及时认定

近年来，房地产企业破产案频发，其中涉及利益群体复杂、债权人众

---

① 参见王欣新：《破产法前沿问题思辨》，法律出版社 2017 年版，第 5 页。

多，极易引发激烈的群体性矛盾。其中，对于已向破产房企支付了全部或部分购房款的众多购房者来说，在破产程序中如何认定其购房债权不仅涉及其作为消费者的权利保护，更涉及其生存权保障问题。一旦诉求得不到满足，购房业主就会采取激烈的手段维权。但是，破产房企往往同时还负担在建工程抵押债权、建设工程债权，此类债权在法律上亦属于优先清偿顺位。何者更为优先，立法对此未作明确规定。

在济南彩石山庄执行案中，被称为济南第一烂尾楼的彩石山庄，殃及2000多名购房者，引发长达8年多的群体性上访维权。济南中院就购房款返还请求权是否优先的问题，通过山东省高院向最高人民法院进行请示。2014年7月，最高人民法院作出答复，《最高人民法院关于建设工程价款优先受偿权问题的批复》（法释［2002］16号）明确规定了房屋买受人的权利优先于建筑工程承包人的优先受偿权与抵押权人的抵押权，体现了优先保护处于相对弱势地位的房屋买受人的精神。① 其后，诸多房企破产案件均沿用了该批复精神，基本确立了消费性购房人预购房屋交付请求权或购房款返还请求权、工程价款优先受偿权、抵押权在破产程序中发生冲突时的处置规则。② 有的法院还专门就房地产企业破产案件中购房者债权的优先确定制定操作指引。③

在破产实务中，与购房债权类似的特别债权还有职工集资款债权，亦涉及在法律未作明确规定的情况下是否应当被认定为优先债权的问题，④

---

① 参见《最高人民法院针对山东省高级人民法院就处置济南彩石山庄房屋买卖合同纠纷案请示的答复》，［2014］执他字第23、24号。

② 如在武汉市东西湖区法院于2016年审理的家美天晟武汉置业发展有限公司重整案中，涉及预售购房业主1500余户，管理人先通过融资实现烂尾工程复工续建，同时认定购房人预购房屋交付请求权的优先顺位，及时安抚了广大购房债权人的情绪。参见张亚琼：《困境房企重整复苏之路径分析——以家美天晟重整案为例》，载张善斌主编《破产法的“破”与“立”》，武汉大学出版社2017年版，第201页。

③ 参见《杭州市余杭区人民法院房地产企业破产审理操作规程（试行）》（余法［2016］6号）。

④ 实务及学术界对职工集资款性质的认定目前仍存在较大争议，有观点认为在《企业破产法》施行后对其均应按普通债权认定，除非属于未经职工同意从职工工资中强制扣除一定数额的情形。参见吴正绵：《新破产法视野下的职工集资款债权性质分析》，载王欣新、尹正友主编《破产法论坛（第七辑）》，法律出版社2012年版，第279~283页。

处置不当亦可能引发群体性矛盾或冲突。实务中，大多数案例对于职工集资款均作出了视同职工工资性质的认定。①

对此类问题的处置，实务中需注意的问题是：第一，注重参考同类案件的审理认定规则。对于购房债权、职工集资款等特别债权，管理人和法院不可能以立法规则不明为由拒绝判定，回避冲突。实务中同类案件的审理认定规则可以提供较为丰富的案例资源和操作指引，相关主体应在认定前作好法律及案例检索，以及时确立相应的认定依据。第二，在规则模糊的情况下尽可能作出有利于保护弱势群体的认定结论，注重群体矛盾的化解。从最高法院作出的相关司法解释及批复文件可以看出，司法机关在作出法律漏洞补充时常常遵循弱势当事人保护的原则，进而确定相关的裁判规则。破产案件亦不例外，对于特别债权性质的认定，也应当从利益平衡和群体矛盾化解的角度，注重保护弱势债权人的利益。第三，及时向全体债权人披露和报告。为强化程序正当性，及时化解不同利益群体之间的冲突，管理人应将特别债权的认定结果向债权人大会进行报告，由其进行核定，在债权人大会不能及时召开的情况下，应及时向债权人委员会披露和报告。

（四）网络债权人会议的运用

案例 2.6：家美天晟公司重整案。该案涉及债权人 1600 余人，2016 年 12 月 29 日，法院主持召开了第一次债权人会议，1300 余位债权人参加现场会议。但会议现场组织、安保工作等耗费了大量的人力物力。经过管理人有效组织，第二次债权人会议于 2017 年 4 月 25 日通过全国破产重整案件信息网召开，通过网络方式将现场会议向全体债权人进行网络直播，并对重整计划草案进行了表决。因未达到通过标准，管理人又于 4 月 28 日再次通过破产信息网组织表决。此会议系在全国范围内最早使用全国破产重整案件信息网召开的债权人会议，其中表现出的高效、稳定、及

① 参见陈小明、蔡妮：《债权人会议导向型的破产案件难题解决之道——建德市新安江镍合金有限公司破产重整案》，载浙江省律师协会《破产疑难案件实务应对》，法律出版社 2017 年版，第 290 页。

时的特点，彰显了网络会议的示范效应。①

债权人会议是“实现债权人破产程序参与权的机构”，是全体债权人参加破产程序、实现权利保障的自治性临时机构，行使决议职能和监督职能。召开好债权人会议是审理破产案件、做好破产管理工作至为关键的一项基础。② 在肯定债权人会议对于破产案件的重大价值的同时，涉众型破产案件需要面对的一个棘手问题是，如何有效组织债权人会议，才能平稳实现会议的预期功能，而不是变成群体矛盾与冲突现场爆发的火药桶。

网络债权人会议无疑从科技创新的角度提供了一个新的可行思路，家美天晟重整案就是一则典型案例。其优势主要表现为：其一，可以大大减轻现场会务组织压力。在网络会议模式下，广大债权人无须现场参会，会务组织方仅需在会前做好网络技术准备，现场组织简便易行，基本回避了利益群体聚集时矛盾现场激化的局面。其二，有效地保障债权人的程序参与权。债权人可以通过同步直播、文档下载的方式听取报告并查阅文件资料，可以通过网络投票的方式及时表达自身诉求并行使权利。其三，有效降低会议组织成本。截至 2018 年 2 月底，利用信息网召开网络债权人会议 33 场，涉及债权人 32102 人次，涉及债权金额达 1374 亿余元，有效节约了破产程序费用，加快了破产审判进程。③

但是值得注意的是，网络债权人会议可能存在信息传播单向性的缺陷，即债权人可以听到、看到会场信息，可以投票表决，但对于会议提交表决的方案、决议无法直接向管理人、法官提出质询和意见建议，也无法相互进行讨论。④ 其结果将导致债权人会议对有关表决事项不能充分表达反馈，降低吸收债务人不满情绪的功效。对此，实务操作可从如下几方面着手应对：第一，加强会前沟通。管理人可在会前将拟提交表决的事项提

---

① 参见张亚琼：《困境房企重整复苏之路径分析——以家美天晟重整案为例》，载张善斌主编《破产法的“破”与“立”》，武汉大学出版社 2017 年版，第 209 页。

② 参见叶建平：《开好第一次债权人会议的 15 个细节》，载陈夏红、闻芳谊主编《破产职业者及行业自治》，法律出版社 2018 年版，第 309 页。

③ 参见刘贵祥：《人民法院优化企业破产法治环境、服务经济高质量发展新闻发布稿》，最高人民法院网，访问日期：2018 年 9 月 23 日。

④ 参见董振班：《大型债权人会议的功能失灵》，载微信公众号“破产法快讯”，2017 年 7 月 12 日。

交债权人委员会进行讨论。没有成立债委会的，可提前与各类别的主要债权人进行沟通，一方面听取意见，作进一步的修改完善，另一方面可提前争取获得理解和支持。第二，开通网络提问通道。全国企业破产重整案件信息网作为债权人会议的网络系统平台，已提供了网络提问端口，债权人通过账号登录后，可以通过网络方式在会议期间向管理人进行提问和质询。有经验的管理人会及时开通提问通道，由专人对债权人提出的问题进行整理。在会议期间，预留专门议程对债权人提出的共性问题进行专门解答。①

三、后期的策略

此处所谓“后期”是指破产程序中破产分配方案的制定及执行实施阶段。由于债权人诉求基本在此阶段得到最后的回应和安排，因此也很容易引发债权人群体的矛盾和冲突的升级。为此，在破产分配方案的制作和执行实施中，亦需要运用一些特别的方法进行应对。

（一）普通债权分段差额清偿

案例 3. 1：无锡尚德电力破产重整案。无锡尚德在模拟清算状态下普通债权所能获得清偿比例约为 14. 82%。经过重整投资人招募，管理人于 2013 年 10 月提交重整计划草案，其中明确：职工债权、税收债权、担保债权均以现金方式 100%一次性受偿；普通债权的清偿比例为每家债权人 10 万元以下部分（含 10 万元）的债权全额受偿；10 万元以上部分可选择以现金或现金+应收款的受偿方式：以现金方式受偿，受偿比例为 31. 55%；以现金+应收款的方式受偿，每家债权人除按照 30. 85%的清偿比例获得现金受偿外，还可以尚德电力账面 9 笔应收款受偿。该重整计划最终获得第二次债权人会议高票表决通过。在重整计划执行期间，对债权额在 10 万元以下的 253 个债权人予以一次性全额清偿，妥善化解大量中

① 参见黄赢：《召开网络债权人会议值得关注的几个细节》，载微信公众号“破产重组法务”，2018 年 3 月 30 日。

小债权矛盾。2014 年 4 月 18 日，重整计划顺利执行完毕。①

在其他上市公司重整实践中，对普通债权采取分段差额清偿的案例不在少数。据统计，在截至 2017 年涉及调整普通债权的 48 家上市公司重整计划中，23 家采取了分段差额清偿方案。② 在杭州中润客运公司等四家公司破产重整案、安吉博时家具有限公司破产和解案等非上市公司破产实务中，采取普通债权分段差额清偿的分配方案也较为多见。

从上述案例可以看出，这种分段差额清偿一般是指在普通债权组中设定一定的金额标准，规定了在该金额标准以下的债权部分全额受偿或按较高比例受偿，而在该金额标准以上的债权部分按较低比例受偿的分配方式。既有的实践案例表明，与所有普通债权按照同等比例打折清偿的分配方式相比，分段差额清偿有利于提高小额普通债权人的受偿比例，不仅可以使诸如集资类债权人等人数众多，但风险承担能力较小的债权人群体，最大程度得获得破产分配，而且可以有效地兼顾每个债权人每段债权清偿的公平性。

在实务操作中，适用分段差额清偿需要注意的问题是：其一，需合理设置分段标准，其中需要综合考量小额债权人的人数及其债权总额，以及小额债权占全部普通债权总额的比例，从而合理画线。例如在涉及集资类破产案件中，如果大部分集资类债权人的债权额在 20 万元左右，且每个普通债权人 20 万元以下部分全额清偿或按较高比例受偿时所需的资金总额占全部用于清偿普通债权的资金总额比例合适，不至于使 20 万元以上部分的债权受偿比例过低，此时可以 20 万元作为分段标准。其二，应兼顾合法性底线。根据《企业破产法》第 87 条第 2 款第 3 项的规定，按照重整计划草案，普通债权所获得的清偿比例，不低于其在重整计划草案被提请批准时依照破产清算程序所能获得的清偿比例。除非普通债权组表决同意，采取分段差额清偿亦需遵从这一规定。如果使用分段差额清偿后，最大笔的普通债权综合清偿比例如果低于模拟清算状态下的清偿比例，若普通债权组对重整计划方案的表决未通过，则此时的分段清偿方案即与第

---

① 参见蒋馨叶：《无锡尚德太阳能电力有限公司破产重整案评析》，载王欣新、郑志斌主编《破产法论坛（第十辑）》，法律出版社 2015 年版，第 22~31 页。

② 参见刘延岭、赵坤成主编：《上市公司重整案例解析》，法律出版社 2017 年版，第 43 页。

87 条规定相冲突，应降低分段标准，以提高大额普通债权的综合清偿比例。

（二）设置小额债权组

案例 3.2：科健股份重整案。深圳中院于 2011 年 10 月受理科健股份重整案，根据偿债能力分析报告，清算状态下科健股份普通债权的清偿比例为 13.88%。重整期间，根据科健股份重整的实际情况，深圳中院将债权额在 100 万元以下的债权视为小额债权，并设定小额债权组，共计 68 家债权人，债权金额 2630 万元。其余大额普通债权人共计 56 家，债权金额 29.43 亿元。在最终表决通过的重整计划中，小额债权组现金清偿比例为 28.52%，另有每 100 元小额债权受偿 1.909 股科健股份股票，综合清偿率约为 50%；大额普通债权组现金清偿比例为 13.77%，另有股票清偿，综合清偿率约为 35.25%。①

据统计，截至 2017 年涉及调整普通债权的 48 家上市公司重整计划中，包括科健股份在内的 7 家公司采取了单独设置小额债权组的债权清偿方案。② 在这些案例中，均按在一定的债权额标准以下划定小额债权组，从而在小额债权组中按照相对较高的比例进行清偿。其法律依据为《企业破产法》第 82 条第 2 款。该款规定，人民法院在必要时可以决定在普通债权组中设小额债权组对重整计划草案进行表决。无疑，这样的清偿方案对于数量众多的小额债权人具有正面保护效用，从而能有效促进破产案件的平稳推进。

与分段差额清偿方式相比，设置小额债权组的清偿方式更加侧重对特定小额债权人群体的倾斜保护。后者只要按照债权额标准划定小额债权组后，即可享有较高的清偿比例，划分对象是债权人，而前者则更注重每个债权人每段债权清偿的公平性，划分对象是债权。③

---

① 参见刘延岭、赵坤成主编：《上市公司重整案例解析》，法律出版社 2017 年版，第 307~315 页。

② 参见刘延岭、赵坤成主编：《上市公司重整案例解析》，法律出版社 2017 年版，第 43 页。

③ 从划分对象的角度比较，分段差额清偿似乎更为公平合理。同时，按债权额而不是债权性质将普通债权进一步分组，进而确定不同的清偿比例，似乎亦缺乏相应的法理基础。

设置小额债权组进行清偿，实务操作需注意的问题是：第一，合理设定分组标准更为重要。分组标准一旦确定，就意味着普通债权人被一分为二，小额债权组仅以其债权额度低而享有较高比例的清偿。如果设定不当，反而更容易激化普通债权组之间的矛盾。例如，在普通债权人中，债权额为 40 万~50 万元及 50 万~60 万元的债权人数量均比较多，此时若将 50 万元以下的债权人设定为小额债权组，则债权额 50 万~60 万元的债权人将会被划入大额普通债权组，从而适用更低的清偿比率，这必然引发抵触和不满。因此，分组的设定仍应综合考量小额普通债权所占全部普通债权的比例，以及小额债权人数占全部普通债权人的比例，同时尽量避免标准债权额上浮合理区间内存在较多债权人。第二，也需注意不与《企业破产法》第 87 条规定的最低清偿标准相冲突。即小额债权组设定后，大额普通债权组的清偿比例，仍应高于模拟清算状态下的普通债权清偿比例，除非该大额普通债权组表决通过了该分组清偿方案。

（三）预留维稳保证金

案例 3.3：某房地产公司重整案。在笔者了解到的某房地产公司重整案中，管理人由政府部门与律所共同组成的清算组担任。后经过重整投资招募程序确定了重整投资方。因债务人开发的房地产项目烂尾，导致长期不能向预售购房人完工交房，工程款债权长期悬空，引发了大量的群体性不稳定事件。为确保重整方切实履行职责，保障重整期间债务人及当地的稳定，管理人与投资人在重整投资协议中专门约定，在重整投资款之外专门向管理人预交维稳保证金 3000 万元。在重整计划执行期间，如发生相关的群体性事件，则管理人在告知重整方并报法院批准后，可使用保证金处理相关事件；如果重整计划执行期满，未使用保证金或使用后有余额的，则应及时退还重整方。其后，由于重整计划执行顺利，执行期间并未发生有关的群体性维稳事件，期满后管理人将保证金予以全额返还。

在可查阅的资料中，在破产重整案件中由重整投资方预留维稳保证金，专门用于应对重整计划执行期间可能发生的不稳定情况的案例并不常见。但在重整方愿意接受并能保证合理使用的前提下，这种做法对于易发生重大维稳事件的重整案件无疑具有积极意义，同时也有利于激励重整方忠实地执行重整计划。

在具体适用中，对预留维稳保证金有如下问题值得进一步思考：其一，如何规避道德风险？如果有关债权人群体知晓已预留维稳保证金，很有可能为了获得更多的破产分配而故意制造群体矛盾。这样一来，保证金的存在反而触发了不稳定因素。因此，实践中如果预留维稳保证金，应当要求有关当事人严格保密。其二，如何确保保证金不被滥用？与此相关的问题是，在重整计划得到严格执行的情况下，仍有部分债权人因诉求得不到满足进而继续闹访，此时是否应当使用维稳保证金？维稳保证金的使用是否需要经过重整方的同意，或者仅告知即可使用？这些问题均与重整方的利益紧密相关，需要在重整投资协议中进行明确规定。

四、总结与评价

维稳应对本质上是对当事人的群体性诉求进行预防、疏导、反馈及满足的过程。如果放在更宏大的背景下观察，破产程序本身也是应对社会不稳定因素的一种司法制度安排，其通过债权申报及确认、债权人会议讨论决议、债权清偿方案的制定与执行等具体机制安排，来对各类债权人的诉求予以疏导、反馈和满足。但实务中的破产案件具体情况千差万别，不稳定因素更是林林总总，不一而足。本文即对破产实务中若干特别情形下的维稳应对进行了初步整理归纳，从中可以看出：有的是法律框架内的常规做法，有的则是在法律规则模糊或存有法律漏洞时的一种司法创新之举，甚至还有的属于临时应急措施。可见，破产案件中的维稳应对并不存在万全之策，而是在面临具体案情时采取的行之有效的具体方法。

从实务操作的角度出发，在上述应对措施中仍可以总结出一些共性的东西，可供作为抽象性的规范指引。

（一）制定维稳预案

正所谓凡事预则立，破产案件的受理法院和管理人应在案件启动之初对可能发生的群体性稳定风险进行预判，在对债权人群体、债权种类及额度、债权人诉求、债务人破产原因等指标进行基本梳理后，制定合理的维稳预案。

基本内容可包括：其一，成立专门的维稳保障小组。即在管理人或破产工作领导小组内部下设维稳保障小组，有条件的可吸收公安、街道等部门参加，明确具体名单，组成常设机构。其二，事前的预防方案。可通过确立破产案件的持续信息披露机制、定期定点的信访接待机制等，及时向债权人披露信息，合理引导并反馈诉求。其三，事中的快速应对方案。应明确一旦发生有关的聚众信访、闹访事件，由专门人员快速反应，在最短时间内通过对话、疏导、劝离等方式，及时化解。其四，事后的报告与回应。就债权人提出的群体性诉求，如敏感债权性质的认定、债权清偿比例或时限等，如果不能在现场即刻答复，应在事后由管理人及时进行研判，并向法院及相关政府部门报告。在形成确定性意见后，及时向债权人反馈。

（二）建立联动机制，争取政策支持

建立畅通的府院联动机制，一直是司法机关应对破产维稳工作的基本经验和主张。人民法院坚持在党委的领导下，积极推动建立政府与法院联动的破产工作协调机制，充分发挥风险预警、资金保障等机制的作用，统筹企业破产相关工作，一体解决破产企业职工安置、维护稳定等方面问题。① 在破产案件中，职工安置、土地处置、项目竣工、房屋办证、企业注销、投资人招募、甚至购房业主子女就学等问题，不仅涉及破产程序的顺利推进，更与维稳应对息息相关。但这些问题仅靠管理人或法院是无法解决的，均需要政府相关职能部门提供政策支持及具体协助。

当然，破产案件中行政权的运用也应当保持必要的限度，做到不缺位、不越位，行政权不宜过多介入破产案件所涉及的法律问题，应当扮演协调者的角色，充分发挥其公共管理及社会服务职能，积极协助法院解决企业破产所引发的系列复杂的社会问题。②

（三）程序的公开透明

保持程序公开可以最大限度地吸收当事人的不满情绪，即使在实体结果上未能全部满足当事人的主张和诉求。诉讼程序公开的基本法理在破产

---

① 参见杨临萍：《人民法院关于依法审理破产案件推进供给侧改革典型案例》，载徐阳光主编《中国破产审判的司法进路与裁判思维》，法律出版社 2018 年版，第 11 页。

② 参见杨俊广、曹文兵：《破产案件中司法权和行政权的边界与衔接》，载张善斌主编《破产法的“破”与“立”》，武汉大学出版社 2017 年版，第 17 页。

程序中同样有适用的空间。在前文的案例中，大多的维稳应对措施并非天然自带合法性，甚至在一定程度上会造成其他类别债权人利益的损害。但如果在实施前能通过债权人会议讨论表决、债委会通报等方式予以披露，不仅可以对相关方案予以进一步协商完善，而且可以促进程序公开，保障债权人的知情权，增强维稳应对措施的合理正当性基础。

（四）法律原则指导下的司法创新

在科学领域，很多创新举措并不是一蹴而就的，而是为应对现有问题，在既有实践经验教训总结之基础上的有效尝试应用。司法领域亦如是。面对疑难复杂的破产维稳问题，在缺少明确法律规则依据的情况下，破产审判不应驳回受理、回避矛盾，而是应在法律原则指导下勇于探索，审慎应对。此时的应对之策，只要在法律原则范围之内，并在实践中行之有效，就值得被肯定和鼓励，进而引领和促进破产制度之矛盾化解功能的进一步发挥。

管理人视角下府院联动机制的建议

尹爱国　潘忠华　上官艳云*

内容提要：依法破产重整是企业退市的重要途径，然而破产法的市场化程度低、配套机制不健全等，导致企业破产带来的一系列复杂社会问题不能得到有效解决，企业破产工作推进不顺畅。最高人民法院着力补齐企业破产的制度机制短板，在2018年3月6日的《破产审判纪要》中要求要推动地方法院与政府建立协调机制，府院联动机制一时成为了当前最热的解决破产案件处理过程中衍生社会问题的有效机制。然而对于这一新生机制该如何正确构建并实施，尚需要进一步的研究和实践。本文从笔者参与的湖北某农业股份有限公司破产实践案例出发，分析破产案件中府院联动机制构建的必要性及当前存在的不足，进而提出建议，以供参考。

一、湖北某农业股份有限公司破产实践案例

（一）案情简介

湖北某农业股份有限公司（下称某农业公司）系畜禽养殖及加工企业，为当地政府重点培育对象。该公司曾在新三板挂牌上市，后因经营出现危机，2016年正式退出。企业因资金短缺，内部管理混乱，以及高息借贷数额巨大等原因，经营陷入困境。为挽救某农业公司，维护社会稳定，地方政府主动介入，帮助公司拓宽融资渠道，开拓业务。经过近两年

---

* 尹爱国，湖北维思德律师事务所高级合伙人；潘忠华，湖北维思德律师事务所高级合伙人；上官艳云，湖北维思德律师事务所律师。

的努力，未见成效。2017 年年底，公司原法定代表人跑路，公司彻底停止经营。该公司因资不抵债，经债权人申请，人民法院于 2018 年依法裁定其进入破产清算程序，并指定律师事务所为管理人。

在某农业公司进入破产清算程序后，面对公司无产可破，职工众多、群体上访等社会不稳定因素，当地政府组织法院、财政局、信访局、维稳办、畜牧局、扶贫办、开发区政府等单位专题研究某公司破产清算事宜，并以会议纪要的形式成立了府院联席会机制，要求各个单位积极配合法院及管理人完成某公司的破产清算事宜，同时，要求财政拨款 300 万元作为某公司破产维稳经费。

（二）本案引发的思考

1. 政府介入破产案件的原因是什么？

2. 政府应通过什么方式介入破产案件，发挥怎样的职能，如何正确处理自身与法院及管理人之间的关系？

3. 如何实现政府介入破产程序的常态化、制度化运作？

二、构建府院联动机制的必要性

从大量的破产案件实践中，我们可以体会到企业破产是一项系统工程，具有极强的实践性和外部性，在企业破产程序中除了要解决公平清偿债务等法律问题外，还会涉及土地、信用、涉税等问题，以及职工救济安置、企业帮扶、社会稳定等一系列衍生问题。在某农业公司进入破产清算程序前夕，因企业资金已经严重短缺，所引发的矛盾错综复杂，既包括因长期拖欠工资所导致的讨薪问题，亦含有不能如期缴纳养殖大棚土地租赁费及养殖户养殖款问题，还包括其他借款人索要借款问题等。因公司债权人的诉求各不相同，稍有不慎，将会激起群体性矛盾，一旦引发不稳定事件，便会威胁地方稳定。故某农业公司破产案已经不仅仅是需要法院梳理债权债务关系的法律事件，更是一起极易诱发各种冲突和矛盾的社会事件。基于上述原因，地方政府为避免企业破产可能引发的群体性事件甚至更大范围的危机，从维护地方稳定和经济发展的角度，介入某公司破产案件中。

（一）配套的法律与制度不完善，阻碍了破产案件的顺利推进

目前我国与破产法相配套的法律与制度还未完善，甚至一些与破产相关的监管法律法规与《企业破产法》之间存在一些冲突，这些冲突不仅不能对破产事务的处理起到有效衔接的作用，反而成为破产进程中的障碍。如对于税收债权和抵押权清偿顺位问题，《税收征收管理法》第45条规定："纳税人欠缴的税款发生在纳税人以其财产设定抵押、质押或者纳税人的财产被留置之前的，税收应当先于抵押权、质权、留置权执行。"而《企业破产法》第109条规定："对破产人的特定财产享有担保权的权利人，对该特定财产享有优先受偿的权利。"且《企业破产法》第113条将破产人所欠税款放在第二顺位清偿的位置，并不优先于抵押权。上述法律如何选择适用决定了抵押权能否优先清偿，也必将影响可用于清偿破产费用、公益债务、职工债权的资产，从而影响破产进程。

（二）政府社会管理职责的履行有利于解决衍生社会问题

法院作为审判机构，以现有力量无法解决上述问题，管理人在面对上述问题时，更是难以与政府各职能部门进行有效的沟通。而政府恰恰可以利用其协调能力和资源配置能力，参与企业破产程序，建立有效的联动机制，相互协调、信息互通，以最低的成本、最高的效率，合理、合法、快速处置破产企业及企业破产所衍生的一系列社会问题。且如果政府采取消极放任态度，最终可能会引发更大的社会危机，影响社会稳定。故府院联动机制适用的目标，是使政府在破产审判之外更好地发挥其社会调整作用。①

（三）构建府院联动机制有利于政府发挥规范经济秩序，促进经济转型升级的职能

僵尸企业的存在就是经济发展不稳定的潜在毒瘤，其浪费社会资源、扰乱市场秩序、存在金融风险，是我国经济转型升级和产业结构调整的绊脚石。国家目前强调供给侧改革，淘汰落后产能，对僵尸企业采取资产重

① 参见王欣新：《府院联动机制与破产案件审理》，载《人民法院报》2018年2月7日第7版。

组、关闭破产等方式予以处置，让其有序退出市场。这是提升我国竞争力，促进经济发展的必需。要充分发挥企业清算程序和破产程序在淘汰落后企业或产能方面的法律功能，不仅需要发挥法院依法审理破产案件的司法能力，更需要政府发挥社会管理的职能，协调各方共同解决问题，盘活资产。虽然现行的《企业破产法》基本明确了在破产程序中各相关主体的职责与路径，但对政府协调配合职责规定的缺失，使得许多地方政府在介入破产案件时，畏首畏尾，不敢主动作为，构建府院联动机制就为政府介入破产案件提供了合法合理的方式及途径，有利于发挥政府在规范经济秩序、促进经济转型升级方面的行政职能。

三、当前破产案件府院联动机制运行中存在的不足之处

与《企业破产法》相配套的法律与社会制度的不完善和对政府职责规定的缺失，使得政府介入破产案件的行为犹如无根之草，没有合法依据，且缺少约束。许多政府在面对破产案件时产生了畏难情绪，已经介入其中的，也因无明确依据而出现了各自不同的形式与途径，使得当前破产案件府院联动机制在运行出现了许多不足之处。

（一）全国范围内府院联动常态化机制构建不均衡

根据笔者的了解，在全国范围内构建府院联动常态化机制的地方占比很小，省级层面的更是少之又少，目前只有浙江、甘肃两省建立了省级层面的破产案件府院联动机制，还有一些零散的地市州或者县市区建立了相对常态化的破产府院联动机制，整体来看，全国范围内府院联动常态化机制构建是不均衡的。

在大部分地区的破产案件中，政府并非没有相应的沟通机制，其沟通基本是处于个案、个事的状态，并未建立府院联动的常态化机制。通常就是在该破产企业属于大型企业，涉及职工人数众多或土地房产众多，或者是上市企业时，政府会比较重视，并就此事与法院成立联合工作组，召开相关部门会议研究破解难题，在税收、土地等方面给予一定的特殊政策，快速推进破产程序，维护稳定。这些临时性府院联动措施、协调机制不健全，协调事项连贯性差，更多的是依靠领导重视，特事特办，不具有规范性，不能反复、普遍适用。

某农业公司破产案中的府院联动措施就是如此，政府迫于维稳压力，与法院建立府院联动工作小组，只有一纸会议纪要，没有明确的职责分工，没有完善的协调对接机制。管理人在与各职能部门对接工作时，遇到了非常大的障碍，例如各部门互相推诿、无限期拖延等，协调事项根本无人能拍板落地，不仅浪费了管理人精力，还严重影响了破产事务的推进。而法院对此也很无奈，只能是走一步汇报一步，寄希望于得到一把手的重视，特事特办。

（二）政府在府院联动机制中难以把握尺度

在某农业公司的破产案件中，该公司所有土地、房产、设备等资产均抵押给了银行等金融机构，处于无产可破的困境。管理人面对着公司留守人员工资无钱发放、巨额职工债权无资金承担、大量社会弱势群体——养殖户的普通债权无法得到清偿、公司养殖小区拆迁补偿政策不明朗等亟待解决的事务，在多次与政府各相关职能部门协调无果的情况下，只能试图通过法院向当地政府汇报，请求召集相关单位召开联席会议，解决某农业公司破产事务中上述紧急事务。然而直到第一次债权人会议召开，政府也未能召开联席会议，而是寄希望于管理人能想出解决之策。政府消极懈怠的态度，直接影响了破产事务的处理进度，法院及管理人只能避重就轻，在破产法规定范围内尽量简化第一次债权人会议的内容，规避矛盾，努力维护稳定。

与某农业公司破产案中的当地政府一样，许多地方政府没能正确理解府院联动机制的适用目标，时常定位不准，要么不当干预，要求法院和管理人按照他们的意见进行处理，将政府推到了破产案件的最前方，试图通过政策快速推进破产事务的处理；要么不催不动或不闻不问，认为破产事务是法院与管理人的职责，与自身无关，而实际上，破产案件处理中的衍生社会问题的解决是政府履行职责的应有之意。

（三）府院联动协调机制的设计中忽略了管理人的独立地位

为保障法院司法中立的特性，管理人在破产程序中承担了大量的事务性工作，这其中就包括与政府各部门之间的协调工作。有些地方的府院联动根本没有协调程序的内容，有的府院联动协调程序中，规定的是政府与法院两个主体之间的联动，将管理人依附于法院，忽略了其在破产程序中应有的独立法律地位。在府院联动协调机制不健全的地方，管理人作为第三方机构在与政府部门对接协调的过程中，经常受到不同程度的冷遇，甚至被直接拒绝。而法院因本身事务繁忙等原因，面对管理人提出的各种协调请求，有时会出现久拖无进展的情况或者直接以"府院联动规定已很清楚，无需法院出面"等原因将协调工作再推还给管理人，让管理人陷入两难的局面，破产工作难以有效推动。

四、破产案件府院联动机制的建议

如王欣新教授所言，府院联动作为目前司法实践中创造出来的解决企业破产相关衍生社会问题的有效机制，从长远看，我们不能满足于现有的府院联动机制并止步于此，在承认其具有的积极作用的同时，也要清醒看到其存在的体制性缺陷。① 笔者试图从管理人的角度出发，结合自身的经历，就破产案件中府院联动机制的完善提出以下几点建议：

（一）明确政府定位

在《企业破产法》架构下的府院联动机制中，政府在破产事务的处理中如何正确定位至关重要。企业破产具有法治化、市场化的性质，破产事务的处理更应遵守法律规定，遵循市场规律。因此，政府参与破产事务的处理应该有度，要把握好司法权与行政权在《企业破产法》实施中的边界。笔者认为，在破产程序中政府应当是公共服务的提供者和社会职责的履行者，既不能缺位，也不能越位。政府要强化健全优胜劣汰市场化退出机制，完善企业破产制度的责任意识，积极贯彻落实中央关于推进企业破产审判和稳妥处置僵尸企业的决策部署，主动牵头构建破产案件的府院联动机制。但在这个过程中，政府不可以直接干预法院和管理人对破产事务的处理，更多的应该是在法院的主导下，协调各职能部门支持和配合法院及管理人履行职责，为法院和管理人的工作提供支撑和保障。

① 参见王欣新：《府院联动机制与破产案件审理》，载《人民法院报》2018年2月7日第7版。

（二）探索有效的协调机制

法院作为破产案件的主导者，管理人作为破产事务的具体执行者，对破产事务中可能面临的困难最清楚。因此，在处置破产企业的各个环节，尤其是遇到债权人与债务人矛盾尖锐，易诱发群体性事件的案件，以及涉及法院职权范围之外的政策不配套等问题时，法院和管理人应积极主动与党委、政府沟通，通过政府召集财政、国土、税务、人社、工商、住建、银行、经信、公安、信访等部门一起研究突破破产中涉及的产权瑕疵、债务处理、职工安置、税收优惠、信用修复、企业注销、引入战略投资者、破产费用保障以及刑民交叉等重难点问题。探索建立有效的沟通协调机制，确定对接手续、对接流程、对接人员等，将繁杂的协调性事务程序化、制度化，避免府院联动机制的形式化。同时，法院和管理人要督促政府将上述研究成果转化成制度文件，推动从个案协调向制度化对接转变，补齐企业破产社会配套保障机制的短板，与政府合力推动府院联动机制的规范化，促进破产案件处理的质效，维护社会主义市场经济秩序。

同时，因职责不同，法院与政府在破产事务的处理中可能会存在目标不一致、处理方式不一致的问题。此时，法院切不可让位，要始终坚守破产法的立法目的和宗旨，坚守法院作为破产案件主导者的地位，坚持原则性与灵活性相结合的原则，依法依规地与政府协商处理。

（三）建立破产工作专项基金

只有法院、政府、管理人三方无缝对接、合力协作，府院联动机制才能发挥最佳效果，破产案件才能快速处置、有序分配。管理人作为破产事务的具体执行者，承担了大量破产事务的处理工作，若管理人在破产案件的处理中没有积极性，而是被动工作，再完美的府院联动机制都不能发挥其应有的作用。

据调查，目前许多企业进入破产程序后资产往往所剩无几，账面上连启动破产程序的资金都不够，许多管理人都是自己垫付相关费用才能开展工作，并且垫付的资金还可能面临最终无法收回的风险。还有一些破产企业面临巨额的职工债权无力支付，此情况下政府若不能出面兜底解决，管理人的工作根本无法继续。在这种业务多、风险大、周期长、资金无保障的情况下，许多管理人的工作热情和积极性大打折扣，甚至有些会草草了结，给破产企业的稳妥处理带来了隐患。因此，笔者建议政府建立破产工作专项基金，在破产企业无产可破时，保障职工债权、破产费用、管理人报酬的清偿。政府还可以探索建立管理人报酬激励机制，设立政府奖励基金，通过破产债权清偿比例来考核管理人，提高管理人处理破产事务的积极性。

（四）构建良性循环机制

目前，大部分地区的府院联动措施或机制，更多的是采取一事一议的个案解决方式，主要依靠的是领导的重视，具有临时性、不确定性、非规范性等特点。这种过渡性措施虽能解一时之急，但终不是长久之计，不符合破产法市场化、法治化的发展目标。因此，我们必须在充分总结实践经验的基础上进一步完善府院联动机制，使之法律化、制度化，真正建立起市场化、法治化的破产案件解决机制，形成政府、法院、管理人处理破产事务的良性循环。

有关府院联动，浙江省走在全国的前列，有许多成功经验值得借鉴。2016 年浙江省高院在省委省政府的支持下，先后出台了《关于成立省级僵尸企业处置府院联动机制的通知》等三个文件，在全国范围内率先从省级层面实质运作破产案件府院联动机制，将府院联动的内容制定成政府文件，使之具有规范性，可反复、普遍适用，有利于破产案件处理结果的统一性、公平性，减少社会矛盾。从当前来看，笔者建议各省都能迅速行动，结合本省实际，借鉴浙江省的先进经验，构建省级破产案件府院联动机制，促进本省乃至全国破产审判工作的顺利推进。从长远来看，我们又不能止步于此，只有建设全国统一的破产法配套社会制度、完善与破产相关的法律规定才能真正实现破产法的市场化。这就要依靠政府如实上报，依靠大家多呼吁，督促相关机关及时修改完善那些影响、阻碍破产法市场化实施的法律与制度。

试论破产债权涉及刑民交叉问题的处理

——以万宝粮油有限公司涉嫌集资诈骗罪为例

汤正旗　罗全忠　李光胜*

内容提要：破产是对债务人现存全部法律关系的彻底厘清和债权债务关系的彻底清结。破产程序与一般民事诉讼程序（民事执行程序）本质性不同在于破产程序是公平偿债程序，是对所有债权人的债权实施公平保护的一种特别法律程序。其程序效力高于一般的民事诉讼程序。所以破产程序在化解企业或企业控股股东、实际控制人或高管涉嫌集资类犯罪等经济犯罪中具有一般民事诉讼程序无法比拟的优势。企业破产案件中刑民交叉时，刑事程序和破产程序分别独立进行，交叉协调处理，不受破产程序服从刑事程序，即“先刑后民”原则的约束。非法集资刑事案件的办理依据《刑法》、《刑事诉讼法》等刑事法律规定，破产债权的申报、审核和清偿依据《企业破产法》及相关法律规定。但是，基于同一法律事实，破产债权的认定和清偿仍须协调刑事程序综合解决。

近些年，相当数量的深度介入民间借贷的债务人企业进入破产程序，往往符合企业构成破产原因，企业或企业控股股东、实际控制人或高管构成非法集资犯罪嫌疑的“双构成”情形，企业破产案件中的刑民交叉问题导致企业破产案件审理的难度增加。① 企业破产案件涉及刑民交叉时，

---

* 汤正旗，湖北文理学院副教授；罗全忠，湖北省襄阳市襄州区人民法院副院长；李光胜，湖北忠三律师事务所合伙人。

① 参见浙江省高级人民法院民二庭：《浙江省各级人民法院破产审判报告（2014年）》，载徐阳光主编《中国破产审判的司法近路与裁判思维》，法律出版社2018年版，第308页。

破产法理论界和实务界初步形成的共识是，民事诉讼程序与刑事诉讼程序属于不同的法律制度，各自规范和调整着不同的社会关系，实现着不同的法律功能。两种法律程序的适用要并行不悖；要根据相关案件法律事实的特点，在两种程序的各自独立适用中协调处理相互牵连的法律问题。① 湖北省襄阳市各级法院受理的影响较大的破产案件几乎都涉及了企业的法定代表人或实际控制人以高利息大肆对外融资，涉嫌非法吸收公众存款罪或集资诈骗罪，或者已经生效的判决认定构成犯罪。由于《企业破产法》及司法解释关于企业破产案件涉及刑民交叉问题没有相应的规定，致使破产案件久拖不决，社会不稳定现象加剧。

2017 年 9 月 6 日，襄阳市襄州区人民法院依法裁定受理万宝粮油有限公司（以下简称万宝公司）破产清算案，并指定湖北忠三律师事务所为管理人对万宝公司进行清算。万宝公司、万宝公司控股股东兼企业法定代表人和总经理涉嫌集资诈骗罪和骗取贷款罪正在接受襄阳市中级人民法院的审理。万宝公司是迄今襄阳市法院系统受理的最大、最复杂的破产民营企业。根据债权申报和审核情况看，其共有 179 位债权人申报债权，申报金额约 55 亿。其中，民间借贷的债权人有 103 人，占债权人人数的 57.9%，申报金额 36 亿，占申报金额 65.4%。被害人②有 36 人，占民间借贷的债权人人数的 35%，集资诈骗数额 6.8 亿，占申报金额的 19%。

破产债权的申报、审核和清偿是破产案件审理的核心问题之一。司法实践中，破产债权涉及刑民交叉问题，致使正在审理的刑事案件和破产案件既复杂又棘手。以万宝公司破产案件为例，襄阳中级人民法院于 2017 年初受理此案，但至今仍未结案，原因之一就是承办法官及辩护律师关于犯罪数额的认定与万宝公司管理人关于债权的审核结果存在相当大的差距。法院是否需要参照管理人关于被害人的债权审核来确定犯罪数额？同时，管理人关于被害人的债权申报、审核及清偿也面临许多难以解决的问题，例如：管理人认定被害人的债权与法院认定的犯罪金额不一致甚至差

① 参见杨春平：《破产案件“刑民交叉”问题理论研究综述》，陕西省法学会网，http：//www.sxfx.org.cn/listcontent.aspx？hit=207&id=2052，访问日期：2018 年 10 月 1 日。

② 非法集资参与人是否具有被害人地位在理论界存在争议。襄阳市检察院起诉书及法院审理中还是认定集资参与人为被害人。参见时方：《非法集资犯罪中的被害人认定——兼论刑法对金融投机者的保护界限》，载《政治与法律》2017 年第 11 期。

距很大时，最终以哪一家的认定为准？破产企业财产刑事查封、扣押、冻结是否能够解除？债权清偿与追赃退赃的关系为何？本文以万宝公司的破产债权涉及非法集资类犯罪为例，就破产债权涉及的刑民交叉问题尝试进行系统梳理，以求教同仁指正。

一、被害人没有申报债权时如何处理

被告人万宝公司的36名被害人中有4人没有在债权申报公告期限内向管理人申报债权。经查，4名被害人中，Z公司以Z自然人名义申报债权；1人将债权转让给W自然人，W自然人已申报债权；2人未申报债权。管理人如何处理？以下分别作简要说明：

（一）关于Z公司以Z自然人名义申报债权问题

经查证，借款合同均以Z自然人的名义签订，但Z自然人是Z公司的一名高管人员，出借的资金均从Z公司账户转出。故Z公司为实际出借人。管理人决定将债权人变更为Z公司，并通知Z自然人主动变更。

（二）被害人将债权转让给他人问题

被害人将债权转让给他人，受让人申报债权，管理人应当依《企业破产法》的规定受理。受让人申报债权时应当提交已经通知债务人的证据。债权转让未履行通知义务的，债权转让对债务人不发生效力。

（三）被害人未申报债权问题

实践中有两种意见，一种意见认为，管理人应当直接将被害人列入债权人，对其债权进行核查；另一种意见认为，管理人应当将被害人列入已知债权人，管理人应当通知被害人向管理人申报债权。笔者认为，后一种意见是正确的。受害人是已知的债权人，依据《企业破产法》第14条规定，人民法院应当自裁定受理破产申请之日起25日内通知已知债权人，并予以公告。因此，管理人应当通知被害人向管理人申报债权。如果被害人寄希望于通过刑事追赃退赃实现债权，仍坚持不向管理人申报债权，管理人可以依据《企业破产法》相关规定，按照未申报债权处理。

二、被害人债权审核刑民交叉问题

债权审核是破产审判的最重要问题之一，而非法集资犯罪数额认定是认定犯罪构成的要件之一，也是控辩双方争议的焦点。从两高司法解释的相关规定来看，非法吸收公众存款犯罪数额和集资诈骗犯罪数额认定的方法存在差异。非法吸收公众存款罪评价的是非法吸收公众存款行为人的非法集资行为，而非集资参与人的投资行为，应将非法吸收的总金额认定为犯罪数额。《最高人民法院关于审理非法集资刑事案件具体应用法律若干问题的解释》（法释［2010］18号）第3条明确规定："非法吸收或者变相吸收公众存款的数额，以行为人所吸收的资金全额计算。案发前已归还的数额作为量刑的情节予以考虑。因此，行为人在案发前后归还的本金、利息、分红等均不予扣除，应计入犯罪数额。案发前后已归还的数额，可以作为量刑情节酌情考虑。集资参与人一笔投资款到期后，就该笔款项继续重复投资的，应当累计计算投资总额作为犯罪数额。"《最高人民检察院关于办理涉互联网金融犯罪案件有关问题座谈会纪要》（高检诉［2017］14号）第12条规定："投资人在每期投资结束后，利用投资账户中的资金（包括每期投资结束后归还的本金、利息）进行反复投资的金额应当累计计算，但对反复投资的数额应当作出说明。"

集资诈骗罪评价的不仅是行为人的非法集资行为，还涉及集资参与人的损失，集资诈骗的数额以行为人实际骗取的数额计算。集资诈骗罪的数额与非法吸收公众存款犯罪的认定数额区别在于：

第一，案发前归还的数额应从犯罪数额中扣除。但行为人为实施集资诈骗活动而支付的广告费、中介费、手续费、回扣，或者用于行贿、赠与等费用，不予扣除。根据《最高人民法院关于审理非法集资刑事案件具体应用法律若干问题的解释》第3条规定，集资诈骗的数额以行为人实际骗取的数额计算，案发前已归还的数额应予扣除。行为人为实施集资诈骗活动而支付的广告费、中介费、手续费、回扣，或者用于行贿、赠与等费用，不予扣除。行为人为实施集资诈骗活动而支付的利息，除本金未归还可予折抵本金以外，应当计入诈骗数额。也就是说，集资诈骗的数额，应当以犯罪嫌疑人实际骗取的金额计算。犯罪嫌疑人为吸收公众资金制造还本付息的假象，在诈骗的同时对部分投资人还本付息的，集资诈骗的金额以案发时实际未兑付的金额计算。①

第二，集资参与人一笔投资款到期后，因受骗而继续就同一笔款项重复投资的，一般不累计计算犯罪数额。但是，在企业破产案件中，管理人主要按民间借贷规则来计算债权人（包括集资参与人）的债权本息。2015 年 8 月 6 日公布的《最高人民法院关于审理民间借贷案件适用法律若干问题的规定》（以下简称《民间借贷司法解释》）第 13、第 14 条对刑民交叉情形下借款合同、担保合同效力的认定予以了明确规定。《民间借贷司法解释》第 13 条规定："借款人或者出借人的借贷行为涉嫌犯罪，或者已经生效的判决认定构成犯罪，当事人提起民事诉讼的，民间借贷合同并不当然无效。人民法院应当根据合同法第五十二条、本规定第十四条之规定，认定民间借贷合同的效力。"因此，对于同类型的债权数额，破产债权与集资诈骗犯罪的认定存在两种认定标准和计算方法，致使同类型的债权数额出现明显的差距。

例如，2016 年 9 月 6 日，某债权人向万宝公司借款 200 万元，约定月息 5 分，万宝公司支付了 3 个月的利息后停止付息，2017 年 9 月 6 日，万宝公司破产清算案由法院受理，同年 8 月 11 日，万宝公司及法定代表人等以涉嫌集资诈骗罪、骗取贷款罪被检察机关提起公诉。那么，该集资诈骗数额为 2000000-（3×5%×2000000）= 1700000 元；如果是涉嫌非法吸收公众存款罪，则非法吸收公众存款犯罪数额为 200 万元。如果按民间借贷规则计算，借款人已支付的超过年利率 36%部分的利息冲减本金，停止支付利息之日按年利率 24%计算利息。三个月超付利息为 2000000×3×2% = 120000 元，从 2017 年 1 月 6 日至 2017 年 9 月 6 日，借款本金为（2000000-120000）= 1880000 元，利息为（1880000×8×2%）= 300800 元，即申报债权额为 1880000+300800 = 2180800 元。② 如果是债权人与债务人多次交易，时间跨度长，则计算结果差距更大。如万宝公司某集资参与人申报债权为 8.5 亿元，检察机关认定集资诈骗数额 1.7 亿元；另一集资参与人申报债权为 3 亿元，检察机关认定集资诈骗数额 6880 万元。那

① 《最高人民检察院关于办理涉互联网金融犯罪案件有关问题座谈会纪要》第 17 条。

② 襄阳市各级法院是按超过部分利息当月冲减本金，然后依次计算。这种计算方法颇为繁杂。

么管理人应如何认定债权呢?

目前，破产审判实践中，非法集资类债权审核有三种认定标准：

第一，统一按刑事裁判标准认定。破产程序服从刑事程序，待刑事判决生效后直接以刑事判决书认定的犯罪数额确认债权。

第二，按民间借贷规则对被害人进行一定幅度的调整，但须经债权人会议表决通过。

第三，破产程序与刑事程序相互独立，并行不悖，非法集资类债权的审核与其他民间借贷债权人同等对待。

第一种认定标准，对于互联网金融涉及 P2P 、网络借贷股权众筹等单纯从事非法集资的平台企业，被害人覆盖了债权人，以刑事判决书认定的犯罪数额确认债权是合理的。但是，例如万宝公司破产案件中，被害人只是债权人的一部分，如果以刑事判决书认定的犯罪数额确认被害人的债权，其他债权按民间借贷规则来确认，这种区别对待的双重认定标准的弊端显而易见，违背了同种类债权相同对待的原则。①

第二种认定标准被浙江省高级人民法院认可。浙江省高院民事审判第二庭在 2013 年 7 月印发的《关于在审理企业破产案件中处理涉集资类犯罪刑民交叉若干问题的讨论纪要》（以下简称《浙江省高院民事审判第二庭纪要》）第 5 条规定："在申报债权时，应综合民间借贷与集资的本金、利息支付等情况，综合平衡破产程序中民间借贷债权与涉集资类犯罪被害人申报债权的数额，由管理人拟定申报方案，并经债权人会议表决通过。前款情形，在拟定债务人企业民间借贷（集资类犯罪被害人）本息清偿标准时，可以征询政府有关部门的意见。债权认定标准按民间借贷规则进行一定幅度的调整，但须经债权人会议表决通过。"也就是说按民间借贷规则对被害人债权数额进行一定幅度的调整，因为它有利于实现同等权利同等受偿。② 例如，在浙江省某房地产企业破产清算案中，董事长潘某因犯非法吸收公众存款罪和合同诈骗罪被判处有期徒刑 15 年。被害人

① 参见夏正芳：《企业破产涉刑民交叉问题研究——以涉非法吸收公众存款罪为例》，360doc 个人图书馆网，http：//www.360doc.com/showweb/0/0/790920106.aspx，访问日期：2018 年 10 月 1 日。

② 参见夏正芳：《企业破产涉刑民交叉问题研究——以涉非法吸收公众存款罪为例》，360doc 个人图书馆网，http：//www.360doc.com/showweb/0/0/790920106.aspx，访问日期：2018 年 10 月 1 日。

名单只包含了131个债权人，但实际上与该企业存在民间借贷关系的债权人大概有200多位。受理法院就是考虑到单纯依照非法吸收公众存款罪数额认定债权容易导致不公平，经过和当地政府沟通后要求管理人依照被害人损失金额确定本金，然后从债务人房地产项目停工时依照月息1.2%计算至破产案件受理日。① 笔者认为，在民间借贷确定本息规则内对被害人的债权进行一定幅度调整，计算结果与非被害人的债权还是有一定差距，还是同种权利不同等对待，被害人很难接受，其他债权人也未必能接受。因而债权人大会表决通过该方案可能性不大。因此，第二种认定标准缺乏可操作性。

笔者赞成第三种认定标准，即被害人按破产程序中的债权人对待。

首先，破产程序与刑事程序相互独立，并行不悖，先刑后民为例外情形。非法集资刑事案件的办理依照《刑法》、《刑事诉讼法》等刑事法律规定，破产案件的办理依照《企业破产法》及相关法律规定。因为刑事案件的主要目的是追究行为人的刑事责任，破产案件的主要目的是“公平清理债权债务”和挽救企业营运价值。犯罪的归犯罪，财产的归财产，原则上是以破产程序为平台，进行交叉的协同处置。② 参照2009年5月26日《最高人民法院关于依法审理和执行被风险处置证券公司相关案件的通知》第5条规定，集资类犯罪被害人同其他债权人都经过破产程序，依据《企业破产法》和《民间借贷司法解释》等相关规定，通过申报债权、债权审核、财产分配等方式获得救济。

其次，在债权审核中，如果民间借贷的基本事实必须以刑事案件审理结果为依据，管理人应暂缓认定。③ 管理人应暂缓认定的法律依据为1998年4月29日施行的《最高人民法院关于在审理经济纠纷案件中涉及

---

① 参见国浩律师（杭州）事务所：《论破产债权审核中刑民交叉问题的处理》，杭州律师网，http://www.hzlawyer.net/news/detail.php?id=8051，访问日期：2018年10月5日。

② 参见《“刑民交叉案件诉讼理论与实务问题研讨会”在法大顺利举行》，中国法学创新网，http://www.fxcxw.org/index.php/Home/So/artIndex/id/13665.html，访问日期：2018年10月5日。

③ 参见《最高人民法院关于审理民间借贷案件适用法律若干问题的规定》第7条：“民间借贷的基本案件事实必须以刑事案件审理结果为依据，而该刑事案件尚未审结的，人民法院应当裁定中止诉讼。”

经济犯罪嫌疑若干问题的规定》（以下简称《民刑交叉规定》）和 2014 年 3 月 25 日施行的《最高人民法院、最高人民检察院、公安部关于办理非法集资刑事案件适用法律若干问题的意见》（以下简称《非法集资意见》）和 2015 年 9 月 1 日施行的《民间借贷司法解释》。上述司法解释明确规定了以是否属于“同一事实”作为区分民刑交叉案件处理方式的标准，即民、刑分属不同法律事实的，民、刑并行；民、刑属于同一法律事实的，先刑后民。

在梅振娇与李红玲、海南鸿凌投资担保有限公司、安徽新兴电缆集团有限公司、陈微微、任思维、任六六、许学林、徐兆云借款合同纠纷案中，最高人民法院就“同一事实”的表述作为民刑程序选择判断标准进行了详细的论证。最高人民法院认为《民刑交叉规定》第 1 条、第 10 条、第 11 条关于“同一公民、法人或其他经济组织因不同的法律事实，分别涉及经济纠纷和经济犯罪嫌疑的，经济纠纷案件和经济犯罪嫌疑案件应当分开审理”，“人民法院在审理经济纠纷案件中，发现与本案有牵连，但与本案不是同一法律关系的经济犯罪嫌疑线索、材料，应将犯罪嫌疑线索、材料移送有关公安机关或检察机关查处，经济纠纷案件继续审理”，“人民法院作为经济纠纷受理的案件，经审理认为不属经济纠纷案件而有经济犯罪嫌疑的，应当裁定驳回起诉，将有关材料移送公安机关或检察机关”等的规定，明确了以是否属于“同一法律事实”、“同一法律关系”作为区分民刑交叉案件处理方式的标准。①《非法集资意见》第 7 条规定：“对于公安机关、人民检察院、人民法院正在侦查、起诉、审理的非法集资刑事案件，有关单位或者个人就同一事实向人民法院提起民事诉讼或者申请执行涉案财物的，人民法院应当不予受理，并将有关材料移送公安机关或者检察机关。人民法院在审理民事案件或者执行过程中，发现当事人有非法集资犯罪嫌疑的，应当裁定驳回起诉或者中止执行，并及时将有关材料移送公安机关或者检察机关。公安机关、人民检察院、人民法院在侦

① 深圳市中级人民法院采用了“同一法律关系”判断标准。2017 年 9 月 4 日，深圳市中级人民法院《破产案件债权审核认定指引》第 52 条规定：“债权人申报的债权涉及犯罪嫌疑，已经进入侦查、起诉或者审判程序，且刑事案件与债权基于同一法律关系、其结果对债权认定有影响的，在人民法院作出生效的刑事判决或者裁定前，管理人应暂缓认定。”

查、起诉、审理非法集资刑事案件中，发现与人民法院正在审理的民事案件属同一事实，或者被申请执行的财物属于涉案财物的，应当及时通报相关人民法院。人民法院经审查认为确属涉嫌犯罪的，依照前款规定处理。”《非法集资意见》遵循了《民刑交叉规定》在民刑交叉问题处理上的“同一性”标准，但是没有采取《民刑交叉规定》“同一法律事实”、“同一法律关系”的表述，而是采取了“同一事实”的表述。“同一事实”的表述作为民刑程序选择判断标准更为科学。因为法律事实、法律关系均是指法律规范调整下的事实和关系，只要法律规范性质不同，法律关系或法律事实就不同。从这一意义上说，由于民事规范和刑事规范性质的不同，民刑交叉情况下不存在同一法律事实或同一法律关系，故以此表述作为判断民刑程序选择标准存在逻辑矛盾。《民间借贷司法解释》第 7 条对“同一事实”的表述亦予采纳。在民刑交叉涉及同一事实时，均规定应当先刑后民；若案件涉及不同事实，则应当对不涉及犯罪事实的民事纠纷继续审理。对“同一事实”的认定，并非是指民事法律规范和刑事法律规范作出规定的要件事实，而应是自然意义上的事实本身。如果民事案件中涉及的事实，对刑事案件的审理、善后处置等有影响，也当属同一事实。①

万宝公司管理人在债权审核时，万宝公司、万宝公司控股股东兼企业法定代表人和总经理因涉嫌集资诈骗罪等罪正在襄阳市中级人民法院审理之中，而破产案件立案前，被害人与万宝公司民间借贷纠纷案又恢复审理（破产案件立案前已立案受理），从而形成刑事、民事和破产程序认定同一债权的混乱局面。因此，依据“同一事实”区分民刑交叉案件处理方式的标准，人民法院民事诉讼应当中止审理，管理人认定受害人的债权应当暂缓。

但是，最高人民法院又认为：“在审判实践中，无论是先刑后民、还是先民后刑都不应当绝对化和扩大化，有些民事案件的审理确实需要以刑事案件的结果为前提，而有些刑事案件却必须以民事案件为依据，也有些民事案件与刑事案件的审理可以各自独立，互不关涉。在民商事案件审理中，重要的是运用民事审判规则分析相关证据进而认定相关事实，如果能

① 参见最高人民法院（2015）民申字第 1778 号民事裁定书。

够依据相关事实和法律进行审理的，并非一定要等待刑事案件的处理结果。”① 因此，在债权审核中，如果被害人的债权已被生效的法律文书确认，或者民间借贷的基本事实清楚，则管理人可以径行认定，没有必要等待刑事判决的结果。只有民间借贷的基本事实必须以刑事案件审理结果为依据时，管理人才能暂缓认定。也就是说，被害人“债权”的基本事实需要待刑事案件查清以后，管理人才能认定。例如，万宝公司涉嫌集资诈骗，36 名受害人中有 3 名“受害人”也涉嫌集资诈骗罪或高利转贷罪等罪进入侦查或起诉程序。其中某债权人涉嫌高利转贷罪等罪进入侦查程序。经管理人与侦查机关对账查明，万宝公司曾以现金方式多次向该债权人支付高额利息。事实上，民间借贷中，出借人要求借款人以现金方式支付违法的高利息是常见手法，这样在诉讼中，借款人因无支付高利息的证据导致既要承担非法的高额利息又要承担法定利息。“如果在民间借贷案件审理过程中，案件的基本事实需要刑事案件查清以后才能继续审理的，这类案件就应当中止审理，因为犯罪事实的行为可能涉及民间借贷案件的基本事实，基本案件事实可能涉及主体、权利义务的确定等，这一类我们要先刑后民，先把刑事案件结案了，我们民事案件才能恢复审理。”② 因此，出借人或借款人的犯罪行为有可能涉及民间借贷的主体、合同效力、借款本金及利息的确定等基本事实，这些基本事实无疑对债权认定影响甚大，在人民法院作出生效的刑事判决或者裁定前，管理人应暂缓认定。

三、赃款赃物追缴与破产财产清偿

（一）破产企业财产刑事查封、扣押、冻结的解除问题

公安机关在侦查非法集资犯罪案件中，一般都及时对涉案财产采取了

① 最高人民法院：《天津市长芦盐业总公司与中国铁路物资沈阳有限公司买卖合同纠纷二审民事判决书》，最高人民法院网，http：//www. court. gov. cn/wenshu/xiangqing-11059. html，访问日期：2018 年 10 月 15 日。

② 《杜万华就审理民间借贷案件司法解释答记者问》，最高人民法院网，http：//www. court. gov. cn/zixun-xiangqing-15152. html，访问日期：2018 年 10 月 20 日。

查封、扣押、冻结等措施。企业进入破产程序后，这些涉案财产作为破产企业财产，若不解除刑事查封、扣押、冻结，则将阻碍破产财产的处置和分配，债权人的权益将不能实现，整个破产程序将处于停滞状态。

《企业破产法》第 19 条规定："人民法院受理破产申请后，有关债务人财产的保全措施应当解除，执行程序应当中止。"对于"保全措施"范围的理解，在实践中并不一致。有人认为，这里的保全措施既包括民事诉讼保全措施，也包括在行政处罚程序中的保全措施，如海关、工商管理部门等采取的财产扣押、查封等措施，还应包括刑事诉讼中公安部门、司法部门采取的相关措施。① 《破产法解释二》第 7 条也作了明确的规定："对债务人财产已采取保全措施的相关单位，在知悉人民法院已裁定受理有关债务人的破产申请后，应当依照企业破产法第十九条的规定及时解除对债务人财产的保全措施。"在该司法解释制定过程中，全国人大法工委就此问题向最高人民法院复函指出，对《企业破产法》第 19 条的规定，应理解为法院受理破产申请后，有关债务人财产的保全措施应当当然解除，由管理人接管财产。相关法院或者行政机关未依据上述规定解除保全的，受理破产案件的法院可以径行作出解除对债务人财产的所有保全措施的裁定。②

有人认为，这里的保全措施只限于民事诉讼范围，在刑事案件中公安机关采用的是查封、扣押、冻结措施，并不是"保全措施"的概念，③《企业破产法》第 19 条的规定并不适用于刑事查封措施。根据《浙江省高院民事审判第二庭纪要》第 7 条规定，法院受理企业破产申请后，应与侦查、审判机关沟通协商，研究解决解除不属于刑事案件处理的破产企业财产的刑事查封、冻结措施等相关问题，由管理人在法院和债权人会议监督下做好解除查封、冻结措施后破产财产的接收、管理和处分事务。这里也说明了刑事程序的查封、扣押、冻结措施，并不是"保全措施"的概念。《浙江省高院民事审判第二庭纪要》要求刑事案件司法机关进行解

---

① 参见徐根才：《破产法实践指南》，法律出版社 2016 年版，第 49 页。

② 参见最高人民法院民事审判二庭编著：《 最高人民法院关于企业破产案件司法解释理解与适用（一、二）》，人民法院出版社 2013 年版，第 171 页。

③ 参见张曙光、李倩、李萌：《对非法集资案件中涉及破产案件的问题思考》，中伦律师事务所，http：//www.zhonglun.com/content/2018/08-02/1144057532.html，访问日期：2018 年 10 月 20 日。

封，只能通过与刑事案件司法机关沟通协商解决。

笔者认为，人民法院受理企业破产申请后，有关企业破产财产的刑事查封、扣押、冻结措施应当解除。参照《最高人民法院关于依法审理和执行被风险处置证券公司相关案件的通知》第4条规定："人民法院受理破产申请后，已对证券公司有关财产采取了保全措施，包括执行程序中的查封、冻结、扣押措施的人民法院应当解除相应措施。"结合该通知第5条的规定，保全措施应当包括刑事查封、扣押、冻结措施。即使浙江省高级人民法院后来也改变了《浙江省高院民事审判第二庭纪要》相关规定。2016年11月15日，浙江省促进企业兼并重组工作部门联席会议办公室出台《推进企业破产审判重点工作及任务分工方案》，明确省国土资源厅、省公安厅、省环保厅、省建设厅落实《企业破产法》第19条规定，在人民法院受理破产申请后，有关债务人财产的保全措施（包括行政和刑事的查封、扣押、冻结）应当解除，执行程序应当中止。① 根据2018年3月4日最高人民法院《全国法院破产审判工作会议纪要》（法［2018］53号，以下简称《破产审判纪要》）第42条规定，执行法院收到破产受理裁定后，应当解除对债务人财产的查封、扣押、冻结措施；或者根据破产受理法院的要求，出具函件将查封、扣押、冻结财产的处置权交破产受理法院。这里当然包括应当解除刑事裁判涉财产部分执行中的查封、扣押、冻结措施。"虽然本条文在执行程序与破产程序衔接部分予以规定，但其适用于全部破产案件。只要法院受理的破产案件存在诉讼查封或者执行查封情形，均应适用本条文的规则。"因此，管理人应当依法通知相关法院及有关单位解除对债务人财产的保全措施（包括行政和刑事的查封、扣押、冻结）。因为涉案财物一般都要在诉讼程序终结后，法院执行程序中处置，② 故必要时可以依据《破产审判纪要》第42条规定，

---

① 参见浙江省促进企业兼并重组工作部门联席会议办公室：《关于印发〈推进企业破产审判重点工作及任务分工方案〉的通知》（浙并购办［2016］9号），浙江省经济和信息化厅 http：//www. zjjxw. gov. cn/art/2016/11/24/art_1208011_28. html，访问日期：2018年10月20日。

② 《最高人民检察院公安部关于公安机关办理经济犯罪案件的若干规定》第46条规定："查封、扣押、冻结以及处置涉案财物，应当依照法律规定的条件和程序进行。除法律法规和规范性文件另有规定以外，公安机关不得在诉讼程序终结之前处置涉案财物。"

受理破产案件的法院发函要求执行法院将查封、扣押、冻结财产的处置权移交给破产案件受理法院。执行法院收到破产受理裁定拒不解除查封、扣押、冻结措施的，破产受理法院可以请求执行法院的上级法院依法予以纠正。

（二）刑事涉财产执行顺序与破产债权清偿顺序

2014年11月6日开始施行的《最高人民法院关于刑事裁判涉财产部分执行的若干规定》（法释［2014］13号，以下简称《刑事涉财产执行规定》）第13条第1款规定："被执行人在执行中同时承担刑事责任、民事责任，其财产不足以支付的，按照下列顺序执行：（一）人身损害赔偿中的医疗费用；（二）退赔被害人的损失；（三）其他民事债务；（四）罚金；（五）没收财产。"第2款规定："债权人对执行标的依法享有优先受偿权，其主张优先受偿的，人民法院应当在前款第（一）项规定的医疗费用受偿后，予以支持。"依据此规定，被执行人刑事和民事债务交叉且资不抵债时，应按照如下顺序进行清偿：第一，人身损害赔偿中的医疗费用；第二，对执行标的享有优先受偿权的债权；第三，退赔被害人的损失；第四，其他民事债务；第五，罚金；第六，没收财产。

而依据《企业破产法》第113条和《破产审判纪要》第28条规定，我国现行破产债权的体系根据清偿顺序的不同可分为优先债权、普通债权和劣后债权。优先债权包括有财产担保的债权、建设工程款优先权、船舶优先权、劳动债权、人身损害赔偿债权、欠缴税款本金和社保债权等；劣后债权，包括民事惩罚性赔偿金、行政罚款、刑事罚金、没收财产等涉及财产的惩罚性债权。破产债权的清偿顺序为：第一，破产债权按优先债权、普通债权、劣后债权的顺序清偿；第二，对于法律没有明确规定清偿顺序的债权，根据《破产审判纪要》第28条规定，可以按照人身损害赔偿债权优先于财产性债权、私法债权优先于公法债权、补偿性债权优先于惩罚性债权的原则合理确定清偿顺序；第三，有财产担保的债权，根据《企业破产法》第109条规定，对破产企业的特定财产享有担保权的权利人，对该特定财产享有优先受偿的权利；第四，劳动债权、人身损害赔偿债权、税收债权和社保债权，破产财产在优先清偿破产费用和共益债务后，按照《企业破产法》第113条规定的顺序清偿；第五，破产财产依照《企业破产法》第113条规定的顺序清偿后仍有剩余的，清偿民事惩罚性赔偿金、行政罚款、刑事罚金、没收财产等惩罚性债权。

刑事涉案财产执行顺序中“退赔被害人的损失”优先于其他普通债权，《企业破产法》对此并无相关规定。笔者认为，在企业破产程序中，集资参与人债权应与其他民间借贷债权人同等对待。在刑事程序中查封、扣押、冻结破产企业的财产应当属于破产财产范围，依照《企业破产法》规定的顺序按比例清偿，而不能当作赃款赃物返还或退赔给集资参与人。而且，集资参与人也是非法集资的责任方。依据相关规定，集资参与人参与非法集资活动受到损失的，由集资参与人自行承担。在万宝公司涉嫌集资诈骗罪案件中，如果将查封、扣押、冻结的财产“发还”、“退赔”给36户集资参与人，其结果是万宝公司及关联企业资产没有任何剩余，那么其他债权人将得不到任何救济，这明显不公平，也不符合常情常理。何况集资参与人参与非法集资活动有一定过错，因此，“退赔优先不具备正当性，刑事标准应不适用于破产程序”①。

对于债务人的没有纳入破产财产范围或者不属于涉案财物的这部分财产如何处置的问题，根据《破产审判纪要》第32条规定，以关联企业成员单个破产为基本原则，实质合并破产为例外。例如，万宝公司有2个关联企业是由控股股东投资的，现有证据表明这2个关联企业很难与万宝公司实质合并破产，因而关联企业的资产不属于破产财产范围。

另外，公安机关在办理万宝公司集资诈骗案件中，为了最大限度地挽回损失，在第一时间将犯罪嫌疑人的全部财产查封、扣押、冻结，并没有将犯罪嫌疑人的合法财产、有担保物权的财产和涉案的赃款、赃物进行区分。检察机关也予以认可。刑事案件进入了审判阶段后，由于侦查机关查封、扣押、冻结超期，法院又对涉案财物进行了续查封、扣押、冻结。依据《最高人民法院关于适用〈中华人民共和国刑事诉讼法〉的解释》（法释［2012］21号）第364条规定，法庭审理过程中，对查封、扣押、冻结的财物及其孳息，应当调查其权属情况，确定其是否属于违法所得或者依法应当追缴的其他涉案财物。根据《非法集资意见》第5条的规定，非法集资中涉案财物主要是指违法所得，“向社会公众非法吸收的资金属

① 夏正芳：《企业破产涉刑民交叉问题研究——以涉非法吸收公众存款罪为例》，360doc个人图书馆网，http://www.360doc.com/showweb/0/0/790920106.aspx，访问日期：2018年10月20日。

于违法所得”不属于涉案财物的被告人财产，是否有可能成为追缴和退赔的对象？

笔者认为，通过破产程序处置涉案财物，能够使所有债权人的债权获得公平受偿。破产财产包括涉案财物不足以支付债权人（包括集资参与人）的，债权人可依据与债务人签订的民间借贷合同提起民事诉讼，以没有纳入破产财产范围或者不属于涉案财物这部分财产偿还债权清偿的不足部分。

结　　语

近些年，破产案件涉及刑民交叉问题的情形在我国司法实践中不断涌现，不仅在实体法的适用上存在着不同程度的争议，在程序法的适用上也出现了诸多矛盾和冲突。在涉及破产债权申报、审核和破产财产处置问题上，需要完善立法和出台司法解释，协调破产程序与刑事诉讼，统一裁判标准，以充分体现破产法公平与效率的原则。

如何应对破产案件里的刑事犯罪困局

金　琳*

内容提要：近年来随着僵尸企业出清、供给侧结构性改革的进行，通过破产程序合法有序地退出市场或尽可能获得重生成为企业退出的优选方案之一。但随着破产案件的增多，以及现阶段烂尾楼盘、P2P平台爆雷、吸收公众存款后老板跑路等社会现象的出现，破产案件里可能涉及刑事犯罪。对于受害人与债权人的定位、财产合法性的认定、债权的性质和受偿等问题，现有法律规定并不明确，实务中一直存在争议。此外也不排除有人利用破产，恶意转移资产，图谋破产利益。本文试图对于破产案件里管理人如何应对不同阶段、不同性质的犯罪行为这一问题提出实务操作方式，并对我国应如何加强破产犯罪防范和惩罚提出浅见，以维护破产司法的权威性。

一、涉刑案件进入破产程序的应对

（一）涉刑案件能否进入破产程序

近年来，随着我国金融体系改革及金融手段创新，衍生了系列非法吸收公众存款、集资诈骗等非法集资类型案件，严重扰乱了正常的金融秩序。对此类涉案财产的处置途径通常有三种形式，即行政程序、刑事程序和民商事清算程序。

第一，行政程序，是由省级人民政府负责集资行为的性质认定和非法

* 金琳，湖北山河律师事务所律师。

集资案件的处置工作。一般处置程序是：由公安机关、财政和税务部门、人民银行和金融监管部门、工商部门、人民法院和检察机关等组成专案组；制定处置方案；公告取缔；债权债务申报登记和确认；资产负债审计和资产评估；资产清收、保全和实物资产的变现；集资款项清退。

第二，刑事程序，是由公安机关立案侦查，法院依据判决并执行的司法程序。其财产处置依据我国《刑法》第 64 条规定："犯罪分子违法所得的一切财物，应当予以追缴或者责令退赔；被害人的合法财产，应当及时返还；违禁品和供犯罪所用的本人财物，应当予以没收。"此外，还有《最高人民法院关于适用〈中华人民共和国刑事诉讼法〉的解释》（法释［2012］21 号）及地方法院关于此类案件的处置办法、《最高人民法院关于刑事裁判涉财产部分执行的若干规定》、《温州市中级人民法院涉众型金融犯罪涉案财产处置办法》（温中法［2013］138 号）等系列规范。

第三，民商事清算程序。如果企业资大于债，可以进行公司清算；若资不抵债则适用《企业破产法》。该程序相较于行政程序法律规范更为清晰，规定更加全面，债权人能全面地参与程序，且管理与处置并重，使破产财产最大化成为可能，实现程序法与实体法之间的匹配。①

实践中，部分地区及案件现均倾向采用司法破产程序来进行处理，但对于涉刑的案件能否进入破产程序，则有不同的观点。

一种观点认为，通常先刑后民是处理该类型案件的普遍原则，应等待刑事程序结束再进行民事程序。依据为 2014 年 3 月最高人民法院、最高人民检察院和公安部共同颁布的《关于办理非法集资刑事案件适用法律若干问题的意见》。（2014 年 3 月 25 日，公通字［2014］16 号，以下简称《意见》）其中就规定了，人民法院立案后，发现民间借贷行为本身涉嫌非法集资犯罪的，应当裁定驳回起诉，并将涉嫌非法集资犯罪的线索、材料移送公安或者检察机关。民间借贷的基本案件事实必须以刑事案件审理结果为依据，而该刑事案件尚未审结的，人民法院应当裁定中止诉讼。作此规定能有效防止有的受害人获得足额清偿而有的受害人却根本不能得到补偿的现象发生，毕竟非法集资案件涉及不特定的多数人的利益，在处理上应当坚持一体化解决的原则。但如严格按照此观点，公安机关、

① 参见陈醇：《非法集资刑事案件涉案财产处置程序的商法之维》，载《法学研究》2015 年第 5 期。

人民检察院、人民法院正在侦查、起诉、审理的非法集资刑事案件，是无法进入破产程序的。

另一种观点则认为破产案件为特殊的民事案件，非为个别债权进行清偿，应避免僵化理解先刑后民，破产程序宜及时进入，统一解决债权人及受害人救济问题。① 由于涉及此类案件的主体通常披有合法外衣，有些既涉嫌非法集资行为，同时又存在正常生产经营活动，如某些房地产开发商在商品房建设过程序中，通过民间借贷许诺高息，或不以房产销售为主要目的，以返本销售、售后包租等方式吸收公众存款，最后形成烂尾楼盘，但此类案件还涉及正常的购房者、建筑施工企业。如等待刑事程序终结后再启动破产，将使企业陷入长期无序的混乱状态、企业财产信用招致贬损，致使其他购房者、债权人的利益长期无法得到确认和保护。

故笔者也倾向于第二种观点，认为此类案件更适宜刑民协同推进，其理由如下：

1. 符合现实需要。第一，破产程序系将破产企业财产公平地清偿给全体债权人的概括性执行程序，而非个别或类别清偿，适宜一体化解决资产、负债问题；第二，企业正常经营形成的资产、负债，并不为刑事程序所包含，只能通过民事程序解决；第三，涉及刑事案件的赃款赃物多为货币，难以特定化，它们与破产财产发生了严重的混同，无法剥离；第四，及时进入破产程序，有助于企业资产价值的保全，有助于债权的及时审查确认和清偿，确保有效率的正义实现。

2. 具有理论及法律依据。《最高人民法院关于依法审理和执行被风险处置证券公司相关案件的通知》（以下简称《通知》）第5条规定："证券公司进入破产程序后，人民法院作出的刑事附带民事赔偿或者涉及追缴赃款赃物的判决应当中止执行，由相关权利人在破产程序中以申报债权等方式行使权利；刑事判决中罚金、没收财产等处罚，应当在破产程序债权人获得全额清偿后的剩余财产中执行。"《通知》表明，证券公司破产程序中刑民交叉涉财部分遵循的原则是所有债权人都经过破产申报程序使得债权得以救济，而不区分是否是刑事被害人；即便对刑事程序中确认的赃款赃物也应当中止执行，将赃款赃物一并列入破产财产参与所有债权人的

---

① 参见宗帅：《破产中的"民刑交叉"问题观察：受害人与债权人的纠结》，载微信公众号"破产重组法务"，2017年11月29日。

分配。

浙江省高级人民法院《关于服务金融改革大局依法妥善审理民间借贷纠纷案件的若干意见》第4条规定："依法受理企业破产申请，通过破产程序平台协调民间借贷纠纷和非法集资活动交织的相关问题。企业构成破产原因，企业及其相关人员涉嫌非法集资等犯罪活动，经征询协同处置机制和有关部门的意见，依照《企业破产法》和《最高人民法院关于适用〈中华人民共和国破产法〉若干问题的规定（一）》的规定，人民法院应依法受理对企业的破产申请。受理前述企业破产申请后，应根据法律和有关司法政策的要求，妥善处理民间借贷纠纷和非法集资活动交织的相关问题；民间借贷纠纷和涉嫌非法集资等犯罪活动可以分别处理的，在做好相关协调工作的前提下，分别依照《企业破产法》的规定集中解决民间借贷纠纷和查处涉嫌非法集资活动。受理企业破产申请后，对追究债务人刑事责任的财产保全措施和执行程序，要依法解除保全、中止执行。"从这些规定可以看出，司法机关亦主张通过破产程序集中解决民间借贷和非法集资活动交织的问题。

3. 存在实践经验。刑民协同处理模式虽没有明确的法律规定，但在部分地区及特定案例中仍能找到通过这种方式处置的实例，并都取得了良好的效果。例如在浙江银象生物工程有限公司破产清算案①、浙江中汉卓信控股集团有限公司合并重整案②中，均适用了刑民协同推进的理念和方案。实践案例显示，通过破产程序清产核资，有利于刑事案件事实的查明；通过公安侦查的推进，有利于管理人查明资金流向、协助追收资产，并查明涉刑债权的资金收付情况，以便更好地核查确认债权。所以，笔者认为刑民协同模式具有借鉴意义，应当参照适用。

（二）债权金额及性质的认定

如果刑民协同推进，那么在破产程序中涉刑事案件受害人的债权又该

① 参见吴正绵：《破产案件合并处置及以刑民协同理念，破解破产程序中刑民交叉难题的探索》，载浙江省律师协会编《破产疑难案实务应对》，法律出版社2017年版，第183页。

② 参见章菁：《灵活机制创新，大型企业集团拆分重整》，载浙江省律师协会编《破产疑难案实务应对》，法律出版社2017年版，第259页。

如何认定呢？是只算其本金部分还是本金加收益？其是否又享有优先受偿权呢？

对于受害人债权是否属于破产债权，有两种不同观点。一种观点认为，因犯罪行为占有的财产原本就应属于受害人财产，依据《刑法》规定，赃款赃物应返还给受害人。如浙江省高级人民法院民事审判第二庭《关于在审理企业破产案件中处理涉集资类犯罪刑民交叉若干问题的讨论纪要》（以下简称《纪要》）中规定，在审理企业破产案件过程中，因债务人的犯罪行为而非法占有的不属于债务人的财产，可以在刑事判决生效后，依照《企业破产法》第 38 条之规定，由受害人以财产权利人的名义通过管理人取回。该观点认为，因犯罪行为而非法占有的财产不属于破产企业，不能列为破产财产，对应的该部分受害人的债权非破产债权。① 另一种观点则认为涉及刑事的赃款已与破产财产高度混同，无法特定化并将其从破产财产中剥离出来，虽然刑事受害人与破产债权人性质上有所区别，但如将刑事受害人排除在债权人之外，不参与破产财产分配，则会损害该部分受害人的利益；如将其受害财产全部从破产财产中扣除，则会损害其他债权人利益。故应允许受害人申报债权，在破产程序中受偿。

同时对于受害人债权金额及性质的认定，也存在分歧。一种观点认为，受害人的债权应根据《意见》第 5 条的规定，集资参与人本金尚未归还的，所支付的回报可予折抵本金。即以前已付的利息应冲减本金，不足本金部分作为优先债权予以提存，待刑事案件判决后予以支付。另一种观点则认为，进入破产程序后，应按照《企业破产法》的规定及程序对债权进行确认、分配。在具体案件中需对不同主体及法律关系性质进行区分，受害人的收益部分应参考民间借贷等司法解释及法律规定的范围，参考其他债权人的正常收益进行调整，参与破产财产分配。

比较而言，笔者赞同第二种观点，进入破产程序后，如果赃款赃物无法特定化，那么应当允许刑事犯罪的受害人以债权人身份参与破产程序，遵循破产法的规定审核确认债权。其债权在不满足法定优先的条件下，应列为普通债权，并综合民间借贷与集资的本金、利息支付及收益约定等情况，利息则应在法律保护范围内及个案平衡考虑状况下予以确定，计算利

① 参见关峰、曹熙、戴书晖：《破产程序中刑民交叉的选择》，载微信公众号“金杜研究院”，2016 年 3 月 7 日。

息至破产受理日。例如在浙江纵横集团等 6 家公司合并重整案中，受理法院就是考虑到单纯依照非吸损失额认定债权容易导致不公平，经过和当地政府沟通后要求管理人依照非吸损失额确定本金，然后从债务人房地产项目停工时依照月息 1.2%计算至破产案件受理日。

二、破产案件受理后涉嫌犯罪的应对

破产案件中有的企业家在危机产生时，担心信誉受损，希望能通过民间借贷和非法吸、集资等形式克服，不惜一切代价维护企业正常营业假象，结果陷入更深的泥潭；有的则在进入破产程序前，早已有预谋地转移资产，以创办新的公司或将公司资产与个人资产混合；有的破产企业对于债权人提出的破产申请，既无力履行清偿债务的义务，又不愿企业破产清算，采取消极或积极的行为对抗管理人履责。由于立案时对申请破产企业的调查多为形式审查，故往往是在进入破产程序后法院及管理人才发现破产受理前可能涉及犯罪行为，包括虚假破产、转移资产等，有的则是在破产程序中产生的犯罪行为，如妨害清算，对此类可能涉及犯罪行为的线索，管理人应及时提交给法院或移交侦查机构。

（一）涉嫌虚假破产的处理

《企业破产法》作为市场主体合法退出市场的重要机制之一，保护了债权人利益的同时也保护债务人利益，但 2007 年实施以来并没有形成破产案件增加的态势，2012 年、2013 年每年的破产案件仅 2000 件左右，债权人及企业寻求破产法保护的动力明显不足。直到近年来，国家进入经济发展新常态，十九大提出通过“三去一降一补”，推进供给侧结构性改革，改善供需关系，加快市场出清，解决经济运行所面临的问题，破产案件数量现有了明显的增长。最高人民法院在倡导依法受理企业破产案件时，也强调要切实防止企业恶意逃避债务，不能被某些企业或个人用作“假破产，真逃债”的手段，损害相关主体利益。

根据《关于审理企业破产案件若干问题的规定》第 12 条规定，债务人有隐匿、转移财产等行为，为了逃避债务而申请破产的，人民法院应裁定不予受理。根据《关于审理企业破产案件若干问题的规定》第 14 条规定，人民法院受理企业破产案件后，发现有该司法解释第 12 条规定情形的，应当裁定驳回破产申请；人民法院受理债务人的破产申请后，发现债务人巨额财产下落不明且不能合理解释财产去向的，应当裁定驳回破产申请。管理人应认真审查破产前发生的交易，对不公平交易行为，及时按照《企业破产法》第 31、32、33 条规定予以否定并追收企业资产。同时，构成虚假破产罪的，应按照《刑法》第 162 条之二规定，公司、企业通过隐匿财产、承担虚构的债务或者以其他方法转移、处分财产，实施虚假破产，严重损害债权人或者其他人利益的，追究其刑事责任。

可见，依据上述规定，对于涉嫌虚假破产的，管理人应及时向受理法院报告，并建议提请驳回破产申请。

（二）转移资产、虚构债务类犯罪行为

管理人在破产程序中应核查债务人账面资产与实际资产是否相符，债务人资产与关联企业资产或法定代表人、实际控制人、控股股东个人资产是否存在混同。破产企业普遍管理混乱，进入破产时各项问题、矛盾已集中爆发，且其中不少民营企业是家族企业，不乏财务账册混乱、会计管理制度不健全，以及公私财产混同等现象。某些破产企业，资金流向混乱，部分资金体现在公司账上，部分资金根本未进公司账户而在账外循环，通过企业股东、高管、关联个人账户实施收支，实现融资款项的收付及高额利息的支付，给管理人工作造成极大困扰。

实务中，管理人应加强对此类行为的审查。其一，可对已掌握证据的行为提起民事诉讼。《企业破产法》第 36 条规定："债务人的董事、监事和高级管理人员利用职权从企业获取的非正常收入和侵占的企业财产，管理人应当追回。"温州市中级人民法院《关于在审理企业破产案件中防范和打击逃废债行为的会议纪要》中规定，在破产案件审理中，发现债务人企业财产与其法定代表人、实际控制人或控股股东的财产高度混同的，及时提起诸如确认债务人隐匿、转移财产或虚构债务、承认不真实债务行为无效诉讼、破产撤销权诉讼、追收债务人的出资人未缴出资和抽逃出资诉讼、追回债务人董事、监事和高管非正常收入诉讼等或提出保全债务人财产的申请。其二，将债务人企业和企业股东及高管的财产合并处置。浙江省高级人民法院民二庭《关于在审理企业破产案件中处理涉集资类犯罪刑民交叉若干问题的讨论纪要》第 3 条中规定，在破产案件审理中的债务人企业或企业股东及高管涉嫌犯罪，且企业财产与以上相关个人财产

高度混同的，法院可以结合债权人会议讨论意见，或者征询主要债权人和相关部门的意见后，裁定将债务人企业及企业股东及高管的财产合并处置。但仍要区分债务人股东及高管非因经营债务人企业所产生的债务和财产。其三，对于发现的涉及犯罪的线索，应当及时提供给侦查机关。

由于破产程序属民事程序，管理人依据《企业破产法》及受理破产法院的指定担任管理人和履行职责，管理人虽有法定身份但权限仅属民事权利，主体上只能代表破产企业，其履职、调查手段均有一定的局限性。例如在某些破产案件中，管理人发现破产企业的账户向多个关联公司及个人转款，这些关联公司及个人又将款项分转给数人，一来这些账外资金管理人的调查仅依赖于当事人提供；二来这些资金经过多手转移后在账外运作，还债、经营支出甚至个人占用混为一谈，无法区分还原。笔者认为，正如前面第一部分所阐述，民事和刑事可协调处理，相互推进。但在操作中还需要进一步明确各自职责，做好与刑事部门的协调工作。在破产程序中主要偏重解决清产核资、公平清偿债务问题，在刑事程序中主要解决追究企业或个人的刑事责任问题，同时通过民事、刑事手段更充分的调查财产状况、追回资产，最大限度地保护债权人、受害人的合法权益。

（三）妨害清算行为

在破产程序中，企业股东、高管及相关人员有义务配合管理人工作，拒不向管理人移交财产、印章和账簿、文书等资料的，或者伪造、销毁有关财产证据材料而使财产状况不明的，或者提交不真实的财产状况说明、债务清册、债权清册、有关财务会计报告以及职工工资的支付情况和社会保险费用的缴纳情况的，在人民法院对相关责任主体经释明或采取罚款、拘留等强制措施后，仍不移交相关材料、账册，严重影响破产程序顺利进行的，法院在就现有财产对已知债权进行公平清偿并裁定终结破产程序的同时，还应在裁定书中明确赋予债权人另行起诉相关清算义务人的权利。如温州市 R 光学有限公司破产清算案，因股东拒不提供公司主要财产、账册，法院判决其对公司债务承担清偿责任。①

对于涉及犯罪的，可及时将有关线索移交侦查机关追究其刑事责任。

---

① 参见章恒筑、王雄飞：《2014 年浙江法院企业破产审判报告》，载王欣新、郑志斌主编《破产法论坛（第十一辑）》，法律出版社 2016 年版，第 62 页。

《刑法》第162条之一的罪名为妨害清算罪、隐匿、故意销毁会计凭证、会计账簿、财务会计报告罪。即公司、企业进行清算时，隐匿财产，对资产负债表或者财产清单做虚伪记载或者在未清偿债务前分配公司、企业财产，严重损害债权人或者其他人利益的，对其直接负责的主管人员和其他直接责任人员，处五年以下有期徒刑或者拘役，并处或者单处二万元以上二十万元以下罚金。隐匿或者故意销毁依法应当保存的会计凭证、会计账簿、财务会计报告，情节严重的，处五年以下有期徒刑或者拘役，并处或者单处二万元以上二十万元以下罚金。如S集团存在私设账外账的行为，财务混乱，并且有证据表明该公司的账外账和大部分会计凭证已经被S集团故意销毁或者隐匿，后经公安局立案，法院判决其法定代表人犯隐匿会计凭证、会计账簿罪。①

三、有关破产犯罪的立法完善

破产犯罪在我国尚属新型经济犯罪，但在国外已有很长的历史，随着经济的发展和时代的演进，破产从有罪主义发展到免责主义。现代破产犯罪手段更加隐蔽和有预谋，损害日益严重，涉及面也越来越广。各国根据各自国情和历史传统采用的立法体系也各有不同，有的在刑法典中专章专节明确规定，如德国新刑法（1976年以后）、奥地利、西班牙1971年刑法典；有的国家和地区在刑法典以不同条款对破产犯罪作了规定，如美国法典；有的在破产法罚则部分设专章，罚则以独立、完整的形式规定破产犯罪刑事责任，如德国破产法（1976年以前）、英国破产法、韩国破产法。②

在我国金融风险增高、实体经济不景气和破产案件日益增多的今天，对某些企业或个人利用破产制度铤而走险谋取非法利益的趋势更要引起重视，在破产犯罪立法及防范上要进行完善。

---

① 参见章恒筑、王雄飞：《2014年浙江法院企业破产审判报告》，载王欣新、郑志斌主编《破产法论坛（第十一辑）》，法律出版社2016年版，第62页。

② 参见苏子乐：《我国现阶段经济转型过程中破产犯罪探微》，兰州大学2007年硕士学位论文。

（一）完善管理人的组成成员或成立工作专班

虽然法院在提任管理人时逐渐向独立的律师事务所、会计师事务所、清算公司过渡，但对于有转移资产犯罪嫌疑、涉案人数众多的案件，因面临极大的维稳压力，且涉及刑民交叉，仅凭管理人和法院在案件的推进上是困难的。显然指定由行政职能部门、会计师事务所、律师事务所等机构共同组成的清算组更为合适，或对此类案件由政府部门成立专门的工作小组协助法院、管理人，以府院联动的方式推进破产程序。

（二）完善相关法律规定

《刑法》中现有的关于破产犯罪的规定，对主体及实施行为均有所局限。如除了企业、股东、高管或公司人员外，还缺乏对实际控制人、关联公司、股东亲属或第三人，甚至债权人的妨碍行为的规定；高管人员的范围多为国有公司、企业，其他性质如民营企业、上市公司的高管人员在破产犯罪中的刑事责任也需要明确。①

（三）提高破产审判业务水平，成立专门的破产法院或专门法庭

目前，破产犯罪的手段愈加多样化、复杂化、隐蔽化、智能化。一个破产案件涉及的经济行为众多，遇到的问题更是包罗万象，有法律的、财务的、税务的、经营的，仅法律方面就涉及《企业破产法》、《合同法》、《担保法》、《物权法》、《劳动法》等，而破产犯罪又涉及《刑法》，这对审理破产案件的法官及管理人都提出了更高的要求，不仅体现在业务专业水平上，还体现在投入的时间和精力上，所以有必要设立专业的破产法院或专门破产法庭。同时，管理人的分级制度也势在必行。

（四）强化破产终结后的法律责任

依法追究债务人的股东、高管等相关责任主体的个人民事责任，使其

① 参见李曙光：《实施破产法，刑法大有可为》，载微信公众号“破产法快讯”，2017年6月16日。

借破产逃废债务的目的落空。债务人的股东有出资不足或抽逃出资情形的，除应依法追究该股东的民事责任外，还应依法追究债务人的其他股东和负有监督股东履行出资义务的董事、高管所应承担的民事责任。债务人的法定代表人、实际控制人及其他相关责任主体无正当理由拒不向管理人移交相关材料、账册的，法院就现有财产对已知债权进行公平清偿并裁定终结破产程序的同时，还应告知债权人可以另行起诉，要求公司股东、董事以及实际控制人等义务人对债务人的债务承担相应的民事责任。

我国《企业破产法》的施行还在推动阶段，未来可能还会引进个人破产制度。现阶段要对《企业破产法》的正确实施提供生长环境，完善法律体系，对蓄意破坏破产制度及信用体系、恶意逃债的破产犯罪行为，应明正典刑，避免市场经济的诚信基础遭到破坏，以维护破产法律规范的权威。

第二部分：管理人制度实践与完善

破产案件中管理人职务履行问题研究

吴凤 田清*

内容提要：管理人是指破产案件中，受法院指定并接受法院监督，全面接管破产财产并负责对其进行保管、清理、估价、处理和分配的专门机构。作为破产案件中的服务者，为使破产案件顺利进行，管理人应当明确自身定位，树立正确工作态度，制定完整的管理人工作方案。从笔者作为管理人的几个破产案件中来看，管理人从接受指定，制定工作计划和规则，到进场接收企业资产，从接受债权申报，清产核资，债权审核，债权人会议的召开，到财产分配或进行重整，有很多问题值得研究。例如：清产核资的方式、债权人会议的筹备、与重整投资人的沟通等。但管理人日常工作的规则、管理等事项，是破产审判实践中基础性的工作，本文旨在通过研究管理人在执行职务过程中的基础性工作，以及目前管理人在执行职务过程中普遍存在的管理问题及解决方案，为管理人提供参考。

一、管理人的法律定位

（一）相关法律规定

根据《企业破产法》第22条第1款的规定："管理人由人民法院指定。"第23条规定："管理人依照本法规定执行职务，向人民法院报告工作，并接受债权人会议和债权人委员会的监督。"第27条规定："管理人

---

* 吴凤，北京大成（武汉）律师事务所合伙人；田清，北京大成（武汉）律师事务所实习律师。

应当勤勉尽责，忠实执行职务。”另根据《最高人民法院关于审理企业破产案件指定管理人的规定》第33条第1款第4项规定：“社会中介机构管理人有下列情形之一的，人民法院可以根据债权人会议的申请或者依职权径行决定更换管理人：履行职务时，因故意或者重大过失导致债权人利益受到损害。”

因此，管理人是由法院指定的，在执行职务的过程中应当严格依照法律规定，公平公正、勤勉尽责。同时积极接受法院、债权人会议及债权人委员会的监督。

（二）管理人的权利义务

管理人作为破产案件的服务者，不但受法院、债权人会议以及债权人委员会的监督，为债务人清产核资、审核债权、偿还债务，而且应根据具体案件提供相应优质的法律服务，同时在执行职务的过程中，必须要做到客观、公正、中立，对债权人、债务人一视同仁，不偏向其中任何一方，不带有主观感情色彩。① 司法实践中，管理人具有法律赋予的对破产企业清产核资还债的职务权利，但义务更重，不但应依法、公正履职，还应具有企业管理、经营的能力，能与债权人、债务人、法院、投资人顺畅沟通。因沟通或履职问题，或各个权利主体之间利益诉求不同等原因，有时沟通不畅还会导致债权人向法院申请更换管理人，当然，更换管理人的法定理由是《最高人民法院关于审理企业破产案件指定管理人的规定》第33条规定的五种情形。② 无论是法定的原因还是沟通不畅导致的原因，更换管理人事项都将对管理人工作产生一定影响：首先，即使没有法定理由更换管理人，也将加大沟通难度，对管理人后续工作产生不利影响；其次，一旦因管理人过错导致更换管理人的，新任管理人继续进行破产重整

---

① 参见谢辉：《我国破产管理人的法律地位》，载《人民法治》2016年第11期。

② 《最高人民法院关于审理企业破产案件指定管理人的规定》第33条规定：“社会中介机构管理人有下列情形之一的，人民法院可以根据债权人会议的申请或依职权径行决定更换管理人：（一）执业许可证或者营业执照被吊销或者注销；（二）出现解散、破产事由或者丧失承担执业责任风险的能力；（三）与本案有利害关系；（四）履行职务时，因故意或者重大过失导致债权人利益受到损害；（五）有本规定第二十六条规定的情形。”

或清算时，因上任管理人工作做法和继任管理人不尽相同，导致交接与熟悉期间延长，直接导致破产重整或清算期间的延长，对债权人、债务人造成不必要的时间浪费；最后，一旦管理人因不能依法履职被更换，将影响后续破产案件相关业务的开展。

笔者以为，管理人在履职过程中应重视执业声誉、依法履职、找准定位。由此管理人应具体做好以下工作，包括但不限于：依法接受指定并进场接管破产企业、妥善进行材料保管、依法进行债权审核、积极与各当事人沟通、规范工作底稿的制作、依法筹备债权人会议、积极招募投资人等等。

二、管理人执行职务过程中材料的保管

（一）重视破产案件材料的归档管理

案卷材料的保管是律师的一项重要工作，特别在破产案件中，因所涉资料庞杂、办案周期长等原因，对材料的归档和保管就显得尤为重要，且材料的妥善保管贯穿管理人执行职务的全过程。对于在执行职务过程中接收到的一切材料，包括但不限于法院文书、债权申报资料、账簿、往来函件、会议纪要、访谈记录、工作报告、工作制度等，管理人都应当妥善保管，这在破产案件中尤为重要。① 例如，就法院文书而言，是管理人依法履职、采取各类法律措施的重要依据；就债权申报材料而言，是债权人向管理人申报债权时，向管理人提交债权申报的相关资料。在管理人对债权人的债权进行审核、制作债权表时，债权人提交的相关资料就是管理人进行债权审核、制作债权表的主要依据。若管理不善，审核过程中证据材料缺失，会造成债权审核结果的不准确，属管理人严重失职行为；就账簿而言，若账簿丢失，则会导致审计机构进行审计时缺乏依据；就往来函件而言，其是管理人与各方当事人进行相关工作往来的凭证，也属于重要证据。因此，管理人在履职过程中应重视材料的归档与保管。

① 参见董健：《浅谈破产清算中管理人职权的问题》，载《法制博览（中旬刊）》2014 年第 9 期。

（二）如何归档保管材料

管理人应设置专门的材料管理人员，对所有材料进行整理归档管理，且材料管理应当制作详细的材料管理清单。清单首先应当分门别类，分为法院文书、债权申报资料、工作报告、访谈记录等。每类清单上都应当列明每份材料的编号、材料名称、材料主要事由、接收时间等。若有特殊情况的，应在后面进行备注，破产案件材料的归档管理完全可以参照法院档案室的做法。

比如，就债权人的债权申报材料而言，应当将债权人的申报材料分门别类进行整理，分为普通债权、担保债权、工程债权、房屋关联债权等，债权人补充申报材料的，应将其归至原始申报材料中，以保持材料的体系性和统一性。

除此之外，在日常工作过程中，管理人团队成员若因工作需要，有出借资料情形的，材料管理人员应当制作材料出借清单，在清单上列明材料出借时间、出借人、出借材料名称、出借事由，并需由出借人签名；在出借人将材料归还后，应在清单上写明材料归还时间。由此形成一个脉络清晰的材料管理体系。

三、管理人执行职务过程中的债权审核

（一）债权审核的重要性

债权审核是管理人处理破产案件的核心任务之一，在整个破产案件中的重要性不言而喻。管理人在接受债权申报时，就应当同步进行债权审核，一是可以节约时间，以利于破产案件程序的更快推进；二是可以同步与债权人沟通，为之后的工作奠定良好基础；三是可以尽快制作债权表。债权审核是管理人理清债权债务关系、制作破产重整或清算方案、召开债权人会议的基础。

在债权审核中，对于证据资料缺乏、无法形成完整证据链的债权人，管理人应当进行书面或电话通知，让其向管理人补交相关资料。若债权人在规定期限内未提交，管理人从企业财务账面信息以及审计审核数据中又无法找到相应转账记录的，管理人对其申报的债权将暂时不予确认。根据

《企业破产法》第58条第3款的规定，债务人、债权人对债权表记载的债权有异议的，可以向受理破产申请的人民法院提起诉讼。因此管理人后期可依据法院判决或裁定书内容对债权进行相应认定，该救济途径可以有效保护合法债权。

（二）依法审核原则

根据《企业破产法》、《物权法》、《合同法》、《担保法》、《民事诉讼法》、《公司法》等法律、法规及有关司法解释的规定，管理人在债权审核中，审核的基本原则为：债权申报必须有真实、合法、有效的证据。凡债权人提交证据不足，债务人财务记录又没有记载的，管理人则初步不予确认；债权人提交证据不足，但债务人财务记录有明确记载或有其他证明文件的，应以该记载为准，以保护合法债权人的利益。对债权人未提供书面证明材料，且无其他证明材料佐证的，管理人将暂时不予承认（救济途径见本文上段所述）。

债权人的债权申报须在法定期限内进行。对于逾期申报的，根据《企业破产法》第56条的规定，可以在破产财产最后分配前补充申报；但此前已进行的分配，不再对其补充分配。为审查和确认补充申报债权的费用，由补充申报人承担。债权人未依照《企业破产法》相关规定申报债权的，不得依照该法律规定的程序行使权利。

（三）债权审核中的补充资料

管理人在对债权进行审核的过程中，会面临很多问题。例如，在对房屋关联债权进行审核时，会存在购房户提交的证据材料不足、材料先后存在矛盾等问题。还有可能会存在收据上前后日期不一致、收据上收款事由中所涉及的房屋与申报房屋不一致、银行流水上对方账号及户名指向不明等问题。当出现这些问题时，管理人除应与公司财务账面信息、审计审核数据进行核对以外，还需通知债权人，与债权人当面或电话进行沟通，向债权人问清原委，弄清问题存在的原因，必要时要求债权人提供相关证明材料进行佐证。

同时，管理人还需与债务人进行沟通。债务人未向管理人移交账册等相关财务资料的，管理人应督促债务人向管理人提交。对账册有疑问的部分，应随时联系债务人进行询问，以确保能够理顺公司财务信息。

（四）债权审核中的法律适用

目前我们国家破产法律法规尚不完善，在进行债权审核的过程中，由于申报的债权中存在抵押、借贷、利息、迟延履行金等多种情况，当《企业破产法》及相关司法解释中没有相关规定时，管理人应当参考《物权法》、《合同法》、《建筑法》、《公司法》等法律综合判断进行审核，确保债权审核结果的合法性、准确性。

四、管理人执行职务过程中的沟通

（一）与法院沟通

在我国，根据《企业破产法》第22条规定，管理人由人民法院指定。管理人在执行职务的过程中，向法院报告工作，并接受法院监督。如何与法院进行积极有效的沟通，是管理人在执行职务过程中值得思考的一个问题。①

管理人在日常执行职务的过程中，应依法主动向法院汇报工作事项及进度，接受法院监督。法院对管理人工作存在疑问时，管理人应及时进行回复，避免因回复不及时导致法院的工作和管理人的工作衔接出现问题，进而产生误解。以房地产企业破产清算为例，对于没有法律依据占有房屋的行为，应该如何处理，是以管理人为主导进行清理与管理，还是法院采取依法通知其限期腾退等司法执行手段，就需要管理人依法向法院汇报，并依法沟通处理细节。若涉及腾退的（腾退是法院司法执行方式之一），因腾退后涉及资产的管理等问题需要管理人接管，管理人应积极与法院配合、沟通，对时间、参与人员、具体方案、腾退后续问题解决预案等事项提前与法院沟通并明确最终的方案，避免在时间安排、人员调配、配合程度等多方面出现问题。

因此，管理人在执行职务过程中，应注意及时向法院书面汇报，听取法院的意见。在与法院的沟通过程中，应当做好工作记录，留存底稿，以

① 参见徐喜霞：《浅谈人民法院对破产管理人的监督作用》，载《法制博览》2017年第10期。

推进整个破产案件依法有序推进。

（二）与债权人沟通

管理人如何与债权人进行沟通是破产实践中十分重要的问题，贯穿整个破产案件，特别在债权申报、债权审核、清偿债务、制作重整方案、召开债权人会议等阶段中。因本文侧重管理人履行职务中的基础工作研究，关于与债权人的沟通问题重点对债权申报以及债权审核两个阶段进行分析：

第一，债权申报阶段。很多债权人存在对破产的理解偏差，且大多数债权人并没有债权申报的经验，因此管理人在接受债权申报时，应耐心向债权人阐明管理人的工作与立场，引导其填写债权申报表并提交相关资料。在债权人表达对债务人的不满进而质疑管理人时，管理人应耐心予以解答。在债权人集中前来向管理人进行申报时，债权人还有可能因对债务人的不满而发泄甚至聚众闹事，管理人应当在保证自身安全的前提下，积极组织债权人依序进行债权申报，并依法回答债权人提问，平复债权人情绪，稳定现场。① 当然，如果债权人无理取闹或严重扰乱秩序且不听劝阻，管理人可以选择报警处理。

特别在房地产企业破产案件中，经常涉及拆迁户的补偿与安置问题。由于我国房地产市场监管问题及部分中小型房地产企业资金链断裂等原因，会出现楼盘烂尾无法对拆迁户进行安置，或开发商拒绝补偿过渡费，或安置房面积远低于拆迁补偿协议中的约定面积等多种情形，导致拆迁户会时常向管理人寻求解决方案。基于法律对于管理人的职权限制，管理人对有些诉求没有办法解决。因此部分拆迁户会选择通过上访、暴力威胁等方式来提出自己的要求。因而管理人在执行职务过程中应当重点关注这部分群体，如有必要，应及时向政府和法院进行汇报，府院联动，共同推进问题的解决，将安全隐患防患于未然。

除此之外，就房地产企业破产而言，在对企业进行清产核资时，对于购房户，有一个入户核查阶段。入户核查中，管理人应对购房者的购房时间、房屋面积、付款方式、装修情况等方面详细了解，并做好入户核查笔

---

① 参见于维同、颜程程：《我国破产管理人法律责任制度的完善》，载《全国商情（理论研究）》2013 年第 6 期。

录。入户核查中，管理人应注意自己交流的方式方法，要向住户详细说明入户核查的目的，避免住户与管理人产生冲突，管理人也可以事先与物业沟通，由物业公司人员与管理人配合上门核查。必要时管理人可向法院申请，由法院、物业与管理人共同入户核查。

第二，债权审核阶段。管理人在对债权进行审核、制作债权表的过程中，由于部分债权人提交的证据材料不足，或部分证据不具备证据所要求的必备要件，或部分证据遗失等原因，导致其申报债权没有形成完整的证据链，因而管理人要求债权人继续提交相关资料。① 但很多资料因年代久远已经丢失或者非债权人个人能力所能提取到（例如，某些银行开出的银行流水，对方账号及户名无明确指向）等多种原因，导致债权人无法向管理人提交。此时部分债权人会产生消极情绪，管理人应当积极对债权人作好心理建设，告知其管理人会根据债权人提交的相关资料、企业财务账面信息以及审计审核数据对债权依法进行初步审核。

（三）与债务人沟通

根据《企业破产法》第 15 条第 1 款第 1 项、第 2 项的规定：“自人民法院受理破产申请的裁定送达债务人之日起至破产程序终结之日，债务人的有关人员承担下列义务：（一）妥善保管其占有和管理的财产、印章和账簿、文书等资料；（二）根据人民法院、管理人的要求进行工作，并如实回答询问。”在破产案件中，因为债务人是最熟悉企业情况的人，管理人应该多与债务人就企业前期经营管理、债权债务关系等详细询问、记录，这将对管理人尽快熟悉破产企业、推动破产程序的进程有很大帮助。首先，管理人在进场接管破产企业时，应当与债务人详细罗列并制作交接物品书面清单，包括但不限于债权债务资料档案、企业财产、印章以及账簿等，并签字确认，进行妥善保管。如果出现债务人拒不提交的情形，管理人应当向其说明破产法对债务人权利义务的相关规定。其次，由于债务人熟悉破产企业整体情况以及各债权人的债权产生情况，因此管理人在执行职务过程中应当随时与债务人保持联系，特别在债权审核时，有很多需要债务人签字确认的，需要债务人配合审计、评估的，都需要管理人与债

---

① 参见许见明：《房企破产案疑难债权审核问题研究》，载《法制博览》2018 年第 3 期。

务人有良好的沟通机制，才能更高效地推动破产案件的进程。

五、管理人工作底稿的制作

（一）制作工作底稿的重要性

破产案件属于非常复杂的综合性非诉业务，对于管理人的要求相当高。破产案件中不仅有大量的法律性事务，还涉及很多公司内部经营管理等非法律性事务，并且所有的社会、经济、法律事务可能会交织在一起，使得破产案件相较于其他的非诉业务存在特殊性。基于破产案件的复杂性和特殊性等特点，管理人在履职过程中，为了顺利、成功地推进项目进程，应当秉着勤勉尽责的专业态度，制作并保留详尽的工作底稿，依法办理相关事务，切实防范法律风险。

管理人工作底稿是指管理人在破产项目执行职务过程中形成的、客观反映管理人在履职过程中处理具体事务的情况记录，例如制作破产财产管理、处分、分配方案的工作记录，日常工作形成的工作日志以及在处理整个案件过程中获取的相关资料。

目前，在我国破产业务领域，暂时没有法律、行政法规、部门规章、规范性文件等法律文件明确规定管理人在执行职务过程中必须制作工作底稿。但是管理人规范的工作底稿制作，可以指导管理人工作的有序开展，同时管理和控制破产案件，保证管理人履职行为的合法性，提高管理人工作效率和质量，从而对管理人整体工作的开展具有参考意义，同时也是管理人勤勉忠实履职的证据。因此，制作工作底稿具有重要意义。

（二）工作底稿的分类

根据工作性质和用途的不同，在破产案件中，管理人可将工作底稿分为以下几类：

第一类，主要是用于管理人内部事务管理，包括但不限于会议纪要、会议记录、谈话笔录、往来函件和文书等。

第二类，主要用于管理人与各方当事人、法院、行政机关、社会组织等进行业务沟通、往来、协调等工作，包括但不限于各类通知书、函件、申请、报告、管理人向债权人会议或法院提交的各项报告、专项情况汇报等文书。

第三类，主要是在接管过程中，接收到的债务人的相关资料，包括但不限于企业设立批准证书、营业执照、合同、协议、章程、法律文件、合同、协议、会计凭证等文件或变更文件的复印、扫描件等。

第四类，主要是管理人制作的管理人工作制度，包括但不限于管理人工作流程与职责、规章制度、财务管理制度、公章管理制度、档案管理制度等。

第五类，管理人在履行职责过程中制作的各类记录、资料以及接收的资料等。

（三）工作底稿的制作要求

管理人的工作底稿文件一定要清晰、完整、准确、规范并且结论明确。文件的关键内容、盖章及签字部分一定要清晰，不清晰的工作底稿不能作为有效的工作底稿。底稿的内容应当具有完整、准确、规范的格式，要注意区分需要详细记录的工作底稿以及在记录过程中应围绕主题、繁简得当的工作底稿。例如访谈、调查表等主体要准确，记录的内容要完整，包括：时间、地点、人物、事件、起因、经过、结果。尤其是调查类的记录，应当有具体的、带有结论性的结果。底稿中不能留有空白，若情况为无，应如实填写无。管理人工作底稿制作形成后，作为破产案件的重要记录，应当妥善保管，以留下工作记录。

结　语

总而言之，管理人在破产重整或破产清算过程中所做的所有工作，都应依法进行，并以严谨的工作态度和思路为基础。对各项具体工作进行探讨与细化，注意工作底稿的制作。当然，当前我国破产审判领域的法律规定尚不完善，因此笔者认为管理人在具体执行职务的过程中存在很多值得探讨的问题，这需要管理人在工作中不断发现问题、探讨问题、解决问题，共同推动我国管理人管理水平的提高，使得管理更加规范，进而促进管理人制度的逐步完善。

论管理人的民事责任

游艳玲*

内容提要：管理人在破产程序中拥有较大的权利，但是《企业破产法》对其责任的规定却语焉不详，缺乏可操作性。为了避免管理人消极履行职务、滥用职权和谋取私利，有必要对管理人的民事责任加以研究。本文从管理人的责任性质、归责原则以及管理人责任的豁免等方面对管理人民事责任进行了初步探讨。

有权必有责，责任的确立不仅可以促使权利的正确行使，也能弥补违反义务造成的损失。权利—义务—责任构成了民事制度的完整逻辑结构。我国《企业破产法》赋予了管理人较大的职权，但是对责任却未多着笔墨，由此造成实践中的有限追责，并为管理人承担责任设置了重重障碍。责任的缺失同样也使得管理人或消极懈怠，或超越权限去履行职权。本文从管理人责任的性质、构成以及限制等方面对完善我国管理人责任制度提出建议。

一、管理人责任制度的立法现状与问题

目前，我国与破产相关的法律主要有三部，分别是：《企业破产法》、《破产法解释一》以及《破产法解释二》，其中涉及管理人法律责任的条文分列如下：

1. 《企业破产法》第 130 条规定："管理人未依照本法规定勤勉尽责，忠实执行职务的，人民法院可以依法处以罚款；给债权人或者第三人

* 游艳玲，武汉大学法学院 2017 级民商法硕士研究生。

造成损失的，依法承担赔偿责任。”第131条规定：“违反本法规定，构成犯罪的，依法追究刑事责任。”这两条规定是《企业破产法》里规定管理人责任的全部条款，由此暴露出来的问题显而易见：第一，未明确规定管理人需要承担民事责任，而是使用“罚款”和“赔偿”等字眼来代替，但是其他条文又明确提到“刑事责任”、“行政责任”，这不仅在文本形式上不协调，也会让人觉得似乎管理人不用承担民事责任，毕竟《企业破产法》里面并不是没有提到民事责任，只是主体仅限于“企业的董监高”。① 第二，责任形式单薄，仅明确规定了罚款和赔偿。罚款并不是民事责任，而是司法责任，是制止管理人妨害破产程序的行为，从而促使管理人按照法律的规定谨慎、忠实、迅速、高效地履行职责。② 对于赔偿的数额也未说明清楚，可能造成“多赔或少赔，类案不类赔”的后果。第三，立法法理漏洞。虽然实践中法院可以认为《企业破产法》第130条“管理人违反勤勉忠实义务，给债权人或者第三人造成损失的依法承担赔偿责任”就是管理人承担民事责任的前提和依据，③ 但是由于该条规定了“第三人”，也就意味着管理人对“第三人”也要承担勤勉忠实义务，这就加重了管理人的负担，尤其是当第三人与债务人存在利益对立关系时，要求管理人对债务人和第三人同时承担勤勉忠实义务，将严重违背法理。④ 第四，该条规定的管理人承担责任的条件重述《企业破产法》第27条关于管理人职业道德的规定，未体现管理人承担责任的过错标准，是一般过失即可还是要求重大过失，可能导致司法上的不一致。

2.《破产法解释二》第9条第2款规定：“管理人因过错未依法行使撤销权导致债务人财产不当减损，债权人提起诉讼主张管理人对其损失承担相应赔偿责任的，人民法院应予支持。”第33条规定：“管理人或者相关人员在执行职务过程中，因故意或重大过失不当转让他人财产或者造成他人财产毁损、灭失，导致他人损害……权利人向管理人或者相关人员主张承担补充赔偿责任的，人民法院应予支持……债权人以管理人或者相关

---

① 参见《中华人民共和国企业破产法》第125条。

② 参见姚彬、孟伟：《破产程序中管理人制度实证研究》，中国法制出版社2013年版，第272页。

③ （2014）民申字第827号。

④ 参见李江鸿：《论破产管理人的民事责任——以英美法之借鉴为视角》，载《政治与法律》2010年第9期。

人员执行职务不当导致债务人财产减少给其造成损失为由提起诉讼，主张管理人或者相关人员承担赔偿责任的，人民法院应予支持。”这两条规定了管理人在执行具体职务时因过错导致的损害应当承担赔偿责任，比起《企业破产法》的规定更具有可操作性，但是由于它们仅仅是司法解释，仍然不能弥补我国管理人民事责任的漏洞。

此外，我国《企业破产法》对管理人民事责任的性质也未作出规定，而民事责任的性质决定了民事责任的构成，进而影响在司法实践中如何追究和认定管理人民事责任。因此，本文首先要探讨的就是管理人民事责任的性质。

二、管理人民事责任的性质

（一）关于管理人民事责任性质的争论

民事责任，是民事主体违反民事义务所要承担的法律上的不利后果，其核心是补偿损失。民事责任可以分为侵权责任和违约责任，它们在责任基础、归责原则以及责任形式等方面存在不同，因此，管理人责任属何种责任是首先要解决的问题，是进一步讨论管理人责任的理论基础。学界对管理人民事责任性质的观点分为三种：侵权责任、违约责任以及专家责任。

1. 侵权责任理论

将管理人民事责任定性为侵权责任主要是英美破产法上的观点。英美法系是以信托理论中的受托人来定位管理人的，因此对管理人的民事责任追究也是依信托法理论展开的。信托是指委托人自身没有能力或者基于各种原因而无法实现自己的财产愿望时将自己的财产转移给受托人，并指示受托人为其利益对财产进行管理和处置。在破产法律关系中，债权人实际上是破产财产的所有者，但是要通过管理人的管理行为来实现债权。从此角度来看，将管理人理解受托人，债权人视为委托人颇有合理之处。同时，依据简单的信托关系可以实现破产程序的高效率、低风险，能更好地保障债权人的利益。因此，在信托理论的指导下，英美法系破产法都是通过侵权责任来追究管理人的责任。

2. 违约责任理论

以德国为代表的部分大陆法系国家采用了违约理论作为管理人承担民事责任的基础。德国学界认为破产财产具有独立的主体资格，管理人管理破产财产实际上是代表拥有独立主体资格的破产财团行使权利，管理人是破产财产的法人机关,① 其地位就应当与董事等其他公司机关相类似，因此当管理人违反义务承担责任时，也应当依照违约责任追究。

我国台湾地区学者也赞同管理人责任是违约责任的观点。因为破产财团虽非财团法人，但是其在破产法上有一定机能，应当承认其在破产程序中的主体地位，那么自然管理人就是由法院选任的破产财团的独立执行机关。② 我国学界中认为管理人民事责任是违约责任的学者的主要依据依然是大陆法系理论，即管理人之于破产财产类似公司董事之于公司，公司与董事之间，除了董事报酬、解任、出席董事会及竞业禁止等另设规定外，均应依民法关系委任之规定，且因董事受有报酬，因此应适用有偿委任之规定。③ 也即认为管理人责任是违约责任的理由主要有两点：一是管理人的地位采取“破产财团代表说”，二是管理人受有报酬。

3. 专家责任观点

我国有学者认为管理人的民事责任应当是一种专家责任。王利明教授曾指出判断一个民事责任是违约责任还是侵权责任有四个标准：违反义务的性质、侵害的对象、当事人之间是否事先存在合同关系以及侵害的后果。④ 故从管理人承担民事责任的基础——义务的形态来看，注意义务是一种合同义务，其对应的是相对权，故其义务违反造成的后果是违约损害赔偿；忠实义务是法定义务，其对应的是绝对权，违反忠实义务应承担侵权责任，因此管理人的民事责任应当是兼具违约责任和侵权责任的专家责任。⑤ 由于专家责任实质上还是区分侵权责任和违约责任，不是一种独立的责任形态，与我们传统上的责任性质二分不一致，故本文对专家责任不作赘述。

---

① 参见陈荣宗：《破产法》，台湾三民书局 1986 年版，第 161 页。

② 参见陈计男：《破产法论》，台湾三民书局 2004 年版，第 130 页。

③ 参见柯芳枝：《公司法论》，中国政法大学出版社 2004 年版，第 249 页。

④ 参见王利明：《违约责任和侵权责任的区分标准》，载《法学》2002 年第 5 期。

⑤ 参见姚彬、孟伟：《破产程序中管理人制度实证研究》，中国法制出版社 2013 年版，第 256~259 页。

（二）管理人责任是侵权责任

可以看到，大陆法系和英美法系对管理人责任性质认识的不同是基于其对管理人地位认识的不同。实际上，从更深层次的原因解读，何种理论的选择还是基于不同国家的国情以及法律环境。不管是侵权责任还是违约责任，都要扎根于本国，方能体现其合理性。基于此，笔者认为管理人的责任是侵权责任更为合理。

首先，管理人在接管破产财产之时，债务人已经对破产财产丧失了权利，债权人纵然享有将来的债权，也并不能说债权人实际取得了破产财产的权利。此时，破产财产以一种财产集合的形式存在，如果法律赋予其虚拟的主体资格，那么唯一可以考虑的是财团法人。此时存在的两个问题：一来，我国民法并未规定财团法人，而是以营利和非营利作为法人区分的标准；二来，即便我们将破产财产拟制为财团法人，财团法人最核心的特质是非营利性，而破产财产本身具备营利性，这就使得我们还要为将其拟制为财团法人寻找正当性理由，可谓自找麻烦。也就是说，我国现行的法律体系并不能支撑破产财产是独立的法律主体这一观点，如果将其视为独立主体反而是使问题更加复杂化了。

其次，上文提到有学者依据王利明教授的四个标准之一认定管理人责任是专家责任，笔者认为恰恰是依据“四个标准”可以判断管理人责任是侵权责任。管理人承担的勤勉忠实义务及具体职责皆是法律直接的规定，是一种法定义务；破产程序中涉及的就是财产，管理人侵犯的是属于绝对权的财产权；我国管理人是由法院直接指定的，管理人本身具有的中立性和利益超然性使其不可能与债权人或债务人任何一方签订合同；违约责任中通常用“可预见性标准”来限制赔偿数额，这一标准在破产程序几乎无用武之地，因为破产财产涉及的数额巨大，即使管理人预见了可能的损失，也通常不会根据预测的数额来赔偿损失，反而是根据客观的标准来限制赔偿数额，比如管理人的报酬。故管理人责任应当是侵权责任。

最后，管理人承担的是侵权责任能很好地解释为什么法律要求其对第三人承担责任。本文开头分析了并不要求管理人对第三人承担勤勉忠实义务，但是这并不代表管理人不用对第三人承担民事责任。我国法律中的第三人到底指哪些人在实践中尚存在争议，但确是债权人和债务人以外的人。契约责任只约束相对方，明显与我国现行法律规定的意旨不一致。因此，管理人承担侵权责任能解释我国现行立法的规定。

三、管理人承担侵权责任的归责原则

（一）管理人责任是过错责任

既然明确了管理人承担的是侵权责任，在侵权责任中，无论是过错责任还是无过错责任，皆需具备侵权行为、损害结果以及二者间的因果关系，在管理人民事侵权责任中，管理人违反法定义务与职责的行为就是侵权行为，对破产财产以及利害关系人造成的损失就是损害结果。由于篇幅有限，本文在管理人的责任构成中着重探讨构成要件中的归责原则。归责原则有两类，一是无过错责任原则，意味着无过错不能成为抗辩理由，责任的成立比较宽松；二是过错责任原则，即利害关系人要证明管理人的过错才可使其承担民事责任。支持无过错责任原则的学者认为，过错责任要求利害关系人承担举证责任，不仅难以实现公权救济，也不利于民事责任遏制功能的实现。① 更多的学者则认为采取过错责任原则，理由有如下几点：第一，不管是对勤勉义务的违反还是对忠实义务的违反，本身就具有主观过错，因为作为构成违反勤勉义务，不作为构成违反忠实义务，过错的核心在于行为违反了注意义务并造成他人的损害。② 第二，破产事务具有的高风险性，决定了即使管理人忠实地履行了职责也不能规避有些风险，故承担无过错责任对管理人不公平。第三，承担无过错责任有利于调动管理人积极性，吸收德才兼备的专业人士进入到管理人队伍，促使管理人进行自我约束，规范自身行为。③ 第四，各国立法对管理人民事责任的追究都未超越过错主义的范围。德国新破产法第 60 条规定："管理人负有善良管理人应尽的义务，管理人因其犯有过失违反本法规定的义务，应向所有相关人承担赔偿责任。"英国和美国将信托义务的有关规定直接适

① 参见喻玲、杨莉：《论破产管理人对第三人的民事责任》，载《南昌高专学报》2004 年第 1 期。

② 参见尤冰宁：《职业风险控制：我国破产管理人制度的完善》，载《人民司法》2009 年第 11 期。

③ 参见刘国华、钱思彤：《我国破产管理人民事责任探析》，载《行政与法》2010 年第 10 期。

用于破产程序，也实行了过错责任原则，故对管理人适用过错原则符合国际立法惯例。

笔者认为，管理人承担的责任应当是过错责任。首先 20 世纪 70 年代以来，客观过错说逐渐代替了主观过错说而为大多数国家采用，通过判断管理人是否实施了侵害他人利益的行为即可，比如在管理人接管财产时，只需证明管理人延迟接管财产造成损失便履行了举证责任；① 再者，过错责任原则的制度价值恰恰是预防和遏制侵权行为，无过错责任在于填补和救济受害人的损失，我国《侵权责任法》将无过错原则限于高度危险及其他异常危险活动致人损害等范围足以说明这一点。因此，无过错责任原则的理由并不充分。

采取过错责任原则的理由除了上述之外，还有如下三点：第一，从社会情感而言，管理人制度在我国不过确立十余年，专业的管理人队伍尚未建立，破产业务不仅专业性强、风险性高，更为重要的是，破产程序决定一个民事主体的消亡，管理人要在短期内接管并厘清各项事务，不仅要对法院负责，也要平衡债权人和债务人各方利益，不能不说是“临危受命”，如果此时要求管理人承担无过错责任，势必造成无人愿意或者忌惮担任管理人；第二，处理破产事务并非消极被动的，需要管理人主观能动性的发挥，我国法律的规定也体现了这一点，如管理人可以决定继续或停止债务人的营业，决定合同是否继续履行，这都需要管理人自己的判断，而判断往往不一定是准确的，因为管理人并不能始终在短时间内全面了解债务人的经营状况，如果要求其承担无过错责任，那么管理人难免会为了保全自己而不敢有所行动，消极保守的履行职务，这恰恰与管理人制度的宗旨背道而驰；第三，我国破产法司法解释中针对管理人在具体事务的执行中造成的损害而承担赔偿责任中也要求了过错，同时，最高人民法院也认为当管理人要承担民事责任时主观上要具备故意或过失。② 这反映了实务界对管理人承担民事责任时皆要求了管理人主观上的过错，我们在探讨时应当予以参考。

---

① 参见张在范：《论破产管理人民事责任的归责原则》，载《河南师范大学学报》2005 年第 4 期。

② 参见最高人民法院案件案由规定课题组编：《最高人民法院民事案件案由规定理解与适用》，人民法院出版社 2011 年版，第 125 页。

（二）过错的标准

既然确定了管理人承担的是过错侵权责任，那么应以何种过错作为承担责任的基础是接下来要探讨的问题。民法上一般将过错分为故意、重大过失和一般过失，管理人应当就哪种过错成立民事侵权责任呢？美国破产法审查委员会认为采取严重过失标准方能在照顾管理人职务复杂性和保护债权人和其他利害关系人利益之间达到合理的平衡。相对于美国法中以故意或严重过失作为管理人承担个人责任的宽松的过错标准，英国法则从考察行为人的行为是否正确出发来决定管理人是否承担责任，意味着管理人稍一疏忽便被卷入个人责任的漩涡，这也是英国管理人执业责任保险制度发达的原因。

我国《破产法解释二》中分别使用了“过错”、“故意或重大过失”，这是否意味着管理人承担民事责任时要依据不同的职责来确定不同的过错标准呢？事实上，我国司法实践中将过错限于故意和重大过失，比如在河南安彩高科股份有限公司诉华飞彩色显示系统有限公司管理人一案中，受诉法院在裁定中明确写道：“必须有充分证据证明管理人在履行职务过程中因故意或重大过失造成破产财产损失时，才可追究管理人的民事赔偿责任。”可以看到，在该案中，过错的标准限于故意和重大过失，一般过错不成立管理人民事责任。

有种观点认为，管理人是专业人士，较普通人而言应当承担更高的注意义务，故其只要具备轻微过失即可成立民事责任。笔者认为此种观点有合理之处，相较普通人而言，管理人自身所具备的知识和能力的确要求他们承担更高的注意义务，一般侵权理论的逻辑也是如此。但是在破产法领域中我们要看到管理人的特殊性。随着我国破产企业的增多，破产金额也越来越大，如果管理人因为轻微过失就要承担巨额赔偿会使尚未建立职业管理人制度的我国缺少愿意担任管理人的社会中介机构和个人，此种高风险会使大家将担任管理人视为“烫手山芋”。此外，上文已经提及，英国之所以容易成立管理人责任是因为有发达的执业责任保险制度作为后盾，而目前我国法律仅仅要求个人担任管理人时应当参加执业责任保险，即目前我国管理人执业责任保险制度并不发达，要求轻微过失便成立侵权责任对于管理人而言是沉重负担。因此，管理人只有在故意和重大过失的情形下才可成立侵权责任，这才是合理的，具体而言就是故意或重大过失以不作为的方式违反勤勉义务，或以作为的方式违反忠实义务时方可成立侵权责任，如利用破产职权牟取利益，怠于履行《企业破产法》规定的管理人的职责等。

四、管理人的责任承担及减免

（一）管理人责任的承担

管理人责任的承担包括承担责任的主体和承担责任的对象。

1. 管理人责任承担主体

我国法律规定社会中介机构、个人和清算组可以担任管理人，其中清算组由人民法院从企业上级主管部门和专业人员中指定组成。清算组并不具有独立的主体资格，清算组民事责任的承担实质是清算组组成成员的责任承担。

首先，由律师事务所、会计师事务所等社会中介机构担任管理人时，可以按照组织形式将其分为两类：一种是具有法人资格的公司，一般是有限责任公司组织形式；一种是不具有法人资格的合伙组织。对于前者，公司以其全部财产对自己的债务承担责任，股东以投资额为限承担责任；对于后者，在普通合伙企业中，合伙人对债务承担无限连带责任，在有限合伙中，普通合伙人承担无限责任，有限合伙人承担有限责任；律师事务所等大多是特殊的普通合伙，当合伙人在执行职务时因故意或重大过失造成合伙企业债务的，应当承担无限责任或无限连带责任，其他合伙人以在合伙企业中的财产份额为限承担责任。其次，当个人担任管理人时，对因故意或重大过失造成利害关系人损失的，应当承担无限责任。

2. 管理人责任的对象

管理人责任的对象是指何人是追究管理人责任的适格主体，具体而言，就是哪些主体可以通过诉讼程序要求管理人承担民事侵权责任。笔者在此分三个主体加以讨论：债权人、破产人、其他利害关系人。

（1）债权人。债权人可以分为有担保权的债权人和无担保权的债权人，债权人利益的实现与管理人是否勤勉忠实履行职责之间存在直接联系，因为管理人管理的是未来清偿全部债权人债权的财产，故当管理人因故意或重大过失引起破产财产损失时，债权人当然可以作为适格主体追究管理人的民事责任；

（2）破产人。有人认为在破产程序中，如果允许破产人起诉追究管理人的责任，本质上是自己追究自己责任，因为此时管理人是破产人的代表人或代理人。① 这种观点错误地理解了管理人的地位，忽视了管理人地位的中立性。破产企业理论上存在起死回生的可能性，当管理人将本来有机会不破产的企业作为破产处理时，破产人当然可以追究管理人责任。此外，当破产程序终结后，破产企业无独立主体时，始发现管理人在管理破产财产时存在侵权行为，那么原企业的股东可以继续追究管理人民事责任。

（3）其他利害关系人。其他利害关系人具体是指破产程序中涉及的除债权人、债务人以外的，在管理人履行职责过程中利益被侵犯的民事主体，如应当继续履行合同而未继续履行合同的当事人，管理人错误行使取回权的权利人等。概言之，只要是与破产财产存在利害关系并由于管理人的履行职责行为受到损失的第三人都可追究管理人民事责任。

（二）管理人责任的实现

我国《侵权责任法》规定了八种责任方式：停止侵害、排除妨碍、消除危险、返还财产、恢复原状、赔偿损失、赔礼道歉、消除影响和恢复名誉。鉴于破产的实质是公平概括地清偿全体债权人的债权，对利害关系人的侵害主要是财产上的，管理人的责任承担方式主要应是返还财产和赔偿损失，在管理人侵占了破产财产或者利用职权谋取了不正当利益时，应当返还财产和赔偿相应损失，若仅造成损失则只需适用赔偿损失。我国《企业破产法》规定清算组、社会中介机构和个人均可担任管理人，因此主体的不同也会造成责任承担的不同。清算组是由法院从政府相关部门、编入管理人名册的社会中介机构、金融资产管理公司中指定的人员组成，人民银行及金融监督管理机构也可以派人参加，它是临时性组织，不是独立的民事主体，不具有承担民事责任的财产基础，但是并不能以此为由不追究其民事责任。虽然清算组无责任财产，但是其组成人员有，因此清算组的责任承担本质上仍然是社会中介机构和个人的责任承担。

---

① 参见李志强：《破产管理人民事责任论》，中国政法大学 2008 年博士学位论文。

管理人承担民事责任的前提是其具有责任财产，否则赔偿责任容易流于形式。破产案件涉及的金额往往特别巨大，在我国管理人报酬制度还存在种种不足，职业管理人制度又尚未建立时，要求管理人承担如此巨大的风险实属不合理。而且，高额的赔偿对于管理人而言是“天方夜谭”，被侵权人也不能得到很好的保护。因此，在确定管理人要承担返还财产和赔偿损失两种责任之后，还要针对破产事务的特殊性，从制度层面来确保责任实现的可能。

第一，建立管理人保证金制度。保证金是对于管理人在处理破产事务时因故意或重大过失行为造成损害的赔偿保险风险金。许多国家都在破产法中规定了管理人保证金制度。例如，英国破产法第 390 条规定“除了官方接管人以外，其他人要成为破产执业人必须为履行他的职能而提供有效的担保”。我国法律也可借鉴此种做法，无论是中介机构还是个人，在担任管理人之时，要根据破产企业价值的大小确定保证金额。保证金额的确立，不仅可以促使管理人谨慎忠实地履行职责，同时也能最大限度地保障利害关系人的利益。

第二，完善管理人执业责任保险制度。执业责任保险是对管理人的高风险执业设立的责任保险，它是以被保险人依法应当对遭受损失的债权人、债务人或第三人承担的损害赔偿责任为标的而成立的保险种类。① 确立执业保险制度既可以约束管理人尽职尽责，又能保障其在过失和技术错误的情况下没有后顾之忧。

（三）管理人责任的减免

任何责任都是有边界的，管理人的民事责任也不例外。有人认为管理人的高报酬当然应当承担高风险，过重的责任并不会使管理人畏葸不前。② 此种观点忽略了两个问题：其一，我国破产案件涉及的数额往往非常巨大；其二，我国职业管理人制度并未建立，管理人制度在我国亟待完善，破产事务纷繁复杂，此时在严格追责和为管理人留有空间二者之间，

---

① 参见范桂红：《我国破产管理人制度的缺陷及对策探析》，载《黄河科技大学学报》2008 年第 4 期。

② 参见刘艳：《论破产管理人的民事责任》，载《现代商贸工业》2011 年第 12 期。

应该更注意为管理人在处理破产事务时留有足够的空间。法院指定管理人之时管理人便要接管破产人财产，对于管理人而言要在短时间内了解并处理陌生的复杂事务的确是一大挑战。因此，在追究管理人责任的同时，也要看到对管理人责任的减轻和免除。

1. 管理人民事责任的减轻

如何减轻管理人的民事责任，笔者认为可以建立最高额赔偿限制制度。最高额赔偿，是指在管理人承担赔偿责任时，设置赔偿的最高数额，以此来限制赔偿责任。破产往往涉及的标的额巨大，如果要求管理人完全赔偿实际是一纸空文，很难有实现的可能。

最高额的设置主要有两种方式：第一种是直接设置具体的金额，超过该金额部分不予赔偿；第二种是计算某项金额的百分比，按照一定比例予以清偿。根据破产程序中管理人的义务和职责以及破产事务的特征，第二种方式更为恰当。

在采取第二种方式计算赔偿数额的基础上，又引发了新的问题，究竟依据何种标准来计算赔偿数额。学者们大致提出了两种观点，一种认为根据管理人的报酬来计算赔偿数额，并以不超过报酬为佳；一种认为可以按照破产财产的金额设置不同的档次来确定赔偿数额。笔者认为应当采取第二种方式，即以破产财产的一定比例为标准。理由有二：首先，如果赔偿数额不超过报酬数额的话，对于管理人而言，其违反义务最坏的结果无非就是没有任何报酬，此种方式断然不会很好地促使管理人以善良管理人的标准来履行管理职责，根据 2018 年下半年针对管理人制度的某调查显示，管理人懈怠履行职责是实务中存在的最显著问题，因此如果以管理人报酬为确定赔偿数额的标准，并不能起到民事责任的威慑作用；除此以外，根据破产财产的金额设置不同的档次，一方面体现了赔偿的差异性，另一方其实也考虑了管理人赔偿能力，理论上来说，如果破产财产金额越大，那么作为管理人的社会中介机构或个人就拥有更多的责任财产，由此也使得获得赔偿的可能性更高。

2. 管理人民事责任的免除

根据国外破产法理论以及我国立法实践，在下列情形中可直接豁免管理人的民事责任。具体可包括如下几点：

第一，管理人的合理商业判断行为豁免。商业判断规则本是公司法上的概念，是董事免责的一个规则。前文虽然认为管理人和董事的地位不一样，但是他们二者都可以经营财产，管理人在接管债务人财产后并非只是财产消极的看护者，而是要积极地管理破产财产，我国破产法也规定了管理人可以决定债务人的内部事务和经营事业，管理人在破产程序中有时需要作出商业判断，因此可以借鉴该项规则。而我国《企业破产法》的程序对管理人提出了较高的专业要求，要在较短的时间内全面了解债务人财产的状况，不能不说是一项艰巨的任务。因此，只要在当时的情形下管理人的判断是合理的，便没有理由让其为该商业判断产生的损失承担责任。这项制度也能很好地激发管理人在处理破产事务中的主观能动性。破产的核心不在于“破”，而在于“救”，不仅仅是救债务人，让其主体退出市场，更是救债权人，使其债权得到公平受偿。如果管理人能让全体债权人有更多的破产财产可供分配未尝不是一种对债权人利益更好的保护。

第二，因执行法院指令行为而豁免。在 Balser v Department of justice 一案中，美国法院认为受托人在实施行为前征得法院的许可，不应为此行为承担个人责任，也就是说当管理人在接受法院的控制和监管而依照法院的指令行事时，由此增加的额外风险管理人不予承担。英国法上也有类似规定，如管理人依照法院的指示进行诉讼时，如果败诉则不必承担败诉成本。但是在此项司法豁免的情形下，仍要注意管理人即使有法院的指令，依旧要像债权人告知，使其有提出反对意见的机会，否则还是要承担民事责任。而我国实践中，管理人事无巨细地向法院征询意见的现象比较普遍，因此如果立法仅仅只是规定依照法院的指令即可免责，势必会成为管理人逃避责任的避风港，故可以将法院许可的行为豁免限于重大职务行为。①

第三，对于潜在债权的管理人民事责任的豁免。② 潜在债权是指在破产程序终结前发生的但是债权主体尚不清楚的债权，一般发生在涉及受害者众多的社会事件的企业破产案件中，比如三鹿企业破产就存在潜在债权的问题。我国法律并未规定潜在债权的问题，但是实际生活中却存在。如三鹿企业破产后，有些债权主体才明确，此时由于企业已经破产，并无索

① 参见李江鸿：《论破产管理人的民事责任——以英美法之借鉴为视角》，载《政治与法律》2010 年第 9 期。

② 参见李波、徐志华：《破产管理人违反勤勉义务的侵权责任及责任限制》，载《淮海工学院学报（人文社会科学版）》2012 年第 14 期。

赔对象，此时如果要求管理人承担民事责任，理由只有一个，即管理人应当为合理的潜在债权人保留预留份却未保留。但是要求管理人在这类企业破产中提前预留份额是不现实的，因为在这类破产案件中，受害人往往得不到完全赔偿，如果还要为未来可能出现的债权人保留预留份，对现实的债权人不公平。因此，对未来可能出现的债权人，可以在社会保障法的范围内进行保护，《企业破产法》应对其予以免责。

论管理人制度下债务人利益的保护

方一治*

内容提要：《企业破产法》对管理人制度下债务人的利益保护不足，需要完善。债务人在该制度下主张权利具备事实和法理基础，但应当受到若干限制。债务人应有权对管理人的选任提出异议，并参与管理人的选任；在管理人就任后，债务人维护权利的方式包括查阅相关资料、提出异议、参与重整程序、直接起诉管理人、要求更换管理人等。监督管理人不仅是债务人的工作，破产程序中其他监督管理人的配套制度建设对保障债务人的利益也有重要作用。

一、问题的提出

《企业破产法》总体上缺乏具体制度保障债务人在管理人制度下的合法权益，且未明确规定管理人应当受债务人监督。虽然法律没有明文规定，但债务人确有保护自身利益的需求。这种需求主要体现在债务人及其股东对破产和解和破产重整的追求上。

一般而言，破产程序一旦启动，债务人的独立和其对其财产的支配权就要受到限制，而一旦最终进入破产清算程序，由于企业的财产不足以支付全部破产债务，债务人及其股东对企业的财产也就不可能享有剩余索取权，在此种情形下，债务人及其股东对企业的财产处置往往并不关心。但企业并非一开始就确定会进入破产清算程序，而是存在重整或者与债权人和解的可能，最终企业到底是进入三种破产程序中的哪一种，并不必然在

* 方一治，武汉大学法学院2017级民商法硕士研究生。

破产程序开始之时即可有清晰的判断，而常常取决于多种因素，其中就包括贯穿于整个破产程序的管理人制度的运作情况。可见，破产程序的最终走向虽未明朗，但债务人及其股东却于程序开始之时就有充分的理由来维护自身利益。为此，有必要结合破产程序的全过程，探讨管理人制度下债务人的利益保护问题。

实践中已经出现债务人针对管理人资格及履职行为的正当性提出异议，主张管理人承担法律责任的案件。债务人若要主张自身权益，须解决以下法律问题：管理人制度下债务人维护其利益的事实和法理基础是什么？其行为应当遵循什么原则？若债务人对管理人的选任持有异议，或在管理人就任后认为其不能公正履行职务或不能胜任，应如何维护自身利益？本文拟回答这些问题。

二、债务人维护自身利益的基础、原则与限制

首先需要明确在管理人制度下债务人保护自身利益的事实基础、法理基础和基本原则。

（一）事实基础

从事实层面看，破产债务人有自身的利益，具备监督管理人的必要性。在现有的破产程序利害关系主体中，债务人在监督管理人的选任过程及履职行为方面有独特的优势，具备监督管理人的可行性。

破产债务人自身的利益必须通过管理人审慎履行职责方能实现。债务人的利益主要是在破产程序中尽可能少地认定债权，① 尽可能多地认定财产，以减轻债务负担。因此，管理人应全面清理企业财产，审慎认定债权债务，积极代表破产企业主张债权，妥善保管并以最优方式利用破产财产，促使其保值增值。在保全企业财产，促使其保值增值的层面上，债务人和债权人的利益是广泛一致的，② 倾向于重整的债务人尤其有动力敦促管理人，避免因管理人的不当行为导致企业丧失重整的机会。实践中债务人起诉管理人，追究其责任的理由有：第一，管理人玩忽职守使债务人

① BeckOK InsO/Desch/Stranz InsO § 60 Rn. 28.

② MüKoInsO/Brandes/Schoppmeyer InsO § 60 Rn. 8.

(和债权人共同的)合法权益受到侵害，要求其赔偿损失。① 第二，管理人指定的方式不合规。② 第三，债务人对债权申报材料进行复印、拍照的查阅请求被拒绝；债务人的异议未得到回应，且管理人在认定债权时未审查债权申报材料的真实性、合理性；债务人提起债权确认之诉后，管理人未为其缴纳案件受理费。③ 第四，管理人未取得法院同意，擅自聘用律师事务所处理破产企业诉讼案件。④ 上述理由虽然可能包含债务人及其股东或投资人滥诉的情形，⑤ 但确实较为全面地反映了管理人制度下债务人各方面的利益。

让债务人监督管理人不仅必要，而且可行。《企业破产法》意图让债权人监督管理人。债权人发现管理人不称职时，可请求法院更换。但债权人往往无法有效监督管理人：债权人会议成员众多，其召集和活动费时费力，缺乏效率；规模更为精简的债权人委员会并非法定常设机构，同样无法进行普遍、持续的监督。⑥ 除在组织活动上缺乏效率外，债权人对企业的内部状况往往不甚了解，导致在监督管理人的行为时难以命中要害。法院的监督同样存在缺陷：法院日常的裁判工作压力巨大且无减轻的迹象，而破产案件涉及的问题复杂且细节繁多，专业性强，法官不论是工作时间和精力，还是知识和能力的储备上都无法满足持续监督管理人的需要。除法院、债权人和债务人之外，破产案件涉及的其他利害关系人要么对案件缺乏整体性的利益，没有全面了解案件、监督管理人的动力；要么不了解管理人的活动，难以做到全面监督。与此相比，债务人在监督管理人的活动方面具有优势。首先，在破产案件受理前，债务人对企业的资产负债情况、财务状况相当了解，充分掌握着法院和债权人等企业外部人员难以了解的信息；在破产案件受理后，占有和管理的财产、印章和账簿、文书等资料的债务人的有关人员须对上述物品依法尽到保管义务，债务人仍然有

① 参见（2016）豫0823民初1145号民事判决书。

② 参见陈玲玲：《论债务人申请更换破产管理人的权利——由太子奶破产重组案引发的思考》，载《福建商业高等专科学校学报》2011年第3期。

③ 参见（2015）兖民初字第1576号判决书。

④ 参见（2014）粤高法民二终字第13号判决书。

⑤ 例如（2015）兖民初字第1576号判决书中反映出的案情。

⑥ 参见叶能强、钟文渊：《浅析破产管理人制度运行中的几个问题》，载王欣新、尹正友主编《破产法论坛（第六辑）》，法律出版社2011年版，第71页。

机会了解企业内部的情况。其次，债务人对企业所经营的业务具备充足的专业知识，因此能从专业经营者的角度对管理人的行为是否能促进债务人财产的保全和增值给出较为准确的判断。最后，在破产案件被受理前，企业的所有者多负责企业日常的经营和管理，在案件被受理后，这些人员若不参与企业的经营管理，则往往有监督管理人所需的充足的时间和精力。

（二）法理基础

债务人在事实层面上确有监督管理人的必要性和可行性，但要让管理人接受债务人的监督，还必须明确监督的法理基础。对此有两种论证思路。一种思路认为，债务人追究管理人的民事责任的法理基础在于管理人的审慎义务和受信义务，与对管理人具有何种法律地位关系不大。① 另一种思路则认为债务人和债权人一样拥有追究管理人责任的权利，意味着管理人的法律地位应当是兼顾债权人和债务人利益的独立机构。②

上述第二种思路更优。首先，如果要在整个破产程序中考察债务人维护自身利益的法理基础，就不能绕开对管理人法律地位的定性。因为债务人要维护自身利益，不仅要在管理人履职不当时有救济途径，还应在选任管理人时有能力阻止不适格者当选。在管理人尚未被选定时，企业尚不存在管理人，管理人的审慎义务和受信义务自然也无从谈起。要使债务人能在管理人的选任过程中维护自身利益，就必须承认管理人的法律地位中有维护债务人利益的考量。

其次，管理人具有何种法律地位，对债务人主张权利的方式和难度也有影响。企业进入破产程序后，管理人才是企业的真正控制者，掌握着企业的信息和材料，债务人要维护自身权利，需要管理人的协助。若管理人纯粹是债权人或法院的代表，则债务人在要求管理人协助时将更加困难，因为后者完全可以主张其行为只对债权人或法院负责，拒绝前者的请求。因此，管理人不应完全与债务人在利益上对立。关于管理人的法律地位，理论上有多种学说，其中一些学说认为管理人代表债务人、债权人或法

---

① 参见付翠英：《论破产管理人的赔偿责任》，载王欣新、尹正友主编《破产法论坛（第二辑）》，法律出版社 2009 年版，第 72 页。

② 参见陈玲玲：《论债务人申请更换破产管理人的权利——由太子奶破产重组案引发的思考》，载《福建商业高等专科学校学报》2011 年第 3 期。

院，而其他学说则将其视为地位中立的主体。其中能够为债务人维护利益提供依据的，是债务人代表说或地位中立说。启动破产程序的目的在于保障债权人尽可能获得清偿，将管理人单纯视为债务人的代理人不利于债权人利益的保护，不具有可行性。企业破产案件牵涉到债权人、债务人及其职工、相关公共机构、人民法院等主体，各方在破产案件中都有自己的诉求，管理人必须兼顾。① 当管理人失职时，任何利益相关方都有权追究其法律责任，而管理人则必须以自己的财产承担责任。总之，管理人面对的利益局面的复杂性和承担责任的独立性要求其必须具备中立的法律地位，这种中立应当体现在两方面：首先是利益中立，破产案件中相关主体利益的变化不应影响管理人的利益；其次是职责法定，即管理人的职责源于法律的明确规定，而非某一特定利益主体的授权，管理人对法律负责而非对特定利益主体负责。② 至于究竟采何种学说，则并非本文要讨论的问题。在管理人中立的前提下，不仅债权人和债务人，其他相关主体在破产案件中的合法权利都应当得到实体和程序上的充分保障，相关制度的详略只能是出于不同利益优先级的考量，学说的差异不影响债务人主张权利的法理基础。

（三）债务人主张权利的限制与原则

债务人具备主张权利的事实和法理基础，并不等于可以任意主张权利，相反，基于破产程序的目的和特点，其权利的内容和行使都是有限制的。

破产程序的核心目的是尽可能清偿债务，保障债权人的利益。债务人虽然和债权人在破产企业的某些问题上存在共同利益，但双方的利益分歧大体一致。双方的利益分歧可能体现为债务人的以下行为：部分债务人借破产程序逃避债务；债权人和债务人争夺破产企业的财产；在债务人没有恶意利用破产程序逃债时，债权人和债务人一方倾向于破产清算，另一方

---

① 参见陈泽桐：《论破产管理人的法律地位——以利益关系为分析视角》，载王欣新、尹正友主编《破产法论坛（第二辑）》，法律出版社 2009 年版，第 141～146 页；张军：《论破产管理人的法律地位》，载《武汉大学学报（哲学社会科学版）》2012 年第 4 期。

② 参见谢俊林：《中国破产法律制度专论》，人民法院出版社 2005 年版，第 277 页。

倾向于重整程序；当企业已经逼近或越过破产界限时，尚未完全履行其出资义务的股东或出资人逃避出资义务；在企业越过破产界限前后，债务人不当转让财产、提前清偿或者偏颇清偿等。可见，若对债务人赋权过大，其很有可能滥用权利，威胁债权人的利益。

事项庞杂繁多、时间和人手紧张是破产程序的特点。为确保管理人的正常工作，控制其执业风险，也应对债务人主张权利的行为有所限制。破产程序运行的上述特点集中体现在管理人的工作中：破产案件中管理人要及时处理诸多事项，若要聘用其他专业人员，须经法院或债权人会议同意，需时间和费用，且费用或以破产财产支付，从而削减对债权人的清偿比例；或由管理人承担，从而实际削减其报酬。故在有效的监督下，管理人会尽量减少雇用人手，从而必须在人手紧张的情况下完成繁重的工作。回应债务人为维护自身权益所提出的要求，会导致管理人分散有限的人力甚至中断正在进行的工作。从债务人和管理人的精力和技能的对比来看，对管理人要求过高也不合理：一方面，纵使管理人具备良好的专业素养，也难以面面俱到，完全顾及各方的所有利益诉求，何况管理人只是中途接管企业，并非专业的经营管理人员；另一方面，债务人及其股东或出资人凭借对企业的全面了解和较为充裕的时间，容易发现管理人工作中的欠缺。可见，对债务人的赋权，就意味着增加管理人的负担和执业风险；如果赋权过度，将导致债务人滥用权利，挫伤管理人的工作积极性。基于上述理由，在保护债务人利益的同时应当遵循以下原则：

第一，保证债务人对重大事项的实质知情。具体而言分为以下两个层面：首先，对管理人的选任过程和重要履职行为，债务人有知情权。其中，管理人的主要履职行为，指《企业破产法》第 25 条第 1 到第 7 项的内容，以及法院认定的其他行为；所谓重大事项指会直接、显著影响企业财产状况的事项，例如企业重大债权债务的确认，企业重要资产的价值估算等。管理人履行职责时涉及作为证据或行为依据的相关凭证的，应当记录其来源并提交债权人会议或者法院，相关原件应当妥善保管，否则当债务人追究管理人的责任时，后者应当承担举证上的不利后果。所谓实质知情，指债务人在了解到相关情况，发现自身合法权益因管理人的过错而受损或可能受损后，有明确、有效的救济或者预防途径。

第二，债务人权利的范围及其行使必须与其自身利益状态相适应，且不得干扰管理人的正常工作。首先，在重整、和解和清算程序中，对债务人权利的保障应当以重整程序为重点。在和解程序中，是债务人而非管理人经营和管理企业，后者难以威胁到前者的利益；在清算程序中，破产财产在清偿破产费用和债务后几乎不会给债务人留下剩余，因此债务人的利益诉求也不明显。在重整程序中，管理人能够组织制定重整方案，并暂时管理企业，但最终企业的经营权会回到债务人手中，因此管理人的行为与债务人的利益有较大关联。其次，具体权利的范围及其行使应当适度、合理，不能给管理人的履职造成不合理的负担。具体而言，在救济途径上，不宜一律赋予债务人直接向法院提出诉求甚至直接起诉的权利，因为债务人在破产案件中缺乏独立性，如此赋权可能导致其滥诉。① 对于债务人提出的不合理的请求，管理人有权拒绝。这里的合理性，应当综合包括债务人在破产案件受理前和受理后的表现、债务人的请求与其实际利益的关联程度、满足债务人的请求所需的时间、人力和金钱成本等因素综合考量。最后，对于债务人提出的确属合理、需要管理人配合的请求，应当给管理人适当的准备时间。

第三，因滥用权利造成工作延误或额外支出不必要的费用的，债务人应当赔偿；在部分情况下，法院有权以罚款的方式惩戒滥用权利的债务人及相关人员。不必要的费用，指为了满足债权人出于故意或者重大过失主张的、实际上不成立的权利主张而支出的费用。换言之，费用的必要性应当以债务人的权利主张是否真实有据为第一判断标准。当债务人的主张实际上不成立时，再以债务人提出不实的主张是出于故意还是重大过失为其是否承担责任的标准。债务人的相关人员，指债务人的法定代表人或主要负责人、股东或出资人。债务人的权利主张可以由上述相关人员以债务人的名义或代表债务人提出。在股东或出资人提出主张的情况下，由于债务人的财产就是破产财产，由债务人以其财产承担滥用权利的最终责任，实际上无法弥补债务人滥用权利给破产财产造成的损失，而让债务人赔偿后再向实际行使权利者追偿的做法会导致额外的时间和金钱成本。故此时应当类推适用公司法上的刺破公司面纱理论，允许管理人直接向股东或出资人直接追偿，股东或出资人应当以个人财产承担责任；当法定代表人或主要负责人为企业的股东或出资人时，如有证据表明其滥用此类身份的，其

① 参见李江鸿：《论破产管理人的民事责任——英美比较法视角》，载《政治与法律》2010 年第 9 期。

个人应当以股东的身份承担责任；当其并非股东或出资人时，应当酌情处以罚款。因股东或出资人滥用权利造成管理人的工作延误的，应当由管理人直接向其追偿弥补被延误的工作所需的开支。法院罚款的目的在于提高违法成本，但应当仅限于债务人的行为未造成明显的额外费用和不必要支出的情形。法律或司法解释应当规定明确的处罚标准。为维护债权人和其他利害关系人的利益，处罚所获得的款项应当用于支付破产费用和债务。

第四，管理人责任应采过错原则。在责任的认定上，可借鉴德国法和美国法。德国法认为管理人的行为适用商业判断规则，只要其是在适当的信息的基础上，合理地为促进企业的利益作出了决策，就没有违反义务。① 但管理人面对的企业往往管理、账目混乱，其状况比一般的企业更加糟糕，其注意义务较德国《股份公司法》第 93 条第 1 款和《有限责任公司法》第 43 条第 1 款的企业经营者的注意标准应当有所降低，② 后两者适用的是正直且负责（ordentlich und gewissenhaft）的经营者或商人标准。管理人的行为之所以无效并须为此承担责任，是因为违反尽可能清偿债权的履职目的，③ 仅当经营管理上的决策属于管理人职责范围内的特定事项时，管理人得对其决策上的失误负责。④ 美国法同样承认商业判断规则，认为当管理人的行为属于合理的商业判断，或经过法院许可，或管理人已经就其行为持续性地向债务人说明并给予后者充分的表达反对意见的机会时，管理人得免于为其行为承担责任；⑤ 此外，应当给管理人独立了解企业情况、考虑企业适用重整、和解或清算程序所需的合理时间，在此期间，债务人向管理人主张权利和追究责任，可认为缺乏理由，属于滥用

---

① 德国法上的商业判断规则适用的是《股份公司法》第 93 条第 1 款第 2 句，该句原文如下：Eine Pflichtverletzung liegt nicht vor, wenn das Vorstandsmitglied bei einer unternehmerischen Entscheidung vernünftigerweise annehmen durfte, auf der Grundlage angemessener Information zum Wohle der Gesellschaft zu handeln. 德国学说认为这里采用的是事前（ex ante）的、管理人主观和第三者客观相结合（gemischt subjektiv-objektiver Sorgfaltsmaßstab）的视角。

② Berger/Frege/Nicht NZI 2010, 321f.

③ BGHZ 150, 353.

④ MüKoInsO/Brandes/Schoppmeyer InsO § 60 Rn. 29a.

⑤ 参见李江鸿：《论破产管理人的民事责任——英美比较法视角》，载《政治与法律》2010 年第 9 期。

权利。

第五，债务人主张权利时应当服从于一定的利益顺位。首先，债务人在主张权利时不得危及债权人的利益。破产程序的第一目的是清偿破产债务，其兼顾各利害关系人的利益，并不意味着对各项权利予以完全同等的保护。当债务人的利益和债权人的利益发生冲突时，应当以后者的利益为优先。① 其次，整体利益优先于特定利益。管理人未审慎履行职责，可能会损害债权人和债务人的整体利益，也可能仅损害债务人或其特定股东或出资人的利益。在追究管理人的责任时，对整体利益的保障应当优先于特定利益。②

第六，债务人为公司时，其权利主张一般得由其法定代表人主张，法定代理人无法代表企业主张权利的，由股东以企业名义提出主张；债务人并非公司时，其权利主张一般得由负责执行事务或对外代表企业的人员提出，上述人员无法代表企业提出上述主张的，由出资人以企业名义提出主张。

三、债务人利益受损的可能情形及其救济

（一）选任管理人期间

在选任过程中以及选任之后，债务人可能发现管理人具备法律及司法解释规定的不能任职的情况。除了按司法解释明确规定的可以认定为与破产案件有利害关系的情形外，管理人的候选人与主管破产案件的法官有直系血亲、近姻亲和旁系血亲关系的主体，也属于与破产案件有利害关系。③ 此时决定候选人或管理人是否为回避的主体，可借鉴《民事诉讼法》中关于回避的规定，由法院的院长决定；院长主管破产案件时，由审判委员会决定。

一般而言，债务人的回避申请应当在破产案件受理时提出，并且应当

---

① Jaeger/Gerhardt § 60 Rn. 113.

② MüKoInsO/Brandes/Schoppmeyer InsO § 60 Rn. 10，Rn. 116.

③ 参见刘国华、邱维焱：《破产管理人的选任制度研究》，载王欣新、尹正友主编《破产法论坛（第四辑）》，法律出版社 2010 年版，第 76-77 页。

提供相应的依据；但债务人因为正当理由，在管理人指定后才得知管理人具有不得任职的情形的，应当允许其在知情后直接向法院提出申请。法院决定不更换管理人，债务人不服的，应当给予其在接到决定时申请复议的权利。考虑到破产案件的工作任务繁重，在法院决定其是否回避期间，管理人不停止履行职务。若管理人的回避事由是在破产申请受理后出现，为保障破产企业事务处理的连续性，法院可建议各利害关系人协商，协商期间管理人得继续执行职务，各方经协商一致同意不更换管理人的，法院决定该管理人留任。管理人在选任阶段故意隐瞒不能任职的情况，在履行职务期间被发现的，应承担更换管理人的费用以及因管理人工作延误所产生的额外费用，但若各方利害关系人一致同意管理人留任，法院可以决定该管理人留任，但债务人主张管理人回避所耗费的金钱，管理人应当补偿。

为确保债务人在选任管理人时实质知情，应改良现有的管理人选任程序。现有的管理人选任制度由法院单独掌握决定权，但部分企业破产案件具有高度的专业性，仅由法院决定可能无法选出最合适的管理人。鉴于债务人对自身业务经营情况的了解，应允许其向法院提出管理人人选的建议。鉴于管理人地位的中立性，选任管理人时还应当综合其他利害关系人的意志。具体而言，应当由债务人代表、债权人会议选出的代表，以及法院或债权人聘请的相关专家等组成总人数为单数的评审委员会，以少数服从多数的方式选择管理人，在此之前应当设立临时管理人。① 对于委员会确认的最终人选，法院保留最终否决权，法院行使否决权后，委员会得重新选定管理人。评审委员会还应当选出在管理人因各种原因中断履职时接替工作的候补人选至少一人。对于选任管理人过程中形成的材料卷宗，除现行司法解释规定的债权人会议或者债权人委员会有权查阅外，债务人也应当有查阅的权利。

（二）管理人履职期间

除不符合任职条件外，管理人还可能因为履职过程中的不当行为损害债务人的利益，例如疏于接管债务人的财产和营业、不当处分债务人的财产等。因此应赋予债务人相应的救济途径。债务人维护权利的方式包括查

① 参见刘涛：《破产管理人选任制度研究》，载王欣新、尹正友主编《破产法论坛（第四辑）》，法律出版社 2010 年版，第 42~43 页。

阅相关资料、提出异议、参与重整程序、直接起诉管理人、要求更换管理人等。

1. 查阅相关资料的权利

债务人应当有权查阅管理人履职过程中产生的经营管理资料，包括管理人对债务人现有财产的管理状况、对债务人现有债权债务关系的清理状况等。若债权人会议决定债务人继续营业的，营业中的重大决策事项所形成的资料也在查阅的范围内。这里的重大决策，指会对债务人财产状况产生重大影响的决策。为和《公司法》的规定保持一致，查阅权的主体可包括债权人的股东或出资人。债务人及其股东或出资人查阅时，可请专业人员协助，并可复制相关材料。为避免股东或出资人滥用权利，此时应当类推适用《公司法》的规定，以目的的正当性限制股东或出资人的查阅权。对目的正当性的判断，可借鉴《公司法解释四》第 8 条的规定。① 此外，当股东或出资人尚未完全缴纳出资时，管理人有权拒绝其查阅相关资料的请求。若债务人及其股东或出资人正当行使查阅资料的权利，而管理人不能提供相关资料，则在债务人及其股东或出资人追究责任时，管理人应承受举证上的不利后果。

2. 提出异议的权利

提出异议是管理人制度下债务人维护自身权益的核心权利，如无此项权利，债务人的其他合法权益都将大为削弱，其查阅资料的权利也将没有任何意义。债务人有权提出异议的事项应当包括：在第一次债权人会议召开前，管理人对企业是否继续营业的决策；管理人对企业债权和债务的认定情况；对企业财产的管理和处分情况；聘任工作人员的必要性和合理性；重整程序中的权限。

对于第一次债权人会议召开前管理人是否继续企业营业的决策的异议。由于管理人决策时债权人会议尚未成立，能够受理该异议的主体仅有

① 该司法解释第 8 条规定："有限责任公司有证据证明股东或出资人存在下列情形之一的，人民法院应当认定股东或出资人有公司法第三十三条第二款规定的不正当目的：（一）股东或出资人自营或者为他人经营与公司主营业务有实质性竞争关系业务的，但公司章程另有规定或者全体股东或出资人另有约定的除外；（二）股东或出资人为了向他人通报有关信息查阅公司会计账簿，可能损害公司合法利益的；（三）股东或出资人在向公司提出查阅请求之日前的三年内，曾通过查阅公司会计账簿，向他人通报有关信息损害公司合法利益的；（四）有不正当目的的其他情形。"

法院。考虑到法院在受理破产申请到第一次债权人会议召开期间事务繁多，而对于企业是否继续营业的决策可能涉及诸多方面的情况，且可能具有较强的专业性，如前所述，应当给管理人熟悉企业情况、作出合理决策以必要的时间。

对管理人核查、认定破产企业债权债务情况的异议。管理人遗漏破产企业债权、多认破产企业债务、对破产企业的债权债务的担保诉讼时效情况认识有误时，债务人可提出异议。

对管理人处分和管理企业财产的情况的异议。首先是对管理人处分权的异议。依据《企业破产法》规定，管理人只需要向债权人委员会和人民法院及时报告，就可以实施包括处分不动产权益、用益物权、全部库存或营业等在内的重大财产处置行为，如此宽松的规定，很可能导致管理人处理债务人财产时过于随意。对此，法律在加大法院和债权人监督力度的同时，还应当允许债务人提出异议。其次是对管理人管理企业财产、营业情况的异议。如前所述，以上两类异议均应对管理人适用过错责任和商业判断规则，以免其承担过大的决策风险。

对管理人聘用的工作人员的异议。此时债务人的异议主要针对以下两个方面：第一，被聘任的工作人员的专业资质。因为被聘任者会直接参与企业财产的评估、管理、变价，从而影响管理人、债权人和法院对企业财产状况的判断。至于聘任人员的必要性，则应当交由法院和债权人判断。第二，管理人聘用中介机构的程序正当性。当债务人确有证据表明管理人未经法院同意擅自聘任中介机构处理工作时，有权提出异议。管理人就聘任中介机构问题请示法院不以单独就中介机构的聘任提出请求为必要，也可在重整计划中提出而令重整计划得到法院批准。①

在上述各情形中，债务人行使异议权的理由主要为：以商业判断规则为依据，管理人的行为将对企业财产状况造成重大不利影响，包括使企业的积极财产明显减少、消极财产明显增加，或两者相结合使得企业的财产状况明显恶化。对其他理由应当慎重考虑。提出异议的主体原则上应为债务人，但若有理由认为管理人的不当行为将导致原本尚未达到破产界限的企业达到破产界限，则任意股东或出资人均有权提出异议；若管理人的行为损害了特定股东或出资人的利益，则该特定股东或出资

① 参见（2014）粤高法民二终字第13号判决书。

人有权提出异议。

3. 重整程序中的权限

《企业破产法》对重整程序的规定不甚合理。该法规定，债务人和管理人中，负责管理企业财产和营业者，同时得负责制定重整计划草案。这一规定将破产重整计划草案的制定权完全交由管理人或债务人一方，不符合现代破产法鼓励各破产程序的利害关系人尽可能参与破产程序的发展趋势。① 以债务人的视角观之，该规定可能造成以下问题：当债务人自行管理的申请被法院驳回时，只能由管理人制定重整计划草案，债务人的利益难以得到保障；若此时因管理人的过错导致债务人被宣告破产的，后者有权追究前者的法律责任，但此种情形一旦发生则损失巨大，管理人纵有执业保险也难以填平。对于上述问题可采取以下措施：首先，若重整计划草案中有对债务人明显不公平的内容，则应当允许其向债权人会议或法院提出异议。其次，建议修改《企业破产法》第 79 条，规定债务人和管理人在对方因故意或者重大过失导致重整计划草案自裁定重整之日起六个月内无法提交时，有权向法院申请由自己制定或者协助制定重整计划草案。最后，由于申请重整的企业往往还有相当的资产，债务人的股东或出资人在企业中可能还有相当大的资本，因此此时提出异议和申请债务人制定或协助制定重整计划草案的主体还应当包括债务人的股东或出资人。

4. 起诉管理人的权利

除法律明确规定债务人有权起诉（如《企业破产法》第 58 条）的情形外，管理人侵占债务人财产，或已造成债务人的重大财产损失，债务人也应当有权直接向法院起诉。其中，财产损失是指因管理人的过失导致破产财产减少或破产债务增加，② 其严重程度应当结合财产损失占破产财产的比例、损失的资产的质量等因素判断。对于管理人收受贿赂、牟取非法利益等行为，尚未给债务人的财产造成损害，或造成的损害尚不严重的，债务人可以向债权人会议或债权人委员会反映，由后两者决定处理方式。此时债务人得以自己的名义起诉管理人，对此司法解释应当明确规定此情况为管理人代表债务人参加诉讼的职责的例外，否则将会出现管理人代表

① 参见王欣新、郭丁铭：《论我国破产管理人职责的完善》，载《政治与法律》2010 年第 9 期。

② MüKoInsO/Brandes/Schoppmeyer InsO § 60.

债务人起诉自己的矛盾现象。① 若管理人造成的损害属于同时损害债权人和债务人利益的总体性损害，则仅在债权人拒绝起诉管理人或未及时起诉管理人时，债务人有权起诉；债权人及时提起诉讼而债务人未单独起诉的，债务人有权作为有独立请求权的第三人参加诉讼。此外，进入破产程序后，由于管理人接管了债务人的财产，导致后者没有实际可供支配的财产，但起诉管理人需要预付诉讼费用，否则将被法院按照撤诉处理。对此，可以通过司法解释规定，此类诉讼应当由股东以自己的名义或者代表债务人提起。股东以自己的名义起诉的，当然得自行承担预交诉讼费用的义务。

5. 要求更换管理人的权利

当破产程序尚在进行时，债务人发现管理人不适合继续任职而提起诉讼的，除向法院请求判令管理人赔偿损害之外，还应当有权向法院提出更换管理人；对于债务人无权直接提起诉讼，而应当向债权人会议或债权人委员会反映的事项，债务人可以向后者提出更换管理人的建议，由债权人会议决定是否向法院书面申请更换管理人。

值得注意的是，债务人主张上述权利，应当以实际移交了企业的控制权为前提，具体包括以下几个方面：移交企业财产（包括完全履行出资义务）、印章、账簿、文书等资料；不得阻挠企业相关人员履行《企业破产法》第 15 条规定的义务；不得有其他妨碍管理人履行职责的行为。债务人未实际移交企业的控制权的，管理人有权拒绝其提出的权利主张；债务人提起诉讼的，法院可以将企业控制权未实际移转的事实，作为认定债务人滥用权利的依据。②

结　语

在管理人制度下，债务人有充分的事实和法理基础来维护自身利益，

① 参见尹正友：《破产管理人实务中的问题研究》，载王欣新、尹正友主编《破产法论坛（第一辑）》，法律出版社 2008 年版，第 164 页。

② 实践中亦有此类判决，参见参见（2015）兖民初字第 1576 号判决书。在该判决书中，法院以原告在破产后一直实际控制公司印章，未按法律规定向管理人交付印章为由，认定原告的诉讼请求没有法律依据及事实根据。

但其权利的内容及行使都要受到一定的限制，以避免其滥用权利，同时保障破产程序清偿债权的核心功能，使管理人不至于承受过大的负担和风险。上述内容仅仅是从债务人自身的角度提出了监督管理人，维护债务人利益的建议。但不得不指出的是，由于法律关系主体之间利益的相互关联，实现特定立法目的的制度设计方案从来都不是单一的。具体到管理人制度下债务人的利益保护问题，本文提出的方案并非保护债务人利益的唯一选择。例如，由于债权人和债务人的利益存在一定的一致性，加强对债权人利益的保护，让其更有效地监督管理人，最终也能够起到保护债务人利益的效果。可见，在破产程序中，债务人的利益保障并非只取决于其自身所拥有的监督和救济途径是否完备，其他主体的有效监督同样能够保障债务人的利益，而且债权人和法院在监督管理人方面应当起到更重要的作用。完善对管理人的监督，需要建立这些主体都能有效参与的监督体系，并且建立管理人职业资格考查制度、管理人协会制度等配套制度，因篇幅所限，此处的讨论没有涉及关联制度的设计问题，还望见谅。

管理人制度中法院与债权人会议的权责分配

——以债权人保护为视角

陈碧盈*

内容提要： 现有管理人的选任、监督以及报酬决定制度存在法院选任权过大、监督主体及其权利模糊、报酬确定方式与标准单一等问题。基于债权人会议的广泛代表性与天然的监督职责，在现实困境中引入债权人会议的相关职权，或可对解决管理人选任、监督以及报酬确定方面的困难提供帮助。赋予债权人会议以管理人选任权、完善债权人委员会监督规则、增列债权人会议作为管理人报酬的决定主体，有利于对管理人制度进行细化与完善。

《企业破产法》关于管理人的一系列规定体现出管理人在破产程序中行使职责的全过程均与债权人会议及人民法院关系密切。管理人的设立目的要求其具有独立性、中立性、专业性与法定性。① 然而，现今法律实践中管理人制度并不十分完善，如在管理人的选任、监督功能的具体实现以及报酬决定方面，现有制度安排尚有细化与微调空间。债权人会议是指破产程序中由经过债权申报登记在册的全体债权人组成的，为方便债权人参与破产程序、行使权利、表达意志、统一行动、维护共同利益设立的议事机构。② 其具有全体债权人参加、对破产程序中的专门机构实施监督、具

---

* 陈碧盈，武汉大学法学院2017级民商法硕士研究生。

① 参见范健、王建文：《破产法》，法律出版社2009年版，第90页。

② 参见宋晓明主编：《〈中华人民共和国企业破产法〉制度设计与操作指引》，人民法院出版社2006年版，第108页。

体决定债务人财产管理办法、表达全体债权人共同意志等作用。① 善用债权人会议的具体功能，有利于管理人制度的细化与完善。

一、管理人制度存在的问题

现有的管理人制度中，仍存在管理人的选任主体偏向于法院、管理人功能模糊不清、管理人报酬决定体系不够科学，以及管理人责任追究过于原则化等问题。

（一）法院选任权过大

根据我国《企业破产法》的相关规定，管理人由人民法院指定，指定办法由最高人民法院规定。债权人会议享有申请更换管理人的权利。

从上述法律规定可以看出，一方面，管理人在产生上具有极强的职权主义色彩。从指定管理人的办法到具体个案中管理人的确定，都处于人民法院的安排之下。如此可能产生权力寻租空间，不利于法院居中裁判职能的发挥；亦可能导致事实上对于管理人选任范围的限制。因人民法院在选任过程中倾向于指定清算组为管理人，限制市场在资源配置之中的基础性作用。此举可能是对于债权人意愿的违背，不能切实保护债权人的应有利益。②

另一方面，债权人会议申请更换管理人的权利难以落实。第一，对于债权人会议所享有的此项权利，其行使存在前置条件，即债权人会议认为管理人不能依法、公正执行职务或有不能胜任职务情形时方可提出更换管理人；第二，债权人会议仅有提出异议的权利，最终是否更换管理人仍由人民法院决定；第三，对于何谓依法、公正执行职务或不能胜任职务情形缺乏确定标准，可能导致债权人会议对此存在举证上的困难，并最终承担举证不利，不能证明之后果。

总之，在管理人的选任上，由于我国采取管理人由人民法院指定的单

① 参见邹海林：《我国新破产法与债权人自治》，载《法学家》2005 年第 2 期；王延川主编：《破产法理论与实务》，中国政法大学出版社 2009 年版，第 192 页。

② 参见文诚公：《理性评述与完善路径：论我国破产管理人指定制度》，载《经济与社会发展》2013 年第 4 期。

一做法，人民法院掌握了管理人的选任权。虽法律规定债权人会议享有申请更换管理人的权利，但其具体实施上仍需经过法院准许，存在实行上的阻碍。

（二）监督人模糊

根据《企业破产法》第 25 条规定，管理人具有接管、调查、管理、处分债务人财产，提议召开债权人会议，决定第一次债权人会议召开前债务人继续或停止营业，代表债务人参加法律程序的职能。① 管理人职务的全面性对管理人提出了较高的要求。无论是认为管理人应参照《公司法》对于董事、监事以及高级管理人员之要求，② 还是认为应当参考英美信托法中对于受托人基本义务的规定，③ 虽然对于义务名称的划分不同，但学界基本认同管理人应当承担与其广泛的权利相对应的义务。其中以勤勉、忠实作为管理人应承担义务内容的观点最为集中。④ 这可能与我国《企业破产法》第 27 条的用语有关。

但是，目前对于管理人监督之主体缺乏法律的明确规定，学界认识不一。如何对管理人是否尽勤勉、忠实义务进行具体监督，具有讨论空间。

（三）报酬决定欠妥

依据我国《企业破产法》，管理人的报酬由人民法院确定，报酬确定办法由最高人民法院规定。债权人会议对管理人的报酬享有提出异议的权利。据此，我国管理人报酬的确定方式为单一地由人民法院进行确定。在实践中，上述规定面临如下几个方面的疑问：

---

① 参见罗培新主编：《破产法》，格致出版社 2009 年版，第 96~101 页。

② 参见范健、王建文：《破产法》，法律出版社 2009 年版，第 120 页。

③ 参见叶军：《破产管理人制度理论和实务研究》，中国商务出版社 2005 年版，第 296~301 页。

④ 参见齐树洁主编：《破产法》，厦门大学出版社 2007 年版，第 117~119 页；李震东：《公司重整中债权人利益衡平制度研究》，中国政法大学出版社 2015 年版，第 170~171 页；叶军：《破产管理人制度理论和实务研究》，中国商务出版社 2005 年版，第 296~301 页；张小炜、尹正友：《〈企业破产法〉的实施与问题》，当代世界出版社 2007 年版，第 88~92 页；范健、王建文：《破产法》，法律出版社 2009 年版，第 120 页。

首先，由人民法院确定管理人报酬，恐有不公之患。与上述管理人选任上暴露出的问题类似，将管理人的报酬交由人民法院确定，可能会产生人民法院与管理人之间的权力寻租空间，存在损害债权人利益的可能性，其间滋生的不公恐使得人民法院的权威性受到质疑。

其次，现有管理人报酬确定未考虑破产财产不足时如何处理报酬问题。根据《最高人民法院关于审理企业破产案件确定管理人报酬的规定》(法释［2007］9号)，管理人报酬依据最终清偿的债务人财产价值总额计算。考虑到各地的经济水平不同，最高人民法院规定各地高级法院可以在30%的浮动范围内制定各地管理人报酬细则，但是同时要求不可超出最高人民法院所列范围。此规定固然对管理人报酬进行了比例上的限制，但却未考虑到当债务人财产几近于无时，管理人付出劳动却无法获得合理报酬的情形。

此外，人民法院并非最适合计算管理人报酬之主体。繁琐的报酬计算可能导致法院无法专注于中立行使审判权，此计算亦非人民法院行使其审判职能所必要。消耗司法资源对个别案件中的管理人报酬方案进行调整，对整体司法效率不利。

由上可知，在管理人的选任中，人民法院的选任权极为强势，缺少衡平；在对管理人工作的监督中，监督的主体、具体监督的方式以及管理人违背忠实勤勉义务后责任的追究均模糊不清，需要具体确定；管理人报酬确定的方式与标准的单一已经无法满足现实中破产实践的需要。破产程序制度正处于构建与发展中，需要对亟待解决的现实问题进行回应。充分发挥破产程序各个部分的作用，可实现事半功倍的效果。从债权人会议的视角出发，将其与管理人制度面临的选任、监督以及报酬制度的完善综合考虑，可能对响应现实需求、解决现有困境、切实保护债权人利益有所帮助。

二、债权人会议对管理人的完善路径

在法律实践中，管理人制度产生如上困境，究其原因，一定程度上在于人民法院在管理人选任及报酬确定上拥有几乎无法撼动的决定性权利。在我国破产制度草创伊始，依赖法院权威对当时作为新兴事物的破产程序进行约束与保护，于当时情境中利大于弊，便于实施。但当破产案件渐增、破产实践经验渐足、各破产案件参与人逐渐具备权利意识，希求主动通过行使自身权利在破产程序中保护自身利益时，为真正实现债权人利益保护、纯粹法院在破产案件中居中裁判的审判职权、追求债务人财产完成合理分配、达到债权人与债务人利益平衡，应当对人民法院在管理人选任及报酬确定上的决定性权利进行均衡，同时完善对管理人的监督制度。

如前所述，债权人会议由全体债权人参与，具有广泛的代表性；其具有表达全体债权人共同意志，对破产程序中的专门机构实施监督之职责。针对管理人制度中出现的诸多问题，基于债权人会议的广泛代表性与天然的监督职责，在现实困境中引入债权人会议的相关职权，或可对解决管理人选任、监督以及报酬确定方面的困难提供帮助。

（一）赋予债权人会议选任权

我国现行《企业破产法》仅将选任权授予法院，债权人会议的异议权也有诸多限制难以实施。降低人民法院在管理人的选任中所占比重，赋予债权人会议以选任管理人的权利，具有一举多得的效果。

其一，赋予债权人会议以管理人选任权，有利于减少人民法院职权在破产程序中的作用，贯彻审判中立之原则，确保债权人利益得到维护。债务人财产的分配是破产程序的核心内容，破产程序整体上围绕如何对债务人财产界定、如何规定债务人财产清偿顺序等展开。人民法院依职权选定管理人的做法，虽然在效率上可能高于债权人会议选任管理人，但其无法逃脱因何人民法院可代为行使原应属于债务人财产利益相关人之权利的疑问。有学者提出，因管理人代表的是债权人、债务人以及社会公众等多方利益，自身应该处于中立的地位，因此也应该由处于中立地位的法院选任。① 但是，中立以不存在利益相关性为前提。正是因为人民法院具有较债务人财产利益相关诸方更高、更独立的程序性地位，其才能拥有中立裁判的条件，其裁判的破产案件才能兼顾各方权益，从而实现裁判终局性，体现法律权威。若将人民法院作为选任权主体决定管理人的人选，实际上是以牺牲部分审判独立性为代价，以换取效率上的提高及结果的确定。赋予债权人会议以管理人选任权，改变人民法院单独依职权选任管理人的现

① 参见何志红：《关于破产管理人制度的思考》，载《广西社会科学》2005 年第 5 期。

状，可以逐步将人民法院从选任管理人的任务中剥离，从而使得司法审判更为中立。

其二，赋予债权人会议以管理人选任权，可使债权人会议意志表达进一步得到保障，确保债权人的利益。债权人会议是全体债权人表达共同意思，维护共同利益，协调债权人之间利益差距，适当满足债权人各自利益的组织形式，是破产程序中特殊的自治组织。① 从作用范围上看，可以将其理解为具体动态的债权人、法院、管理人、破产人以及其他利害关系人参加的集合性程序活动。② 因债务人财产最终将通过破产程序归于债权人，债权人会议参与作为债务人财产管理、处分主体的管理人之选任，与现行法律规定其享有满足前置条件情形下向人民法院提出异议的权利相比，更有利于对管理人异议之表达，从而，更确定地保护债权人的利益。

诚然，关于管理人的法律地位问题，学界看法不一，有破产人代理说、债权人代理说、破产人和债权人共同代理说以及国家机关代理说等不同观点。③ 但依据《企业破产法》赋予债权人会议的选任异议权之规定，管理人职权行使的过程中至少部分地涉及债权人意志。至少在此部分中，相比较人民法院代为考虑债权人的集体意志，直接由债权人会议作为债权人集体意志的反映机构，参与到管理人的选任之中，更有利于加强债权人的权利保障意识，更能激起债权人对破产程序的关注与参与，更能减少管理人选任后与债权人间出现摩擦之可能。同时，赋予债权人会议以管理人选任权，并不妨碍人民法院基于债务人或社会综合效益考虑，对管理人进行最终确定。

综上，赋予债权人会议以管理人选任权，可以实现为人民法院减少部分非核心职权行使负担、方便债权人实现意志表达之效果。

---

① 参见范健、王建文：《破产法》，法律出版社 2009 年版，第 185 页。

② 参见汤维建：《破产程序与破产立法研究》，人民法院出版社 2001 年版，第 231 页。

③ 参见谢邦宇主编：《破产法通论》，湖南大学出版社 1987 年版，第 144~145 页；齐树洁主编：《破产法》，厦门大学出版社 2007 年版，第 99 页；李曙光：《新破产法的管理人制度》，载《人民法院报》2004 年 7 月 30 日理论版；韩长印主编：《破产法学》（第二版），中国政法大学出版社 2016 年版，第 73 页。

（二）完善债权人委员会监督

债权人会议兼具内外之作用，对外作用即主要体现在通过参与对破产程序之监督而实现债权人破产参与权。① 实务中，有仲裁员及人民法院法官认同，由于债权人会议不具有具体操作处理债务人财产等事务的功能，为维护债权人合法权益，债权人会议在破产程序中的监督职能必不可少，对管理人的监督是债权人会议的重要职责之一。② 选择赋予债权人会议更多职权，还是将更多的权利交给管理人，折射出各国破产制度传统和立法态度。赋予管理人更多职权，对管理人执业能力水平有着更高要求，对管理人忠实和勤勉义务的要求也较为严格。与管理人的极大自由相对应，以管理人承担赔偿责任制度弥补债权人很少参与决策之不足；赋予债权人参与破产程序更多的职权，使债权人会议在破产程序中自始至终发挥作用，管理人行动受债权人会议指挥或接受债权人会议监督。③

我国《企业破产法》基本上采取了后一种主张，赋予了债权人会议较多的权利，并且要求债权人会议承担对管理人的监督职能。《企业破产法》第23条明确规定管理人接受债权人会议及债权人委员会的监督，其应当列席债权人会议，向债权人会议报告职务执行情况，并回答询问。可见，债权人会议的监督主要通过听取管理人在会议上的报告及主动询问获得相关信息实现，类似于公司法中股东的知情权。但《企业破产法》未规定债权人会议对管理人的报告有疑问时如何进一步予以救济。

笔者认为，将债权人委员会从意定机构变为法定机构，可以有效强化债权人会议承担的监督职能，并对管理人形成常态化、不间断的制约，提高破产程序效率，更有效发挥债权人会议对管理人报告存疑时之救济功能，坚实维护债权人利益。理由如下：

首先，债权人委员会监督可常态化，实现对管理人的日常监督。从我国《企业破产法》的设计看来，设置债权人委员会的目的即是监督管理

---

① 参见王欣新：《破产法》，中国人民大学出版社2002年版，第70页。

② 参见韩传华：《企业破产法解析》，人民法院出版社2007年版，第227页；王东敏：《新破产法疑难解读与实务操作》，法律出版社2007年版，第91~92页。

③ 参见王东敏：《新破产法疑难解读与实务操作》，法律出版社2007年版，第99~100页。

人对破产债务人的财产性管理与处分行为。① 债务人财产原则上是债权人全体可分配的财产，某种程度上可以将其认为是债权人的将来财产。因实际掌握甚至有权支配这些财产的管理人在现行法律规定下系由法院指定，债权人有理由担忧自身权益遭受侵害。同时，债权人会议人数众多，债权人集体共同监督存在困难。且其并非常设机构，在整个破产程序中债权人会议处于闭会期间实为常态，对于破产程序进行中发生的事务监督恐不及时。应此需要，专司对破产程序的监督工作的债权人委员会应运而生。② 当债权人会议闭会时，债权人委员会可对破产程序进行的各阶段予以日常化不间断的监督，有助于债权人会议监督破产程序的彻底化。③ 甚至有观点认为，债权人委员会的组建标准即在于其对于充分维护其所代表的权利主体的利益是否为必要。④

其次，债权人委员会监督相较债权人会议监督节约成本。除第一次债权人会议外，由债权人委员会专门行使债权人会议监督职权，有利于避免债权人会议的频繁召开或长时间召开，限制债权人会议召开次数，提高监督性价比。⑤ 同时，明确将管理人监督职能归于债权人委员会，可以使债权人委员会职能清晰，避免由于职能不确定带来监督职责无人实际履行、各主体争权诿责等现象。

再次，债权人委员会监督可以更好地发挥专业人员能力，提高破产效率。由少数债权人组成债权人委员会，可以以方便灵活的方式直接参与破产程序。一方面，在债权人会议中，由于进入破产程序的债务人清偿能力很低，存在债权人不抱受偿期望，消极对待破产程序的可能，此时反映在债权人会议中，即为参与管理人监督的积极性不足。⑥ 另一方面，也可能存在专业能力较强，有强烈受偿欲望的债权人，因其所占债权比重较低，

---

① 参见李永军：《破产法的程序结构与利益平衡机制》，载《政法论坛》2007年第1期。

② 参见陈荣宗：《破产法》，台湾三民书局1986年版，第178页。

③ 参见邹海林：《我国新破产法与债权人自治》，载《法学家》2005年第2期。

④ 参见［美］大卫·G. 爱泼斯坦、史蒂夫·H. 尼克勒斯、詹姆斯·J. 怀特：《美国破产法》，韩长印等译，中国政法大学出版社2003年版，第749页。

⑤ 参见邹海林：《我国新破产法与债权人自治》，载《法学家》2005年第2期。

⑥ 参见王东敏：《新破产法疑难解读与实务操作》，法律出版社2007年版，第103~104页。

在债权人会议中无法最大程度发挥自身效用的现象。采用债权人委员会监督的方式可以缓解上述两种尴尬情形，优化整合资源，更好发挥专业人员能力，提高破产效率。有更为开放的观点认为，债权人委员会的选任应当将具有执行监督职能之足够知识、经验及素质作为考察对象。① 由专业人员出任债权人委员会部分委员，或可为监督职能履行与保障共同利益提供更有效的力量。

最后，债权人委员会可成为对管理人的报告有疑问时的异议主体。我国现行《企业破产法》对于对管理人的报告有疑问时如何进一步进行救济未作详尽规定，这使得实践中对管理人的异议权行使几若空中楼阁。将对管理人日常工作异议权交由债权人委员会具体实施，明确了责任的行使主体，确保了权利行使的及时性。同时，基于债权人会议的常设性与人员组成人数较少、专业性较强、形成共同意志较快等特点，也能从破产程序的全流程、全方位实现对异议权的救济。

因此，在对管理人的监督方面，将债权人委员会从意定机构变为法定机构，对监督常态化、效率化意义重大，并同时可以降低监督成本，有效保障程序中异议权的落实。

（三）债权人会议参与报酬决定

在管理人报酬确定上，我国采取人民法院确定的模式，但如上文所述，其对于人民法院公正性形成挑战，可能导致人民法院司法资源的无端耗散，且现有制度无法解决债务人财产不足清偿时管理人付出劳动却无法获得合理报酬的情形。增列债权人会议作为管理人报酬的决定主体，有其比较法上的依据，亦可以为现实问题提供新的解决思路。

首先，增列债权人会议作为管理人报酬的决定主体，有其比较法上的依据。

观察境外立法，对此规定各异。《德国破产法》第 64 条规定，对于破产法院以裁定确定的管理人的酬金及垫款，管理人、债务人和任何破产债权人均有权提出即时抗告。《俄罗斯联邦无支付能力（破产）法》第 26 条规定，仲裁管理人的报酬数额，由债权人（债权人会议）确定；破

① 参见汤维建：《破产程序与破产立法研究》，人民法院出版社 2001 年版，第 250 页。

产债权人、被授权机关或债权人会议，可以确定仲裁管理人的额外报酬，由仲裁法院批准，根据仲裁管理人的履职结果由债权人的资金支付。《日本破产法》第 87 条第 1 款规定，破产财产管理人可以接受预付的费用以及法院确定的报酬。① 对于管理人报酬确定问题，可分为两种模式，一种模式以德国、韩国、日本等国家为代表，系由法院确定；另一种以英国、俄罗斯、澳大利亚等国家为代表，系由债权人会议确定。②

笔者认为，观察境外立法规定，可以得出结论：其一，债权人会议作为管理人报酬确认主体之立法例，于其他国家或地区存在，具有可行性；其二，在由法院确定管理人报酬之立法情况下，亦有不少国家提供给债权人以更为明确的权利——如规定债权人之抗告权利、将管理人额外报酬确定权交予债权人等。债权人会议作为债权人集体意志的表达机构，参与作为债权人财产管理主体的管理人之报酬确定，系为多数国家之选择。

其次，增列债权人会议作为管理人报酬的决定主体，可为管理人付出劳动却无法获得合理报酬的困境提供新思路。

面对现有制度无法解决债务人财产不足清偿时，管理人付出劳动却无法获得合理报酬的情形，为确保债权人权益落实，实现资不抵债企业有序退出，培育成熟的管理人队伍，成立管理人报酬基金以解决无可分配财产的破产案件中管理人报酬问题，应是将来我国完善管理人制度的发展方向。③ 对于管理人报酬基金之来源，学界有诸多观点。学界较为认同按比例从管理人报酬中抽取，加以政府财政拨款补充的方式。④ 社会捐助也在考虑范围中。⑤ 实务中，有法院采取从法院案件受理费中予以划拨的做法，并尝试将破产财产分配后剩余尾款与破产程序终结后发现之不足支付

---

① 参见孙建立：《国外破产管理人制度比较》，载《中国注册会计师》2007 年第 6 期。

② 参见王延川：《破产法理论与实务》，中国政法大学出版社 2009 年版，第 156~160 页。

③ 参见沈志先：《破产案件审判实务》，法律出版社 2013 年版，第 103~104 页。

④ 参见李承祖：《论无产可破情况下管理人报酬的支付困境及对策》，载《法制与经济》2015 年第 1 期；尹子玉：《论无产可破情况下管理人报酬的支付困境及对策》，载《科技风》2015 年第 8 期。

⑤ 参见冯雪倩：《破产管理人薪酬制度设计——以美法制度为对比的思考》，载《长春工程学院学报（社会科学版）》2016 年第 2 期。

追加分配费用的债务人财产归入基金。①可见，不同的制度设定中，按比例从债权人财产较为充足的破产案件中对管理人报酬进行抽取成为一个值得考虑的选择。

增列债权人会议作为管理人报酬的决定主体，有利于进一步理顺此中逻辑关系。目前法院对于管理人报酬之最高额进行了限定，体现着有形之手对无形之手的调节控制作用。但是，既然管理人系按市场化方式运作处理破产事务的专业机构和人员，其报酬即应按市场化方式来确定，更应由最后承担可能损失的债权人来确定。② 当债权人成为管理人报酬确定主体时，根据权利义务一致性原则，其愿意放弃将来的利益，将部分债务人财产用于保障总体上破产程序的顺利进行才能顺理成章。即，债权人会议成为管理人报酬的确定主体后，按比例从债权人财产较为充足的破产案件中抽取管理人报酬的行为不再是一个基于行政权力而为的行为，而可以视为民事主体在整体上对破产程序进行保险投资的一种民事行为。此举有利于使破产程序的民事特征更为突出，向法院职权的逐步消隐的破产实践迈进，是对于保障债权人行使自身权利以追求自身利益实现的具体体现。

综合上述，增列债权人会议作为管理人报酬的决定主体，有切实的比较法依据，同时可以为无产可破案件中管理人报酬提供新的解决思路，有利于进一步向保护债权人的破产法目标迈进。

三、债权人会议对管理人的具体完善

基于以上推演过程，债权人会议可对管理人制度进行具体完善的方面是：

首先，赋予债权人会议以管理人选任权。具体言之，可以采用人民法院从债权人或债务人向人民法院递交的申请书中所列候选人名单中指定的方法，既延续原有法院决定之传统，又引入债权人会议参与，兼顾人民法院与债权人会议选任。将管理人选任权范围拓宽至债权人会议，可以达到

① 参见孙英、肖彬、康靖：《关于破产审判改革试点法院工作情况的报告》，载《山东审判》2015 年第 6 期。

② 参见邱维焱、王宇：《论破产管理人及相关人员的报酬》，载《北方经贸》2009 年第 11 期。

减少人民法院职权在破产程序中的作用，削减公权力寻租空间，具体贯彻审判中立等效果；同时，赋予债权人会议以选任权，市场化管理人选任，可以发挥市场在资源配置中的基础性作用，使债权人会议意志表达进一步得到保障，从而更有利于债权人对管理人异议之表达，减轻债权人会议在管理人不称职时方能申请更换管理人在具体实行中的困难，实现破产法欲达到的使债权人利益得到维护的目的，呈现为人民法院减少部分非核心职权行使负担、方便债权人实现意志表达之双赢效果。

其次，完善债权人委员会监督规则。具体言之，将债权人委员会从意定机构变为法定机构，在实现对管理人监督的明确化、常态化以及效率化的同时，降低监督成本，有效保障破产程序中异议权的落实，使管理人勤勉忠实义务承担进一步落于实处；考虑引进由专业人员出任债权人委员会部分委员之做法，为债权人委员会监督职能的更好履行、全体债权人的共同利益的保障制度提供更有效力量；将对管理人日常工作、异议权交由债权人委员会具体实施，有助于明确监督责任承担的形式主体，确保监督权行使的及时性，以介入时间尽量提前的方式对债权人权益进行更为周密的保护。

最后，增列债权人会议作为管理人报酬的决定主体。具体言之，赋予债权人会议在法定报酬范围内与管理人协商确定报酬、明确管理人报酬基金按何比例抽取的权利；成立管理人报酬基金以解决无可分配财产的破产案件中管理人报酬问题，可以为管理人付出劳动却无法获得合理报酬的现实困境提供新思路，为培育成熟的管理人队伍提供制度与资金条件上的支持，为强调人民法院权威性与公正性张本，为确保债权人权益具体落实提供保障。

总而言之，为真正实现债权人权利保护，纯粹法院在破产案件中居中裁判的审判职权，追求债务人财产完成合理分配，达到债权人与债务人利益平衡，上述对债权人会议在管理人选任、监督及报酬确定上的权利再均衡，是具有重要意义的。明确债权人会议功能定位，减少法院在管理人选任、监督与报酬确定方面的介入，对管理人制度中的具体制度安排进行细化与完善，是最终实现与社会主义市场化契合之破产法的路途中不可缺少的部分，是保护债权人利益的理智选择。

第三部分：重整制度实践与完善

上市公司重整中出资人权益调整的检视与完善
——基于51家上市公司重整案件的实证分析

曹文兵*

内容提要：出资人权益调整是重整程序的内在要求及制度设计的必然结果，具有法理上的正当性、必要性及现实的可行性。通过对51家上市公司重整案件的检视，发现其在运行过程中存在着出资人权益调整的适用情况如何具体界定、各重整参与人利益如何衡平、调整方案公平与公正标准如何界定、出资人组表决程序及表决规则如何规范、存在质押及被冻结股权如何进行调整等诸多问题，这些问题急需在《企业破产法》修改时进一步完善。

重整制度具有实现公平清偿债务和拯救有挽救希望企业的双重目的。①在深入推进供给侧结构性改革和处置僵尸企业的背景下，困境企业的重整再生有益于促进市场经济的健康发展、优化资源的合理配置、减少资源的不必要浪费、实现困境企业涅槃重生、完善市场主体救治与退出机制、最大限度地提高债权清偿比例、避免职工失业、维护社会整体利益。重整程序是一个多方利益主体相互博弈、相互妥协、谅解与合作的司法程序，也是一个多方利益获得平衡的司法平台。重整计划是重整程序中最为

---

* 曹文兵，武汉大学法学院博士研究生，湖北省武汉市中级人民法院环境资源审判庭审判员。

① 参见陶蛟龙、史和新：《关联公司合并破产重整若干法律问题研究——以纵横集团1+5公司合并重整案件为视角》，载《政治与法律》2012年第2期。

核心、极为重要的法律文件，是各方利益平衡的最终结果，重整计划草案的拟定与设计主要围绕各方主体利益的调整展开，其主要内容通常包括债务人的经营方案、债权调整与受偿方案、出资人权益调整方案。出资人及债权人均可被视为企业财产的享有者，二者作为重整参与人利益应当受到同样的保护，出资人权益的调整与债权的调整一样也当然成为重整计划的重要内容，是重整程序的内在要求及制度设计的必然结果。《企业破产法》第 85 条及第 87 条也对出资人权益调整作了粗线条的规定，但远不能满足现实的法律需求，亟待进一步完善。

一、出资人权益调整正当性、必要性与可行性的法理逻辑

上市公司重整的实质就是对重整后公司产生利益的重新分配。① 出资人权益调整是重整程序中极其重要的重整措施，是重整能否获得实质性成功的关键，在上市公司重整实践中发挥着举足轻重的作用。出资人是重整程序的重要利害关系人。出资人也可能成为企业拯救的积极参与者，他们可能对重整计划提出建设性意见，并可能以向企业借款、追加投资或者向新加入的投资者转让股权等方式，对企业复兴提供支持。另一方面，当重整计划草案中涉及出资人权利的调整时，出资人即成为重整计划的直接利益关系人，按照私权自治和公平原则，应当承认他们对于计划草案涉及其权益调整的事项享有表决权。② 出资人权益调整主要是指在破产重整程序中，对公司的现有股权结构如总股本、持股人、持股份额、持股比例进行相应调整，以清偿公司债务，优化公司治理结构，使公司获得重生，避免破产清算的措施。③ 出资人权益调整具有法理上的正当性、必要性及现实上的可行性。

① 上市公司重整后产生利益的包括：清算价值、公司重整成功后的营运价值与清算价值的差额（即重整剩余）及股票流通权价值。

② 参见王卫国：《破产法精义》，法律出版社 2007 年版，第 253 页。

③ 参见丁燕：《上市公司破产重整计划法律问题研究理念、规则与实证》，法律出版社 2014 年版，第 75 页。

（一）出资人权益调整是落实利益平衡原则、实现利益最大化原则的必然要求

重整制度的分配规则，就是将债务人企业的重整价值（包括清算价值以及未来的增值价值）在债权人与出资人（包括新的投资者）之间合理分配的规则，以达到各方的利益平衡。① 在上市公司破产重整程序中对股东权益进行调整以兼顾各方当事人利益之平衡，是重整制度的立法宗旨本身使然。② 换言之，对出资人权益进行公平、公正的调整能够促进重整取得实质性成功，确保债权人、出资人、战略投资人等利害关系人之间利益的平衡，实现多赢局面。理由在于：首先，从出资人角度来看，公司达到破产界限时，公司股东的股权价值面临减少甚至完全归零的风险，若直接进入破产清算程序，股权价值归零，股东权益得不到任何保障；若出资人权益得到合理调整，重整取得成功，股东权益不仅不会受到侵害，而且还能够实现股权的保值和增值；其次，从战略投资人角度来看，企业具有充足的资金来源是重整取得成功的重要前提，为确保重整成功，不可避免地需要引进战略投资人向债务企业注入资金或资产。战略投资人向债务企业投资的根本目的在于希望以较低的成本取得企业的控制权，往往关注上市公司稀有的壳资源、品牌、商誉、市场占有率等无形资产，这些无形资产存在着可交易利益。假若重整计划不对出资人权益进行必要的调整，现有股东不作出一定的让步，那么战略投资人就无法进入企业，也就根本不会进行任何投资。也就是说，战略投资人对债务人企业进行投资必须以企业原股东对其股东权益作出一定的妥协或让步为代价。若不能顺利引入战略投资人对困境企业注入资金或优质资产，重整也就难以取得实质性成功，那么在接踵而来的破产清算程序中，股东难以逃脱股权被强制清零的厄运，重整失败股东利益受损最大。破产程序中的股权价值以实然接近归零的面目出现，仍不能排除在最后一刻投资人如救世主般地出现，挽救公

---

① 郑志斌：《中国公司重整实证研究》，载李曙光、郑志斌主编《公司重整法律评论（第1卷）》，法律出版社2011年版，第91页。

② 闻长智、李力：《对上市公司破产重整程序中股东权益调整的思考》，载《中国审判》2010年第52期。

司和众多股东的命运，对此，股东应当付出代价。① 只有通过成功引入战略投资人进行注资才有可能盘活困境企业，促使股权重新获得价值。最后，从债权人角度来看，战略投资人通过受让股票等方式成为上市公司的新股东，通常会对上市公司注入资金或优质资产，提升上市公司重整成功的几率，债权人也可以获得更高的清偿额。

（二）出资人权益调整是风险共担、利益共享原则的内在要求

重整往往牵涉到多方主体的利益平衡，为实现各方利益的最大化及利益共享，需要参与重整的各方当事人的妥协、谅解与让步，需要各方当事人共担风险、共同付出一定的成本和代价。当公司出现重整原因时，公司的股东和债权人等利害关系人处于共同危险境地，在公司依法进入重整程序后，理应由各利益相关方共同分担损失，使公司摆脱困境，恢复正常经营。② 在重整实践中，债权人通常以减免债务、变更清偿方式等形式，减轻债务企业的偿债压力，为实现困境企业重生做出巨大的利益牺牲。实践中，企业陷入破产的境地，作为出资人的股东，尤其是控制股东往往难辞其咎。他们利用关联交易、违规对外提供担保等方式肆意侵犯企业财产权，造成企业财产巨大亏空，对企业陷入困境负有不可推卸的责任。从某种意义上来讲，出资人权益调整是股东承担企业经营失败责任的一种重要方式。如果不对出资人的股份作出一定的削减，放纵出资人专享重整收益，仅由债权人承担重整的巨额成本，有违实质公平原则。股东调整的那部分权益既可以认为是出资人所承担的公司损失，也可以认为是公司重整所需要的一部分成本，更可以认为是股东为了自身利益最大化而做的自主决定。③ 因此，为分担重整成本，实现债权人与出资人权益保护的实质性公平，需要通过对出资人的权益进行调整，让出资人承担部分重整成本，

---

① 齐明：《中国破产法原理与适用》，法律出版社 2017 年版，第 161 页。

② 参见丁燕：《上市公司重整中股东权益调整的法律分析》，载《东方论坛》2014 年第 3 期。

③ 参见李曙光、张彧通：《上市公司重整中股东权益调整的界限》，载李曙光、郑志斌主编《公司重整法律评论（第 3 卷）》，法律出版社 2013 年版，第 63 页。

实现债权人与出资人共担重整成本，共享重整收益。①

（三）对出资人权益进行调整是重整制度的应有之义

重整制度是将司法权导入企业经营运作过程之中的一种措施，它通过拯救困境企业，竭力避免企业破产、社会动荡、资源浪费等现象的发生，在兼顾社会利益的同时，也侧重维护债权人、出资人等个体权益，实现了权利本位与社会本位的有机统一。重整制度的终极目标是整合各方力量积极拯救困境企业，维持与提升公司营运价值，促使企业早日摆脱财务困境，尽可能恢复生产经营，走向复兴，实现企业营运价值的最大化，而并非简单通过清算公司财产达到公平清偿债权的目的。它在自身价值构造上必然重新划分利害关系人的利益结构，加强公权对私权的限制和干预。②破产重整牵涉到债权人、债务人、出资人、战略投资人、企业职工等多方主体之间利益的协调与博弈，其中，债权人与出资人在重整计划草案的制定与表决过程中表现出的冲突与对抗尤为突出。重整制度固有的债权人利益优先原则、公平对待原则要求管理人或债务人在制定重整计划时，对所涉债权和股权调整事宜，应当优先保护债权人利益，对出资人权益进行公平、公正的调整，力促债权人和出资人在讨价还价、相互谈判过程中实现相互妥协让步与利益平衡。若债权人和出资人之间无法通过谈判达成一致，法院可以在满足一定条件的前提下直接强制裁定通过重整计划草案，防止重整谈判无限期拖延，从而实现重整的效率与公平价值目标。法院裁定强制调整股东权益的理论基石在于：重整是对参与重整各方的一种利益分配方式，各方通过谈判来确定获取利益的多少，由于股东敲竹杠等不利于重整行为的存在，产生了法院介入的必要性；同时，重整维护社会整体利益的制度目的，为法院这一司法权力的介入提供了理论基础。③

---

① 参见刘延岭、赵坤成主编：《上市公司重整案例解析》，法律出版社 2017 年版，第 51 页。

② 参见刘健、栗保东：《上市公司重整程序中出资人权益调整问题初探》，载王欣新、尹正友主编《破产法论坛（第二辑）》，法律出版社 2009 年版，第 11 页。

③ 参见白月：《上市公司重整中法院裁定股东让渡股票之理论分析》，载王欣新、尹正友主编《破产法论坛（第二辑）》，法律出版社 2009 年版，第 57 页。

二、出资人权益调整的样本分析

（一）数据来源与研究方法

为确保上市公司重整信息采集的客观性、真实性及科学性，本文关于出资人权益调整的样本数据主要来源于上市公司在其指定信息披露媒体或媒介上发布的各项公告，包括重整期间的各项公告、上市公司定期报告、重大资产重组方案等。自2007年《企业破产法》首次引入重整制度，截至2017年，全国范围内共有51家①上市公司进行了重整，且全部重整成功，实现了法律效果和社会效果的有机统一。通过对上述51家上市公司重整案例进行描述、统计与分析，竭力获得对样本整体情况的认知，以全方位审视，深度挖掘上市公司重整中出资人权益调整的概况、存在的问题。

（二）样本的描述统计

1. 出资人权益调整情况

通过对上述51家上市公司重整计划的认真梳理，我们发现其中有44家上市公司进行了出资人权益调整，另外7家②上市公司并未对出资人权益进行调整。出资人权益进行调整的案件占比86%，出资人权益未进行调整的案件占比14%。

2. 出资人权益调整方式

① 进行重整的51家上市公司包括：宝硕股份、沧州化工、兰宝信息、天发石油、天颐科技、浙江海纳、朝华科技、长岭股份、北亚实业、华龙集团、星美联合、鑫安科技、华源股份、九发股份、帝贤股份、北生药业、新太药业、丹化股份、秦岭水泥、夏新电子、光明家具、深信泰丰、咸阳偏转、锦化氯碱、辽源得亨、盛润股份、创智科技、华源发展、银广夏、方向光电、四川金顶、科健股份、宏盛科技、中核钛白、石岘纸业、山东海龙、金城股份、深中华、新中基、锌业股份、中达股份、贤成股份、长航凤凰、超日股份、霞客环保、新都酒店、新亿股份、舜天船舶、川化股份、云维股份、重庆钢铁。

② 未进行出资人权益调整的7家上市公司包括：兰宝信息、天发石油、浙江海纳、朝华科技、华龙集团、帝贤股份、咸阳偏转。

从表一反映的情况来看，重整实践中，上市公司出资人权益调整方式主要包括以下四种（此四种调整方式在重整实践中既有单一使用，也有合并使用）：

第一种方式是对出资人所持股票进行无偿让渡，有 31 家上市公司采取无偿让渡方式，占样本的 70.45%，其中单独使用这种方式的上市公司有 21 家，占样本的 48%。重整实践中，让渡股份的股东范围不尽相同，有的是全体股东让渡股份，比如宝硕股份，有的是特定股东让渡股份，例如，星美联合要求对全部非流通股股东的权益作出调整。第二种方式是使用上市公司资本公积转增股票，有 18 家公司采此方式，占样本的 41%，其中，单独使用该种方式的上市公司有 11 家，占样本的 25%。第三种方式是对出资人股票进行缩股，有 3 家公司采此方式，占样本的 6.8%，该种方式均未被单独使用。第四种方式是出资人所持股票需按指定价格转让，有 2 家，占样本的 4.5%，该种方式在天颐科技重整案中单独使用。由此可见，让渡股份（存量股份调减）已发展为出资人权益调整的主要方式，而资本公积转增股票、缩股等调整方式适用范围较为狭窄。

表一　　　　**出资人权益调整方式统计表**

出资人权益调整方式	上市公司数量
股份让渡	31 家①
资本公积转增股票	18 家②
缩股（减资）	3 家
股权转让	2 家

① 采取让渡方式的 31 家上市公司分别为：宝硕股份、沧州化工、长岭股份、北亚实业、星美联合、鑫安科技、华源股份、九发股份、新太科技、丹化股份、秦岭水泥、夏新电子、光明家具、深信泰丰、辽源得亨、盛润股份、创智科技、华源发展、银广夏、方向光电、四川金顶、科健股份、中核钛白、石岘纸业、山东海龙、金城股份、深中华、锌业股份、贤成股份、霞客环保、新都酒店。

② 采取资本公积转增方式的 18 家上市公司分别为：北生药业、丹化股份、锦化氯碱、科健股份、宏盛科技、石岘纸业、新中基、锌业股份、中达股份、长航凤凰、超日股份、霞客环保、新都酒店、新亿股份、舜天船舶、川化股份、云维股份、重庆钢铁。

3. 出资人组会议表决情况

《企业破产法》未对出资人组的组成人员、表决通过标准等事项作出明确规定，这些立法漏洞无法为重整程序中出资人权益调整提供科学、统一、具体、规范的操作指引，直接导致重整实践中表决程序和规则不统一。譬如，宝硕股份重整案中，出资人组表决采用的是人数与股权额的双重标准，其他上市公司均采用股权表决权单一标准。除宝硕股份采用的1/2以上表决标准外，其他上市公司绝大多数采用的是2/3以上表决标准，其中，银广夏、金城股份、新亿股份3家因未达到2/3以上表决标准，出资人组未表决通过。

4. 出资人权益调整方案执行过程中存在的问题

作为重整计划重要组成部分的出资人权益调整方案，在经人民法院裁定批准之后，通常由债务人负责具体执行。在重整计划的执行过程中，由于出资人持有的债务人股权被设定质押或被冻结，质权人或冻结申请人基于自身利益的考虑往往不愿配合债务人就出资人需让渡的股权向股权登记机构解除质押登记手续或向有关机构申请解除冻结措施。存在的执行障碍严重阻却了已获批准重整计划的顺利执行。例如，在方向光电、华源股份等案件中，大股东股权被质押和冻结，重整计划中所涉及的出资人权益调整方案虽然对被质押和冻结的股权作出了相应的调整，但实践中却因为有关债权人和法院不配合面临重整计划难以执行的障碍。

5. 债权人被削减的债权幅度远远大于股东被调减的股权幅度

从上述51家上市公司破产重整案例来看，基于对中小股东权益保护及社会维稳的政治考量，股东被调减的股权幅度远远小于债权人被削减的债权幅度。例如，沧州化工重整案中，普通债权的削减幅度高达85.72%，而股权调减幅度仅为11%。

（三）小结

实践证明对出资人权益进行合理调整能有力地促成重整取得实质性成功。但在出资人权益调整过程中，也存在以下问题亟待解决：第一，出资人权益调整的适用情况如何具体界定；第二，出资人利益与债务人、债权人、战略投资人利益如何衡平；第三，出资人权益调整方案公平与公正标准如何界定；第四，出资人组的表决程序及表决规则如何规范；第五，在质押及被冻结股权如何进行调整。

三、出资人权益调整的完善路径

（一）出资人权益调整的具体适用情形

《企业破产法》第 85 条仅规定重整计划草案涉及出资人权益调整事项的，应当设出资人组进行表决，但对于何种情形下需要调整出资人权益以及何种情形下无需调整出资人权益未作出明确规定，容易导致实际操作的混乱和随意。因此，立法或相关司法解释应当对此问题作出明确的规定。从比较法的视角来看，多数国家和地区的立法对出资人权益调整作出了规定。韩国规定当公司资不抵债时，股东的一半股份将强制予以注销。我国台湾地区“公司法”第 298 条规定，公司无资产净额时，股东不得行使表决权。在一些英美国家中，有时会给原股东象征性地保留少量的（如 5%）股份，或给其一定的认股期权，使其在今后公司价值回升时可以回购一定股份。① 在上市公司重整程序中，当公司资产大于负债时，股东尚有一定的权益，在拟定重整计划草案时，应当在优先保护债权人利益的基础上，基于对各重整参与方利益平衡的需要，可以对出资人权益进行适当的削减。当公司资不抵债时，股份的所有者权益为零或负，但是股份的市值并不当然为零或负，上市公司价值不仅体现在财务数据中的资产负债情况，更重要的是其股票具有高度流动性及完善的退出机制，其公司价值以及股东所持公司股票的价值并非与上市公司资产负债呈绝对的正相关关系。② 此外，上市公司的壳资源属于一项特殊财产，是一种极其重要的市场资源，它专属于公司的原股东。基于引进战略投资人、保全上市公司壳资源等重要市场资源、确保重整取得实质性成功的需要，在公司资不抵债的情况下，应当对出资人权益进行必要的调整。如果对资不抵债的上市公司的股东权益不进行强制性的调整，那么无异于鼓励了对“ST”股进行热炒的市场投机行为。这种投机对于为挽救上市公司摆脱困境而利益受

---

① 参见王欣新：《破产法》（第三版），中国人民大学出版社 2011 年版，第 277 页。

② 参见刘延岭、赵坤成主编：《上市公司重整案例解析》，法律出版社 2017 年版，第 50 页。

到极大影响的债权人等利害关系人是极不公平的。① 当然，上市公司出资人权益调整方案的制定应当综合考虑公司的负债情况、股本情况、股权分布情况等多种因素，实现各重整参与人利益的最大化。

（二）出资人利益与债务人、债权人、战略投资人利益的平衡

上市公司重整程序中，出资人权益调整方案的合理设计能够实现多样化的重整目标：债务人通过出资人权益调整方式取得重整成功，获得重生，维系了营运价值，实现了各重整参与人利益和社会利益的平衡；原股既可以直接向债权人分配并用作债务清偿的支付手段，也可以变现后用于解决偿债资金的来源问题；债权人可以通过债转股的方式成为公司股东并分享公司重整成功后未来的收益；战略投资人可以通过注入资金或提供优质资产的方式有条件受让原股东的股权成为新股东，借以实现对公司的控制。出资人权益调整实质上也体现着债权人、债务人、出资人以及战略投资人等各重整参与方的利益博弈，债权人、出资人以及战略投资人之间的利益冲突在重整程序中贯穿始终。出资人权益调整方案是一种市场化商业利益的调整与安排方案，它的设计与拟定无不考验着管理人、上市公司、法院的智慧。出资人权益调整方案的制定应当充分体现各方当事人的真实意思表示，要求各方当事人对多种冲突的利益选择作出相互妥协和让步，注重出资人与债务人、债权人、战略投资人之间的利益平衡，以实现各自利益最大化为目标，司法权不宜过多干预。详言之，在制定重整计划草案过程中，平衡与消解债权人、出资人以及战略投资人之间的利益冲突，应当竭力做到以下几个方面：其一，在调整债权与股权时，必须坚持债权人利益优先保护、股东利益劣后于债权人的原则，确保债权削减比例尽量低于股权削减比例，避免将公司经营失败的所有风险变相转嫁给债权人，实现债权人与出资人利益保护的实质公平。其二，战略投资人以提供资金或优质资产作为对价，通过有条件受让股权的方式加入公司，一方面有益于债权人利益的实现，另一方面，原股东也可以避免因破产清算其股权价值被彻底归零的厄运。股东既然通过重整获得了利益，那么其以让渡部分股权给战略投资人的方式作出一定的妥协和让步，也就成为理所当然之事。

① 参见赵柯：《上市公司重整中的股东权益调整问题研究》，载最高人民法院民事审判第二庭《民商事审判指导》，人民法院出版社 2009 年版，第 118 页。

其三，重整实践中，出资人与债务人、债权人、战略投资人等各重整参与方的利益诉求存在差异性，再完美的重整计划草案也不可能顾及全面，这就极有可能招致重整计划草案无法通过分组表决。重整制度所体现的社会本位精神追求的是社会整体利益，而要求其他个人利益或群体利益应当服从社会整体利益。① 因此，重整程序所独有的私权保护与社会整体利益保护并重的特质以及强制批准权固有的平衡权属性决定了法院应当依法审慎适用强制批准制度，通过公权力的适度干预，对各重整参与人的利益进行强制平衡，保证重整计划的公平、公正、合理，保障重整程序顺利推进，实现企业重整法律效果和社会效果的平衡与统一。

（三）出资人权益调整方案是否公平、公正标准之界定

出资人权益调整方案是否公平、公正，应当从以下几个方面进行评判：

1. 出资人权益调整方案的制定应当体现股权平等原则

股权平等原则是指所有股东均按其所持股份的性质、内容和数额享受平等待遇，并且免受不合理的不平等待遇。②《企业破产法》所称公平对待所有的出资人，不是一个简单地按相同比例调整的问题，而是一个寻求真实的出资人权益按照相同的比例和条件予以调整的问题。③ 股权平等原则并非要求所有出资人按照同样的比例接受调整，而是要求管理人或债务人在制定出资人权益调整方案时，应当对同种类别的股东或者持股股份相当的股东一视同仁、公平对待，提供平等的无差别待遇，进行权益调整的标准要尽可能统一，原则上不能对他们所持有的股权采取不同比例的不公平调减。而对于不同性质、不同内容、不同持股数量的股东应当设计有差别的股东权益调整方案，可以视个案情况采取不同的股权调整方式或者不同的股权调整比例。譬如，可以针对控制股东与中小股东制定不同的调整比例，对控制股东进行较大比例调整，对中小股东进行较小比例的调整；

① 参见刘敏、池伟宏：《法院批准重整计划实务问题研究》，载《法律适用》2011 年第 10 期。

② 刘俊海：《论股权平等原则》，载《法学杂志》2008 年第 3 期。

③ 参见邹海林：《破产法——程序理论与制度结构解析》，中国社会科学出版社 2016 年版，第 425 页。

可以对流通股股东与非流通股股东分别采取资本公积金转增股份、直接调减的不同调整方式，也可以对流通股与非流通股、普通股与优先股采取不同的股权调整比例。重整计划草案的出资人权益调整的比例尽管不同，但其调整的方法和条件能够平衡所有的出资人利益。①

2. 出资人权益调整方案的制定应当体现过错责任原则

过错责任原则要求出资人权益调整方案的制定必须充分考虑各股东对公司经营陷入困境所存在的过错程度或应担负责任的大小。若有股东存在违法占用公司资金、违规利用公司对外提供担保、利用不正当的关联交易转移资产等侵害公司利益行为，并导致公司经营陷入困境，则管理人或债务人在制定出资人权益调整方案时需相应提高对此类股东股权调减幅度，而那些对于公司陷入困境不存在过错或无需担责的股东则应减少股权调减幅度，以体现权责利相统一。通常而言，非流通股股东和控制股东大多属于公司的高级管理人员抑或实际控制人，对公司经营活动施加的影响颇多，由此对公司经营失败陷入困境负有不可推脱的责任，进而应承担较高比例的股东权益调整。

3. 出资人权益调整方案的制定应当在坚持债权人优先原则基础上适当运用新价值原则

从《企业破产法》第 1 条及第 77 条规定的文义来看，该法实质上确立了债权人优先原则，即出资人权益劣后于债权人利益，债权人利益实现之后才能实现出资人利益。仅股权让步而债权不让步之重整计划是可行的，但仅债权让步而股权不让步的重整计划则有失公正。② 公平对待债权人和出资人的重整计划，应当首先保证涉及债务人财产权益分配的绝对优先原则获得贯彻。③ 基于该原则，出资人权益调减比例通常应高于债权削减比例，而不应低于债权削减比例。在制定出资人权益调整方案时，应当始终不渝地奉行债权人优先原则，但绝非僵化地适用债权人优先原则，而是在强调优先保护债权人利益的基础上，适当借鉴美国破产法的新价值原

① 参见邹海林：《法院强制批准重整计划的不确定性》，载《法律适用》2012 年第 11 期。

② 参见郑志斌、张婷：《公司重整：角色与规则》，北京大学出版社 2013 年版，第 352 页。

③ 参见邹海林：《法院强制批准重整计划的不确定性》，载《法律适用》2012 第 11 期。

则兼顾对股东利益的保护。当然，股东提交的新价值应满足以下条件：第一，新价值必须是以现金或现金等价物的方式提出；第二，来自股东或其他次级利益的出资必须是必要的；第三，出资必须是真实的，或者有时候作为一种规则，它必须等于或大于公司的存续价值。①

(四) 表决程序及表决规则之完善

出资人组成员的确定应当充分考虑出资人权益调整方案所涉及的对象，即对哪些股东的权益进行了调整。因为立法设置出资人组之目的在于通过召开出资人会议的形式充分地了解股权受到削减的股东的真实想法，为这些股东提供充分表达自己意愿的机会，避免出资人表决走过场、流于形式，最大限度地确保出资人权益调整方案的公平、公正。而那些股权未受到任何削减的股东因出资人权益调整方案根本不涉及自身利益可能对行使表决权表现出极大的随意性，易导致表决结果的不客观。因此，应当借鉴日本和美国破产法的相关规定②，对《企业破产法》第85条作限缩解释，将出资人组成员限于股权受到削减的股东，赋予此类股东表决权。权益未受调整的股东则被排除在出资人组成员之列，不应享有表决权。

关于出资人组的表决通过标准，各国对于股东表决均采用股权额的单一标准，并未对人数作出要求。我国上市公司重整实践中除宝硕股份的出资人组表决采用人数与股权额的双重标准外，其他上市公司均采用股权表决权单一标准。就表决通过比例而言，世界各主要国家和地区大多采用的表决通过比例为1/2以上，如日本、韩国。《关于审理上市公司破产重整案件工作座谈会纪要》(法［2012］261号) 出台以后，我国上市公司重整实践采取的表决通过比例明确为2/3以上。设立何种表决标准主要在于立法者促成重整成功的愿望有多强烈，很难从理论证明过半数通过就不能

---

① 参见［美］大卫·G. 爱泼斯坦、史蒂夫·H. 尼克勒斯、詹姆斯·J. 怀特：《美国破产法》，韩长印等译，中国政法大学出版社2003年版，第764页。

② 《日本公司更生法》规定：不因计划而影响其权利者和为获得计划通过而享有法律所规定的变更处理的权利人不享有对计划的表决权。《美国联邦破产法》规定：任何一个权利组如不受重整计划的影响，该权利组内的每一债权人或股东即视为接受此重整计划；任何一权利组如在重整计划下无法获得任何实益时，其即被视为拒绝此重整计划。

代表大多数股东的意愿。① 质言之，出资人表决标准的设定应当以便于重整计划高效通过、降低表决通过的难度、提高重整效率、且不损害大多数股东的利益为原则。我国上市公司重整实践所采取的2/3以上表决标准一定程度上增加了表决通过难度，从而阻滞重整程序的有力推进。建议《企业破产法》修改时，应当借鉴日本、韩国立法例，明确规定出资人权益调整方案表决通过采用1/2以上标准。

（五）重整计划中出资人权益调整方案执行障碍的排除

《企业破产法》第19条规定："人民法院受理破产申请后，有关债务人财产的保全措施应当解除，执行程序应当中止。"但该条款的适用对象仅指向债务人财产，而并不指向出资人持有的债务人股权。出资人权益调整方案执行难题的存在既有法律层面的原因，也有实践操作方面的原因。为彻底清除重整障碍，确保重整成功，应当采取以下措施：第一，在现有法律框架下，出资人、质权人、冻结申请人、战略投资人可以通过自行磋商的方式，在不损害债权人利益的前提下，由战略投资人向质权人或冻结申请人支付一定补偿款换取他们主动向有关机构申请办理解押解冻手续。当然，此种方法具有较为严苛的条件，即仅适用于质押权人较少及冻结轮候次数不多且重整价值较大的重整案件。第二，若出资人、质权人、冻结申请人、战略投资人无法达成协议时，基于重整程序优先于执行程序、调整股权并未损害质权人和冻结申请人的利益及公平原则的考虑，建议《企业破产法》修订时或制定相关司法解释时明确赋予经法院批准重整计划的司法强制力和执行力，并规定重整案件的受理法院有权直接采取解押解冻等措施，即质权人以其在出资人持有的债务人股权上设定质权为由，主张重整计划对出资人权益的调整损害其利益的，人民法院不予支持；冻结申请人对出资人持有的债务人股权予以冻结为由，主张重整计划对出资人权益的调整损害其利益的，人民法院亦不予支持。股权登记机构应依照人民法院批准重整计划的裁定，协助办理出资人股权的变更登记。有关机关已对上述股权采取冻结措施的，应当依照人民法院批准重整计划的裁定解除冻结措施。

---

① 参见齐砺杰：《破产重整制度的比较研究——英美视野与中国图景》，中国社会科学出版社2016年版，第311页。

上市公司重整计划强制批准制度的反思与建议

周雯瑶*

内容提要：经过实证分析，我国上市公司重整计划强制批准的问题主要在于对最低限度原则的理解存在争议、绝对优先原则没有适用于股东和债权人之间、法院更加愿意上市公司进行破产重整而不是清算。从风险承担与权利分配上应当认为只有在至少有一组权利受到侵害的表决组同意重整计划的情况下，法院才能适用强制批准制度。股东对于公司进入破产重整境地负有更多责任，对于重整承担更少风险，其权利应当劣后于债权人。而强制批准制度存在本身就是其存在的意义，引导相关主体的行为，其在个案中的适用有时并非那么重要。

一、强制批准制度的实践困境

《企业破产法》颁布之前，我国没有所谓的重整制度。《企业破产法》引入重整制度，将重整计划的批准分为正常批准与强制批准。所谓正常批准是在所有表决组通过重整计划之后，法院在对重整计划审查之后批准。强制批准是指在有表决组没有通过重整计划的情况下，法院在衡量相关因素之后批准重整计划。从《企业破产法》颁布至今，我国破产重整的上

* 周雯瑶，武汉大学法学院2017级民商法硕士研究生。

市公司一共有 54 家①。其中有 13 家②属于在法院强制批准重整计划下开展的破产重整。通过对这 13 家上市公司强制批准分析，可以发现我国上市公司重整计划的强制批准主要存在以下几个问题：

（一）对于何为最低限度接受原则理解不一

强制批准中应当遵守最低限度接受原则是理论界的共识。但对于何为最低限度接受原则理解不一。有观点认为只有在至少有一组权利受到削弱的表决组通过重整计划的情况下，法院才可以强制批准。③ 也有观点认为只要有一组表决组通过重整计划法院就可以强制批准，无论该表决组的权利是否受到重整计划的削弱。④ 实践中，在对 * ST 帝贤 B 重整计划的表决中，债权人组一共分为 4 组，即优先债权组、职工债权组、税款债权组和普通债权组。法院在仅有税款债权组和职工债权组同意重整计划，而优先债权组和普通债权组都未同意的情况下强制批准重整计划。类似的，* ST广夏重整案中，法院在权利受到重整计划削弱的出资人组和普通债权组都未通过重整计划的情况下，强制批准重整计划。在对 * ST 金城重整计划表决中，债权人组分为有财产担保债权人组、职工债权组、税款债权组、普通债权组和出资人组，同样的，在担保债权人组、普通债权人组和出资人组都没有通过重整计划的情况下，法院采取了强制批准。有学者

① 分别是宝硕股份、沧州化工、兰宝信息、天发石油、天颐科技、浙江海纳、朝华科技、长岭股份、北亚实业、华龙集团、星美联合、鑫安科技、华源股份、九发股份、帝贤股份、北生药业、新太药业、丹化股份、秦岭水泥、夏新电子、光明家具、深信泰丰、咸阳偏转、锦化氯碱、辽源得亨、盛润股份、创智科技、华源发展、银广夏、方向光电、四川金顶、科健股份、宏盛科技、中核钛白、石岘纸业、山东海龙、金城股份、深中华、新中基、锌业股份、中达股份、贤成股份、长航凤凰、超日股份、霞客环保、新都酒店、新亿股份、舜天船舶、川化股份、云维股份、重庆钢铁、泸天化、柳州化工、抚顺特钢。其中两件案件仍然在办。

② 分别是宝硕股份、沧州化工、天发石油、天颐科技、帝贤股份、光明家具、锦化氯碱、银广夏、方向光电、宏盛科技、金城股份、锌业股份、新亿股份。

③ 参见丁燕：《上市公司重整中行政权运行的偏离与矫正——以 45 家破产重组之上市公司为研究样本》，载《法学论坛》2016 年第 3 期。

④ 参见张海征、王欣新：《论法院强制批准重整计划制度之完善》，载《首都师范大学学报（社会科学版）》2014 年第 4 期。

认为以上三个案例都没有依照最低限度接受原则。①

（二）对于出资人和债权人之间权利调整顺序理解不一

《企业破产法》第85条规定，当重整计划涉及出资人权益时，应当设置出资人组。实践中，＊ST广夏、＊ST金城和＊ST新亿的重整计划在出资人组不同意重整计划的情况下，被法院强制批准。但经过统计，在13个法院强制批准上市公司重整计划的案件中，有11个②存在普通债权人不同意重整计划的情形。相比于出资人，实践中法院重整计划的强制批准往往是在违背债权人意志下做出的，即对债权人的强制批准。就强制批准案件中出资人和债权人的利益分配，有学者统计得出普通债权平均清偿率约为18.65%，中位值为13%；原出资人股权的平均保有率约为76.13%，中位值为80%。③ 而在＊ST帝贤B重整计划中，在100%保留原有股东在上市公司权益的情况下，对普通债权人的权利进行调整，普通债权人受偿率仅为3%。这在一定程度上反映出实践中在破产重整中债权人作出比出资人更多的让步。

（三）法院更加倾向于重整

在上市公司重整中，法院在一定程度上成为重整程序的推动者。例如在对＊ST朝华进行破产重整中，法院为了在上市公司退市的最后时点之前完成上市公司的重整，为了确保债权人会议一次通过重整方案，开展了大量的工作，制定重组方案，分析和协调各方利益。④ 此外，有数据显

① 参见丁燕：《上市公司破产重整计划法律问题研究》，法律出版社2014年版，第155页。

② 包括：＊ST天颐、＊ST沧化、＊ST宝硕、＊ST帝贤、＊ST光明、＊ST锦化、＊ST广夏、＊ST方向、＊ST宏盛、＊ST金城、＊ST锌业。其中＊ST广夏和＊ST金城属于普通债权人组和出资人组都不同意重整计划。S＊ST天发由于披露信息不足，难以确定各组表决情况。

③ 参见齐明、郭瑶：《破产重整计划强制批准制度的反思与完善——基于上市公司破产重整案件的实证分析》，载《广西大学学报（哲学社会科学版）》2018年第2期。

④ 参见《西部首个上市公司重整计划获法院批准》，载《法制日报》2008年1月13日第9版。

示，在13家破产重整计划强制批准案件中，有5家法院作出强制批准的时间短于5天，占比38%，这很难全部用有关案情十分简单加以解释。＊ST金城重整案中，债务人在重整计划遭遇双否后，于10月15日向锦州中院申请批准重整计划，并于10月16日收到强制批准重整计划的民事裁定书。法院作出强制批准裁定的时间仅仅为一天。相反，在同样遭遇双否的＊ST广夏重整中，法院耗费111天才作出强制批准的裁定。而这两个案件，仅仅从债权组和出资人组表决情况来看，＊ST广夏案中，普通债权组二次表决通过重整计划人数为88%，债权比例为47.19%，出资人二次表决通过重整计划的比例为64.86%。＊ST金城案中担保债权组二次表决通过重整计划人数未过半，债权比例为13.83%，普通债权组通过重整计划人数比例过半数，但债权比例仅仅为25.87%，出资人组二次表决通过重整计划的比例为63.62%。而从重整中债权人可受偿比例和清算中债权人可受偿比例来看，＊ST金城普通债权的清偿率从清算状态下得不到清偿到重整状态下的5%，提高了5%。＊ST广夏中普通债权人受偿比例从清算状态下0%到重整状态下50%，提高了50%。① 理论上来说＊ST金城重整遭遇的阻力应当大于＊ST广夏，法院更应谨慎强裁。虽然＊ST广夏的超期裁判是由于其债务人第一次提出强制执行申请后，在法院审理期间即将届满时，新的债权人申报了债权（法院应当于8月30日前作出裁判，但债权人在8月26号提出新的债权申请），法院准予管理人撤回申请，但法院审理期间仍然远超＊ST金城，即使是因为＊ST广夏是第一个在双否状态下作出的强制批准，但两者之间强裁时间也不应差别如此之大。这在一定程度上反映出，实践中有些法院可能更加倾向于对上市公司进行破产重整而非清算，在对重整计划强制批准时往往从结果出发，过于草率。

二、强制批准制度困境原因分析

（一）立法上的缺陷

我国对于破产重整计划的强制批准主要规定在《企业破产法》第87

① 相关数据来自刘延岭、赵坤成主编：《上市公司重整案例解析》，法律出版社2017年版，第11~20页。

条，后又出台相关会议纪要等，对于强制批准的条件进一步予以说明，但总体上，我国对于强制批准的规定过于抽象，实践中法官自由裁量权过大。

我国法律对债权人和出资人在破产重整计划中利益分配问题没有规定。《企业破产法》第87条第2款第5项仅仅就债权人之间的清偿顺序进行了规定。此外，《企业破产法》并没有明确规定最低限度原则，有些学者认为《企业破产法》第87条中部分表决组未通过重整计划草案的描述，事实上表明了我国确立了最低限度原则。但在实践中，正如上文所述，对于最低限度原则的解释理论界和实务界存在分歧，而我国法律并没有作出解释。

至于法院倾向于破产重整的问题，最高院多次通过会议纪要、意见等方式表达应当审慎行使在重整计划上的自由裁量权。① 但往往在强调审慎行使强制批准权的同时又强调充分发挥重整制度的功能，对相关企业进行积极有效的挽救。当然，两者在逻辑上并不存在问题，强调发挥重整制度的作用并不意味着在强制批准问题上可以随意为之，但这也说明了单纯地从理念上、价值选择上规范强制批准制度并不能很好地解决法院过于轻率适用强制批准的问题。法院完全可能基于对于重整带来的社会效益的追求，选择适用强制批准制度，即使这种社会效益是法院臆想的。

（二）上市公司的特殊性

上市公司往往职工人数众多，一旦进入破产清算，大量失业职工被丢入社会，社会压力陡增。其本身经济体量大，涉及众多上下游企业和多方债权人，一旦破产清算，一时间会给地区经济发展带来不利影响。与此同时，上市公司破产本身带来的舆论上的影响也不容小觑。而由于法律和资本市场等原因，上市公司的壳资源成为一种独特的软资产，无论是对经济主体在经济上还是当地政府在政治上都具有独特的价值。*ST朝华破产重整被视为生死时速的原因就在于自2004年起，该公司连年亏损，财务状况严重恶化，资不抵债。2007年5月23日，其被停牌，如果在2007年

① 例如《最高人民法院关于正确审理企业破产案件为维护市场经济秩序提供司法保障若干问题的意见》、《最高人民法院印发〈全国法院破产审判工作会议纪要〉的通知》。

12月31日前尚不能实现盈利，朝华科技将面临退市，壳将不保。重整的过程实际上是一个保壳的过程。

正是因为上市公司的独特价值，相对于破产清算，地方政府更加希望通过重整的方式腾笼换鸟，保留上市公司的外壳引入新的投资者，也更加关注上市公司的破产进程。实践中，在13家法院强制批准重整计划的案件中，全都由清算组担任管理人，由地方领导或地方国资委主任担任清算组组长。在＊ST新亿破产重整案中，地方政府负责人也强调＊ST新亿是新疆上市公司重整的第二例，各级党委、政府都高度重视。①清算组组长也为该地区的一把手。在此种情况下，地区法院的中立性往往难以保证。受理案件的中院领导也强调＊ST是本地区唯一一家上市公司。

（三）强制批准承载的价值易被滥用

公司本质上是组成公司的当事人之间一系列契约的载体，即使进入重整程序，此契约的本质并没有改变。重整计划则是众多契约中的一种。②重整计划契约的本质使其达成主要依靠各主体意思自治的合意。这在各国的立法、司法实践中都有体现。英国严格遵守破产重整中对债权人利益和债权人自治的保护。在其重整程序中赋予债权人会议以最高的决策权。债权人会议通过的重整计划无需法院的裁定即产生法律效力。美国虽然创设了强制批准制度，但实践中仍采用保持谨慎的态度。合意实际上是博弈的结果。各主体对于破产债务人进行重整的动机不同，动力也存在差异。重整的不确定性给普通债权人带来纯粹风险，阻碍普通债权人同意重整的同时，其本身蕴含的机会风险也成为债权人同意重整计划的阻力。分享重整成功的情况下重整所创设的新的企业的价值是出资人同意重整计划的重要动力。面对如今陡增的就业压力，企业职工更愿意保留现有的岗位，更何况新的工作岗位往往意味着要付出新的学习成本。有财产担保的债权人往往没有足够动力参与破产重整，现今法律对有财产担保债权人在重整中权利的保护也是为了增强其参与破产重整的动力。

---

① 参见《以效率换效益 ＊ST新亿重整面面观》，新华网，http://www.xinhuanet.com//fortune/2015-12/08/c_128509556.htm，访问日期：2018年10月22日。

② 参见王佐发：《公司重整制度的契约分析》，中国政法大学出版社2013年版，第100页。

然而各主体参与破产重整的动力仅仅为破产重整计划得以通过的第一步。破产重整中各方主体谈判的对象并非企业现有价值，而是企业在运行了一段时间之后的价值。对企业运行之间风险和利益的分配是各方主体考虑的关键点，而正是由于破产重整结果的不确定性与利益主体的多方性和差异性，导致各方难以就重整计划达成一致意见。另外企业营运价值评估的不确定性也加大了重整计划达成一致意见的难度，直接影响博弈结果。高顺位的主体希望低估营运价值，低顺位的主体希望高估营运价值。① 此外，由于内心真意只能通过行为人外在表现形式加以判定，不能排除有债权人为了抬高自身在博弈中的地位，掌握博弈的主动权，隐藏真实意思而反对重整计划，希望以此让其他主体妥协。

强制批准制度正是为了避免出现由于信息的不对称，相关主体出于博弈上的特殊考量而使有利于破产企业、相关利害关系人，符合社会利益的重整计划迟迟不能通过的情形。理论界普遍认为强制批准制度的正当性主要包括：第一，社会效益的最大化。重整制度围绕着社会利益最大化这一核心价值而构建，把实现企业重建作为首要目的和任务，着眼于企业在社会经济生活中的地位及其兴衰存亡对社会生活的影响。第二，对重整程序效率的追求。第三，避免债权人不当隐瞒真实意思。② 第四，某些特定主体希望法院强制批准重整计划。如银行等由于体制的原因难以在重整计划中妥协，虽然其内心同意重整计划且希望达成一致意见。③

但此种正当性使强制批准这一制度本身存在缺陷，从而导致在适用中面临滥用的风险。强制批准制度类似于一种拟制同意，④ 即在各主体不能自主通过博弈达成一致意见的情况下，法官在审查重整计划之后认为在每个人都是理性人的假设下，重整计划的各方主体应当同意重整计划，未通过则是由于相关主体寻求不当利益。但此种情况成立的前提在于法官拥有

---

① 参见王佐发：《公司重整制度的契约分析》，中国政法大学出版社 2013 年版，第 124 页。

② 参见辛欣：《我国破产重整中强制批准问题探究》，载《法律适用》2011 年第 5 期。

③ 参见李成文：《中国上市公司重整的内在逻辑与制度选择》，法制出版社 2012 年版，第 198 页。

④ 参见高丝敏：《重整计划强裁规则的误读与重释》，载《中外法学》2018 年第 1 期。

足够的商业知识和商事经验，能够对重整计划作出恰当判断。但从我国现实来看，虽然各地纷纷建立专门的破产审判法庭，也有数据显示截至2017年我国清算与破产审判庭已经有97家。① 但法官毕竟没有真实参与商业活动，不能假设法官比企业利害关系人本身更加了解企业，而且部分地区上市公司较少，法院缺乏处理上市公司破产重整的经验。＊ST新亿破产重整案件中，受理案件的中院领导表示虽然之前没有过对公众公司重整的管理经验，但干部都有很高的政治觉悟、政治素养以及法治精神，相信会给债权人和全国的投资者一个完整的答卷。② 完美地处理上市公司破产案件需要很高的政治素养、觉悟和法治精神，但仅此还远远不够。此时若一再强调重整的社会价值，再加上立法对于强制批准条件规定的过于抽象，实际上可能会导致法官在难以判断重整计划是否确为可行的情况下以重整有利于社会利益为理由予以强制批准。而对于所谓社会利益、公共利益原则的判断，本就在学界多有诟病。上市公司的独特性恰好容易被认为是社会公共利益本身，对上市公司进行重整似乎总能够实现社会效益的最大化。

三、强制批准制度的完善路径

（一）审慎使用强制批准制度

正因为法院在判断重整计划的可行性、破产重整企业的营运价值上存在局限性和外行性，同时社会公共利益判断具有主观性，用意思自治的方式通过重整计划无论是对破产企业还是对债权人、出资人或是社会都是最佳的选择。强制批准有时不仅不能使企业起死回生，反而会带来新的问题。＊ST新亿案中，塔城中院虽然在出资人组反对的情况下强制批准了

---

① 参见杜万华：《当前破产审判工作必须重点把握的十个问题》，http：//www.court.gov.cn/zixun-xiangqing-89582.html，访问日期：2018年10月22日。我国颁布了最高人民法院《关于在中级人民法院设立清算与破产审判庭的工作方案》，指导清算与破产审判庭的建立，最高人民法院关于印发《全国法院破产审判工作会议纪要》的通知也强调要加强破产审判的专业化建设。

② 参见《以效率换效益 ＊ST新亿重整面面观》，新华网，http：//www.xinhuanet.com//fortune/2015-12/08/c_128509556.htm，访问日期：2018年10月22日。

重整计划，但由于中小股东不服塔城中院的裁定，向高院申请再审，至今没有最终结果，＊ST新亿股也未复牌。但由于在囚徒困境下，个人的理性有时同集体理性相背离，强制批准制度也有存在的必要。但其作用并非简单地体现在法官运用强制批准制度通过重整计划的个案之中，而是体现在这一制度存在本身，即其存在对于债权人和出资人的引导或者说是威慑作用。正如上文所说，若将重整计划的通过完全依赖于债权人和出资人的意思自治，存在效率低、有债权人当钉子户的情形，而强制批准制度的存在其本身就具有引导作用。

依照我国《企业破产法》第87条第2款第1项的规定，法院只有在担保债权人对于特定财产全额受偿且延期受偿遭受的损失得到公平补偿的情况下，才能强制批准重整程序。一方面此规定的存在避免重整计划片面损害担保债权人的利益，另一方面它也避免了担保债权人坐地起价，因为担保债权人即使为了提高自身身价反对重整计划，只要重整计划满足了担保债权人的基本利益，法院也会强制批准。担保债权人反对计划并不能使自己最终获利，反而需要付出时间成本。同样若普通债权人在获得高于清算时的清偿比例但仍反对重整计划时，强制批准制度的存在则起到威慑作用——即使反对，法院仍然可能会强制批准，反对并没有作用。

此外，虽然强制批准制度存在的价值之一就在于其在一定情况下可以保护社会公共利益，但法院在个案实际适用这一制度时，应当尽可能地减少对社会公共利益的考虑。主要理由在于：第一，社会公共利益的不确定性让其在很多时候成为一种万金油，在涉及上市公司的情况下更是如此；第二，在谈及社会公共利益时，任何原则都显得不再那么重要，强制批准的各项条件实际上会被架空。①

（二）在股东和债权人之间坚持绝对优先原则

通过实证分析，我国目前对上市公司破产重整存在股东权利和债权人权利失衡的问题，主要原因在于两者之间绝对优先原则的缺失，法院在强制批准重整计划时没有充分考虑此原则。完善我国重整计划强制批准制度应当坚持此项原则，主要理由在于：

---

① 参见邹海林：《法院强制批准重整计划的不确定性》，载《法律适用》2012年第11期。

第一，在公司资不抵债的情况下，公司的财产首先用于清偿债权，股东享有对公司剩余财产分配请求权，这是公司法下的基本规则。这一清偿顺序也应当在破产重整中得到体现，并不排除对在重整程序中持反对意见的表决组的适用。

第二，理性人市场经济中风险和利益应当呈反向关系，不存在低风险但高收益的情形，且此种关系也应当受到法律的承认，如此一方面可以鼓励各方参与商事活动，另一方面也能避免投机行为。而破产重整有一定的财富再分配的效果，① 分配结果也应当反映风险，与股东相比债权人在破产中承担更多的风险。债权人放弃破产清算而选择破产重整，虽然重整计划给予其高于破产清算的受偿比例，但仍然要承担额外的风险，而高于破产清算部分的清偿本身也是对于其承担风险的奖励。在上市公司资不抵债的情况下，出资人难以对公司行使剩余财产分配请求权，破产重整对于出资人而言不是风险，而是使投资扭亏为盈的手段。

第三，出资人在重整前后拥有更多的优势，有更多的途径维护自己的权利。以＊ST 金顶破产重整案为例，在＊ST 金顶进入重整程序的公告尚未正式发出时，公司第一大股东利用中小股东的预期，在重整前大幅增加持股，抬高股票价格后将股票卖出套利。此外，＊ST 金顶为了实现合并利润表上的扭亏为盈，将公司财富转移到出资人手中，向关联方低价出卖资产，最终受损的是债权人的利益。②

第四，出资人对公司破产重整的结果负有责任。股东享有进行重大决策和选择管理者等权利，对于公司经营走向有着重要影响。相比较而言，债权人对企业仅有监督的权利，为了自身债权的安全跟踪企业发展状况。但即使是上市公司，信息不对称的情况仍然存在，尤其我国上市公司的信息披露问题一直遭受诟病，债权人监督权的行使确实有限。更何况由于时间价值的存在，股东会采取一切手段获得当前的最大利润，即使如此会导致企业真实价值下降。③ 在这种情况下，相对于债权人，出资人并非最值

---

① 参见齐砺杰：《破产重整制度的比较研究——英美视野与中国图景》，中国社会科学出版社 2016 年版，第 55 页。

② 参见胡燕：《上市公司破产重整财务与会计问题研究》，经济科学出版社 2015 年版，第 173~176 页。

③ 参见陈英：《破产重整中利益分析与制度构造——以利益主体为视角》，山东大学出版社 2013 年版，第 118 页。

得保护。

（三）明确最低限度接受原则

在允许法院强制批准重整计划的国家中对于最低限度接受原则大多有所规定。美国要求至少有一个权利受到受影响的表决组同意。德国要求只有当大多数组同意时，法院才能考虑是否适用强裁规则。① 我国《企业破产法》虽然没有明确规定最低限度接受原则，但最高人民法院和各地法院都有通过会议纪要等方式确立此项原则。② 对于其具体含义，应当认为所谓的最低限度通过原则是指只有在至少有一个权利受到重整计划削弱的表决组通过重整计划的情况下，法院才可以强制批准重整计划。当然，当一个重整计划遭到所有表决组包括权利没有受到影响的表决组反对的时候，表明所有债权人、出资人都没有进行破产重整的意愿，此种情况下法院即使裁定上市公司进行破产重整，因各方没有重整的动力，最终破产重整的效果也不值得期待。况且在理性人的假设下，我们可以合理认为此上市公司并没有重整的价值。所有表决组反对重整计划可能说明重整计划并不可行，此时法院强制批准有滥用裁量权的嫌疑。但是若由权利没有受到影响的表决组通过重整计划，也不能代表重整计划可行，反对者是在坐地起价。

1. 权利未受削弱方不能代表权利受到削弱方

破产救济在于损失的分担，凡是受到企业破产消极影响的所有利害关系主体的利益都应当考虑在内。③ 事实上由于在博弈中各主体的利益存在

---

① 参见高丝敏：《重整计划强裁规则的误读与重释》，载《中外法学》2018 年第 1 期。

② 《江苏省高级人民法院审判委员会关于妥善审理破产案件、维护经济社会稳定若干问题的讨论纪要》强调人民法院对重整计划的批准审查应当围绕社会公共利益原则综合平衡各方当事人利益。表决组表决结果出现反对意见的，在至少有一个权益受影响的表决组已经接受重整计划草案、每一个反对重整计划草案的债权人或者股东在重整程序中至少可以获得在清算程序中本可获得的清偿等情况下，人民法院应当以社会公共利益和重整计划可行性为标准行使自由裁量权，避免因部分利害关系人的反对导致重整程序不能进行。《最高人民法院印发〈全国法院破产审判工作会议纪要〉的通知》第 18 条强调如债权人分多组的，应当至少有一组已经通过重整计划草案。

③ 参见韩长印：《企业破产立法目标的争论及其评价》，载《中国法学》2004 年第 5 期。

差异，有的甚至存在冲突，分组表决本身就体现了重整中利益关系的复杂性。我们一般不能认为一个表决组可以代表另一个表决组，一个表决组同意重整计划意味着其他表决组一般也应当同意表决计划。但强制批准的拟制同意就是在考虑效率、社会利益等因素下对当事人意思自治的一种限制。然而，此种限制应当有所依仗和限度。从各国立法例来看，限制的程度也体现了各国对于债权人利益、重整中意思自治的态度。英国绝对保护债权人利益，不设置强制批准制度，德国虽有强制批准制度，但对于最低限度接受原则的标准高于美国，对重整中债权人意思自治限制较少。

但无论如何，权利受到削弱方和未受削弱方在重整中所承担的风险有很大的差异。对于权利没有受到重整计划削弱的主体来说，重整计划的风险与其无关，没有谨慎考量重整计划可行性的动力。权利受到削弱方则恰恰相反。在将强制批准视为拟制同意的情况下，将权利未受削弱的表决组的同意作为拟制同意的依仗未免过于牵强，也有专制色彩。而虽然权利受削弱的表决组之间也存在利益冲突，但排除抬高身价的情形，都希望重整计划能够顺利实施。

2. 权利未受到削弱应当是实质上未受到削弱

有学者认为如果将法院强制批准重整程序的条件限定在至少有一组权利受到影响的表决组同意重整计划之内，考虑到我国表决组采用法定分类的模式，仅有普通债权人组、职工债权组、物权担保债权人组、税收债权组、出资人组。而物权担保债权人组、税收债权组和职工债权组的利益通常得到保护而获得全额清偿，若将其排除在外仅剩普通债权人组和出资人组，若将出资人组再排除在外，会使我国判断重整程序是否可以强制批准的组别过少，使普通债权人直接决定破产重整计划是否可以强制批准。① 此种观点的问题在于：第一，实际上是对最低限度接受原则的误读。最低限度原则中强调的权利未受到削弱应当是实质上未受到削弱。如果某个重整计划迟延支付某种请求权或者某种利益而没有给予其时间价值足够的补偿，应当视为受到影响。② 即使给予了补偿，也需要考虑重整计划是否仅

① 参见张海征、王欣新：《论法院强制批准重整计划制度之完善》，载《首都师范大学学报（社会科学版）》2014 年第 4 期。

② 参见高丝敏：《重整计划强裁规则的误读与重释》，载《中外法学》2018 年第 1 期。

仅为技术上的公平。在美国 D&F 案中，重整计划提出对于担保债权人就担保物价值范围的债权以每年 10%的利率分 15 年偿还。依照该重整计划，债务人最终需要花 20 年才能偿还债务。法院就以该计划仅仅是技术上的公平而拒绝强制批准。① 第二，在我国目前 54 家上市公司破产重整的案例中，排除 2 件正在审理重整计划尚未公布的案件，剩余 52 件案件中，只有 5 件由于没有对出资人利益进行调整而没有设立出资人组，② 不能简单地把出资人组排除在外。

反对将最低限度接受原则限定在权利受到削弱的表决组其实是假设在全额清偿下职工债权和税收债权不会受到侵害，担保债权在特定财产受到全额清偿，延期利益得到补偿的情况下，不会受到侵害。但各企业重整情况十分复杂，实际上不能做此种简单假设。此种观点潜意识下还是希望能够尽可能地适用强制批准程序，与理论界和实务界普遍强调的审慎适用强制批准制度的趋势不相符合。即使物权担保债权人、职工债权人和税收债权人权利没有受到侵害，通过了重整计划，而仅仅剩下普通债权人组未通过重整计划，正如上文所述，由于此两类债权人对于重整计划承担的风险不同，即使职工债权、税收债权组、物权担保债权人组表决组通过了重整计划，也不能表明重整计划没有重大缺陷，不能成为法院拟制同意的基础，否则是对普通债权人组意思自治的侵犯。

---

① 参见［美］大卫·G. 爱泼斯坦、史蒂夫·H. 尼克勒斯、詹姆斯·J. 怀特：《美国破产法》，韩长印等译，中国政法大学出版社 2003 年版，第 700 页。

② 分别是 * ST 兰宝、S * ST 海纳、* ST 朝华、* ST 帝贤、* ST 偏转。

我国重整计划制定权主体的完善

徐　琛*

内容提要：我国的破产法律体系引入重整制度是一大进步，它和清算、和解作为三大支柱支撑着破产制度的运行，为市场经济的健康发展保驾护航。重整制度的核心要素是重整计划，重整计划的可行性与整个重整程序的开展息息相关。该计划还影响到各方主体的利益平衡与博弈。因此谁有权制定重整计划就显得十分关键。我国现行破产法下的重整计划制定主体比较单一，该规定具有明显的不足，本文认为应当采用制定权主体多元化的立法模式。

我国的《企业破产法》于2007年6月开始实施，其中引入的重整制度是破产立法体系的一大进步，有效地弥补了《企业破产法（试行）》的缺陷，更能满足我国市场主体的发展需求。

破产重整的目的是尽量避免重整主体走入破产清算程序以及为参与重整的各方主体带来高于清算的经济价值，维护社会的整体利益。无力偿还债务但有复苏希望的债务人企业通过破产重整可以调整业务经营状态、清理债权债务关系，以求达到持续经营的目标。

重整计划作为整个重整制度的关键要素之一，它从最初的制定到后来的通过再到最后的执行阶段，实际上就是各方主体不断进行利益平衡和博弈的一个过程。该计划以帮助企业重新实现正常经营为目的，以调和重整各方的利益矛盾为手段，是一个涉及多方利益主体权利义务设定、变更和

* 徐琛，武汉大学法学院2017级民商法硕士研究生。

终止的综合性协议。①

一、关于我国重整计划制定权主体的立法规定

《企业破产法》第79条规定："债务人或者管理人应当自人民法院裁定债务人重整之日起六个月内，同时向人民法院和债权人会议提交重整计划草案。前款规定的期限届满，经债务人或者管理人请求，有正当理由的，人民法院可以裁定延期三个月。债务人或者管理人未按期提出重整计划草案的，人民法院应当裁定终止重整程序，并宣告债务人破产。"第80条规定："债务人自行管理财产和营业事务的，由债务人制作重整计划草案。管理人负责管理财产和营业事务的，由管理人制作重整计划草案。"

由上述规定可以看出在我国的破产法律制度中，重整计划的制定权主体有两类，即债务人和管理人。债务人负责执行重整的，由债务人制定重整计划；管理人负责执行重整的，则由管理人制定重整计划，这也是谁管理谁制定原则的体现。

二、重整计划制定权主体制度存在的问题

如前所述，不难看出我国对于重整计划制定权主体采取的立法模式是单一化模式，范围只包括债务人或管理人，将重整程序涉及的其他利益主体排除在外。这种规定带来了一系列问题，具体阐述如下：

（一）重整申请主体与重整计划制定主体不一致

依照我国《企业破产法》第70条规定，占债务人注册资本十分之一以上的出资人有权向法院提出破产重整申请，然而第79条、第80条只将债务人和管理人规定为重整计划的制定主体，债权人和出资人被排除在外。当出资人和债权人申请重整时，债务人或管理人极有可能滥用权利，不愿意主动配合制定重整计划，影响重整的整体效率。

破产重整是个利益博弈的动态过程，债权人和债务人、债权人和管理

① 参见梁伟：《论我国企业破产重整计划制定权主体制度》，载《法学研究》2018年第2期。

人之间往往会出现利益冲突。当矛盾得不到有效调和时，债务人、管理人会选择以消极履行义务的方式进行对抗。而法院作为局外者并不了解重整程序的具体进展程度，且无法越权主动干预进来，这就很可能造成重整计划迟迟无法制定。即便勉强制定出了重整计划草案，也因为没有兼顾到各主体间的利益平衡，最终难以获得债权人会议表决通过。

（二）对债权人利益的保护缺位

依据《企业破产法》，重整计划是初步分配债权人、债务人及其他相关主体利益的重要协议，债权人却无权参与它的制定过程。尽管由债务人或管理人制定的重整计划需要在债权人会议审查、分组表决同意的前提下才得以提交给法院，但显而易见的是，在制定之初未征求和吸收债权人任何意见的重整计划草案很难得到债权人会议的支持。此外，职工债权人、担保债权人在破产重整程序中还有着特殊的利益诉求，作为利益共同体的债权人自然很难全部支持并表决通过该重整计划。①

（三）对战略投资人的利益保护缺位

破产重整通过为企业引进战略投资人而注入新的资金，以增加重整成功的几率，从而达到挽救破产企业、使其恢复重建的目的。在某种程度上说，破产企业能否顺利执行重整计划进而获得新生，战略投资人的加入和资本的充实是其中的重要一环。

战略投资人甘冒风险为陷入经营困境的企业注入资金的原因之一是倘若破产重整失败、企业走入清算程序，其享有的债权能够作为共益债务得到优先受偿。然而在利益博弈中，投资者追求的显然是效益最大化和风险最小化。在重整中占据重要地位的战略投资人必然也希望获得企业的控制权，从而为自己债权的实现提供保障。

实际情况是，重整法律制度并没有将战略投资人纳入重整计划的制定主体范围。战略投资人在整个重整程序中享有的权利和承担的义务不成等价关系，其利益得不到切实保障，这样的制度设计不可避免地会使得战略投资人为破产企业输血的积极性降低，不利于企业达到重整的目标。

---

① 参见张澎、彭辉：《企业破产重整计划制定和批准若干问题的研究》，载《法律适用》2013 年第 6 期。

（四）对重整计划执行担保人利益的保护缺位

重整计划具体规定了各利益主体的债权如何获得受偿。为了获得债权人对重整计划的支持、减少甚至避免债权人因重整失败而受到的损失，重整计划往往会涉及为计划执行提供担保的第三方主体。通过引入该担保可以在一定程度上消解债权人的后顾之忧。

依照《企业破产法》规定，企业由于债务人不能执行或者不执行重整计划而被法院宣告破产的，在进入破产清算阶段后，担保人原来为重整计划的执行提供的担保继续发生效力，也即第三方作为担保人要继续承担担保责任。

第三方为破产企业重整计划的顺利执行提供担保，但是其因承担担保责任而产生的债权却不能作为共益债务享有优先受偿权。此时企业已经进入清算程序，担保人担保的是债务人在重整计划中对债权人承诺的清偿，这部分清偿不低于债权人在清算程序中所能获得的清偿比率，所以债务人不能执行或不执行重整计划必然会给担保人造成经济利益的损害。[①] 然而担保人并没有权利作为制定主体之一来制定重整计划，甚至无法参与计划制定过程，这样显然是权利与义务的严重不对等，对担保人利益的保护不到位。

三、重整计划制定权主体采用单一模式的原因

（一）建构论理性主义的影响

在确定重整计划制定主体的范围时，我国的立法机关受到了建构论理性主义理论的影响。立法者认为相较于其他的利益主体，债务人、管理人是制定破产企业重整计划的最佳人选，他们对企业的状况最为了解、管理经验最为丰富，而债权人、战略投资人以及重整计划执行担保人均不具有承担这一制定任务的信息优势与专业管理水平。

成文法国家一方面倾向于运用理性思维分析实在法，另一方面也以理

① 参见赵泓任：《企业破产重整计划可行性的法律分析》，载《法学杂志》2010年第6期。

性主义为指导对法律制度进行构建。而建构论理性主义过分夸大理性的功能，认为存在绝对理性可以完全掌握历史的发展规律、控制社会的发展过程，并且能够依据理性标准对社会进行改造。引申到我国的破产法律体系中，就体现为重整计划制定权主体的范围单一问题。

反观日本的重整计划制定主体制度，按照其《公司更生法》规定，债权申报期届满以后，更生企业的管财人在法院规定的时间内提出重整计划。管财人即在重整期间负责企业的财产管理和业务经营的自然人或者法人，也就是企业债务人和更生管理人。该法还规定了其他有权制定并提出重整计划草案的主体，包括已经申报的债权人、更生担保权人和股东。由此可见，日本的重整计划制定权主体范围和我国的一致，但它同时也赋予了其他重整程序参与者一定的参与制定的权利。这种开放的规则设计有力摆脱了建构论理性主义的绝对化倾向的不利影响，能使重整制度更加符合灵活多变的现实需求。

（二）各主体之间解决利益冲突时的失衡

破产重整程序中利益相关方的数量远远多于清算程序，各主体之间在利益分配问题上不可避免地会存在矛盾，如何维持好众多当事人之间的利益平衡是重整计划的要务所在。重整制度的价值目标是实现社会整体利益最大化，法律制度设计不应损害债权人和其他利害关系人的正当权利。

破产法律制度强调损失分担，当事人的利益只要受到破产影响都应被纳入该制度的保护范围。反观我国对于重整计划制定权主体的规定，不难发现，对除债务人、管理人之外的主体的保护存在问题，缺少让其表达利益诉求的合法渠道。这很可能导致他们在法律秩序之外寻找利益表达途径，这将对重整程序的开展带来不小的阻碍。

因此，我国破产法制度理应赋予重整程序中的各主体平等的法律地位，在重整计划的制定过程中给予其充分表达意见的机会。

（三）片面追求效率而忽视风险

我国《企业破产法》通过规定企业重整期间的管理人作为重整计划制定的单一主体，以达到节省时间、提高效率、防止债权人搭便车的目的。但与此同时，它也增加了以下风险成本：对债权人、投资人、重整计划执行担保人利益保护缺位造成这些主体不积极配合重整计划的执行从而引发的风险；债务人、管理人不能在法定期限内制定出重整计划或计划被法院驳回的风险；债权人会议对于重整计划不予批准通过的风险。这些风险成本都是极高的，不利于重整程序的稳定开展。我们不应本末倒置，为了追求时间效率而大幅增加重整风险是不明智的做法。

但若将债权人、投资人以及重整计划执行担保人均纳入制定权的主体范围则又进入了另一个极端。因为各主体必然会追求自身利益的最大化而不愿轻易妥协退让，加之他们只掌握到极少的破产企业信息，由此耗费的时间也将大大增加。

除了上述两种极端方式之外，还有其他立法模式，比如效率高、风险低的美国破产法 DIP 模式。① DIP （Debtor in Possession）模式，即占有中的债务人模式，指的是在重整期间，由债务人控制、经营破产企业。

《美国破产法》第 1121 条规定，在破产申请提出或批准后的 120 天专有期间内，债务人独自享有重整计划的制定权。但在以下三种情况下，债务人丧失专有权利，其他利害关系人（包括债务人、债权人委员会、债权人、出资人委员会、出资人、受托人或者债券受托人）也有权提出重整方案：

第一，法院已经指定了托管人。

第二，120 天的专有期限届满，而债务人没能制定出重整计划。

第三，在提出破产申请或得到批准后 180 天内，债务人提出的重整计划方案未得到权利遭受削弱的债权人的认可。

DIP 模式中，一方面由债务人制定重整计划能利用其熟悉破产企业整体实际情况的信息优势，制定出针对性强、可行性高的重整方案，以此保证重整计划的质量和重整程序的效率；另一方面规定其他利害关系人在某些情况下可以成为重整计划的补充制定主体，又有效降低了重整计划无法批准通过和顺利执行的风险成本，体现了重整制度的公平公正。

此外，德国破产法的相关规定也值得我国借鉴，它通过给予各利益相关主体参与重整计划制定的权利，以求达到重整计划获得认可、降低风险的目的。其具体制度内容如下：债务人、管理人享有重整计划草案的制定权。尽管单个债权人无权提出重整计划，但他们可以通过债权人委员会来

---

① 参见［美］大卫·G. 爱泼斯坦、史蒂夫·H. 尼克勒斯、詹姆斯·J. 怀特：《美国破产法》，韩长印等译，中国政法大学出版社 2003 年版，第 347 页。

委托管理人制定。此外，在制定重整计划草案的过程中，职工债权人、债务人、领导性雇员委员会、债权人委员会都有机会参与其中、表达自己的看法。①

（四）博弈论视角下程序正义的缺失

博弈指的是两个以上的参与者选择足以影响所有参与者的行动或战略并加以实施的过程。博弈论关注各行为主体在法律规则下如何进行互动。

在博弈论的视角下，参与破产重整的各方当事人之间都会产生利益冲突，但这并不代表他们将因此而缺乏理性。② 毫无例外，利害关系人都希望在重整计划的执行中获取到尽可能多的利益，而重整制度的价值目标也与此一致，即在使各主体实现利益最大化的基础上进一步追求整体的利益最大化。

我国的破产法律制度将重整计划制定权主体的博弈错误地定位为不合作博弈（指参与者在行动选择时无法达成约束性的协议），只重视债务人、管理人单个利益主体的理性和最优决策，而忽视集体的理性和最优决策。该制度只赋予债务人、管理人重整计划的制定权，而将其他重整程序参与者排除在制定主体之外，试图以单一利益主体的理性和最优决策代替多方利益主体的理性互动，剥夺了其他主体的参与机会。

罗尔斯《正义论》所倡导的程序正义就是要保障机会平等原则的实现。当事人身为利益相关方却被剥夺参与机会的程序必然不是正义的程序。缺乏程序正义的前提，结果正义自然也无法实现。

破产重整的目标是协调各利益主体的冲突，使其利益得到平衡，重整程序作为一种合作的博弈更需要程序正义的保障。而重整计划制定权主体的单一化片面地以结果正义作为追求目标，明显忽视了程序正义。

四、对于重整计划制定权主体采单一模式的利弊分析

在《企业破产法》中，破产重整计划制定权主体采取的是单一化立

---

① 参见李曙光、贺丹：《破产法立法若干重大问题的国际比较》，载《政法论坛》2004 年第 5 期。

② 参见叶甲生：《破产重整中公司治理问题的法学思考》，载《安徽广播电视大学学报》2013 年第 2 期。

法模式，即只能由某一单一主体负责提出重整计划草案，一般是破产债务人或管理人。

由债务人或管理人担任制定主体，固然有其优势。第一，债务人作为破产企业原来的管理层，他们相较于其他利益相关者，对于企业当前面临的困境了解得更为清楚，处理公司业务也更加得心应手，故而能制定出具有针对性和可行性的重整计划。第二，管理人作为专业人士具备完善的知识体系、丰富的管理经验，由他们制定出来的计划质量更高、说服力更强。

然而，单一主体模式的弊端更是显而易见和影响深远的。第一，将在重整程序中占有重要地位的相关方如债权人、出资人排除在制定主体之外，不利于维护其利益，难以保证重整计划的公正性和可行性。第二，债务人和管理人作为享有重整计划制定权的法定主体却不能同时制定计划，只能由其中一方行使该权利，这无疑会挫伤另一方主体参与重整程序的积极性。第三，对于制定权主体未在法定期限内提出重整计划或已经提出的计划被法院驳回的情况，该模式未规定相应的补救措施，破产企业将因此直接退出重整阶段而进入清算程序。这显然不利于重整程序的顺利开展和当事人利益的保护，有待立法的进一步完善。

五、完善重整计划制定主体的建议

（一）遵守效率和公正合理的原则

重整程序的开展与多方当事人的利益紧密相关，而重整计划的制定与执行又是重整程序的关键因素之一。为了使得各方所获利益达到最大化，我们在分配重整计划制定权时有必要遵守以下原则：

1. 效率原则

现代社会讲究高效率、快节奏，以尽可能小的成本获得尽可能大的价值是整个社会追求的目标。而不同的主体站在不同的立场分析解决问题，彼此之间不可避免地会产生矛盾。如果这种利害冲突得不到及时有效的缓解，则无法达成互利共赢的目的，最终将不利于社会整体利益最大化，同时也极大地浪费了社会资源。

将效率原则引入破产重整制度则要求在分配重整计划制定权时，应当把各方利益主体的对立冲突降至最小限度，这样才能为重整程序的稳定有序开展提供有力的保障。

一方面，重整计划是重整制度的灵魂，它贯穿于重整程序的全过程。重整计划是否具备合理性与可行性决定了它能否得到各利害关系人的认可与实际执行。这是影响重整效率的重要因素。

另一方面，重整计划的制定与执行如果迟迟拖延，不仅会在时间、费用等成本方面加重破产企业的负担，其破产财产也会因时间的推移面临贬值的风险。更重要的是，如果债务人、管理人未在法定期限内提出重整计划，那么企业将不得不退出重整阶段而进入破产清算程序。

因此，我国的破产法应当审慎确定提出重整计划的主体范围，以便于计划在制定之后能够得到高效的执行，债务人在尽可能短的时间内回复到正常的经营状态，成功完成重整。

2. 公正合理原则

人们在日常生活中会在彼此之间形成各种各样的利益关系，当利益发生对立时就很有可能引发矛盾。如果当事人的利益得不到有效平衡、冲突得不到及时缓解，那么将威胁社会的稳定与和谐。

在重整制度中，各利益相关方虽然作为一个共同体休戚与共，但是破产企业是否重整成功对各主体利益的影响程度却不尽相同。

对于债务人自身来说，如果破产企业重整成功，那么其就获得了重生的机会，可以继续作为市场主体开展生产经营、参与市场竞争；如果重整失败，债务人则进入破产清算程序并以剩余财产清偿债务，而这种结果和债务人当初直接进行清算并无太大差异。因此，申请破产重整对债务人企业而言是有利无害的。

对于与破产企业休戚与共的股东来说，如果重整成功，股东除了收回之前的投资，还能继续从企业恢复经营后的盈利中获益；如果重整失败，股东则以最后顺位分配企业剩余财产，此后果也与破产清算无异。

对于破产企业的职工来说，企业存亡影响着他们的切身利益。如果债务人企业重整成功，职工则能免于失业；如果重整失败，企业职工则只能在以优先顺位获得清偿之后重新另找工作。当然，这样的结果也与企业直接进行清算所致的损失无异。

而对于破产企业的债权人来说，如果重整成功，其所能得到的清偿会远大于直接进行破产清算所得；如果重整失败，分配给债权人的清偿往往比直接清算还要低，这无疑会给他们带来巨大的损失和压力。

因此，我国的破产法律制度应当公正合理地对重整计划制定权予以分配，在保护债务人利益的同时也要适当关注债权人等的合理诉求，防止各主体之间利益分配过于失衡和不公。

（二）重整计划制定主体宜采用多元模式

重整计划制定权主体的多元化是针对单一化而言的，多元化的立法模式即指重整程序涉及的各方利益主体都有权提出重整计划草案，包括债务人、管理人、债权人以及出资人等。重整制度若采用单一主体的立法模式，则极有可能无法保障债权人等其他利害关系人的合法权益，难以实现公平高效的价值目标；而若采用多元主体的立法模式，让代表不同利益诉求的当事人参与到重整计划的制定中来，则不仅可以集中众人的智慧、保证重整计划的合理性，同时还能协调各方之间的利益冲突、实现公平与公正。美国、日本在重整计划制定主体上即采用的多元化立法模式，以债务人或管理人制定为原则，同时允许其他利益相关方在一定情形下参与提出重整计划草案。

笔者认为在参照其他国家的法律制度并结合我国具体国情的前提下，重整计划制定权主体的立法模式应作如下规定：破产企业债务人在管理人的协助下提出具体的重整方案，如果债务人无法按时制定出重整计划或提交的计划被法院驳回，则可由债权人、出资人等重整程序涉及的相关主体提出他们的重整计划。

笔者提出该种模式主要出于以下几点理由：

第一，债务人是破产企业的原管理层，清楚企业经营状况及其恶化的原因，由其负责制定重整计划，能最大限度地对症下药。作为重整成功的最大受益人，债务人也具有较强的动力挽救濒危企业，使其获得新生。

第二，管理人是法院在受理破产申请时指定的，其对于该破产企业的经营管理状况并不熟悉，若由管理人负责制定切实可行的重整方案有些勉为其难，但他们可以利用自己的专业知识背景协助债务人提出具体的计划。

第三，在重整计划制定初期，只规定由管理人协助债务人提出重整草案，其他利害关系人无法参与其中，这种做法可以在保证计划质量的同时提高制定计划的效率，避免因过于重视他方意见而耽误程序的进行。

第四，该模式赋予了其他利益相关方以重整计划制定权，既能为他们提供表达意见、诉求的渠道，调动其参与重整的积极性，又不至于仅因债务人的过错就使破产企业停止重整程序、走向破产清算，从而有效维护了重整制度的稳定。

第五，在我国现行的破产法律制度中，重整计划的执行主体是债务人。如果重整方案也由其制定，那么这种主体的同一性将大大促进重整计划的开展和落实，有利于重整效率的提高。

论我国预重整程序中引导人制度的构建

刘晓菲　杨雪琴*

内容提要：在供给侧结构性改革的背景下，预重整程序因其高效率、低成本受到理论与实践领域的关注，是推动市场化破产的重要举措之一。本文将沿着什么是引导人、为何建立引导人制度以及如何建立引导人制度的思维路径展开讨论，在借鉴域外较为成熟的操作模式的基础上，结合我国现有实践和基本国情，为构建我国预重整引导人制度建言献策。

引　言

我国《企业破产法》于2006年引入重整制度，为市场经济转型中的困境企业提供破产清算以外的替代解困模式。然而，传统庭内重整常需耗费大量时间与经济成本，并伴随重整失败被迫清算的风险。庭外重组虽然可以避免高昂的制度成本，但其私下谈判完全遵从意思自治、需要债权人的同意才能产生拘束力的特征必然产生钳制问题，即部分债权人为使自身利益最大化而拒绝接受庭外重组协议，导致谈判陷入僵局。预重整制度正是结合二者之优势诞生的混合程序。我国学术界对预重整程序的制度优势的探讨已非常充分，总结而言包括降低重整时间成本、减少管理费用、减小破产程序对债务人企业商业价值与运营活动的不利影响，以司法强制力解决钳制问题等。①

---

* 刘晓菲，湖北山河律师事务所实习生；杨雪琴，湖北山河律师事务所实习生。

① 参见王佐发：《预重整制度的法律经济分析》，载《政法论坛》2009年第2期；胡利玲：《困境企业拯救的法律机制研究》，中国政法大学2007年博士学位论文。

目前，预重整制度作为一项困境企业拯救机制尚未获得立法层面的认可，但各地区法院已对该制度展开探索：2013 年浙江省高院出台的《关于企业破产案件简易审若干问题的纪要》提出建立破产案件预登记制度，对预重整的适用情形、期限、效力及与重整程序的衔接等作出探索性的规定。2015 年深圳中院出台的《深圳市中级人民法院破产案件立案规程》允许在法院受理破产申请前由债权人和债务人自行协商准备重整方案，体现对预重整制度的积极态度。2018 年最高人民法院出台的《全国法院破产审判工作的会议纪要》第 22 条的规定预示着预重整制度作为多元化拯救机制之一将在破产审判实践中得到更为广泛的应用。明确预重整程序中各方参与主体权责的分配是推动该程序高效率推进的关键，笔者将在这一背景下，围绕预重整程序的引导人制度进行探讨。

一、预重整模式下引导人制度的概念

（一）预重整的概念与类型

1. 预重整制度的概念

美国 1978 年破产法正式允许在进入重整程序前对预先制定的重整方案进行表决，20 世纪 80—90 年代，预重整制度从美国破产重整实践中自发形成。① 然而，即使在美国学术界，预重整制度也没有统一定义。美国破产法专家 Lopucki 认为预重整制度包括：第一，整体预重整（Prepacked Chapter 11 Plans）：债务人在向法院提起重整申请程序前已完成重整计划的制定、向债权人征集投票并得到通过该计划票数；第二，部分预重整（Prearranged Chapter 11 Plans）：债务人向法院提起重整申请程序前先与一部分而非全部债权人就重整计划中的条款进行谈判，而将对重整计划的表决放到重整程序中。② 也有学者认为预重整制度仅包括整体预重整

① See Tashjian E., Lease R.C., Mcconnell J.J., "An empirical analysis of pre-packaged bankruptcies", Journal of Financial Economics, 1996, 40 (1), pp. 135-162.

② 参见王佐发：《预重整制度的法律经济分析》，载《政法论坛》2009 年第 2 期。

(Prepacked Chapter 11 Plans)。① 联合国贸易法委员会制定的《破产立法指南》将预重整定义为使受到影响的债权人在程序启动之前自愿重组谈判中谈判商定的计划发生效力而启动的程序。②

综合上述论述，本文认为结合其作为庭外重组与庭内重整的衔接制度这一特性来理解，预重整制度的实施包括两核心阶段：第一阶段为债务重组程序，通过多方协商形成预重整方案；第二阶段为向法院提交重整计划由法院审查，借助庭内重整使预重整方案获得司法强制力，以便约束全体债权人。

2. 预重整制度的类型

预重整制度的核心在于重整方案的制定。从国内外已有的案例来看，以重整方案形成的时间为标准可将预重整制度划分为三种类型：

第一，提起破产申请前的预重整。债务人和债权人、股东等利益相关方通过重组谈判形成重组方案，形成多数决后向法院申请破产重整，通过正式的庭内重整程序确认重整计划。这种类型在英美法系与大陆法系国家均有不少实践，我国采取此种模式的典型案例有中国二重集团破产重整案、ST 新都重整案、ST 盛润重整案等。

第二，预受理阶段的预重整。我国在破产重整程序的启动上，当事人提出申请后法官须对是否启动重整程序进行审查，这为法院在庭内重整开始前的介入提供了空间。法院对破产重整申请进行预登记后，债务清理、引进投资人等工作相应展开。在形成重整预案后法院对该重整进行立案，进入正式重整程序，召开债权人会议并对重整计划进行表决。此类预重整案件通常由法院主导，鉴于法院目前在我国破产审判中的重要地位，我国现有预重整案例多采用此种操作模式，典型案例包括深圳福昌电子有限公司重整案、深圳深金田重整案等。

第三，受理清算后，破产宣告前的预重整。法院依申请先行受理破产清算，在有意向的投资人通过协商达成重整预案后再转入重整程序，也被称为破产程序内的预重整。此种模式作为确保重整成功率的手段在我国实

---

① 参见［美］大卫·G. 爱泼斯坦、史蒂夫·H. 尼克勒斯、詹姆斯·J. 怀特：《美国破产法》，韩长印等译，中国政法大学出版社 2003 年版，第 521 页。

② 参见联合国国际贸易法委员会：《破产法立法指南》（2006 年）（“有效和高效率的破产法的核心条文”），第 212 页。

践中已被广泛采用，但因其并不具备时间和费用成本的优势，且不具有减小破产程序对债务人企业商业价值的不利影响之功效，也并未超出我国现行《企业破产法》的法律框架，故本文将不对此种类型进行深入论述。

（二）预重整中引导人的概念

从前文对预重整概念的讨论来看，预重整程序的推进通常包括以下基本步骤：与债权人进行协商、提出重整计划草案、进行信息披露、债权人对重整计划进行表决、提起重整申请、法院进行审查后裁定批准或驳回重整计划。① 对债务人公司的财务审计和债务清理是开展上述工作的前提。上述工作的开展对财会及法律专业素养要求较高，从已有实践来看，通常由律师、会计师或二者结合的专家组承担推进预重整程序各项步骤的开展工作，对于参与前述工作、推进预重整程序的专家机构我们称之为引导人。

引导人一词系从英国预重整的实践中得到启发，英国的公司自愿整理程序和管理程序中债务人可自行聘请破产执业者（Insolvency Practitioners）对公司事务安排方案提出建议。② 引导人的工作性质类似于管理人，因我国的管理人制度仅存在于破产程序中，在预重整制度得到立法认可前，为与庭内重整程序管理人相区分，本文认为暂以引导人这一直接体现其工作内容和工作性质的用语对该制度的构建展开讨论更为妥当。

二、构建引导人制度的必要性与可行性分析

（一）构建引导人制度的必要性

1. 有利于实现预重整程序的制度价值

引导人的专业协助可以较为快速地推进程序，实现减少时间和金钱成本的制度价值。节省重整时间成本是使预重整程序在实践中备受青睐的原因，引导人能够以其专业能力提高程序效率。在预重整程序中，对债权债

① 参见胡利玲：《困境企业拯救的法律机制研究》，中国政法大学 2007 年博士学位论文。

② 参见杜军：《公司预重整制度的实践意义》，载《人民法院报》2017 年 9 月 13 日第 7 版。

务的清理需以对法律事实的准确判断、对法律关系的准确认定、对债权清偿顺位的准确把握为必要条件，对公司财务状况的调查和资产的评估是制定公平、最优化重整计划的保障。

引导人以其相对独立的法律地位保障预重整程序的合法性和公信力。重整程序的制度价值绝不仅在于拯救债务人企业，其兼具债务清偿法和企业法的性质，在实现企业复兴的同时，还必须保障债权人之间的公平分配。① 在提起破产申请前的预重整案件中，预重整程序并未提供法院介入的空间，引导人作为独立的第三方机构，可在主导预重整程序的同时实现对债务人的监督，避免其滥用重整制度，虚构债务、转移资产以逃避清偿。同时引导人对债务人企业资产与负债情况调查后进行合理的信息披露，有助于保障债权人享有充分的知情权。

2. 降低破产从业人员的执业风险

在预重整制度设计时建立引导人制度，以立法确定引导人的法律地位，明确引导人的职责，有利于引导破产执业人员在职责范围内履职，降低因怠于履职或超越职权而为自身带来的风险。

明确预重整引导人报酬的性质及获得报酬的方式，有利于保障引导人获取报酬的权利。虽然引导人是为维护债权人共同利益而介入预重整程序，将其工作中产生的费用和报酬列为破产费用无可厚非。然而，根据我国《企业破产法》第 43 条之规定，破产费用的产生以破产程序开始为条件。预重整程序作为重整程序的前置程序，实践中将引导人的报酬认定为破产费用显然不符合现行法的规定。若将其认定为破产债权，则其不仅受到清偿比例的限制，还会导致较长时间的延迟支付，引导人在前期需自行垫付大量费用，这会影响破产执业人员参与预重整程序的积极性。因此，从立法上明确引导人报酬的性质并为其建立报酬偿付制度是使预重整程序被广泛适用不可忽视的条件。

（二）构建引导人制度的可行性

1. 域外立法例

自 20 世纪 90 年代在实践中确定了预重整模式后，美国、英国等国家均已从立法上赋予预重整制度合法效力或建立与预重整十分类似的困境企

① 参见王卫国：《论重整制度》，载《法学研究》1996 年第 1 期。

业拯救程序，并以立法、司法解释等形式对该程序在实践中应当如何操作进行了规定。如《美国破产法》第 1126（b）条从立法上认可预重整程序，纽约南区破产法院出台关于提交预重整申请的破产案件的指南对预重整程序实务操作作出指引。① 英国《公司资不抵债法》设立预重整管理程序（prepack administration），在破产执业者的主导下进行。德国尚未在立法中建立预重整制度，但其在向法院提出破产申请至法院裁定受理阶段的临时管理人制度也可为我国预重整引导人制度的建立带来启迪。

我国可通过对比这些国家不同模式的立法背景和实施效果，并结合我国《企业破产法》的成文法规定及我国管理人的人才储备、行业规范等实际情况，构建我国预重整程序中的引导人制度。

2. 我国成功的预重整实践

我国浙江、广东、福建、四川、江苏、北京等地区的法院在实践中开始探索预重整模式以提高重整率，各受理法院根据案件的特性与地区实践的不同采取了不同的操作模式，并促成深圳市福昌电子重整案、杭州怡丰成房地产开发有限公司重整案、北京理工中兴科技股份有限公司破产重整案、厦门琪顺公司重整案、中国二重集团破产重整案、ST 盛润重整案、ST 新都重整案、长航油运破产重整案、浙江华特斯聚合物科技有限公司破产重整案的成功实践。这为我国预重整程序中引导人制度的建立提供了先行的实践经验。

三、构建引导人制度——对《破产审判纪要》第 22 条的思考

2018 年 3 月最高人民法院出台的《破产审判纪要》第 22 条明确提出探索推行庭外重组与庭内重整制度的衔接，可在企业进入重整程序之前先通过庭外谈判拟定重组方案，在重整程序启动后以重整方案为依据拟定重整计划草案提交法院审查。

在预重整制度的实施中对引导人应当由谁选任，应为其赋予怎样的法

---

① See Adoption of Prepackaged Chapter 11 Amended Guidelines, Admin Order 387 (Bankr. S. D. N. Y. 2009), http://www.nysb.uscourts.gov/sites/default/files/m387.pdf，访问日期：2018 年 10 月 9 日。

律地位，其报酬如何获取，预重整程序中的引导人能否当然被选任为重整程序中的管理人等问题的讨论与解决，将是探索建立我国预重整制度中不可回避的问题。笔者将结合域外模式的代表性国家和我国已有实践，对上述问题展开思考。

（一）预重整制度的国际模式及其价值分析

1. 债务人主导下的美国模式

根据《美国破产法》第1126条规定：在申请破产后对重整计划进行确认时可以直接适用申请前征集投票的结果，只要征集投票所进行的信息披露与相关法律所规定的信息披露的充分性标准一致。结合纽约南区破产法院出台的关于提交预重整申请的破产案件的指南等文件的规定，美国预重整案件通常包括下列步骤：债务人与债权人协商后拟定重整计划与披露声明；债务人信息披露；债务人发起对债权人的征集投票；债务人向法院提交重整申请、重整计划、披露声明；法院安排听证程序对重整计划草案和披露声明进行审查和确认。①

美国的预重整制度并未对引导人的相关制度进行专门规定，这源于美国的预重整程序由债务人自行主导的传统。债务人向法院提出申请并提交重整计划草案前没有为法院或第三方留下介入的空间和必要性。因此本文语境下的引导人在美国预重整程序中通常为债务人企业自行聘请的专家，通过向债务人企业提供专项法律服务来获取报酬，也受到其与债务人企业间委托代理合同的约束。这也与美国庭内重整模式相一致，该国重整程序中债务人自行管理为一般做法，并为此建立了经管债务人制度（debtor in possession），只有在特殊情形下根据债权人的申请，法院在审查后才可任命个案托管人。

债务人自行主导的预重整制度可避免选任管理人重新接管公司等程序所耗费的时间，提高重整程序推进的效率，因不必单独聘任管理人，可显著节省重整费用。但债务人企业聘请的专家将难以保证其独立性，可能会存在预重整程序并未完全遵守信息披露的标准，债权人在知情权未获得保障的情形下对重整计划草案作出选择等问题，损害部分债权人利益，从而

① 参见熊玉菲：《美国预重整制度研究及其对我国的借鉴》，中国政法大学2012年硕士学位论文。

增加法院审查重整计划草案合法性和正当性的难度，并可能造成不批准重整计划草案的后果。

2. 破产执业者主导下的英国模式

英国的困境企业拯救机制包括公司自主安排程序和管理程序，在管理程序中设有类似于预重整制度的预重整管理程序（prepack administration）。该程序的出现主要是为了解决拖沓的正式管理程序对债务人资产价值、商誉的不利影响。因此该程序的核心在于对债务人资产的高效处置。通常包括如下步骤：债务人陷入财务困境；债务人自行联系具备执业资格的破产执业者介入；破产执业者对资产进行评估并发布履职声明；与潜在投资人协商后达成出售资产的协议（prepack sale），此协议在破产执业者的参与下完成并需债权人同意；该协议在进入管理程序前不签署落款日期，一旦进入管理程序签署日期后立即生效。①

英国在重整程序的启动中采取当事人主义，即重整程序通常由债务人或债权人自行启动，向法院备案即可，无须法院批准。且受益于完善的破产执业制度，无论在庭内重整还是预重整程序中，法院发挥的作用均十分有限。虽然预重整程序的启动由债务人自行决定，但整个预重整程序由破产执业者主导，且不同于美国模式，破产执业者在预重整程序中作为独立的第三方介入，其报酬将优先于浮动抵押债权受偿，其履职受到全体债权人和行业协会的监督。通常情况下该破产执业者在企业进入管理程序后也当然继续担任管理人，对全体债权人负责。

3. 德国的临时管理人制度

当前德国破产法也并未对预重整制度作出规定，但其临时管理人制度对我国预重整程序中引导人制度的构建能够带来启示。

根据德国破产法律规定，德国在破产重整的启动中采取法官职权主义，从收到破产申请至破产程序正式启动之间有法院的审查期间。为保护债务人财产，法院一般在收到债务人或者债权人提起的破产申请时会指定临时管理人。根据《德国破产法》第22条之规定，临时管理人有管理和转让债务人财产的权利，并有权进入债务人的营业场所审查账目。虽然法院发布正式破产启动命令时必须同时指定管理人，并且第一次债权人会议

① 参见［英］Payne，Jennifer：《英国债务重整的未来》，杜军译，载《人民法院报》2018年5月11日、5月18日第8版。

有权撤换管理人，但在实践中因破产申请至法院受理的审查期间通常持续两到三个月，临时管理人较新指定的管理人更加了解债务人企业的债权债务关系、经营事务。出于提高效率的考量，法院通常会直接任命临时管理人为破产程序中的正式管理人。管理人的报酬根据破产程序结束时财产的价值及破产案件的复杂程度由法院确定。①

（二）我国预重整制度的实践

尽管预重整尚未被作为一项困境企业拯救机制被正式纳入我国《企业破产法》，但该制度在破产审判实践中已被浙江、深圳、北京等前沿地区予以采纳。从对我国预重整案件的梳理中，笔者归纳出三种模式，并在每种模式下选取一件典型案例加以分析。

1. 法院主导的整体预重整模式：以深圳市福昌电子技术有限公司重整案为例

该种模式下，法院在接受债权人或债务人的重整申请时，在审查其是否存在破产原因、是否具有重整成功的可能性时即指定管理人进场，作为引导人推动预重整程序的发展：提前对债务人财产展开调查，对债权债务关系进行摸底，对资产及负债形成调查报告，以此为基础拟定重整计划草案的基本框架。上述工作完成后，法院裁定受理该破产重整案，并迅速召开债权人会议，将重整计划草案提交债权人会议进行表决。在预重整阶段进场的管理人当然成为庭内重整程序中的管理人，根据《企业破产法》的规定履行职责，其获取报酬的方式也按《企业破产法》之规定进行。

典型案例为深圳市中院受理的福昌电子技术有限公司重整案：2015年11月12日，债权人向深圳中院申请重整，深圳中院未立即作出受理裁定，而是运用立案审查程序，在裁定受理案件前指定管理人提前介入福昌公司。管理人根据（2015）深中法破（预）字第139号《指定管理人决定书》进场开展工作。② 2016年6月29日，深圳中院裁定受理福昌公司

① 参见亚瑟·维尔玛：《多得-弗兰克法案应对“太大而不能倒”问题的不足与缺陷》，毅友译，载李曙光、郑志斌主编《公司重整法律评论（第3卷）》，法律出版社2013年版，第134页。

② 参见龙光伟：《深圳破产审判年刊（2017）》，人民法院出版社2018年版，第67页。

破产重整案，并采取债务人自行管理模式，由债务人自行制定重整计划草案，同时由原指定的管理人承担监督的职责。2016 年 8 月 10 日，召开第一次债权人会议，2017 年 1 月 17 日召开第二次债权人会议，对《重整计划草案》进行表决。

2. 债权人主导的整体预重整模式：以杭州怡丰成房地产开发有限公司预重整案为例

法院对重整申请进行预登记后，选取一个主导债权人，由该债权人聘请专业人士作为引导人推动预重整程序的推进：清理债权债务关系、调查债务人企业财产、招募投资人、形成重整预案。在该模式下，预重整程序中的引导人受主导债权人聘请，其报酬由债权人承担，由此产生的费用可作为破产债权在正式的重整程序中获得清偿。该预重整程序中的引导人不会当然成为重整程序中的管理人。

典型案例为杭州怡丰成房地产开发有限公司预重整案：杭州市余杭区人民法院对怡丰成公司破产重整申请进行了预登记，待相关条件成就后再及时裁定受理怡丰成公司破产重整，选任的管理人在前期预重整工作的基础上开展后续工作。怡丰成公司最大的债权人某银行作为主召集人聘请浙江智仁律师事务所律师团队提供法律服务，开展预重整工作。该团队在预重整期间理清怡丰成公司债权债务情况，并积极寻找资金来源，形成债务清偿方案和资产重组方案，在最大债权人的召集下召开已知债权人会议，并使每一位已知债权人的表态形成书面承诺文件。在进入正式的重整程序后，由选任的管理人在前期工作的基础上开展后续工作。①

该种模式下法院在预重整阶段的介入较少，主要由债权人主导，且该主导债权人将为此支付高额费用与时间成本，并且须承担预重整失败的风险。但在部分案件中，因难以找到具备资金能力、专业能力的主导债权人而导致此种模式的适用不能。

3. 债权人主导的部分预重整模式：以中国二重双重整案为例

在该模式下，通常先由债务人、出资人及主要债权人进行协商，并不会告知其他债权人。在各方达成重组方案、解决融资问题并就资金保障计划形成初步方案后向法院提起破产重整申请，并向其他债权人进行信息披露。

---

① 参见浙江省杭州市余杭区人民法院课题组：《房地产企业预重整的实务探索及建议》，载《人民司法（应用）》2016 年第 7 期。

典型案例为中国二重双重整案：中国第二重型机械集团公司与二重集团（德阳）重型装备股份有限公司重整案（简称中国二重双重整案）采取的是部分预重整（Prearranged Chapter 11 Plans）模式，在国资委等部门的支持下，以农业银行、中国银行、光大银行为主席团，组织近30家金融债权人成立中国二重金融债权人委员会，与债务人及股东展开庭外重组谈判，后在银监会的组织下，各方达成框架性重组方案后向法院提起破产重整申请。① 法院裁定受理后依法指定管理人，由管理人接受债权申报与审核、进行审计评估，并在框架性重组方案基础上制定重整计划草案。② 采取类似模式的还有北京理工中兴科技股份有限公司破产重整案、长航油运破产案。

4. 对我国预重整实践的总结

我国对预重整的实践较为谨慎，政府和法院在预重整程序中介入较深：或在政府的牵头下由大额债权人（通常为国有银行）主导程序推进，或由法院指定管理人提前进场开展工作。庭外预重整引导人与庭内重整管理人衔接制度并不完善。根据我国《企业破产法》之规定，重整计划草案由债务人或管理人提出，并未赋予其他主体提出重整计划草案的权利。在法院指定管理人提前进场的案例中，通常由该提前进场的管理人担任进入重整程序后的正式管理人。在其他案件中，存在预重整程序引导人作为重整管理人成员之一、选任全新管理人等多种做法，并未形成统一规范。

（三）我国预重整下引导人制度的制度选择

1. 引导人制度选择的影响因素

在构建我国的预重整引导人制度时，立足于我国基本国情，还需考虑以下问题：

第一，我国的文化与社会背景：谈破色变的大众心理不可忽视。尤其在中小型非上市公司破产案件中，债权人多为自然人，对破产重整制度尚存误解。在这一类型企业的预重整程序中，若由债务人自行聘请律师主导

---

① 参见黄晓云：《中国二重的双重整案：庭外重组与司法重整的无缝对接》，载《中国审判》2017年第187期。

② 参见德阳市中级人民法院民二庭的相关报告，http：//scdyzy. chinacourt. org/article/detail/2015/12/id/1761871. shtml，访问日期：2018年9月22日。

该程序，因大部分债权人已对债务人失去信心、抵抗情绪严重，预重整程序的推进将会非常困难。法院的公信力有助于提高预重整程序的效率，因此法院的提前介入在目前看来极有必要。这也意味着在现阶段，债务人或债务人聘请专家主导下的美国模式在我国大部分中小型企业预重整案件中尚不具备适用条件。

第二，我国尚无发达的管理人制度。首先，管理人结构尚不合理。目前各地管理人名册中通常仅包括律师事务所、会计师事务所和破产清算事务所及其工作人员，但缺乏具有经营能力和管理经验、专业技术知识的人员。① 其次，管理人职责与法院职责划分尚不明确，管理人缺位和法院越位的现象并不鲜见。② 最后，管理人执业保障和队伍规范有序发展机制尚未形成。③ 除深圳、杭州等破产审判前沿地区外，我国大部分城市尚未建立管理人报酬保障机制和管理人行业协会。管理人准入制度的不完善、报酬保障机制的缺失和来自行业协会监督机制的缺失也让管理人作为第三方独立担任引导人的时机尚不成熟。

2. 构建我国预重整引导人制度的建议

结合域外经验和我国现实需要，本文对如何构建预重整程序引导人制度提出以下建议：

第一，设立临时管理人作为预重整程序引导人。现阶段仍要重视法院的指导作用，引入临时管理人制度，在债权人或债务人向法院提出破产重整申请至法院受理期间，由法院指定临时管理人提前进场展开债权债务清理、债务人财产状况调查、寻找潜在资金，并对债务人企业是否具备重整价值进行识别。

第二，建立预重整引导人与重整管理人衔接制度。进入重整程序后，原临时管理人继续独立担任管理人或作为管理人成员之一，在预重整的基础上继续开展工作。可设债权人委员会对其工作进行监督。

第三，从立法上明确临时管理人报酬的性质与获取方式，参照管理人

① 参见杜军：《管理人制度完善的路径与思考——〈全国法院破产审判工作会议纪要〉的解读》，载《人民法院报》2018 年 3 月 21 日第 7 版。

② 参见杜军：《管理人制度完善的路径与思考——〈全国法院破产审判工作会议纪要〉的解读》，载《人民法院报》2018 年 3 月 21 日第 7 版。

③ 参见杜军：《管理人制度完善的路径与思考——〈全国法院破产审判工作会议纪要〉的解读》，载《人民法院报》2018 年 3 月 21 日第 7 版。

报酬，将其作为破产费用从债务人企业财产中先行支付。

第四，优化破产执业管理人结构，培养优质破产执业人才。随着市场化破产审判改革的深入与破产执业者水平的提升，逐步建立以破产执业者为中心的预重整程序引导人制度。

引入预重整制度的合理性分析

——以实证分析为切入

康　鹏*

内容提要： 破产重整制度立法意旨虽高，却无法通过司法实践彰显其制度价值。程序空壳、成本高昂及权力滥用已成为破产重整制度适用的桎梏，利害群体避而远之。对于这一舶来的法律制度，应通过比较法视野的来回穿梭，充分吸收英美法中预重整制度的运行经验，引入预重整制度，并对其进行本土化的技术性处理。建构去空壳化、低成本化及利益衡平的新型预重整制度，对发挥破产功能、解决司法困境及稳定经济秩序尤为重要。

一、问题的提出

基于整体效应的经济理论及既存制度的不完善，为防止经济组织的倒闭，具有积极挽救功能的破产制度在各国逐步确立起来，成为破产法中一个重要的技术性制度。我国于2006年修订《企业破产法》，规定了破产重整制度，至今已经施行十余年时间。破产重整制度异于消灭债务人而进行公平清算的破产程序，也异于消极避免债务人被清算的和解制度，其作为一种积极的债务人拯救制度，在其制度功能内发挥了一定的价值。① 但破产重整制度的实践运行，亦具有值得探究之地方，以下以部分数据为基

* 康鹏，武汉大学法学院2017级民商法硕士研究生。

① 参见李永军：《破产重整制度研究》，中国人民公安大学出版社1996年版，第7~9页。

础，作出分析。

以中国裁判文书网为样本，以破产、破产重整、破产清算及破产和解为关键词检索，整理可得出统计数据。图一为破产案件文书数量及破产重整案件文书数量图，从文书总量上看，二者数量自 2010 年以来呈逐年上升趋势，但同时可以清晰地看到，破产重整案件的文书数量在破产案件的总数量中，占比最大不超过 12.03%，即表明在破产实践当中，破产重整制度适用较少，从制度功能上来讲，并未从数量上反馈出其价值。

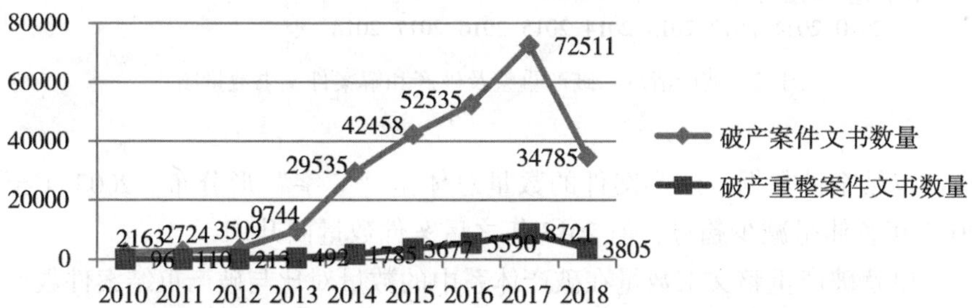

图一　破产案件文书数量及破产重整案件文书数量图（2010—2018. 10. 29）①

图二为破产清算、破产重整及破产和解案件文书数量图，破产中的三大制度在司法实践中的文书量有着较大的数字差异，自 2013 年以来，破产清算文书数量与其他两种的数量差比增大，破产重整案例文书数量稍高于破产和解案例文书数量。破产和解本身是一种消极地处理债务人与债权人关系的制度，其既没有使债权人得到实质性公平清偿的功能，也不具有使债务人转危为安，积极挽救的价值，从本质上来讲破产和解是一种过渡性、暂时性的方法，对债权人与债务人之间的法律关系调整不会有实质性作用，破产和解制度在实践中采用较少实为正常现象。但从破产清算与破产重整二者之间的差异，可看出致力于积极挽救的重整制度在破产实践中并未得到重用。

对相关文书进行案件的回归梳理，可以看到 2013 年至 2017 年部分年

① 2010 年最高院第一次颁布规范全国法院在互联网上公布裁判文书的司法解释《关于人民法院在互联网公布裁判文书的规定》，此后逐步开展文书公布工作。图中数据主要选取期间为 2010 年至最后一次检索日。因公布数量与实际数量并非完全一致，本文以公布数量为依据进行分析。

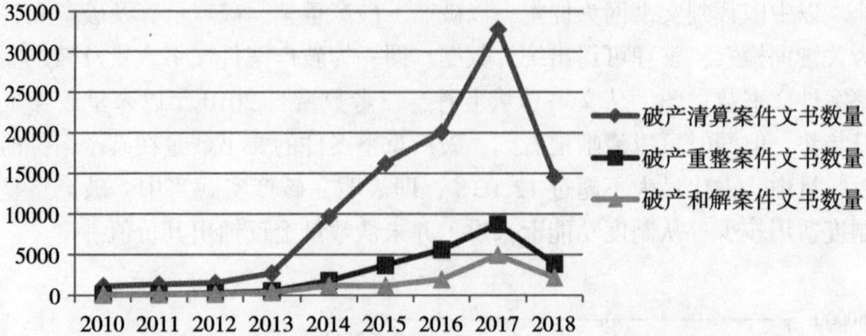

图二　破产清算、破产重整及破产和解案件文书数量图

份的审结案件数据，破产案件的数量总体呈“V字”形分布。2003年至2013年整体呈减少趋势，但2013年之后案件数量回升。①

单就破产重整文书数量在破产体系中的数量对比与破产审结案件数量来看（见图三），无法得出经济运行中实际消亡的经济主体与破产法适用的关系。以2012年为例，年度内注销、吊销数量总计达到779170户，然而2012年涉及破产的文书仅为3509件，审结的案件仅为2100件（见表一）。排除掉市场主体的自愿退出情形，仍旧可以看出，破产法在市场主体退市的环节中，并没有得到有效适用，而破产重整制度更是没有发挥价值的空间。

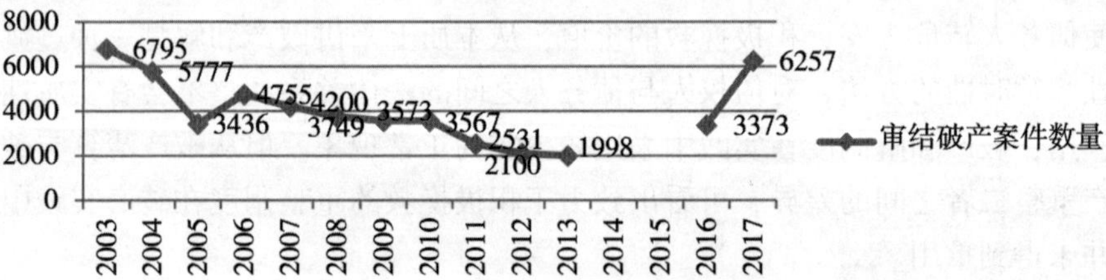

图三　破产案件审结数量图

① 2014年及2015年审结破产案件数量存在缺失，虽无法得知具体的全国总量，但就地方法院工作报告情况来看，存在大量增加的情形，例如上海、浙江、山东等地法院。

表一　**中国企业注销、吊销数量图（2012 年）**（单位：户）①

	期末实有	注销数量	吊销数量
内资企业	13225360	377000	386400
外资企业	440609	5406	10364
合计	13665969	382406	396764

从数据来看，虽然《企业破产法》在我国施行已有十余年，但实施的效果并不如预期那样理想。从立法技术上而言，《企业破产法》的设计不存在技术问题。但为何一部旨在规范企业破产程序，公平清理债权债务，保护债权人和债务人的合法权益，维护社会主义市场经济秩序的法律，却得不到司法实践的良好反馈？为何破产重整制度具有积极挽救债务主体之功能，而相关主体却避而远之？对此，笔者将从重整制度的运行状态出发剖析此问题，并结合比较法视野，提出解决方案。

二、重整制度的运行困境

随着经济的发展，破产法的功能也由侧重保障债权人债权向兼顾债务人利益、稳定经济秩序转变。立法上关于破产重整的价值，经由实践的修正后，形成了立法理念及操作层面两方面的体系价值。立法理念上体现为保护对象的多元化，操作层面体现为保持营业继续与实现重生。而这两个层面，共同构成了破产重整私权本位与社会本位相结合、企业运营与企业清偿相结合的本质特征。② 但破产重整制度理论价值上的完美主义不仅未在破产实践中得到彰显，反而产生回避主义的现实效果，究其原因，大致如下：

第一，程序空壳。徒法不足以自行，作为行为规范的法律规范，适用是其生命力的彰显。虽然立法不一定完全贴合司法实践，但法律适用的过

---

① 参见金杜律师事务所：《中国上市及非上市公司重整基本情况汇总（更新至 10 月 31 日）》，载李曙光、郑志斌主编《公司重整法律评论（第 2 卷）》，法律出版社 2013 年版，第 513 页。

② 参见王福强：《破产重整中的营业保护机制》，法律出版社 2015 年版，第 23~27 页。

程会对立法进行反馈与检视，从而督促立法工作，若法律规范得不到有效的适用，则会沦为僵尸规范。破产重整制度得不到有效适用，源自于破产法律规范与实践的不贴合性。破产重整制度在适用中存在启动难、运行难及执行难的三难问题。① 启动层面，权利主体对破产重整的二元价值认识不足，缺乏积极性。破产重整中关于重整运作的法律规定体系化相对欠缺，易造成相关主体职权缺位的情形，辅之以我国债务人中心的重整计划，使得破产重整制度在运行与执行上均存在形式化、空壳化的现象。程序上的空壳，必定会带来程序背后的法律关系缺失，使得破产重整制度形式大于实质，起不到制度本身的作用。

第二，成本高昂。制度的成本应与制度的功能定位相符。破产重整制度适用的前提条件是债务人存有债务危机，为充分保障营业的继续，而赋予当事人选择适用破产重整的权利。在存有债务危机的情况下，制度成本会成为债务人考虑的重要因素。若适用破产重整制度所带来的成本与效益不符合比例，甚至带来的整体效益低于破产清算与破产和解，则破产重整制度会被架空，债务人对其适用望而却步。从我国司法实践来看，破产重整成本实为高昂，不仅包括时间成本，还包括费用成本。重整的费用成本主要分为直接成本与间接成本两大类。其中，直接成本主要源自破产重整制度的程序成本，例如受理费用、管理人费用、管理费用等。② 间接成本则与制度本身的结构有关。破产重整旨在保护营业，但在现行《企业破产法》的结构之下，破产重整运行中基于控制权的转移与监督，对于市场经济主体而言所产生的营业中断的成本损失自不待言。③ 基于营业中断而产生的商业影响，往往使得重整企业苦不堪言。时间成本则是指破产重整的运行周期。从时间成本而言，无论是《企业破产法》所规定的 6 个月，还是实践当中所具体耗费的时间，均显得过长，而期间过长又必然带来费用成本的增加，形成恶性效应。例如在中国农业银行股份有限公司上海市分行与上海金源国际经贸发展有限公司、佳宝控股集团有限公司、浙

① 参见张艳丽：《破产重整制度有效运行的问题与出路》，载《法学杂志》2016 年第 6 期。

② 参见董惠江：《我国企业重整制度的改良与预先包裹式重整》，载《现代法学》2009 年第 5 期。

③ See Jagdeep S. Bhandar and Lawrence A. Weiss，Corporate Bankruptcy：Economic and Legal Perspectives，Cambridge University Press，1996，p. 226.

江佳宝聚酯有限公司、浙江佳宝高仿真化纤有限公司应收账款质权纠纷案一案中，从 2009 年 6 月 12 日法院裁定破产重整，到 2013 年 11 月 22 日最高人民法院再审裁定，共持续了约四年半的时间。①

第三，债务人权利滥用。破产重整制度具有挽救经济主体、维持经济秩序的社会功能，但利益衡平理论依旧是其制度之基。法律的宗旨是实现效益的最大化，在设计和适用破产重整制度之时，应从各方利益进行考量，以寻求各方利益的平衡，实现社会公平正义。② 就破产重整制度的适用而言，既要考虑到债务人的营运利益，也要兼顾债权人及社会整体利益，以达到秩序的稳定。虽然在现行破产重整的法律规制下，企业的控制权会受到一定的监督与牵制，但通常情况下企业的主导发展受债务人的左右。在此情况下，债务人可能充分利用重整制度为破产企业提供的政策福利，并限制债权人、担保物权人的权利行使，使得破产重整成为债务人逃避债务的一个正当途径。③

我国《企业破产法》在立法过程中，对美国和英国的破产法，进行了充分的借鉴与移植。一些舶来的制度，虽然在英美本土有着良好的实践，但在我国的运行中却水土不服，破产重整制度尤为明显。虽然 2016 年国家提出供给侧结构性改革和处理僵尸企业的政策，并明确基本原则是重组救活为主、破产退出为辅，最高法院也推出了一系列促进《企业破产法》实施的措施，《企业破产法》及破产重整制度的适用有一定程度的回升，但破产重整制度基于上述原因，实施的效果依旧并不理想。④ 归根结底在于我国的破产重整制度缺乏自洽的机能，无法符合相关主体的法律预期。从这个层面上讲，对于一个舶来制度的适用困境，应对制度来源及其本土化适用进行再借鉴，以期为我国适用困境的解决提供思路。

---

① 参见在中国农业银行股份有限公司上海市分行与上海金源国际经贸发展有限公司、佳宝控股集团有限公司、浙江佳宝聚酯有限公司、浙江佳宝高仿真化纤有限公司应收账款质权纠纷案（最高人民法院（2012）民申字第 1019 号）。

② 参见王福强：《破产重整中的营业保护机制》，法律出版社 2015 年版，第 29 页。

③ 参见胡利玲：《论困境企业拯救的预先重整机制》，载《科技与法律》2009 年第 3 期。

④ 参见何欢、韩长印译：《美国破产法协会美国破产重整制度改革调研报告》，中国政法大学出版社 2016 年版，第 1~2 页。

三、比较法视野上的预重整制度

比较法就像一座真理的学校，它能够扩展和丰富解决方案的供应。① 通过视野的来回穿梭，并进行法理的对比，可为破产重整制度寻求新的完善依据。就我国破产制度的困境而言，应充分审视英美法中的预重整制度。预重整制度是指在向法院申请破产重整之前，由债务人制定重整计划或者由债务人与债权人协商一致达成计划，经债权人表决通过后由法院予以确认，进行庭内重整挽救债务人的制度。经由不同国家本土化之后，亦发展出不同的模式。

第一，英国法中的破产管理制度。英国法中的破产管理制度是一个兼容的体系，为公司的拯救提供制度化的保障，其主要由破产管理程序与自愿安排程序构成。就破产预重整部分的构建而言，主要是体现在其自愿安排程序当中。所谓的预重整，是将庭外协商与庭内重整相融合的制度，其在程序上将重整分为两大板块，庭外协商板块由债务人主导并与债权人达成预重整方案，庭内重整板块由法院依照程序表决、通过并辅助执行重整方案。② 庭外协商即是英国法中的资源安排程序（CVA）。同时，为了实现公司重整的功能价值，通常由一个破产管理程序和一个 CVA 或者 1985 年《公司法》第 425 条规定的和解/偿债协议配合使用。此种模式具有极大的灵活性和伸缩性，在债务人与债权人达成协议之后，可依照协议处理双方的债权债务关系，并且只要双方意思一致，亦可进行协议的变更。③ CVA 与申请重整并无强制性顺序，即 CVA 可在申请重整之前达成，亦可在破产重整之后达成，并不存在程序间的强制连接。与我国破产重整相比，此种双方一致的行为并不处在法院的监管之下，不涉及公权力的介入，亦不会产生额外的重整成本。

第二，美国法中的预重整制度。美国是最早建立预重整制度的国家，

---

① 参见齐砺杰：《破产重整制度的比较研究：英美视野与中国图景》，中国社会科学出版社 2016 年版，第 15 页。

② 参见张海征、金晓文：《浅析英国破产法上的预重整制度》，载《全国商情（理论研究）》2012 年第 7 期。

③ 参见董惠江：《我国企业重整制度的改良与预先包裹式重整》，载《现代法学》2009 年第 5 期。

其破产重整法源自于联邦衡平接管制度，目前制度的构建与实践已经十分成熟，预重整制度主要体现在《美国破产法》第 11 章。① 其规定在申请重整前，由债务人进行破产重整方案的信息披露，并在债权人表决通过方案后申请破产重整，以确认破产重整方案之效力，进入庭内重整程序。在破产重整程序与破产方案之间，存在顺序问题，已被表决通过的重整方案是开启预重整程序的前提条件。相较于英国预重整制度，《美国破产法》第 11 章最大的特点在于债务人在位（Debtor in Possession，DIP），即通常情况下，经由法院破产重整确认之后，债务人仍具有控制权，相关事务依旧由债务人自身进行管理。

虽然英国与美国均设置有预重整制度，但二者在具体构成上却具有本土化特征，从而造成二者的功能价值不同，英国的破产管理制度以债权人利益为导向，而美国的预重整制度则以债务人利益为导向。② 二者具体差异如表二。

表二 **英国与美国重整制度对比**

	英国：破产管理制度	美国：《破产法》第 11 章
制度构成	破产管理程序+CVA/和解/偿债协议	预重整制度
功能导向	债权人利益导向	债务人利益导向
重整期间控制权归属	管理人	债务人在位
破产方案与程序顺序	无顺序要求	已表决通过方案为预重整前提
期限	较短（1 年以内）	较长
债权人参与度	低	高
成本	低	高
重整期间融资机制	无专门机制	有专门机制（Debtor-in-Possession（DIP）financing）

① 参见许多多：《破产预重整制度在我国的构建》，载《法制博览》2018 年第 22 期。

② See A. Belcher，Corporate Rescue：A Conceptual Approach to Insolvency Law，London：Sweet & Maxwell，1997，p. 13.

虽然英国与美国的破产重整制度存有本土化的差异，在功能导向及具体建构层面有所不同，但整体而言，其在处理破产重整事务上具有实践性、便捷性及低成本的特征。与我国法上的重整制度相比，预重整制度最大的特点在于将重整分为两个板块，即非正式的当事人协商与正式的庭内重整。此种双轨的衔接既有利于保障双方当事人的意思自治，也有利于破产重整的高效运行。

四、预重整制度对我国重整制度的启示

破产重整制度设计的初衷已融入具体规范中，立法价值亦具有先进性，但经由多年的司法实践，我国破产重整制度并没有产生预期的制度效果。程序空壳、成本高昂及制度滥用成为破产重整制度寸步难行的重要原因，欲使破产重整制度真正发挥其挽救经济主体、维持社会秩序及保护营运的制度价值，则需要对制度进行改良，解决瓶颈，提高实践可能性。英美法中的预重整制度，具有极大的合理性，可供我们充分借鉴。

第一，去空壳化。启动难、运行难及执行难的三难问题，成为我国破产重整制度适用的直接障碍，在不考虑制度运行成本的前提下，已然给债务人及债权人一个望而止步的心理设想。运行存在问题的制度，无法支撑起其背后的法功能与法价值。预重整制度一改当事人意思自治与公权力介入同步的模式，区分为庭外协商与庭内重整两部分，既使得债权人与债务人之间可以充分实现意思自治，赋予其选择的空间，极大地增强双方当事人的积极性，也可以使得公权力的介入符合时宜，国家强制力的保障不会产生僵化的负面效应。在法律得到适用的时候，其生命力才会得到彰显，其功能与价值才会输入到法律关系中去。

第二，低成本化。除去程序上的障碍，破产重整制度中的时间成本与费用成本可谓破产重整制度的另一重要问题。对于出现债务危机的经济主体而言，如何解除危机，实现利益的最大化，是其考虑的首要问题。若在困境时所能够选择的救济制度不仅无法为其减少损失，反而增加其负担，自然不会具有被选择的可能性。就实证分析而言，预重整制度相较于重整制度的适用，时间成本与费用成本均较低（见表三）。

表三　　　传统重整制度与预重整制度成本分析①

	传统重整制度	预重整制度
平均耗费时长（单位：月）	20~30	2. 5/3. 3
平均直接成本占破产前企业全部资产比例	3. 93%	2. 8%/1. 85%

第三，利益平衡化。债务人滥用破产重整制度，不正当损害债权人利益，为逃避债务寻求法律正当借口的行为在预重整中可以受到遏制。在破产重整中需要平衡的关系很多，例如债权人、债务人、股东、其他利害关系人及社会公共利益等，破产重整应在制度构建上为各方利益衡平提供方法。但传统破产重整制度极有可能成为债务人巧妙利用法律规定，拖延义务履行，正当加权，合理减负的工具。在预重整制度中，债务人权利的行使受到债务人等其他利害方的限制，例如债务人的信息披露义务，债权人的同意表决及债权人委员会建立等，再经由庭内重整，达到意思自治与公权力保障的双重协调。虽然传统重整制度可以更有效地解决自由协商中的钳制问题，但庭外协商亦可以通过债权人的表决与法院的确认来对钳制问题进行遏制。② 相较而言，预重整制度更加符合利益平衡的需要。

对我国现行破产重整制度实践中存在的主要困境，预重整制度均可以从其自身制度建构上作出回应，通过程序的区分达到制度内部的自洽，以遏制相应问题的产生。从我国的破产重整实践的尝试来看，亦有关于预重整制度的尝试，浙江省高级人民法院下发了《关于印发〈关于企业破产案件简易审若干问题的纪要〉的通知》。③ 此尝试建立在对破产重整制度实践的检视之上，具有开创性的意义，同时应当结合试点的经验，为预重

---

① 数据来自 Elizabeth Tashjian 教授及 Brian L. Betker 教授分别对 1986—1993 年提出预重整申请的部分公司情况研究。Elizabeth Tashjian 教授研究得出预重整制度耗费的平均时长为 3. 3 个月，平均直接成本占破产前企业全部资产比例为 1. 85%；Brian L. Betker 教授研究得出预重整制度耗费的平均时长为 2. 5 个月，传统重整制度耗费的平均时长为 20~30 个月，传统重整制度与预重整制度平均直接成本占破产前企业全部资产比例分别为 3. 93%与 2. 8%。

② 参见王佐发：《预重整制度的法律经济分析》，载《政法论坛》2009 年第 2 期。

③ 参见许多多：《破产预重整制度在我国的构建》，载《法制博览》2018 年第 22 期。

整制度的本土化提供思路。虽然就预重整制度引入而言，如何处理庭外协商与庭内重组之间的关系是一大难题，但难题并不否认引入预重整制度的价值。

结　语

徒法不足以自行，高效地适用才是法律发挥其自身功能的途径。作为回应新时代经济发展的破产重整制度，从其立法价值而言，具有不可替代的作用。但司法实践却反映出了破产重整制度在设计上的种种问题，给《企业破产法》一记重锤。作为舶来品的破产重整制度，应充分借鉴比较法上的经验，然后在本土化的过程中不断进行技术处理，以使得制度的适用在本法域下可以如鱼得水，充分自洽。为改善破产制度的运行困境，预重整制度的引入显得尤为必要。去空壳化、低成本化及利益的有效平衡，已成为预重整制度融于实践、适用实践的利器。虽从技术处理上而言，预重整制度存在庭外协商与庭内重整的适用上的衔接问题，但并不能因此否认预重整制度在我国构建的合理性。因此，引入预重整制度已成为解决破产重整司法困境、稳定经济秩序的不二选择。

论破产边缘化企业庭外重组的突破及其程序研究

——兼谈预重整制度本土化的思考

孙 健*

内容提要：2018年3月，最高人民法院出台的《破产审判纪要》对破产重整中涉及的债务人救济方案提出了新思路。该纪要第22条明确了探索庭外重组和庭内重整衔接的重要性，这为司法实践中预重整制度的发展和操作提供了一定的指引和依据。但是，鉴于我国立法中尚未正式引入该制度，而美国、日本等国家对该制度的适用已发展至成熟阶段，如何因地制宜地将该破产预重整制度移植到中国大陆法系特色法律土壤中，是一个值得思考的重大问题。本文拟结合国内外目前的立法状况，及现行司法实务中的案例操作，对破产预重整制度的程序设计提出些许建议。

在当下产能过剩，内需、外需不景气的背景下，众多企业因经营不善陷入困境，债务累累，但是考虑到企业本身又具备较好的持续盈利价值，如何使得企业能够免于破产清算，则是一个值得思考的问题。我国2006年颁行的《企业破产法》，相较之于1987年《企业破产法（试行）》，最引人关注的即是引入破产重整制度。但是从我国重整实践看，该制度并未如期取得良好效果，重整制度本身固有的低成效、高成本的特性，使破产重整制度大打折扣。而预重整制度作为破产重整制度的改良，已在实践中被证明是一种有效的方法。鉴于立法尚未作出明确规定，笔者拟结合司法实务提出些许看法。

---

* 孙健，浙江凯麦律师事务所助理律师。

一、问题的由来

《企业破产法》实施以来，为了让陷入困境的企业能够早日复活，免于步入破产清算程序，更好地优化营商环境和塑造企业精神，发挥破产重整制度的困境拯救和公平偿债功能，2018 年 3 月最高人民法院出台了《破产审判纪要》，为司法实践探索陷入僵局的破产企业如何实现重生提供了指引。其第 22 条明确规定："探索推行庭外重组与庭内重整制度的衔接。在企业进入重整程序之前，可以先由债权人与债务人、出资人等利害关系人通过庭外商业谈判，拟定重组方案。重整程序启动后，可以重组方案为依据拟定重整计划草案提交人民法院依法审查批准。"

对于上述规定，笔者认为，可以看作预重整制度在我国立法上的雏形，是将破产重整程序前置预演的一次有效尝试，也是对破产边缘化企业进行庭外重组的有力指导。虽然目前我国法律法规中尚无关于预重整的明确规定，但是司法实践中对其运用和操作已经逐渐兴起，在浙江、深圳等个别地区已有多起成功案例，这对解决企业债务危机具有重大意义。①

二、基本理论概述

（一）庭外重组的突破

传统意义上的庭外重组，又称法庭外和解，目的是债务人和债权人达成协议以延长清偿期限或减少应偿金额，其本身是当事人对自身债权债务处理的意思自治表现，但由于在破产领域濒于破产的债务人资产有限，不能由其自主处置资产，庭外债务重组受限。

而能够让濒临破产的企业起死回生，且具有完全司法性质的破产重整制度，却因司法被动性无法真正参与到重整之前的债务剥离程序中。为此，如何保证两者的有效衔接，推动破产重整程序尽早地参与债务重组，规范破产重整程序，就需要合理适用预重整制度。

① 参见王欣新：《破产法前沿问题思辨（上册）》，法律出版社 2017 年版，第 156 页。

（二）预重整基本含义

预重整（英文为 Prepackaged Reorganization，Prepackaged Bankruptcy 或 Pre-reforming），我国台湾地区多称之为预先包裹式重整，大陆地区学者则一般将其译为预重整。① 事实上，预重整的概念并没有一个统一明确的标准，其最初仅是在美国破产重整实践中发展起来的一种模式。有的学者从谈判策略的经济分析角度予以定义，认为预重整是在庭外重组模式基础上附加一定的强制性规制手段的重整模式，即第一阶段是庭外重组，在第一阶段基础上延伸出司法强制性规制手段。② 美国破产法教授 Lopucki 将其定义为，债务人向法院提起重整申请前已经完成重整计划并成功征集到同意投票通过该计划。也有学者认为，预重整是传统破产重整制度与法庭外债务重组的妥协产物，属于正式破产重整制度的前期过渡性阶段。

为便于理解和详述，结合一般惯例，采纳上述第一种界定，即预重整是当事人之间在向法院申请破产重整之前，已就破产重整事项进行谈判并达成重整计划，在已达成的谈判条件下正式向法院申请破产重整。③

（三）预重整制度的合理性及优势

鉴于预重整制度立法在我国尚属于半空白状态，而诸多国家已经有一套相对完善的体系，确立该制度，对于优化营商环境，提升破产重整的公平偿债功能具有重要的司法意义。

1. 保障债务人利益，符合建立现代多元化破产制度的要求。预重整是破产重整制度的前置程序，是司法重整成功的重要保障和基石。现代企业破产制度应当注重保护债务人利益，而预重整制度恰恰是考虑了债务人和债权人的双重利益，最大限度地提高了司法解决债务的效率，这也符合现代多元化破产预防机制的要求和潮流。

2. 极大地降低了时间成本，提高了重整结果的确定性和案外人投资

---

① 参见郑珏：《预重整制度研究》，郑州大学 2017 年硕士学位论文。

② See John. J. McConnel and Henri Servaes，"The Economics of Prepackaged Bankruptcy"，Journal of Applied Corporate Finance，Vol. 4，No. 2，1991，p. 94.

③ 参见王佐发：《预重整制度的法律经济分析》，载《政法论坛》2009 年第 2 期。

的可信度。① 在预重整模式下，通过前期梳理困境企业债权债务关系和以谈判等方式引进案外人投资者，并拟定重整计划草案等工作，降低了后续的时间和管理成本。而且破产企业自身仍然有一定经营管理权，可以对企业进行实际操作和运营，因中介机构管理人和司法机关尚未介入，使得企业所承受的费用成本也较低。

3. 有效地遏制了个别强势债权人的钳制，提升重整期间法院的支持率。② 纯粹的庭外债务重组，属于当事人意思自治的民事法律范畴，往往因企业陷入困境或即将破产，而谈判力度不够。预重整则在一定程度上存在司法机关影响，可以较大程度约束债权人而不受钳制，也能让法院更积极地支持后期重整。

三、预重整制度的实践及最新发展

（一）域外司法实践

1. 英美法系国家的司法实践

美国作为英美法系的代表，也是破产重整制度的发源地。美国破产实践中的预重整又可以细分为两种：一种是对于重整之前已制定并已经有多数债权人表决通过了重整计划，在进入法庭内程序后拟制债权人为同意，省略重整计划表决程序。另一种则是主债权人与债务人之间签订主债权人赞成重整计划核心内容的协议，进入重整程序后该债权人不得投反对票，但是不得省略重整计划表决。③

对于破产企业是否适用预重整，主要体现在美国现行破产法中，该法第 1102 条（b）款规定在破产重整申请前已产生的债委会可以在重整申请后继续担任，第 1121（a）款规定债务人可在提出破产申请的同时提出预先制定的重整计划，或在自愿或非自愿申请破产后的任意时间内提交重

① 参见浙江省杭州市余杭区人民法院课题组：《房地产企业预重整的实务探索及建议》，载《人民司法》2016 年第 7 期。

② 参见林燕：《困境企业拯救的预重整机制初探》，载《法制与社会》2016 年第 2 期。

③ 参见［美］查尔斯 · J. 泰步：《美国破产法新论》，韩长印、何欢、王之洲等译，中国政法大学出版社 2017 年版，第 68 页。

整计划。从上述内容可以看出，美国破产法对重整计划的制定并未严格要求，包括制定主体、制定程序、制定时间和提交时间等。

相反，法院对预重整的信息披露和投票表决的程序是否合法合理，要求严格。《美国破产法》第 1125 条要求信息披露达到充分的标准，即每个可能给重整计划投票的人都应当被提供计划内容或者计划摘要并附有法院同意的提供“充分信息”的披露声明，并且在分发这些资料之前不可以征集同意或反对。① 这种充分程度必须能使任何一位理性投资人都可以根据披露的信息对重整计划作出合理判断。对重整方案的表决方面，限定了表决主体和债权人（或者股东）接受或拒绝的时间，前者要求是相同类别中的部分债权人和股权持有人，且债权人数达到总人数的二分之一以上，所持债权占总债权比例达到三分之二以上或者股权持有人达到总额的三分之二以上，对具有代表性的债权人和股权持有人提供表决权；后者要求接受或拒绝的时间不能是不合理的短暂期间，而美国破产实践中一般为 25 天异议期限。若上述均符合要求，则由当事人向法院提交提起前通知，并附上首日裁定。这里的首日裁定，主要针对职工工资、职工福利、企业正常营业支出等。

与美国不同，英国预重整模式采取债权人主导模式。在所有债权人中选举一个主导债权人或组建债委会，由其负责后续预重整事务；并要求债权人暂停行使对债务人的催债权利，即冻结债权。而后由债务人自身拟定重整计划，就清偿方案、资金筹集、优先顺位等提出方案，由全体债权人一致同意通过重整计划。最后，法院对主导债权人组织下的重整方案进行确认。②

2. 大陆法系的司法实践

日本作为临近的典型大陆法系国家，在预重整方面有着令人瞩目的发展。2015 年 8 月，日本成立预重整立法改革研讨会专家组，并起草立法改革建议书，预重整逐步走上了由君子协定转为准则型、规则型（ADR），由主债权人银行主导转为律师等破产专家协会所属的专家主导

① 参见王卫国、郑志斌：《法庭外债务重组》，法律出版社 2017 年版，第 105 页。

② 参见王欣新：《僵尸企业治理与破产法的实施》，载《人民司法（应用）》2016 年第 13 期。

程序的新型法庭外债务重组的发展之路。从最初的传统庭外重组，到2001年效仿英国中央银行主导的London Approach，制定了日本的《庭外债务重组指引》，再到2007年《产业竞争力强化法》规定的业务再生ADR程序，重整计划的通过率和实施效率越来越高。业务再生ADR程序，是由债务人向业务再生实务家协会申请，该协会根据债务人自身资产负债情况进行审查后，以专家名义要求各债权人停止行使债权，并协助制定重整计划草案。这与英国的债权人主导模式有一定相似。在重整计划草案制定后，召开第一次债权人会议，对草案进行说明，并正式确定主导程序专家。随后确定时间召集第二次和第三次债权人会议，并要求全体表决通过重整计划草案。近年，日本又在逐步考虑引入多数决来替代全体一致决。①

另外，韩国对破产重整制度也进行了一系列改革。2017年3月设立了首尔重整法院之后，也相应地修改和制定了《债务人重整与破产法》和《首尔重整法院实务准则》，根据规定，重整法院可以在其内部设置由律师、注册会计师及银行界人士等具有专业知识人员组成的管理委员会，并对重整计划进行审查。② 同时，在债权确认谈判阶段引入了重整调解委员制度，对于债权份额占债务人所负债务二分之一以上的债权人，或者取得前述债权人同意的债务人，在申请重整后法院裁定重整程序开始前，可以提交重整计划。提前提交重整计划的债权人之外的债权人，在为表决重整计划而召集的债权人会议之前，可以向法院提出书面材料同意该提前提交的重整计划。

（二）我国对预重整的探索和尝试

1. 我国现行立法规定

截至目前，我国仅在最高人民法院印发的《破产审判纪要》（2018年3月4日实施）和国家发改委、中国人民银行、财政部等印发的《2018年降低企业杠杆率工作要点》（2018年8月3日实施）以及浙江省高级人

---

① 参见［日］山本和彦：《日本倒产处理法入门》，法律出版社2016年版，第180页。

② 参见卢泰岳、李英译：《韩国破产法最新修改与破产法院的设立》，载《中国政法大学学报》2018年第4期。

民法院《关于企业破产案件简易审若干问题的纪要》（浙高法［2013］153号）文件中对预重整制度有所隐晦的提及。

笔者认为，其中，浙江高院规定的破产预登记制度，一定程度上是预重整的缩影。首先，该制度明确了破产申请预登记的范围，包括根据法院意见适用集中管辖处置危机的、债务人是否破产需再论证、银行启动信贷风险帮扶机制、已提出重整申请但是利害关系人意见较大、法院释明后申请人同意等情形。其次，该制度确定了预登记期间的工作召集人和方式，由债权总额占总份额二分之一以上债权人召集，并通过联络协商机制开展工作。最后，该制度规定了预登记的效力。在登记期间，清偿债务不得违反《企业破产法》第31条、第32条和第33条规定，且所做的承诺在重整程序开始后仍然具备约束力。

虽然上述规定内容较为简单，对是否一定适用预重整程序，没有强制性规定；但是作为立法的影子，预重整制度在我国已初步有了一定的依据，对于破产程序市场化、减少破产清算有着一定的指导作用。2018年最高院印发的《破产审判纪要》规定，也是对预重整实践探索成果的肯定。

2. 司法实践的探索

实践中，除完全意义上的庭外重组外，广义上的预重整还包括：第一，破产清算程序后的预重整（深圳地区法院的做法），即在法院受理破产清算后，宣告破产前，经过谈判达成预重整方案，待条件成熟时再提出重整申请，由清算程序转为重整程序；第二，破产重整前置程序的预重整（深圳、浙江、厦门等地区法院的做法），法院接收重整申请后，经听证审查，在受理重整前指定管理人，由管理人按一债会的标准作出预重整方案，由法院审查是否准许。① 在该种模式项下，根据司法介入的程度不同，又可区分为两种：个别法院法庭介入不深，只作预登记，不介入谈判，各方主体自行开展洽商；法院、法庭介入较深，提前指定管理人。以下就相关典型案例进行说明：

① 参见俞鲁烽：《从〈最高法院破产审判会议纪要〉看预重整制度的探索与实践》，http：//www.zjzhenbang.com/profession_collect/view/id/542.html，访问日期：2018年9月1日。

（1）杭州怡丰成房地产开发有限公司重整案：怡丰成房产公司因资金链出现严重问题，其开发的东田·怡丰城项目自 2015 年 3 月一直处于停工状态。考虑到债权人交房诉求强烈、债权类型复杂等原因，2015 年 6 月，杭州市余杭区法院对怡丰成公司破产重整进行了预登记，待条件成熟后裁定破产重整。法院拟通过预重整的实施，使东田·怡丰成项目及时复工，在前期调查案涉项目真实性后，聘请第三方评估机构对工程量进行审计，并以最大债权人为主召集债权人向法院提交关于债权人会议的申请，分组开展债权人会议，建立联络协商机制，形成书面承诺文件。① 因某银行是怡丰成公司的资产抵押权人，经过充分协商，确定由银行为主导，政府融资平台为项目融资，约定还款来源为项目建成后的销售房款等，最终复工续建所融资金作为共益债务承担。得益于此，在正式破产重整开始后的债权人会议上，各项预案表决通过。

（2）深圳市福昌电子技术有限公司重整案：福昌公司是主要从事通讯和电子产品研发设计生产销售的民营制造企业，是通信产业龙头企业华为公司、中兴公司的一级供应商。2015 年 10 月因经营管理不善导致资金链断裂。2015 年 11 月，债权人向法院申请重整，鉴于事发突然，债权人人数多且维权激烈，法院运用立案审查程序，采取预重整制度，在裁定受理重整前指定管理人提前介入福昌公司，指导管理人对问题进行全面协调。2016 年 6 月，法院裁定受理福昌公司破产重整，并于同年 11 月，确认上海银行深圳分行等 300 多位债权人债权，将此前的预重整方案基本吸收到重整计划中。除了福昌公司重整案，深圳金田实业公司重整案也是类似的情况，金田实业公司本是三板挂牌企业，因经营不善导致资金链断裂，2014 年 12 月，法院收到重整申请后，采取提前指定管理人的方式，及时对立案的材料进行审查，通过听证判断是否符合破产重整的精神和价值，案外投资人是否愿意接受重整。管理人在接受指定后发布债权申报公告，按照破产重整的程序对一债会工作进行了安排，在法院的指导下完成

① 参见徐阳光、何文慧：《出售式重整模式的司法适用问题研究——基于中美典型案例的比较分析》，载《法律适用（司法案例）》2017 年第 4 期。

了预重整事务。① 因为金田公司是上市公司，如其重整涉及并购重组等证监会行政许可事项，则还应当将重组方案列入经营方案，按照最高人民法院《关于审理上市公司破产重整案件工作会谈纪要》（法［2012］261号）规定，启动最高院与证监会的会商机制。

（3）北京理工中兴科技股份有限公司重整案：该案是最高人民法院公布的全国法院破产典型案例之一。理工中兴公司是全国中小企业股转系统代办股份转让的非上市公司，2017年公司负债近亿元，债权人以不能清偿到期债务为由向北京一中院申请破产重整。法院以听证形式多次组织债权人、债务人开展谈判协商，并对公司是否具有重整价值和挽救可能进行有效识别，引导主要债权人和债务人、投资人签署预重整工作备忘录。② 同时，在裁定受理重整之前以预先摇号的方式选定管理人提前开展工作，召开债权人会议，表决重整计划草案。2017年12月21日，北京一中院裁定批准破产重整计划，终止破产重整程序，通过以法院为主导的方式，预先确定管理人，并综合运用识别机制、听证程序等完成预重整和重整的衔接。

（4）温州吉尔达鞋业有限公司重整案：该案是温州首例民营企业重整成功的案例，吉尔达鞋业是温州民营制造业的名优企业之一，中国皮革工业协会重点骨干企业。因局部金融风波和担保链影响，公司出现资金不足，生产经营陷入困境。③ 2017年2月24日，温州市政府对吉尔达公司进行预重整处置，引进管理人制度，同年5月，温州中院对吉尔达公司进行诉前登记。预重整期间，政府与金融债权人协商，达成暂缓担保责任和债权追究意向，促使保证人参与重整工作，形成债权人、债务人、保证人共同参与解决债务的清偿方案，并在破产重整的债权人会议上，高票通过

① 参见许聪、王芳：《生病企业的医院——深圳中院服务供给侧结构性改革依法审理破产重整案探访》，载《人民法院报》2017年7月2日第1版。

② 参见最高人民法院：《北京理工中兴科技股份有限公司破产重整案》，中国法院网，https：//www. chinacourt. org/article/detail/2018/03/id/3219465. shtml，访问日期：2018年9月13日。

③ 参见人民法院报：《温州完成首例民企预重整案 将成企业风险处置新手段》，温州法院网，http：//www. wzfy. gov. cn/system/2018/02/26/013246268. shtml，访问日期：2018年9月15日。

了重整计划草案，法院随后批准裁定了重整计划。该案是温州市政府落实府院联动机制的创新运作方式，也是政府运用法治手段化解企业风险的尝试。

四、我国引入预重整制度的程序设计

（一）制度本土化应有的程序

1. 信息披露的充分性

不论立法上采取何种模式的预重整，笔者认为，在法院正式裁定受理企业破产重整之前，都应当做到充分的信息披露。只有保证信息披露的公正性、全面性，才能使法院、投资人等在有限的债务人信息中识别出本案是否具备重整价值，是否具有拯救的可能性，其投入的资金能否产生一定收益，而不是简单的司法资源浪费、社会成本的滥用。① 如《美国破产法》第1125条规定，充分的信息披露是指某一种信息，具备充分的细节，这些细节使任何一个理性投资者能凭借该信息对重整方案作出合理的判断。

现实中很多存在经营困难的企业，因管理上的不完善，经常存在企业内部借款、财务混同做账等情况，导致企业账簿不完整，对外信息披露不明。如若挽救破产边缘的企业，则应当对其财务账簿等进行充分披露，向债权人、新投资人提供充足的决策信息，而不能误导其作出表决。这就要求在预重整阶段，法院或债权人或其他组织作为主导机构，聘请第三方中介机构，对破产企业进行全方位的审计和评估。②

2. 投票表决的合理性

如上所述，在预重整阶段，对于重整计划投票表决，有的要求是全体一致表决通过方可生效，有的则要求大多数同意即可，并规定预重整的表决赞成票在司法重整阶段仍有法律效力。笔者认为，在对投票表决方面，预重整过程中对重整计划的表决，以多数决较为合理。

---

① 参见张娜：《论我国破产询问制度的完善——以美国论坛公司破产案为视角》，载《法律适用（司法案例）》2017年第4期。

② 参见李连祺：《破产重整中债权协商制度存在的问题及解决》，载《学术交流》2012年第7期。

首先，全体一致决要求过高，对重整计划要求过于苛刻，容易产生小比例债权人不同意而投反对票的情形，会一定程度上降低了重整的可能性。比如，日本在原先的预重整第一次债权人会议上采用的债权人全体一致表决机制，近年来逐步调整为多数一致决。《美国破产法》中对于预重整方案的征集投票，采取的是对于符合条件的表决权人，不必征集其投票的例外规定。其联邦《破产规则》第 3018 条（b）款规定，若法院经过通知与听证程序后发现存在下列情况的，则其破产前的同意和反对均无效：方案没有送达同一类实质上的全部债权人和股权持有人；规定的接受或反对方案时间太短且不合理。①

其次，多数决应当体现大部分债权人的利益，尤其是最大占比的债权人利益，该表决机制能够提高预重整效率，符合该制度的设立初衷。当然，多数决也必须防止大债权人肆意表决，侵犯小债权人的正当权益，这就需要管理人或主导程序者进行实质审查。

3. 首日裁定问题

美国破产预重整制度中，将职工工资、企业正常支出、职工福利等作为首日裁定事项附于申请书后，供法院裁决。笔者认为，结合我国破产司法实务，可以考虑在申请破产重整时，由主导人员对与债务人相关的劳动债权事项进行列支，比如职工工资、医疗抚恤费、社保费用等，供法院裁决是否符合重整条件等。根据《企业破产法》第 113 条规定，破产清算案件中，破产财产在清偿破产费用和共益债务后，优先清偿劳动债权。结合我国当下的特殊国情，债务人的优先债权问题和本身所涉及的劳动债权等事项，都较为敏感，如何衡量其在破产重整程序中的地位，是否符合《企业破产法》关于破产重整制度的设立初衷，则是一个值得考虑的问题。

（二）预重整制度设计的注意事项

1. 适用范围问题

《破产审判纪要》第 14 条对破产重整适用的对象作了明确规定，即破产重整应当适用于具有挽救价值和可能的困境企业。这里包括两层含义：第一，重整对象是生产经营出现问题的企业；第二，困境企业应具有

① 参见王欣新：《破产法理论与实务疑难问题研究》，中国法制出版社 2011 年版，第 296 页。

拯救价值和可能。① 笔者认为，预重整作为破产重整的前置程序，更应当谨慎为之，对其适用对象也需要严格把握。预重整的适用应当是困境企业的拯救价值高于破产清算价值，维持企业的继续经营有利于债权人、债务人、投资人等利害关系人，有利于社会整体价值最大化。因此，是否适用重整有着一定商业考虑，需要管理人和法院在听证、征询部门主管和行业专家意见后综合判断。法院在立案审查阶段，要杜绝滥用预重整识别标准，人为抬高重整门槛，阻碍案件受理。②

2. 预重整申请的主体及时间

参考国外规定，结合我国破产重整实践，笔者认为，预重整可以由债务人申请。一方面，债务人对于企业自身的经营策略、财务账簿等更为熟知，也更希望挽救陷入困境的企业；另一方面，债务人主动申请预重整，提前引入司法或行政手段，更能规范企业在濒临破产时的对外行为，与债权人之间也不易发生激烈摩擦或冲突。值得注意的是，对于申请时间，应当在当事人提出破产重整申请之前，这也是符合预重整含义的。

3. 引导人主体问题

如何在债权人与债务人之间加入有公信力、专业能力、中立性等特征的主体来引导当事人处理自治程序，提升各方谈判协商融洽度，这对预重整本身而言十分重要。③ 纵观国外预重整模式，引导人主要有英国的英格兰银行、日本的破产专家协会、韩国的管理人委员会等，而我国目前尚未明文规定设立引导人，司法实践中以法院主导选择或债权人、地方政府及债务人等共同选举为主。

笔者认为，结合我国司法实务，参考日本、韩国等国家的做法，预重整可以法院为主导，并以管理人协会为补充。我国目前已有多起法院主导的预重整成功案例，司法能动性的提前介入，有利于规范和强化债权人与债务人之间的联系沟通，但是考虑到法院自身介入的程度，以及目前管理人结构不合理、指定方式和管理不足、职责不清等问题，可逐步强化管理

---

① 参见贺小荣、王富博、杜军：《破产管理人与重整制度的探索与完善》，载《人民司法（应用）》2018 年第 13 期。

② 参见王富博：《破产立案制度的反思与重构》，载《人民司法》2017 年第 19 期。

③ 参见姚彬、孟伟：《破产程序中管理人制度实证研究》，中国法制出版社 2013 年版，第 207 页。

人协会的第三方自律组织能力，提升管理人协会对管理人的指导，以补充法院主导程序的弊端。

法院在听取破产利害关系人、主管部门的意见基础上建立评价档案，实行对管理人名册的动态管理、分级管理。律师、会计师等中介机构分属不同行业，建立管理人协会有利于强化管理人行业自治，提升管理人素质和水平。虽然我国目前管理人协会的体系和功能尚未完全建成，但从最高法院要求管理人协会发挥的作用看，其与日本的事业再生协会有异曲同工之妙，而非仅仅是第三方行业自律组织。

对预重整中至关重要的重整计划而言，根据《企业破产法》规定，重整计划由管理人或债务人负责制定，因此，在预重整阶段，法院需加强与管理人沟通，引导其深入分析债务人危机破产的根本原因，有针对性地制定起草重整计划草案。

另外，为充分发挥预重整的优势，笔者认为，可参考深圳法院的做法，在法院对破产重整立案审查阶段，既可以通过竞争性谈判或摇号的方式指定管理人，也适当地与管理人协会沟通，选择资质优的管理人提前介入预重整程序。

4. 行政调解的司法确认和禁止反言

行政调解，一般指的是行政机关根据规定，对与本机关行使职权有关的纠纷，通过疏导，促使各方当事人在平等协商的基础上达成一致协议，从而解决纠纷。① 如何在法院预重整阶段植入行政调解，是一个重大课题。预重整与传统意义的庭外重组显著区别之一，即是将前期债权人、债务人甚至利害关系人之间的谈判协商或调解成果，以法律形式进行固化，这也是保证前期协商调解的成果效力延续。

在前期谈判阶段，如纯粹依靠各方当事人自力救济进行谈判，在债务人均已陷入困境，甚至濒临破产状态下，很难迅速地取得良好的谈判结果，而法院又不可过多地提前介入双方的协商过程，此时若能有效地适用行政调解，由行政机关居间协调各方争议，作出相应的调解协议，并仔细留存行政调解程序的全程证据，则可以取得事半功倍的效果。具体而言，可以由债权人或债务人向行政调解机构申请预重整调解，由行政调解机关以听证方式对债权人或债务人的申请作出实质审查，决定是否受理。

① 参见徐根才：《破产法实践指南》，法律出版社2016年版，第165页。

上述府院联动机制的适用，不仅可以提高预重整案件的质量和效率，也能够规范债权人、债务人之间协商行为，调动行政机关与司法机关相互协调配合的积极性。比如，针对重整草案中作出妥协让步的债权人，可以约定在破产重整程序中不得反悔，禁止反言。在预重整谈判和重整计划表决过程中，当事人同意参加的就参加，不参加谈判也可以，但是在重整程序启动后，不得无故反悔。

5. 供应商特殊债权和共益债务问题

供应商在企业生产经营中占有重要基础，本着救死扶伤宗旨，预重整是将陷入困境的企业从危机中予以拯救，对于获得重生的企业而言，供应商则显得十分重要。因此，需要妥善处置预重整过程中的供应商债权。实务中有两种观点：一种观点认为，除优先债权外各方债权人应当平等对待；另一种观点认为，应适当对供应商债权予以全额保护。在美国，对于供应商债权保护力度相对来说是比较大的，即便是在破产重整领域，也是全额保护；而在日本，根据规定，对于如不早期清偿会影响债务人业务持续的小额债权，可以随时清偿，这事实上是允许小范围地保护供应商债权。①

笔者认为，破产重整制度，包括预重整，本质上仍然是在要求公平公正地对待债务人，最大限度地维护债权人利益。因此，原则上对于申报的债权，管理人必须平等对待，但是考虑到部分债权的重要性和特殊性，可以在一定程度上赋予管理人自由裁量权，当然这也必须是维护债权人利益为前提。比如，对于供应商债权问题，直接在立法层面考虑优先性存在一定瑕疵，可以依据《企业破产法》第 18 条人民法院受理破产申请后，管理人对破产申请受理前成立而债务人和对方当事人均未履行完毕的合同有权决定解除或者继续履行，并通知对方当事人的规定，管理人综合考虑是否对上下游供应商债权提供一定倾斜，这不仅保护债务人，也有利于重整计划草案的通过。比如，在福昌电子重整案中，福昌公司是国内通信产业华为公司、中兴的一级供应商，其对下游企业的价值不言而喻。

根据《企业破产法》第 42 条规定，法院在受理破产申请后发生的，管理人或债务人请求对方当事人履行双方均未履行完毕的合同所负债务、

① 参见许德凤：《破产法论——解释与功能比较的视角》，北京大学出版社 2015 年版，第 180 页。

债务人财产受无因管理产生的债务、债务人不当得利产生的债务等，为共益债务。笔者认为，参考该条第 2 款、第 3 款的规定，预重整发生的费用可以作为共益债务，由债务人资产统一对外清偿。

结　语

我国司法介入庭外重组的实践起步较晚，2018 年 3 月的《破产审判纪要》仅对预重整制度作出了原则性的规定，为各地法院在实践中的探索留下了诸多空间。目前，虽然实践中法院已经对预重整有不少尝试，但鉴于无明确的法律框架和规定，制度本身仍有诸多问题有待研究，法院尝试的结果也仅仅是司法在立法层面的一次试验。预重整有着破产重整和庭外重组所无法匹及的优越性，在当前破产重整市场化背景下，为更好地优化营商环境，塑造企业发展精神，有必要对该制度进行梳理和运用，这也符合破产法的立法精神和宗旨。

出售式重整的运行模式

黄玉道*

内容提要：企业出售式重整作为困境企业重整制度的重要模式，因其易吸引投资、成本低、效率高，能更好地挽救困境企业，平衡破产各方利益，保障债权人整体利益最大化，在美国、日本等国家的破产实务中已得到大量运用，作为一种新型的困境企业重整模式，值得我国借鉴。破产实务中，我国已有适用出售式重整制度之先例，但是，关于出售式重整的运行模式仍不清晰，如出售式重整的申请主体、重整计划的制定主体、资产出售的执行主体、出售式重整的运用形式、出售式重整终结的法律效果等问题急需明确。

出售式重整是指，债务人的全部或主要营业资产出售让与他人，并以资产出售所得对价及未转让资产的清算所得作为破产财团分配给债权人清偿债务，并对债务人清算注销的重整方式。① 出售式重整的实质价值就是要挽救债务人有价值的事业，而不是形式主义上的外观维护。出售式重整不保留困境企业的存续外壳，困境企业在资产出售与清算后被注销，企业的核心事业、营业资产被保留下来。我国《企业破产法》未具体规定出售式重整制度，但在破产实务中已有实践，并在挽救困境企业、保护债权人与企业职工利益等方面取得了很好的效果。立足于实务经验，明晰我国出售式重整的展开模式尤为必要。

---

* 黄玉道，中南财经政法大学法学院 2017 级经济法硕士研究生。

① 参见［德］莱茵哈德·波克：《德国破产法导论》（第六版），王艳柯译，北京大学出版社 2014 年版，第 194 页；王欣新：《重整制度理论与实务新论》，载《法律适用》2012 年第 11 期；程铎：《破产重整的出售式重整模式研究》，载《法制博览》2017 年第 7 期。

一、问题之提出

我国现行《企业破产法》第 70 条规定："债务人或者债权人可以依照本法规定，直接向人民法院申请对债务人进行重整。债权人申请对债务人进行破产清算的，在人民法院受理破产申请后、宣告债务人破产前，债务人或者出资额占债务人注册资本十分之一以上的出资人，可以向人民法院申请重整。"该规范明确了我国企业破产重整程序的打开主体为债权人、债务人以及一定条件下的出资人。然而结合《企业破产法》重整章节来看，整个重整程序的规范设计都立足于传统的存续型重整模式，从程序启动到程序运行直至程序终结全过程完全没有考虑到出售式重整模式，如，《企业破产法》第 81 条规定了重整计划草案的内容，主要包括，债务人的经营方案、债权分类、债权调整方案、债权受偿方案、重整计划的执行期限、重整计划执行的监督期限。对于出售式重整的主要内容，如核心资产出售、债务人注销、债务人职工安置等问题完全不涉及；又如，《企业破产法》第 89 条规定的重整计划执行主体，我国《企业破产法》将债务人规范为重整计划的唯一执行主体，完全没有考虑出售式重整程序相对于存续型重整程序的诸多差异，将管理人排除在重整计划执行主体之外，殊不知在出售式重整中，由管理人具体执行重整计划才是最佳选择。

再结合《企业破产法》整个体系结构来看，在现行的法律框架下，出售式重整程序很难找到具体的可用规范，实务中适用出售式路径的重整案例主要基于法无禁止即可为的私法原则，由法院、管理人或是基于学理分析，① 或是基于政策维稳、职工安置，而适用出售式路径重整困境企

① 参见赵玉忠、张德忠：《关于企业重整过程中几个问题的思考与应对——以淄博钜创纺织品优先公司重整案为视角》，载《山东审判》2015 年第 3 期。文章中指出，现行法的存续型重整模式在钜创公司重整案中面临现实障碍，迫使淄博法院寻找、探索新的重整模式。经了解，在学术界，中国人民大学的王欣新教授认为，《企业破产法》设置重整制度，其立法本意是挽救企业的经济与社会价值，避免其因破产清算造成的各种不良社会影响，同时使债权人得到较之清算更多的清偿。因此，挽救企业不能仅仅局限于使债务人企业继续存续一种方式，更不是一定要保留其外壳。重整的实质，是要挽救债务人所经营的事业，而不是形式主义地维持债务人企业本身的存续。王教授提出了出售式重整的新模式值得在实务中运用。

业。由于缺失明确的规范指引，往往使得类似案件差异明显，甚至在启动程序上都多有不同。如《企业破产法》第 25 条规定了管理人职责，第 6 项为管理和处分债务人财产，笔者在分析法律条文时将此部分内容认定为《企业破产法》的总则性质之规范，而将具体的清算程序、重整程序、和解程序认定为分则性质之规范，然而在《企业破产法》的重整章节，却缺失在重整程序中管理人可以整体出售债务人财产的规范设计，相反在《企业破产法》的清算章节，第 112 条即规定在清算程序中破产企业可以全部或者部分变价出售。法律体系的不协调使得整部法律不严谨顺畅，更使得程序在适用时，缺乏具体的规范指引，司法过程差别巨大，损害司法的权威性。

我国现行《企业破产法》规定的重整程序打开模式、运行过程都是建立在存续型重整基础之上的，这些规范设计往往与出售式重整并不是完全匹配的，以这些法律规范嵌入出售式重整程序之中，由于重整模式之间存在过多差异，往往会在程序启动、重整计划执行及重整终结等方面出现很多问题，为了确实发挥出售式重整程序在效率、政策、重整成功率等方面的优势，寻求新的出售式重整运行模式当为实务中的迫切需要。

二、出售式重整的启动

（一）初始重整申请下的重整启动模式

法院裁定启动重整程序，在很大程度上取决于困境企业利害关系人的选择。重整程序的启动，以债务人或者其他利害关系人向法院提出重整申请为前提，法院无权主动启动重整程序，所以重整申请为启动重整程序的绝对要件。① 纵观世界各国及地区破产立法，初始的出售式重整申请主要由债权人、债务人以及出资人三个主体提出。

1. 债权人作为出售式重整的申请主体

赋予债权人重整申请权具有重大意义。其一，出售式重整中，涉及债务人主要事业的转让，债务人企业的高级管理人为了保住职位，往往极度

① 参见邹海林：《我国企业再生程序的制度分析和适用》，载《政法论坛》2007 年第 1 期。

排斥出售式重整，债务人很有可能在困境企业极度恶化的状态下方才申请重整，此种情形下，债权人往往只能获得极低的清偿率，此时想要让债权人放弃部分债权，支持困境企业重整，通过重整计划非常困难。其二，债权人利益的终极保护是破产法的主要立法目的，在整个破产程序中都应该给以债权人利益平等的、最大限度的保护，① 赋予债权人启动出售式重整的权利，即是赋予债权人因时度势、最大化债权利益之权利。

因为出售式重整涉及债务人核心事业的转让，以及困境企业的注销，这关涉出资人之权益，所以笔者以为，出售式重整中，应对债权人的申请权进行一定的限制、防止债权人滥用重整申请权。如我国台湾地区“公司法”第282条第1款第2项规定，相当于公司已发行股份总额10%的公司债权人方可申请对公司的重整程序；日本的《公司更生法》在债权总额上作了相似的规定；韩国的《统一倒产法》第34条第2款也将行使重整申请权的债权人资格限定为，持有相当于公司注册资本十分之一以上的债权。② 推动出售式重整程序的合法有序启动、运行，维护债务人利益，保护出资人利益，我国可在重整程序中借鉴域外经验，限制债权人的重整申请权。

2. 债务人作为出售式重整的申请主体

债务人在出售式重整程序中，与债权人定位不同，由于涉及营业事业的出售以及破产企业的注销问题，债务人申请出售式重整往往热情不高，一者，因为公司高管对于经理人职位的追求使得其很难主动提出出售式重整申请；二者，企业被注销会是大多数债务人难以接受的结果。笔者以为，在出售式重整中，债务人的申请尤为必要，因为债务人最为了解自身的财务状况以及可依出售式重整程序使企业核心事业获得再生之可能性，由债务人提出出售式重整申请，利于程序效用之最大化。在应对债务人申请懈怠问题上，笔者以为，出售式重整中，立法应当有所变通，将债务人的申请权规定为出售式重整中的申请义务，明确在符合条件的情形下，债务人必须提起出售式重整申请。

---

① 参见韩长印主编：《破产法学》，中国政法大学出版社2007年版，第10~12页。

② 参见彭国元、张亚琼：《论破产重整程序的启动》，载《学术论坛》2012年第2期。

3. 出资人作为出售式重整的申请主体

根据我国《企业破产法》第70条第3款的规定，出资人的重整申请权属于后续的重整申请，债权人申请破产清算的，在破产宣告前，占注册资本十分之一以上的出资人可以提出重整申请。可见在我国出资人申请重整有两个前提条件，其一，被动的破产申请已然生效运行；其二，法院宣告破产清算前。出售式重整中，除出资人的重整申请权之外，还应当规定出资人的初始重整申请权，我国立法应当规定，出资人可在债务人未申请出售式重整的情况下直接申请出售式重整。①

我国《公司法》第182条规定："公司经营管理发生严重困难，继续存续会使股东利益受到重大损失，通过其他途径不能解决的，持有公司全部股东表决权百分之十以上的股东，可以请求人民法院解散公司。"既然持有一定比例表决权的股东可以独立申请解散公司，而公司解散后的清算也可能会是破产清算，那么无论从法律解释学的类推原则出发，还是从立法的合理性角度考虑，剥夺持有相同出资份额的出资人在债务人、债权人未申请重整情况下的重整申请权显然不妥。② 因此，笔者以为，立法应当允许满足一定条件下的出资人提起初始的出售式重整申请，但考虑到出资人与债务人之间的剩余索取关系、出资人与债务人股东大会之间的控制关系等，在出售式重整中，出资人行使初始重整申请权应受到一定的限制，如应履行一定的前置救济程序，证明其已要求债务人董事会等机构提出重整申请，但遭到拒绝或者超过合理期限未获答复等。③

（二）存续型重整转出售式重整模式

如若困境企业已适用传统的存续型重整程序，在这个过程中，管理人或者利害关系人发现适用出售式重整模式可以增加企业重整的价值，并使债权人获得更多清偿，拟转换重整模式，此时的出售式重整由谁展开？通

① 参见王欣新：《破产法》（第二版），中国人民大学出版社2007年版，第350页。

② 参见邹海林：《破产法——程序理念与制度结构解析》，中国社会科学出版社2016年版，第385页；王欣新、徐阳光：《重整程序立法若干问题研究》，载《政治与法律》2007年第1期。

③ 参见彭国元、张亚琼：《论破产重整程序的启动》，载《学术论坛》2012年第2期。

过以上分析，不难看出此时债权人、债务人、出资人都应当可以提出重整模式转换申请，要求适用出售式重整模式。关于各个利害关系主体的程序申请权，以下分而论之。

1. 管理人打开模式

重整模式转换过程中，是否赋予管理人提起出售式重整申请的权利？笔者以为，可以赋予管理人提起出售式重整申请的权利。在先前的重整过程中，管理人已然参与到程序中去，对于程序的进程和困境企业的核心事业资产已然了解，由管理人提起申请，对于更好地掌控出售式重整程序的运行过程，更好地制定重整计划，都有裨益。再者，管理人的专业素养对于程序转换的把控也值得信任。管理人在重整程序转换过程中，提起出售式重整申请应当以重整计划的方式进行，管理人在制作重整计划时，在计划书中明确出售式重整模式相对于以申请书方式直接向法院提起更为合理，管理人在重整程序中不是事实上的利害关系人，由管理人直接向法院提起申请，主体不适格。比如在山东淄博钜创纺织品有限公司重整案中，管理人向法院提出了出售式重整计划草案，最终经过债权人会议表决通过适用出售式重整程序。2014 年 11 月 5 日，法院在管理人申请下，裁定批准该重整计划草案，钜创公司重整计划进入执行阶段。

在另一案河南省大地农化有限责任公司重整案中，传统的存续型重整很难成功，因为在案件开始时，重整企业没有一个投资人，管理人通过调查研究发现，大地公司核心产品乙蒜素（全国唯一三证齐全、微残留或无残留绿色生物农药的市场前景等）未来市场发展前景很好、公司治理结构相对完整、拥有国家级精细化工业园区资格、产品供给升级可能性较大，最终管理人在制定重整计划时选择了出售式重整模式，并最终经债权人会议依法表决通过，人民法院裁定批准。

管理人在制定出售式重整计划过程中，值得注意的是，需要征求债权人、债务人以及出资人意见，一者是为了方便管理计划的通过，二者是资产出售涉及各方利益，提前的意见征询有利于具体的出售操作。

2. 债务人打开模式

在存续型重整中提起出售式重整的适用申请，债务人应当责无旁贷。笔者以为，在程序转换过程的出售式重整申请主体，当以债务人为主，我国《企业破产法》第 89 条第 1 款规定，重整计划由债务人负责执行，既然先前的重整计划由债务人负责执行，则相对于其他主体，债务人对于企业的财务状况以及事业再生可能性更加了解，由其在合理状况下提出程序转换，适用出售式重整模式的申请更为合理。

3. 债权人打开模式

实践中，需要从存续型重整变更为出售式重整，于债权人而言有两条路径，其一，传统的申请批准路径；其二，债权人提议，由管理人将程序转换于重整计划中表明。笔者以为，在债权人提议适用出售式重整的过程中，第二种路径较为合适，出售式重整相较于传统的存续型重整，在重整效率方面更有优势，第二种路径摒弃传统的申请审核过程，明显所需时间更短，效率更高。值得注意的是，出售式重整中涉及企业核心资产的出售与企业实体的注销，程序运作与债务人、出资人密切相关，立法应当对债权人的申请权做出限制，明确出售式重整的适用标准，实务中更应当严格执行具体的操作标准，做到只有依法适合的困境企业重整方才适用出售式路径。法院在具体审查管理计划过程中，应当明确审查标准，防止债权人出于其他目的，申请出售式重整程序，使债务人归于消灭。

（三）清算程序转出售式重整程序

实践中，由清算程序直接转为出售式重整程序存在可能，甚至由重整程序转为清算程序再转为出售式重整程序也有可能。在浙江玻璃股份有限公司破产重整案中，管理人变相地实施了出售式重整申请权，2013 年 3 月 10 日，在前期继续经营、成功招募重整投资人的基础上，浙江玻璃及其四家关联公司破产案召开第三次债权人会议，分组表决重整计划草案。受多种客观因素影响，普通债权组未通过重整计划草案，导致重整计划草案未能获得债权人会议通过。同月 25 日，绍兴中院依照《企业破产法》第 88 条的规定，裁定终止重整程序，转入破产清算。转入破产清算后，继续维持生产的压力更加突出。玻璃生产具有特殊性，一旦生产线停产，将涉及停火冷窑、危化品处置等安全问题，并将导致资产大幅贬值和维护费用大幅增加。为此，经管理人在债权人会议中广泛征求意见，采取托管经营的方式，委托第三方公司继续生产经营，实现了破产清算条件下的正常生产。4 月 13 日，第四次债权人会议表决通过《破产财产变价方案》。经公开拍卖或变卖，公司的资产变价金额合计约 23.02 亿元。9 月 22 日，第五次债权人会议表决通过了《破产财产分配方案》。10 月 10 日，绍兴中院裁定认可破产财产分配方案。12 月 12 日，经管理人申请，绍兴中院裁定终结破产程序。①

在另一案，宿迁市建设工程（集团）有限公司破产重整案中，企业在清算程序中转为出售式重整程序。管理人认为，宿迁建设集团原有较为完整的业务网络，曾承接许多重大工程，获得过很多行业荣誉，在江苏省内外有较大行业影响，如取得建筑工程施工总承包一级、钢结构工程专业承包一级资质证书等。如破产清算，宿迁建设集团各类资质、企业荣誉、行政许可等无形资产都将归零。如宿迁建设集团重整，将有利于实现社会资源有效利用，有利于实现财产价值最大化，有利于维护债权人合法权益。② 管理人在重整计划中选用出售式重整模式，将宿迁建设集团名下的商业字号、各类资质、企业荣誉、知识产权、行政许可等无形资产，以及处于保修期的项目维修义务（以管理人与投资人另行书面确认为限）留在重整后的宿迁建设集团，此即重整范围。对于不在重整范围内的所有财产和财产性权利、已有债务，以及因重整前的行为而在重整后产生的债务或责任，均与重整后的宿迁建设集团剥离，与关联企业宿迁市振苏建设工程有限公司进行实质合并破产清算，即以该企业名义行使权利、承担义务。管理人以宿迁建设集团全部股权为标的向社会公开拍卖，通过公开招募确定重整投资人，经营重整后的宿迁建设集团，重整投资人支付的重整资金纳入可分配财产范围，③ 连同企业剩余财产及振苏建设工程有限公司的财产清算价值，组成破产财团，由债权人分配。

由上述两个案例可知，在清算程序转为出售式重整程序过程中，管理人起到了实质作用，管理人在清算程序中发现企业仍然存在运营价值，由清算程序转为出售式重整程序既能保留债务人的核心事业又能使债权人得到更多清偿。在利害关系人的意见或者提议中，管理人于重整计划中提出适用出售式重整模式之申请，最终由债权人会议表决通过，法院裁定批准，此种程序转换机制当为最有效率之模式。清算程序转出售式重整程序中，债务人的定位同样重要。实践中的一个主要障碍是出售式重整与破产

---

① 参见 2016 年企业破产重整及清算十大典型案例之浙江玻璃股份有限公司破产重整案。

② 参见宿迁市建设工程（集团）有限公司重整计划书；（2018）苏 1302 破 9 号之三，民事裁定书。

③ 参见宿迁市建设工程（集团）有限公司重整计划书。

清算存在一个相同的法律效果，即债务人最终都会归于消灭，希望债务人管理层提出程序转换申请，保障债权人利益颇有难度，立法上的改变在于重塑债务人的程序转换申请行为。为了保障债权人利益、处理职工问题以及维护债务人的核心事业之继续经营价值，应当规范在清算程序转出售式重整程序中债务人的主动申请义务，以便在企业有重整价值，核心资产有继续存活可能时，由债务人启动程序转换机制，保障各方利益。债权人是破产财团实质上的所有权人，一旦债权人发现相对于清算程序，出售式重整能增加破产财团总额，使债权人获得更多清偿时，债权人往往会主动提起程序转换申请以保障自身利益，不同于存续型重整转出售式重整，在由清算程序转出售式重整中，对于债务人、出资人利益不会有额外的影响，对于此种情形下，债权人的申请权亦无需过多限制。

三、出售式重整的执行

根据我国《企业破产法》第89条、第90条之规定，我国破产法规对重整程序中重整计划的执行具有两位一体的特征。亦即在我国，重整计划由债务人负责执行，管理人作为债务人执行重整计划的监督机构存在。由债务人自主执行重整计划主要是居于以下考虑，其一，在企业进入重整程序时，通常债务人对企业的情况最为了解，由债务人作为重整计划的执行主体可节省破产管理费用；其二，公司破产重整的事实本身并不能推断出公司管理层具有违反信义义务的行为及管理层对公司破产重整具有重大过失的行为，导致公司破产重整的原因往往是多方面的；其三，允许公司原管理层执行重整计划，继续经营公司甚至在重整后的公司中继续担任管理人，对于鼓励其尽最大努力管理好重整中的公司大有裨益，甚至对于促使其在企业陷入困境时及时提出破产申请都有意义。① 立法确认债务人的重整计划执行资格实则是利益衡量的结果，但由于我国《企业破产法》并没有专门规定出售式重整制度，对于出售式重整制度相对于传统的存续型重整所不同的性质、特征法律也没有作出回应，出售式重整制度的本质特征包括核心资产出售以及债务人注销，而我国《企业破产法》中所规

① 参见齐明：《重整期间公司控制权二元模式探究》，载《求是学刊》2010年第5期。

定的重整模式主要特征在于企业的继续经营及债务人保留。重整模式实质上的独特性质使得重整计划的执行更显差异，在出售式重整中由债务人执行重整计划显然不妥。

实务中，浙江玻璃股份有限公司破产重整案中，管理人在债权人会议中广泛征求意见，最终决定采取托管经营的方式，由管理人委托第三方公司继续生产经营，最终以托管经营方式完成困境企业的核心资产出售，实现了破产清算条件下的正常生产。① 又比如在河南省大地农化有限责任公司重整案中，寻找战略投资人、达成投资协议、完成企业核心资产出售都由管理人一手操办，并取得了很好的效果。

出售式重整计划应当由管理人执行。第一，根据我国《企业破产法》第 25 条规定，管理人的职责有管理和处分债务人的财产等，根据《企业破产法》第 69 条规定，管理人实施困境企业不动产权益转让、财产权转让、库存或者营业的转让等行为时应及时报告债权人委员会，可见我国立法上将困境企业的资产出售规范为管理人职责，而出售式重整计划核心部分即是企业整体出售或者核心资产独立出售，亦属于管理人的职责范畴。第二，公司财产处分规则与公司治理结构息息相关，无论是正常企业的经营机关还是困境企业的管理人在处分企业资产时都不可越过所有权人的控制，公司重要资产处分的决议权往往都保留在所有权人手里，正常经营的企业为股东会，进入破产程序的企业为债权人大会。在整个破产程序中，管理人是代替董事会（及经理部门）行使破产财团或破产事务的管理权的机构，在地位上大致与企业治理中的董事会相当，具有一定的债权人大会执行机关的属性，② 所以企业的整体转让或者核心资产转让应当由债权人大会决议，并由管理人具体执行方为合理。第三，出售式重整的最终结果是债务人的消灭，债务人企业的经理人部门执行完重整计划的第一个结果便是失业，因为企业作为一个经营实体被注销，如此很难保证债务人的管理层会认真负责地执行重整计划，甚至债务人管理层很可能在执行重整计划过程中转移侵吞破产财产，最终影响重整计划的执行，损害债权人利

① 参见 2016 年企业破产重整及清算十大典型案例之浙江玻璃股份有限公司破产重整案。

② 参见韩长印：《论破产程序中的财产处分规则——以江湖生态破产重整案为分析样本》，载《政治与法律》2011 年第 12 期。

益。由上分析可知，不同于传统的存续型重整，出售式重整计划由债务人执行会有诸多弊病，而由管理人执行则能提升效率并且契合于现代公司治理结构，从实务和理论上达成统一。

我国《企业破产法》第93条规定："债务人不能执行或者不执行重整计划的，人民法院经管理人或者利害关系人请求，应当裁定终止重整计划的执行，并宣告债务人破产。"笔者以为，此规范并不严谨合理。"从本质上看，重整计划是一个当事人达成的多方协议"①，在债务人拒绝履行重整计划时，由于重整计划经过了债权人大会确认程序及法院批准程序，应当认定此时的债权人具有申请法院强制执行之权利。相反若在重整计划执行过程中，债权人不按约定履行义务，应当认定债权人通过重整计划的通过程序向债务人作出了承担某项义务的意思表示，② 违反该意思表示视同违约，由具体的债权人承担相应责任。特别是在出售式重整中，债务人为了保存企业主体资格，往往会拒绝执行重整计划，甚至暗中阻挠重整计划的实施，所以出售式重整中，由管理人来执行重整计划方才合理。

四、出售式重整之终结

重整制度的核心在于为债务人寻找破产解决方案，因此在此项寻找有结果时，程序的主要任务业已完成，故可被宣告终结。当然对于债权人、债务人以及其他利害关系人而言，达成重整计划只是权利实现的苗头，重整计划的执行结果才是切身之道。理论上的重整终结有两重含义，其一，重整计划未提出或者最终未被批准导致程序终结，或者重整计划经最终批准而导致程序终结；其二，重整计划在执行过程中无法继续执行而终结，或者重整计划执行完毕而终结。③ 出售式重整中，重整计划的执行与否、结果如何，直接关系到债务人核心事业之去处及债务人主体资格之存亡。在此，笔者主要关注第二类型的制度终结，借以明晰出售式重整程序的终

① 许德风：《破产法论——解释与功能比较的视角》，北京大学出版社2015年版，第500页。

② 参见许德风：《破产法论——解释与功能比较的视角》，北京大学出版社2015年版，第500~501页。

③ 参见许德风：《破产法论——解释与功能比较的视角》，北京大学出版社2015年版，第504页。

结所引致的法律效果。

（一）重整计划执行过程中的终结

按照现行《企业破产法》第 93 条的规定，债务人不能执行或者不执行重整计划的，人民法院经管理人或者利害关系人请求，应当裁定终止重整计划的执行，并宣告债务人破产。笔者以为在出售式重整中，首先应当由管理人负责重整计划的执行，管理人作为重整计划的执行主体，不可能发生由于执行主体自身原因而使重整计划不能执行的情况。因为管理人不同于利害关系人，管理人是可以被替换的，即使出于资质问题或者自身意愿问题而执行不能，也不会阻碍计划的继续运行。

在出售式重整计划执行过程中，管理人发现债务人核心事业价值较低，引进战略投资人难度极大或者成本极高，出售可能性不大，或者因为债务人隐匿等行为极大降低财产价值时，重整计划执行不能，应当终结出售式重整。此时出售式重整程序终结的法律效果只有一个，即困境企业进入破产清算程序。债务人如何转入清算程序是另一个需要明晰的问题，笔者以为，通过以上论述可知，出售式重整计划应当由管理人负责具体执行，所以此时的程序转换应当由管理人提出申请，因为管理人在计划执行过程中已然了解债务人事业的相关情况，由其进行执行可能之研究并提出程序转换申请最为合理。

（二）重整计划执行完毕后的终结

出售式重整计划的执行未受阻力，重整计划执行完毕后出售式重整即告终结。需要注意的是在出售式重整中，如果不是困境企业的整体出售而是其核心部分的出售，则困境企业必然会留有未出售资产，此部分资产将作为清算价值存在，并与核心资产的出售价值一同构成破产财团，用于债务清偿。此时，剩余财产的清算是在独立的清算程序中完结还是作为出售式重整计划的一部分在重整程序中完结？笔者以为，剩余财产的处理不应再启动一个独立的清算程序，而应当在出售式重整过程中完成。其一，重整程序中，效率至关重要，进入重整程序的企业时间拖得越长，企业价值越低，甚至直接影响重整成功与否，为了价值极低的剩余财产，专门启动独立的清算程序，不仅耗时耗力，增加花费，降低效率，而且收益不高，对于整个程序的推进与终结效用不大。其二，在一个企业进入破产程序之后，所使用的具体程序可以转换，① 但是不能同时存在两个程序并行的状态，一者是为了程序运行方便，减少摩擦对抗；二者是为了节约司法资源，降低破产成本。其三，重整计划本身即包含债权清偿比例等内容，在重整计划中加入部分财产的出售价值，本质上不会造成程序的混同，也不会加剧重整计划的制定及通过难度。

在出售式重整中，程序终结的法律效果与传统的存续型重整差异巨大。其一，出售式重整终结，债务人被注销，困境企业作为一个经营实体不复存在，只是困境企业的核心资产在另一个经营实体中延续其价值，发挥其效用。其二，根据我国《企业破产法》第 92 条规定，债权人未依照本法规定申报债权的，在重整计划执行期间不得行使权利；在重整计划执行完毕后，可以按照重整计划规定的同类债权的清偿条件行使权利。无论是在存续型重整还是出售式重整中，本条规范都极不合理，显而易见，允许在重整计划执行完毕后再行申报债权，将可能导致重整的失败，② 出售式重整计划执行完毕、程序终结，余债将会完全消失不能清偿，因为作为债务人的主体已然被注销，不复存在，法律上没有债权人可为请求权之实体；接受债务人核心资产的企业只是购买了债务人的资产，并且付出对待给付于破产财团，用于破产清偿，不同于债权债务的概括承受，债权人向核心资产的受让方主张权利，无法可依；出资人作为困境企业的剩余索取权人对公司债务承担有限责任，在缺失法人人格否认之情形并且企业被注销时，债权人自然不能向其主张权利。其三，破产企业职工安置无需另行处理，职工将随着核心资产的出售进入另一个经营实体，成为新的劳动者。

---

① 如《企业破产法》第 70 条规定的由清算程序转为重整程序；第 93 条规定的由重整程序转为清算程序；第 95 条规定的由清算程序转为和解程序；第 104 条规定的由和解程序转为清算程序。

② 参见王欣新：《论破产程序中的债权申报》，载《人民法院报》2010 年 8 月 4 日第 7 版，王欣新曾主张：设置重整或和解的目的本为挽救债务人，而当债务人完全履行和解协议或者重整计划之后，又出现和解协议或者重整计划未曾考虑清偿的新债权，当其数额较大时，有可能导致债务人再度破产，原已进行的和解或重整程序实际相当于失败了。

结　语

重整制度目前已经被世界各国公认为是防范破产、挽救企业最为有效的法律制度，传统的存续型重整制度在面对严重资不抵债、股权价值太低、法人治理结构和经营管理混乱、隐性债务过多的困境企业时，往往显得无能为力。出售式重整在重整效率、重整计划通过、保护职工等方面相对于存续型重整具有天然优势，适用出售式重整应当释明其运行模式，明确在初始的申请形式下，债权人、债务人以及出资的申请资格，并对债权人的申请资格做出一定的限制。在由清算程序或者存续型重整程序转换为出售式重整程序过程中确认管理人的变相申请资格，并且以管理人作为重整计划的执行人。在出售式重整终结时，明确程序转换的打开主体应为管理人，并且出售式重整计划执行中应当包含剩余财产的清算，无需为了价值极低的剩余财产另行启动独立的清算程序，理清出售式重整计划执行完毕程序终结的法律效果为债务人被依法注销、余债责任全部免除、职工转移至核心资产受让企业等，使出售式重整作为一种挽救困境企业事业的法律制度发挥更加重要的作用。

海工船舶企业重整问题研究
——以启东海工船舶企业破产案为例

朱焕东*

内容提要：启东依托通江达海的独特资源禀赋，大力将海工船舶工业作为支柱产业发展，并于2011年11月成立启东海工船舶工业园。经过七年的转型发展，已经成为了世界知名、全国一流的海工船舶制造基地。面对国际航运业持续低迷，海工船舶产业普遍不景气，启东也遭遇海工船舶产业的破产浪潮。2011年以来，启东法院先后处置了5件涉及大型船舶制造企业的破产案件，充分发挥府院联动机制，大胆创新探索，积累了丰富的破产经验。笔者曾借调在启东重大项目办秘书组工作见证了海工船舶产业的发展，又因在司法鉴定科参加了部分破产问题的探讨，与相关破产案承办法官深入交流，对海工船舶产业破产问题有很深的认识。在破产庭同事的大力支持下，多方查阅国内外破产法相关资料，希望通过本文对公权力与私权利在破产权益分配博弈的分析，对海工船舶企业破产问题研究发展有所裨益。

一、启东海工船舶企业破产审理情况

2011年至2018年4月，启东法院先后受理了南通启亚船务有限公司、南通惠港造船有限公司、启东豪威船舶重工有限公司、爱德华重工有限公司、南通太平洋海洋工程有限公司等涉及大型船舶制造的企业破产案件。其中4件为破产清算，只有1件实现了重整。上述破产涉案资产总额

* 朱焕东，江苏省启东市人民法院司法鉴定科助理审判员。

达到26.11亿元，债务总额高达128.61亿元。破产企业职工人数4098人，涉及民工就业人数不低于2万人。尽管船舶制造企业属于劳动密集型、资金密集型企业，但5家破产船舶制造企业都非国有，股东构成比较单一，甚至还有企业注册资本都未足额认缴，涉及利益关系复杂、劳资矛盾异常尖锐、法律关系错综复杂。这些因素都考验着司法机关的智慧和承受力，也为处理海工船舶破产中权益冲突与清偿顺序、财产处置与职工权益保障、海工船舶企业重整等问题积累了宝贵的经验。

二、船舶企业破产的市场化选择

启东法院共受理2起破产重整申请，涉案公司分别是南通惠港造船有限公司和南通太平洋海洋工程有限公司。其中只有南通太平洋海工有限公司重整成功。破产重整制度，是指经由利害关系人的申请，在法院的主持和利害关系人的参与下，对具有重整原因和重整能力的债务人进行生产经营上的整顿和债权债务关系上的清理，以使其摆脱财务困境，重获经营能力的破产预防制度。① 破产重整制度是《美国破产法》对1898年破产条例实践经验的总结，通过1978年破产改革法确立的商事重整制度。经过四十年的沉淀和发展，该制度已经为世界大多数国家所认可和推行。我国《企业破产法》借鉴国际立法经验，引入了破产重整制度。破产重整制度的作用不仅在于保护债权人利益，更在于实现社会效益最大化，维护市场竞争秩序，促进社会和谐稳定。对符合产业政策和公共利益，又有复苏希望的企业法人，国家和政府主管部门也可以通过注入资本金或申请重整等手段，使其摆脱困境，免于破产，只有在各种措施都无济于事的情况下才使企业走向破产清算。②

1. 船舶企业重整时间立法弊端

启东海工船舶企业直接进入破产清算程序的共有3家，这3家企业属于自然人控股的有限责任公司，注册资本在8000万到3亿元之间，主营业务均为10万吨以下钢质船舶制造与改装，因缺乏核心技术和品牌产品，

---

① 参见范健、王建文：《破产法》，法律出版社2009年版，第201页。

② 参见朱少平、葛毅主编：《中华人民共和国破产法——立法进程资料汇编（2000年）》，中信出版社2004年版，第26页。

属于产业链低端的简单加工复制，且管理模式单一，无法有效应对风险，都已经严重资不抵债，不具备重整的可能。南通惠港造船有限公司（简称惠港公司）是一家由台港澳与境内合资的有限责任公司，成立于2000年7月19日，注册资本1200万美元，经营范围是生产销售修理10万吨以下船舶（不含渔业船舶及国家专项审批的船舶）、船用配件，钢结构制作、安装，30万吨以下废旧船拆解。2011年9月7日启东市银洲担保有限公司以惠港公司不能清偿到期债务为由，向启东市人民法院提出破产清算申请。破产清算期间，惠港公司股东向启东市人民法院申请进行重整。启东市人民法院于2013年3月5日裁定对通惠港公司进行重整。在重整期间因重整意向人未有效确认重整计划草案，致管理人无法正式提交重整计划草案，致使重整未成。启东市人民法院于2014年1月20日裁定终止惠港公司重整程序，宣告破产。尽管该案未能重整成功，但依然有很多值得反思之处。《企业破产法》对重整程序各个环节时间节点作了比较严格的要求，一定程度上可以防止企业滥用重整程序逃避债务，但却不利于部分特殊企业的破产重整工作开展，尤其船舶建造企业——其获取重整资源比其他行业需要的时间更长。这样过于强调对债权人的保护，属于奉行清算主义的立法模式，明显不符合国际主流的再建主义理论。鉴于中国立法中尚未规定预重整制度，笔者认为，对于船舶制造特殊产业破产重整，可以借鉴美国经验，比如在重整计划制定时间上可以增加申请延长的次数，并规定一个最长时间。对《企业破产法》第79条第1款、第2款修改，将目前最长期限9个月（从裁定债务人重整之日起6个月内，有正当理由的可以申请法院延期3个月），延长至300天比较合理。

2. 市场化主导下船舶企业重整局限

根据我国《企业破产法》的规定，法院在重整程序中起着主导性作用，具有裁定债务人重整、决定营业权归属、决定债权人设组情况、裁定批准和强制批准重整计划、裁定终止重整程序等诸多权力，可以说法院可能从来没有像重整程序中如此全面、具体介入公司治理结构中。① 考虑船舶企业破产重整面临的巨大成本风险，法院对于破产重整申请的审查，不能只是停留在形式审查，更应考虑企业优质资源、优质资产、市场前景等因素，推动供给侧环境下破产企业清算，及时释放社会资源，盘活闲置资

① 参见王欣新：《破产法前沿问题思辨》，法律出版社2017年版，第315页。

源，促进船舶制造产业在市场经济体制下的转型升级。尽管《企业破产法》对破产重整适用对象没有明确的规定，但考虑到破产重整的社会本位价值作用，实现企业复兴和企业劳动者再就业的责任，笔者认为大型船舶建设企业有成功重整的可能。在船舶企业破产重整中，涉及的债权清偿、救济安置、社会保障、社会维稳、涉税债权等问题，单纯依靠法院主导模式已经明显无法应付。2008 年国际金融危机以后，美国政府放弃了自由主义市场经济理论，出台总额达到 7280 亿美元的救市计划，主动干预市场经济，放任小企业破产，拯救大企业，并通过破产法积极预防经济危机进一步蔓延，弥补市场机制失灵的弊端，保护社会生产力。我国破产法是基于不够发达的商品经济发展起来的，尽管属于私法内容，但片面否定行政权参与的合理性，是对中国国情的不理解。府院联动机制参加破产重整，不是重回政府主导破产的旧路，而是在市场法治化下对破产高效高质重整的探索。府院联动机制推动破产重整，可以最大限度整合社会资源，克服市场经济盲目性的弊端，维护社会共同利益，促进社会和谐稳定。在海工船舶破产企业财产变现过程中，尤其在工业用地拍卖变现上，因相关规定要求符合船舶工业产业政策，只能引进造船和海工或重型装备产业，又加上部分涉及未拆迁的土地，给破产资产变现带来了极大的困难。为此，启东市人民法院坚持在司法主导下，积极沟通政府职能部门，借助政府招商引资平台，先后引进了京沪重工对启亚船务的重组，中集安瑞科投资控股（深圳）有限公司对太平洋海工企业重整，不仅实现了债务人资产最大化，更实现了法律效果与社会效果的统一，打造了启东特色的海工船舶破产样本。

3. 船舶企业重整涉税问题

船舶企业因经营不善，拖欠税款都属巨额（以太平洋海工船舶企业为例欠税款 1.11 亿元），鉴于当前税法优惠政策对于民营企业破产不适用，税法部门出于执法风险考虑，要求税收债权足额清偿，否则拒绝通过重整方案，这给破产重整工作带来一定的困难。当前对于此类问题存在两种做法：一是通过分立式重整解决所得税问题。在大比例豁免债务的情况下，可采用分立式重整的方式实现减少税负效果，将破产企业一分为二，将一个存续，存续企业接收需要清偿的负债及有效资产；将另一个清算注销，清算企业接收豁免的负债，通过破产清算的形式解决豁免债务的所得税问题。① 二是温州模式。由市政府以出台会议纪要的形式，联合市国税、地税部门制定相关的税收减免政策，在销售不动产、转让土地使用权以及股权转让的契税等方面有所作用。税法尽管具有行政法公法的特征，宗旨依然是兼顾效率与公平，促进经济稳定增长，最高目标是调控和促进经济和社会的良性运行和协调发展。② 笔者认为，在市场供给侧的背景下，坚持新的发展理念，按照尽可能多兼并重组，少破产清算的要求，推动经济高质量发展，建议税务机关多出台企业破产重整的专项法律制度，尤其对于民营船舶海工企业给予必要的优惠政策，处理好破产法适用中地方政府属地责任与税法中央统一政策的衔接。在破产法涉及公私优先问题的时候，笔者认为要有社会本位价值观，在经济下行周期期间，尤其涉及生存权问题时，可以将税法的公平及效率原则适用在特殊行业上，缓解个体营利性和社会公益性的矛盾。

三、海工船舶企业破产清偿顺序研究

在海工船舶企业破产清偿过程中，必然涉及各类优先债权清偿顺位冲突，其中有三类典型难题考验着司法智慧：一是涉民工权益保障；二是在建船舶中关税清偿顺位问题；三是担保权（别除权）与破产法冲突问题。

（一）农民工权益保障

海工船舶企业属于劳动力密集企业，雇佣了大量工程劳务队农民工，鉴于当前社会保障制度的不健全，对于此类群体缺乏必要的法治保障。这给破产债权清偿带来了巨大的压力，也极易造成群体性事件，不利于地方经济社会和谐发展。以惠港公司为例，组建自原农业部重点企业的启东市渔轮总厂，为一大型海工船舶企业。2011 年，因公司经营不善，资金链断裂，导致停产，负债累累，拖欠外发分包工程队工程款计 1600 余万，拖欠本部职工工资 2200 余万元，涉及员工共计约 2000 人。同时使用了 56 家（截至 2011 年 12 月破产受理时）工程劳务队，涉及农民工将近 2000

① 参见南通中院课题组：《南通船舶建造企业破产疑难问题之司法应对》，载《南通审判》2016 年第 3 期。

② 参见张守文：《税法学》，法律出版社 2011 年版，第 32 页。

人。破产法本质上属于债权债务清理法,① 承担清理债权债务的主要功能，对于职工权益（包括农民工）的社会保障必然缺位。因此，《企业破产法》第113条和第132条中职工的范围应该扩大。另外，在日益多元的劳动力市场中如何界定农民工与破产企业的关系，可以借鉴国际统一标准，从组织从属性与控制性相结合的标准考虑。尽管各船舶建造工程劳务队为独立的法人企业，但已经与惠港公司有相应的劳务合同关系，实际上劳务队所派遣的农民工全部纳入惠港公司的统一管理，符合劳动关系的认定标准，故对其所欠发的工资视同企业职工内债。职工债权仅依靠破产法清偿顺序的规定是难以得到有效保障的，更重要的是借鉴国际经验，通过民法、劳动法以及社会保障法等建立对职工债权的优先保障体系和相关制度，如职工债权保障基金等制度。② 笔者认为，应该尽快设立海工船舶农民工工资的保障制度，同时也赋予承包人工程款优先权（动产优先权），这样才能真正实现社会公平正义，从法律上解决劳务队农民工工资的拖欠问题，真正让破产问题市场化解决，避免让政府成为企业破产负面效应的兜底者，真正实现社会的和谐稳定。

（二）在建船舶工程关税清偿顺位

建设中的船舶是指处在造船人占有之下的用于和将要用于建造某一特定船舶的材料、机器和设备的总称。③ 由于海工船舶企业普遍缺乏核心技术，特别是根据外国客商定制的船舶，必然要进口材料、机器及设备。当这些料件处于船厂范围，已经可以识别为某在建船时，即可认定为是该在建船舶的财产。另外，这些进口材料必然涉及关税问题，目前有两种处理办法：一是将在建船舶出售给国外公司，通过出口退税减免，实现资产保值变现。在南通太平洋海工破产重整中，在建的S1034船在进入破产程序时遭遇了资金短缺和原合作方因破产而退出合作的状况，该船此时建造进度已经过半，且管理人分析继续建造能够更好地降低债权人的损失。在此

---

① 参见曹爱民：《职工安置预案的“往生与来世”》，载陈夏红、许胜锋主编《破产法信札》，法律出版社2017年版，第105页。

② 参见王欣新、杨涛：《破产企业职工债权保障制度研究——改革社会成本的包容与分担》，载《法治研究》2013年第1期。

③ 参见司玉琢主编：《海商法》（第四版），法律出版社2018年版，第32页。

情况下，启东市人民法院指导管理人充分运用共益债务制度，进行新的融资。最终，江苏省知名船舶代理商江苏苏美达船舶工程有限公司加入合同，提供资金帮助续建完成。该船建成后顺利出口，为债权人减损超过人民币5000万元。二是在建船舶无法出售给国外公司时，只能按照《海关法》第37条第3款“人民法院判决、裁定或者有关行政执法部门决定处理海关监管货物的，应当责令当事人办结海关手续”的规定，向海关缴纳关税后才可将在建船舶对外拍卖或变卖，或在海关预先同意受理的法院先行变现，但承诺变现款项应当在优先支付关税后，才可对外出售变现。从惠港破产案件处理情况来看，两艘在建船保税手册载明的关税及进口增值税合计2404.46万元，缓税利息预估150万，总计达2554.46万元。因海关拒绝管理人先行保证金变现的方案，使惠港公司有关资产错过了最佳变现时机，不可避免地造成了资产的无形贬值。笔者认为，《企业破产法》相对于《海关法》具有特别法的地位，单纯理解关税优先受偿权是不恰当的，极大地侵害了其他债权人的公平受偿权利。出口退税政策在破产债权清理中应该保持内外统一，对于涉破产在建船舶的进口料件原值计算的账面关税金额，也应给予一定的政策优惠考量，以便最大限度保护弱势群体，维护社会公平正义。

（三）别除权冲突问题

破产别除权是指债权人因其债权设有物权担保或享有法定特别优先权，而在破产程序中就债务人特定财产享有的优先受偿权利。① 大陆法系国家使用破产别除权概念，而我国只是在《企业破产法》第109条规定了对破产的特定财产享有担保权的权利人，对该特定财产享有优先受偿的权利。海工船舶破产因涉及多方利益冲突，必然涉及利益的分配，理清抵押权、质押权、留置权、优先权顺位关系尤为重要。当抵押权与船舶优先权竞合时，船舶优先权优先于抵押权。抵押权与质权竞合时，根据《担保法解释》第79条第1款，法定登记的抵押权优先于质押权。留置权与优先权竞合，根据我国《海商法》的规定，船舶的优先权优先于留置权。留置权与质权竞合，根据《物权法》第239条，留置权优先质权。《企业

① 参见李永军、王欣新、邹海林、徐阳光：《破产法》（第二版），中国政法大学出版社2017年版，第122页。

破产法》与《担保法》，尤其对物权担保制度，在立法目的与适用原则和效果方面存在一定矛盾。① 担保债权保护是市场经济发展的必然选择，也是法治国家适应国际经济一体化发展的保证。破产程序中，担保债权人乐意凭借担保财产快速足额受偿，因此更倾向于选择破产清算程序。如何衡平担保债权人、债务人、其他债权人利益，最大限度实现债务人财产价值，维护社会本位价值，值得思考。鉴于当前破产立法目的已经不局限于公平清理债权债务，而承担更多的社会责任和社会保障使命，《企业破产法》与《担保法》适用冲突不可避免。尽管《企业破产法》规定了重整及清算程序中担保债权暂停行使的规则，也赋予担保债权人在和解程序中行使担保权的自由，但担保债权人与债务人、其他债权人及社会本位价值的矛盾是不可避免的。如何弥补担保债权人因迟缓行使担保债权造成的时间损失及无形资产的贬值也是值得反思的。海工船舶企业破产的抵押债权人，以银行或国有投资平台居多，自然人、小额贷款公司也占一定比例。笔者认为，破产程序中涉及优质企业重整的，可以尝试将担保债务优先转成股份，给予担保债权人必要的激励，鼓励银行金融机构参与公司未来的治理，有利于监督重整企业经营活动，便于优质企业重整后借贷活动，避免信用信息不对称，让重整后企业错过了发展机遇。金融机构通过债转股的方式，促进企业诚信经营，有利于推动企业破产后信用指数恢复，实现金融信用借贷效率提高，符合我国市场经济发展需要。

① 参见王欣新：《破产法前沿问题思辨》，法律出版社 2017 年版，第 419 页。

再议后续重整申请权

——兼评《企业破产法》第七十条第二款

张亚琼*

内容提要：在相关的司法实践案例中，对于后续重整申请的认识仍存在分歧。通过对重整申请权进行法理分析可发现，债务人及其出资人、债权人作为破产程序中的利害关系人，均应被赋予后续重整申请权。由此反观《企业破产法》第70条第2款之规定，存在限缩后续重整的适用范围、限缩后续重整申请权人的主体范围、前后条文冲突、偏离立法精神等消极影响。故而应及时进行立法修订，为实务操作提供规范指引。

相对于《企业破产法》第70条第1款规定的初始重整申请，学理上将第70条第2款规定的，允许一定主体在法院受理破产清算申请后、宣告破产前提出的重整申请，称为后续重整申请。尽管算不上破产法中的宏大概念，但重整申请权直接关系破产重整程序启动问题，与宏观层面倡导的多重组、少清算之司法政策相契合，因此近年来关于这一话题的讨论也越来越多。①

问题在于，学理上的讨论并未达成一致意见，也远未在立法和司法层面达成共识，导致司法实践中对后续重整申请权的态度多有不同。笔者最

---

* 张亚琼，法学博士，湖北山河律师事务所合伙人。

① 具有代表性的论作包括：王欣新：《维护债权人的后续重整申请权》，载《人民法院报》2011年11月23日第7版；彭国元、张亚琼：《论破产重整程序的启动》，载《学术论坛》2012年第2期；齐明：《论我国破产程序转换与债权人后续重整申请权》，载《东北师大学报（哲学社会科学版）》2015年第5期；许胜锋主编：《人民法院审理企业破产案件裁判规则解析》，法律出版社2016年版，第249～264页。

近在实务中就遇到了相关案例，可以作为继续讨论的样本。

一、案例与争论

因受市场环境走低影响，N公司已停业两年，职工纷纷离职。无奈之下管理层召集股东会，决议以自身名义向法院申请破产清算。法院裁定受理后，指定管理人接管企业。清算期间，因市场环境好转，有投资人对N公司的生产能力和客户资源表示极大兴趣，愿意投资重组。但经管理人向N公司原股东进行询问，发现股东竟以各种理由拒绝提出重整申请。

那么问题来了：对于债务人申请破产清算的案件，法院裁定受理后，其他利害关系人能否申请转为重整程序？如果答案是肯定的，则相关主体可以向法院提交重整申请，由法院进行审查并裁定是否进行程序转换。但如果答案是否定的，则意味着重整之门已经关闭，债务人将无法通过破产重整进行挽救。① 可见，后续重整申请权对债务人的程序影响重大，值得认真讨论。

肯定观点的理由主要是，基于有利于企业挽救的原则，在《企业破产法》未明确禁止的情形下，应允许其他利害关系人申请程序转换。如最高人民法院在2018年《破产审判纪要》中指出，重整制度集中体现了破产法的拯救功能，代表了破产法的发展趋势，全国各级法院要高度重视重整工作，妥善审理企业重整案件，通过市场化、法治化途径挽救困境企业，不断完善社会主义市场主体救治机制。《企业破产法》设置重整制度的目的，就是要为那些陷入债务困境而又具有挽救希望与挽救价值的企业创立制度渠道，所以对法律规定的理解与执行必须符合这一立法宗旨。②

否定观点认为，除债务人自行申请转重整程序外，其他利害关系人均无权申请程序转换。因为根据我国《企业破产法》第70条第2款规定，对于后续重整申请权仅在债权人申请破产清算的情况下，赋予债务人及其

---

① 当然，即使不能转入重整程序，也不意味着债务人只能进行破产清算，债务人还可以通过破产和解解决自救问题。而值得注意的是，受各种因素影响，破产和解在实务中的适用率更低。

② 参见王欣新：《维护债权人的后续重整申请权》，载《人民法院报》2011年11月23日第7版。

注册资本1/10以上的出资人。可见对于债务人自行申请破产清算的，因其无重整意愿，法律亦未授权其他利害关系人申请程序转换，故此时不能进行程序转换。①

截然相反的两种观点，其背后均有对应的理论支持。对此，尤其面对实务案件中的具体争议，应如何进行理性抉择？要解答这一问题，有必要对后续重整申请权进行重新解读。

二、论理与分析

（一）主体要件

在法律上被设定为权利之主体，必然符合一定的要件。对于后续重整申请权，至少应当满足以下几个主体要件：

首先，该主体须是破产案件中的利害关系人。作为一项程序性权利，法律赋予某一程序主体享有申请重整的权利，必定基于这样一种目的，即该主体对于债务人的重整程序具有合法权益，而该合法权益能够通过申请债务人重整而得到保护。否则，如果任由与破产债务人无利害关系的主体申请重整，从而轻易启动重整程序，则程序转换必然过于轻率，损害实质利害关系人的权益。

其次，申请权人应该具有申请重整的合理动机。申请重整的合理动机，即重整申请权人能够通过申请债务人重整而使得自己合法权益因债务人经营困难而受到的损害降到最低，或者相对于债务人破产清算程序，重整申请权人能够通过申请债务人重整使得自己的合法权益得到增加。在这样一种利益对比的情况下，作为现代市场经济主体，会形成申请债务人重整的主观激励。但是应当注意，对于债务人重整具有合法权益的人，并非都有申请债务人重整的动机。如抵押物价值大于债权的担保债权人，债务人破产清算并不会使得债权人权益受到较大幅度的损害，该类债权人申请债务人重整的动机不足，但作为一种民事权利，并不排除债权人放弃优先权利而取得激励。

① 参见齐明：《论我国破产程序转换与债权人后续重整申请权》，载《东北师大学报（哲学社会科学版）》2015年第5期。

最后，提出重整申请应符合法律程序性规定。法律程序性规定主要涉及申请权人提出申请的时间。重整程序作为破产程序的一种，属于非诉讼司法审判程序。相对于一般民事诉讼，重整程序将会占用更多的司法资源。所以，申请人在法律规定的时间内提出申请同样是决定申请人是否具有申请权的因素之一。一般而言，法院作出破产宣告之后，破产清算程序便不可逆转，即便是具有合法权益并兼具合理动机的申请人，同样不具有申请启动债务人重整的权利。正是基于程序安定的考量，最高人民法院于《破产审判纪要》第 24 条就对清算程序中的程序转换作出了明确规定："相关主体向人民法院提出宣告破产申请的，人民法院应当自收到申请之日起七日内作出破产宣告裁定并进行公告。债务人被宣告破产后，不得再转入重整程序或和解程序。"

（二）适格主体

对照上述要件，可就破产程序中的利害关系人进行分析：

1. 债务人及其出资人。加强重整立法、鼓励挽救企业，是当前破产立法及司法发展的趋势。我国的司法政策亦是如此，鼓励人民法院多重组重整、少破产清算。与清算程序相比，重整能够给予债务人及其出资人更多的自我拯救机会，保存并延续债务人的营运价值。故而，债务人及其出资人是破产案件中的最直接的利害相关方，同时对重整申请也最具合理动机。因而各国立法对债务人提出重整申请的时间基本没有严格限制。在破产程序启动后至破产宣告作出前，债务人及其出资人一般均被赋予重整申请权。①

2. 债权人。如前文所述，对于债权人是否享有后续重整申请权，在我国存在较大争议。② 但与申请权人主体要件相对照，债权人亦应具备资格，主要理由包括：

首先，从权益归属上，清算状态下的公司剩余财产分配请求权应归属

① 对于出资人的申请权，为避免程序启动的随意性，一般限制申请人须单独或合并持有一定的出资比例，如我国《企业破产法》规定为 10%以上。

② 在此前的文章中，笔者对债权人是否享有后续重整申请权，认识亦有偏差，在此予以检讨和纠正。参见彭国元、张亚琼：《论破产重整程序的启动》，载《学术论坛》2012 年第 2 期。

于全体债权人，因此天然具有直接利害关系。企业陷入破产境地后，尤其在自行申请破产清算的情况下，其资产已确定无法全额清偿全部债务，公司现有全部财产应用于向债权人进行分配，在出现分配剩余时才能考虑是否向股东进行分配。此时对公司利益拥有充分分配权的是全体债权人，而出资人的剩余分配权则处于极度弱化甚至丧失的状态。这也是破产法上债权优先原则的法理基础。

这一原则反映在破产程序和制度设计上，亦应当在综合考量债务人与债权人利益平衡的基础上，着重将债权人利益置于优于股东权益的地位。如果武断地否定债权人的后续重整申请权，则必然剥夺债权人应有的程序权利，与债权优先原则相悖。

其次，从重整动机上，债权人很可能比债务人更加渴望重整成功。法院裁定受理破产案件后，随着破产清算工作的深入，财务审计、资产评估以及债权申报审查工作将逐步完成，债权人对企业的资产负债、经营问题、未来预期等情况将会更加了解。尤其在出现意向投资人的情况下，基于重整清偿高于清算清偿的利益考量，大额债权人无疑比债务人更有申请重整并促成重整成功的动力和愿望。

相反，实务中常常可以发现，债务人及其控制股东出于经营责任的原因，大多不愿配合清算，这可能导致其对清算最新情况缺乏有效了解，其启动重整程序的积极性也会逐渐下降。此时赋予债权人以启动重整程序的权利和机会，并发挥债权人寻求重组方的优势，才可能增加重整成功的希望。在这个意义上，允许债权人申请转入重整程序，不仅是为了拯救债权人，更大程度上也是为了保全全体债权人自身利益。

最后，允许债权人申请程序转换有利于鼓励并促成债务人挽救。有观点认为，在债务人申请破产清算的案件中，债务人及其大股东更了解自身经营状况，如果其自身没有信心自救，就表明企业挽救无望；此时如果允许其他主体提出申请并转入重整程序，会遭到债务人反对和抵制，最终难逃清算的结果，反而增加清算成本。① 其实这种观点也是值得推敲的。尽管债务人初始申请破产清算的原因是多种多样的，例如难以对接重组方，

① 参见齐明：《论我国破产程序转换与债权人后续重整申请权》，载《东北师大学报（哲学社会科学版）》2015 年第 5 期。

自认为无重整希望，行政命令①，甚至程序认知误区②等，但在清算过程中，部分申请原因是可以得到消解的。例如通过清算程序更加细致精准地测算债务人的重整价值，通过债权人接洽并招募重整投资人等。此时基于保全债权人自身利益的导向，允许债权人申请转为重整程序，显然更有利于债务人走出困境，及时重整复苏，促进企业资源得到更为合理的配置。

可见，在符合程序性规定的情况下，应当赋予债权人后续重整申请权。司法实践中，已出现了由债委会提出后续重整申请，从而使债权人申请的破产清算转为破产重整并取得良好司法效果的案例。③

值得深入探讨的问题是，为防止个别债权人任意提出后续重整申请从而造成破产程序的不当拖延，有必要限定债权人作为申请主体的条件。此时，可参照出资人申请后续重整的条件，规定申请后续重整的债权人持有的债权额不少于债务人注册资本额的十分之一。

（三）管理人是否应被赋予后续重整申请权

有观点认为，管理人也应当被赋予享有后续重整申请权，理由是管理人作为债务人财产的代表，有义务对财产进行保值增值并保全债务人的营运价值，同时通过清算工作也更容易判断债务人是否具备重整价值。

对此，笔者持有不同看法。理由在于，管理人并非破产程序中的实体利害关系人，亦不属于破产程序的案件当事人。而后续重整申请权毕竟决定着重整程序的启动，对债务人及债权人的权益影响重大，根据民事程序启动通行的当事人主义原则，重整申请权理应由债务人及其出资

---

① 如有些国有企业，就是基于上级主管部门的行政命令被迫申请破产清算，而不考虑企业自身是否具有重整希望。

② 实务曾出现过债务人对破产清算和破产重整认知不清，而笼统向法院申请破产，最后被受理为破产清算的情况。

③ 在浙江衢州华玲面粉有限公司破产清算案中，法院先受理了某债权人提出的破产清算申请，但第一次债权人会议上众多债权人希望法院不要轻易宣告债务人破产。其后，由债委会作为重整申请人向法院提出申请进入重整程序，并得到法院裁定准许。参见徐樟鲁、张蕾：《以利益为向导，探索重生之路——衢州华玲面粉有限公司破产清算案》，载浙江省律师协会编《破产疑难案件实务应对》，法律出版社 2017 年版，第 20~27 页。

人或债权人行使。因此，管理人并不具备行使后续重整申请权的主体要件。

当然，在已经启动的破产清算程序中，管理人经过一定的资产和债务清理清算，有可能比其他主体更为全面地掌握债务人的财务状况，更精准地判断债务人是否具有再建希望。此时，如果能够确认债务人具有重整的可能性与必要性，其可以与债务人及其出资人方进行通报，鼓励其自行启动后续重整申请；或者，向主要债权人或债委会提出相关建议，由债权人代表或者授权管理人向法院提出后续重整申请。实务中，已有债委会授权管理人提出后续重整申请的案例。①

三、条文与评述

实务中之所以对后续重整申请权进行争论，源于对《企业破产法》第 70 条的不同解读。该条原文为："债务人或者债权人可以依照本法规定，直接向人民法院申请对债务人进行重整。债权人申请对债务人进行破产清算的，在人民法院受理破产申请后、宣告债务人破产前，债务人或者出资额占债务人注册资本十分之一以上的出资人，可以向人民法院申请重整。"前文已述，对该条的不同解读，极易在实务中造成不同的案件结果。从破产程序启动的法理的角度来审视，本条规定在实务中容易引发如下几方面的消极影响：

第一，限缩了后续重整适用的前置条件，即仅为债权人申请对债务人进行破产清算的情形。在法院直接受理的清算案件中，既有债权人作为申请人的，亦有债务人自行申请的。根据前文的分析，即使是债务人申请破产清算的案件，在具备重整价值和希望的条件下，也有转入重整程序从而进行挽救的必要，从而更加合理地配置企业资源。

第二，极易被认为是赋权条款，进而限缩后续重整申请权人的主体范

① 在浙江省富阳市鑫源纸业有限公司和解转重整程序中，因债务人未及时向债权人会议提出和解协议草案，经债委会同意并授权，由管理人向法院申请鑫源纸业由破产和解转为重整程序。参见李斌、王培培：《富阳地区首家造纸企业破产和解转重整成功案例》，载浙江省律师协会编《破产疑难案件实务应对》，法律出版社 2017 年版，第 220~226 页。

围。如前文所论，债务人及其出资人、债权人均是后续重整申请权的适格主体，在法院受理破产申请后至债务人破产宣告前，均有权提出程序转换的申请。但实务中，有些法院会根据第 70 条中在人民法院受理破产申请后、宣告债务人破产前，债务人或者出资额占债务人注册资本十分之一以上的出资人，可以向人民法院申请重整的表述，认为已排除了债权人的申请资格，从而对债权人提出的后续重整申请予以驳回。这种不当操作，一方面与法官的司法认知和受理意愿有关，另一方面也与法条条文的缺陷表述直接相关。

第三，与《企业破产法》关于重整申请的一般性规定产生冲突。《企业破产法》第 2 条第 2 款规定："企业法人有前款规定情形，或者有明显丧失清偿能力可能的，可以依照本法规定进行重整。"第 7 条还规定："债务人有本法第 2 条规定的情形，可以向人民法院提出重整、和解或者破产清算申请；债务人不能清偿到期债务，债权人可以向人民法院提出对债务人进行重整或者破产清算的申请。"上述条文是关于重整申请和受理条件的总则性规定，如果《企业破产法》分则重整部分对此没有规定，应适用总则的规定，即并不将后续重整限定为债权人申请对债务人进行破产清算的情形，以及并不限定和排除债权人享有后续重整申请权。

第四，与破产立法倡导的鼓励重整和企业挽救的基本宗旨有所背离。加强重整立法，重视企业挽救，是当前破产制度的基本价值导向。2018 年印发的《破产审判纪要》中专门指出：重整制度集中体现了破产法的拯救功能，代表了现代破产法的发展趋势，全国各级法院要高度重视重整工作，妥善审理企业重整案件，通过市场化、法治化途径挽救困境企业，不断完善社会主义市场主体救治机制。《企业破产法》第 70 条的规定不适当地限缩了后续重整的适用范围，剥夺了债权人应有的程序权利，应及时予以修订，进而避免在司法实践中造成不必要的误导和争论。对于当事人同时申请债务人清算、重整、和解的，人民法院要根据债务人的实际情况和各方当事人的意愿，在组织各方当事人充分论证的基础上，对于有重整或者和解可能的，应当依法受理重整或者和解申请。①

---

① 参见王欣新：《维护债权人的后续重整申请权》，载《人民法院报》2011 年 11 月 23 日第 7 版。

四、余论与建议

通过前文的分析，针对《企业破产法》第70条第2款，笔者提出如下修改建议：在人民法院受理破产清算申请后、宣告债务人破产前，债务人、出资额占债务人注册资本十分之一以上的出资人或者债权额不低于债务人注册资本十分之一的债权人，可以向人民法院申请重整。

重整程序的启动对破产案件的各方利益主体影响重大。主体资格的扩充，意味着重整程序的启动更加便利。此时，需要延伸思考的问题是，后续重整申请权是否会被滥用，进而对破产程序和全体债权人权益造成侵害？例如，对于显然不具备再生希望和行业价值的僵尸企业，一味地通过启动重整程序来延长存续的时间，不但不是坚持企业挽救，反而是对其他利害关系人利益的损害。

笔者认为，对此可通过设置一定的重整申请审查机制来加以防范。其一，重整价值的论证。后续重整申请人在提出重整申请的同时，提交债务人具备挽救价值和希望的报告，并附相关证据材料。其二，通知和听证。法院收到有关主体提出后续重整申请后，应向其他利害关系人送达申请书副本，并可就重整申请及时组织召开听证会。通过听证会，可对申请人提出的申请理由、债务人是否具备挽救价值和希望等进行充分讨论。如果能获得大多数利益主体的支持，则重整启动后，重整的效率也可以得到提高；如果其他利害关系方均反对转入重整程序的，则法院应慎重考量，不宜轻易作出启动重整的裁定。这一思路，已得到《破产审判纪要》的基本确定。① 但考虑到《破产审判纪要》毕竟不属于正式法源，下一步应通过破产立法或司法解释进一步明确。

---

① 详见《全国法院破产审判工作会议纪要》（法［2018］53号）第14条、第15条。

论上市公司重整与重大资产重组的衔接机制

鲁斯琪*

内容提要：为了解决供给侧结构性改革下僵尸企业大量出现对我国经济发展的困扰，国家鼓励企业积极调整产业结构、进行破产重整；而上市公司在重整过程中，势必会面临如何处理资产重组的问题。实践中，大多数公司采取的是破产重整与资产重组分离的先后模式，这一选择易影响重整效率、带来大量资源浪费，给企业恢复经营能力、重新上市带来了消极的不利影响，因此，为了使破产重整与资产重组得到合理衔接，应在坚持市场化与法治化的基础上，充分发挥法院在破产重整中的关键作用，通过构建多元化的公司治理手段与重整机制让公司实现利益最大化。

序　　言

随着我国供给侧结构性改革向深水区的不断推进，实现资源要素最优配置、扩大有效供给成为目前我国经济可持续发展的关键任务。为了实现这一关键性目标，政府要坚持市场化与法治化手段双管齐下的理念，以去产能、去库存、去杠杆、降成本、补短板为改革重点，不断提高社会生产力水平，扎实有效化解和淘汰过剩落后产能，实现创新、协调、绿色、开放、共享的发展。这其中，去产能是改革任务之首。如何依靠市场优胜劣汰机制和政府适当干预来激发企业活力和市场竞争力、着力优化我国产业

---

* 鲁斯琪，武汉大学法学院 2017 级经济法硕士研究生。

结构，促进金融市场的繁荣，就成为当前亟待解决的难题。在这一大背景下，我国产业结构转型面临的第一只拦路虎，就是现实中大量存在的僵尸企业。对于何谓僵尸企业，美国经济学家彼得·科伊提出了如下定义：僵尸企业是指无法继续经营、本应破产但又没有实施破产，依靠银行贷款和政府救助为生的企业。① 这些企业本身经营已经发生严重困难、明显缺乏自主生存能力，完全是依靠政府的持续救助而避免陷入倒闭境地。然而，由于过度亏损与消耗资源，这类企业的勉强存活不但于社会无益，反而会对我国经济社会发展造成极大危害：首先，它降低甚至抑制了资源的配置和使用效率，对新兴企业造成挤出效应，严重阻碍了市场优胜劣汰作用的发挥，导致我国产能过剩情况进一步恶化；其次，政府过度补贴使得这些企业占据了大量公共资源，大大压缩了很多优质民营企业的利润和发展空间，严重破坏了公平有序的市场竞争环境；最后，僵尸企业长期占用银行的优质信贷资源最终导致银行的不良资产率上升、资金周转出现问题，甚至可能引发系统性金融风险。② 因此，坚持法治思维、运用市场化手段稳妥清理僵尸企业、释放优质资源，为其他健康、有潜力企业的蓬勃发展留出充足空间，是我国社会和谐进步与金融体制改革的基本导向。

如何清理僵尸企业历年来一直是国家监管的难点，无论是并购重组、托管经营，还是政府补贴扶持和企业直接退出市场，这些手段都与破产制度紧密相连。其中，企业退出市场对应的是破产清算程序，而其他方式则适用于那些尚可救治的企业，它是通过合法清算手段让恢复无望、丧失营运价值的企业按照法定程序退出市场，其他方式大多会与破产重整及和解制度联系起来，以使企业重新焕发生机。由于实践中选择重整的公司破产案件远超和解案件，故而从社会效益的角度来说，重整制度是破产法的最大价值之所在，也是现代公司制度的必然选择。所谓重整，是指在企业无力偿债的情况下，依照法律规定程序，保护企业继续营业，实现债务调整

① 郑庆莎：《僵尸企业的判别与法治化出清——以破产制度的完善为基点》，载《哈尔滨学院学报》2018 年第 9 期。

② 参见申来津、张中强：《供给侧结构性改革背景下僵尸企业的破产法应对》，载《学术论坛》2017 年第 4 期。

和企业整理，使之摆脱困境，走向复兴的再建型债务清理制度。① 它是一种法院主导下的司法程序，法官需要慎重判断这些危困企业是否具有挽救价值，以此来决定是否启动重整；否则，只能延误债权人受到清偿的时间，引发社会信任危机。对于具有挽救价值的企业，为了恢复持续经营和盈利能力，公司多采用注入新的资产和业务的方式，即采用资产重组的方式来实现利益最大化。而我国目前立法多关注的是重整计划通过之前的程序，对于计划通过后的法律规制却付之阙如。因此，本文希望通过对重整与重大资产重组之间的关系和衔接机制的分析，总结制度与现实之间的契合性与背离性，从而对我国当前上市公司破产重整的现状进行检讨。

一、从中核钛白案来看企业重整与资产重组的关系

（一）中核钛白破产案情及分析

中核华原钛白股份有限公司（以下简称中核钛白公司）是一家主营钛白粉生产与销售的上市公司，由于财务管理不善、产能落后等多重因素，中核钛白公司一直难以摆脱经营上的困境。2008 年以来，受困于全球性金融危机蔓延的影响，当年钛白粉产成品价格暴跌，钛白粉行业全面亏损，中核钛白公司利润空间也因此被急剧压缩，管理层也出现剧烈震荡，公司面临着退市及破产选择。在之后的两年内，中核钛白公司自行采取的重大资产重组和托管措施均未取得成功。2011 年 4 月 22 日，债权人向甘肃省嘉峪关市中级人民法院（以下简称嘉峪关中院）申请对中核钛白进行破产重整。法院在审理时，创新性地要求管理人在制定重整计划草案时一并考虑后续的资产重组，并在提交重整计划草案的同时提交重组框架方案，从而尽量避免重整、重组分开运作可能带来的弊端。在采取了一系列措施后，12 月 17 日，法院裁定终结中核钛白公司重整程序。12 月 19 日，经中国证监会审核，中核钛白公司发行股份购买资产并募集配套资金事项获有条件通过。至此，中核钛白公司破产重整程序与资产重组程序对接，中核钛白破产重整获得圆满成功。据统计，该案普通债权的清偿率为 41.69%，小额普通债权的清偿率达到了 70%，远远高于模拟清算条

① 参见王卫国：《破产法精义》，法律出版社 2007 年版，第 8 页。

件下的清偿率，对其他上市公司重整进程具有经典示范作用。①

从中核钛白案中可以看出，重整计划的制定及执行对解决公司经营困局、恢复清偿能力至关重要。中核钛白能在债务重整后摆脱长期亏损、成为僵尸企业安全退出的成功范例，将破产重整与资产后续重组紧密结合的模式功不可没。在该案中，法院综合考量各种因素后认为，中核钛白公司虽陷入经营困境，但仍具有一定挽救价值，而通过破产重整将托管、重整与重组等方式并行考虑，能够实现同行业并购和业务整合紧密衔接，持续经营与技术改造同步进行，十分有助于公司重整的成功。② 这种托管+重整+重组新模式的采用，让中核钛白能够在保证较高清偿率的同时改革公司资产结构、淘汰落后产业，为实现企业经营的连续性、摆脱清算退市的命运提供了坚实的基础。由此可知，上市公司在重整模式的选择上，应首先对自身存续情况有一个清醒的认识，考虑公司是否能够通过重整解决经营治理上的难题，然后再配合计划制定者，帮助其深入了解企业现状和重整持续经营价值，制定适合企业的破产重整计划来完成债务重组、资产重组等核心内容，从而合理安排各利害关系人之间利益再分配。

（二）重整与重大资产重组之间的联系

重整制度实质上是一种公司再生制度，它由美国最先创立，其后被世界大多数国家所借鉴，我国在2006年的《企业破产法》中也正式确立了这一制度。破产重整制度能够有力促进企业恢复生产经营、最大程度上保护各债权人利益、促进经济社会的和谐稳定，也是破产法立法以社会为价值本位的根本体现。在破产重整期间，重整人协商拟定重整计划并表决通过以清理债权债务关系、谋求企业复兴。重整计划是重整程序的核心，它为企业日后重生制定出了具体的路线图，而如何选择重整模式则决定了重整计划方向所在，对于恢复企业盈利能力、日后经营结构调整均具有重要影响。我国现阶段《企业破产法》对破产重整方式没有作出明确规定，理论界对此主要有两种分类：第一，营业保留模式，又称再生性重整，它

① 参见杜万华主编：《最高人民法院企业破产与公司清算案件审判指导》，中国法制出版社2017年版，第53页。

② 参见杜万华主编：《最高人民法院企业破产与公司清算案件审判指导》，中国法制出版社2017年版，第53页。

是由重组方投入资金对上市公司现有的经营资产与业务进行改造和调整，以恢复经营进而获得持续盈利的重整模式，它的特点在于既不剥离主要资产又保持重整公司的主营业务，多运用于主营业务仍具有市场前景、有可能恢复持续经营的企业；第二，借壳上市模式，又称清算性重整，它是通过各种手段全部剥离公司原有资产，将上市公司清理成净壳，再引入重组方通过大量资产重组注入优质资产，最终实现借壳上市。① 这一模式一方面利用重整机制使债务人资产得到更高效率的配置，另一方面利用清算机制清偿各类债权债务关系、完成债务人财产的重新组合，并通过资产重组剥离不良资产、注入大量优质资产，减少中间不必要的程序，让处于危困之中的公司以新的业务存活下去。

中国证监会在2014年出台的《上市公司重大资产重组管理办法》第2条中对资产重组的概念进行了明晰，它是指上市公司及其控股或者控制的公司在日常经营活动之外购买、出售资产或者通过其他方式进行资产交易达到规定的比例，导致上市公司的主营业务、资产、收入发生重大变化的资产交易行为。至于“重大”一词的定性，一方面它要求交易标的必须是经营性资产，另一方面，要求交易标的达到一定数额或达到净资产总额的一定比例以上。这样来看，我国所称的重大资产重组与英美法语境下的acquisition（即取得某项财产）在内涵上有所重叠，其实施目的都在于取得公司实际控制权。② 企业进行资产重组的方式多种多样，包括兼并收购、资产剥离、资产置换、股权转让以及净壳重组等手段，上市公司通过这一系列措施更新主营业务、营造新鲜血液，从而在激烈的市场竞争中存活下来，因此，资产重组被视为是处于破产状态下的公司摆脱困境不可或缺的工具。

现实中，许多企业所进行的破产重整大多是债务的重组，即使重整成功也只是债务重组完毕，很多企业在此时仅仅是减轻了债务负担，而要恢复经营能力和营业能力，则需依靠重大资产的重组。无论是再生型重整还是清算型重整，都与重大资产重组具有密不可分的联系。比较来说，实施

---

① 参见郭子瑜：《论上市公司破产重整模式对重整计划执行效果的影响》，载《新乡学院学报》2017年第5期。

② 参见西北政法大学课题组：《上市公司收购法律制度完善研究》，载《证券法苑》2014年第1期。

再生型重整的公司可以通过资产重组注入优质资产，进一步巩固重整结果、恢复生产经营，如中核钛白公司就是选用营业保留模式，在保留主营业务的基础上处置并重新整合重整公司原来的经营资产，逐步改善公司经营境况。而清算性重整对资产重组的依赖性较大，由于重组方看重的是其上市后能获得的潜在价值，故重整企业需注入新的资产，形成新的经营方向和主营业务，如果在这一过程中重整与重组的衔接不够紧密，将很有可能导致整个重整计划的失败。

二、企业重整与重大资产重组的衔接模式选择

在企业重整过程中，经营困难的企业在重整计划通过后，多选择通过资产剥离、兼并收购等方式恢复经营能力，获得再生机会。目前，在我国上市公司的重整实践中，大多数公司选择了通过资产重组来达到涅槃重生的目的，因此，把握企业重整程序与其后进行资产重组之间的衔接关系有利于企业更好地恢复生产能力，实现重整的成功。

（一）先后模式与并行模式

对于重整程序运行而言，重整模式的确定是必不可少的环节，它关系到对重整计划执行完毕标准的判定与重整是否能够获得成功。目前，实务上的衔接模式主要有先后模式与并行模式两种：第一，先后模式，即待上市公司重整程序终止，恢复为正常状态后，再进行重大资产重组，我国绝大多数上市公司均采用此种模式。但由于刚重整完毕的上市公司只是完成了债务的清偿工作，而经营状况、财务管理等方面未必有重大改善，而我国上海和深圳证券交易所股票上市规则要求被暂停上市的公司需在最近一个会计年度内重新盈利并申请恢复上市，否则将被直接退市。因此，对于上市公司而言，如若采用先后模式，其完成重大资产重组的时间将会变得更加紧迫。① 第二，并行模式，即是指重整计划中明确规定资产重组内容，证券监管机构针对资产重组要求编制的相关材料作为重整计划的必备文件，一起提交关系人会议表决，重整计划获得法院批准后，无须再单独

① 参见王静、黄建东、蒋伟：《上市公司重整与重大资产重组并行的程序冲突与协调》，载《法律适用》2018 年第 2 期。

召开股东大会审议重组方案，公司在重整计划执行期限内一并完成债务重整与资产重组的相关事项。①

重整计划执行完毕的标准应当以何者为准，学界的看法不一。一些学者对先后模式提出异议，认为应将重整计划的全面执行而非部分完成，如债务重组完成作为执行完毕的标准，如若人为地将债务重组与资产重组割裂开来，则有悖于债权人等利害关系人的合理预期，易使上市公司重整脱离法院的主导，成为法院外行为。同时，由于公司是借助法院的强制力来完成债务削减，这又可能导致不合理的减债行为通过司法程序合法化。②也有学者认为以债务重组的完成确认重整计划执行完毕即可，而无需考虑资产重组情况，其理由是：资产重组十分复杂专业，涉及行政审批事项繁多，若待资产重组完毕方可终结重整计划的执行程序，将会耗时过长，不利于保护债权人等利害关系人的切身利益。③ 而在实务中，对近年来的破产重整案件进行整理可以发现，人民法院裁定重整计划执行完毕的标准多为债务重组完成，不要求债务重组和资产重组均完成，这意味着我国总体上并未将资产重组列入重整计划之中，上市公司债务重组与资产重组呈现出两步走状态。

（二）两种模式的比较适用分析

虽然上述两种观点从不同角度来看各有其理论价值，但对两种模式进行比较可以发现，如果重整计划中仅包括债务重组而把资产重组放在后续行动中，那么对于一些产能低下、债务重、施救时间紧的企业，即使重整成功也仅仅是减轻了债务负担，并未恢复经营能力和营业能力，在这种情形下仓促启动资产重组缺乏实际操作的可能性，无法迅速开展主营业务，难以从根本上帮助公司走出破产泥潭。而相较于重整与重大资产重组先后进行模式，重整和重组同时进行的并行模式更适用于现今市场化、法治化条件下处置僵尸企业的要求，它能够有效消弭重整程序中实施重大资产重

① 参见郑志斌、张婷：《公司重整：角色与规则》，北京大学出版社 2013 年版，第 502~503 页。

② 参见丁燕：《上市公司重整计划执行制度的完善——基于我国上市公司的样本分析》，载《政治与法律》2014 年第 9 期。

③ 参见郭毅敏主编：《破产重整·困境上市公司复兴新视野——以审判实务研究为中心》，人民法院出版社 2010 年版，第 358~359 页。

组存在的司法程序和行政程序间的冲突，通过实现公司债务重整和资产重组的有机统一来增加重整计划草案的通过可能性和操作可行性，为公司存续提供更多机会，满足各方当事人多元化的合理需求。2012 年，最高人民法院与证监会共同召开了审理上市公司破产重整案件工作座谈会，并形成了《关于审理上市公司破产重整案件工作座谈会纪要》（以下简称《上市公司重整纪要》），规定采用会商机制解决司法权与行政权的冲突和协调问题。上市公司如果需要在重整程序中同时启动重大资产重组，那么则由最高法院启动与证监会的会商机制，由证监会安排并购重组专家咨询委员会对重整案件进行研究并出具专家咨询意见，法院参考专家咨询意见后，再结合重整计划草案的具体内容，对公司重整的相关事项进行审理并做出裁定。这一会谈纪要的出台为企业重整与重大资产重组协调运行提供了制度上基础和合法性保障，在此之后，逐渐有上市公司尝试选择并行模式进行破产重整并取得了良好成效。如我国首例上市公司同步实施重整与重大资产重组的案件——舜天船舶破产重整案，因为舜天船舶无法按照常规程序在破产重整程序完毕之后再由公司自己进行重组，所以法院采取了重整重组并行模式，通过启动会商机制，在重整程序中同时引入优质重组方、注入优质资产，从而极大提升了重整效率，并使债权人获得了较高的清偿率。

三、并行模式下上市公司重整所存在的问题

重整计划执行是重整程序的最终落脚点，也是对能否实现重整目的的实际检验，因而选择切合企业自身实际的重整模式的重要性不言而喻。对于上市公司来说，虽然并行模式下企业相对能更好均衡各方主体利益、恢复上市能力，但它也存在着一些不可回避的问题。

（一）从内部来说，重整计划制定与资产重组的执行主体存在错位

控制权配置是公司治理的核心，其实质在于通过公司经营控制来平衡协调各方利益。而破产重整中的公司治理，则是指从一个困境公司启动重整程序到重整终结的过程中各环节和各方面的公司控制权在参与破产程序的各主体间的配置，具有社会本位性。在破产状态下，公司的核心利益冲

突发生变化，由原来所有者和经营者利益冲突转化为所有者与债权人的利益冲突，债权人成为了公司实际控制权人，① 这也使得重整中公司的治理比一般情况更为繁琐复杂。我国目前采取的管理人模式是以债权人会议为公司内部治理的最高权力机关，负责公司重整工作的主要运行。依照《企业破产法》相关规定，重整计划草案由债权人会议分组表决，各表决组均通过重整计划草案时，重整计划即为通过。但是我国《企业破产法》第 89 条又规定重整计划由债务人负责执行，已接管财产和营业事务的管理人应当向债务人移交财产和营业事务，我国《公司法》、《证券法》等法律也在对上市公司重大资产重组有关决议等问题进行规制时，把企业处于正常存续状态作为前提条件，也就是说，我国债务重组的主体是管理人，而资产重组的决定与执行主体却归属于公司股东会及董事会，这就将重整计划的制定人和执行人人为地割裂开来，难以达成逻辑自洽。而当公司选择并行模式同时展开债务重整与资产重组方案时，由于涉及更多经济上的专业事项，这种错位矛盾将更加突出。

同时，重整计划执行期限事关利害关系人利益甚巨，如若欠缺具体规制，则可能会引发实践操作上的混乱，降低重整效率。由于重大资产重组加入了证监会审批程序，对重整计划执行期限的确定除了估算资产处置、股份划转等偿债资金落实时间以外，还需要估算重组完成时间，但由于行政机关审批涉及诸多事项、法院及当事人难以准确把握时限，导致重整的不确定性风险明显增加。故而在实践中，为了防范资产重组带来的不确定审批风险，避免因重整计划未获得行政许可而导致无法执行的情况频发，重整投资人通常在制定重整计划中采用先重整后资产重组的先后模式。②相关数据统计显示，自《企业破产法》引入重整程序以来至 2016 年年底，总计 50 家上市公司重整并成功，其中通过剥离全部或部分原有资产和主营业务并实施重大资产重组的共有 34 家。在这 34 家上市公司中，共有 33 家是在重整程序结束后启动了重大资产重组。③

① 参见谢江东：《从常态公司治理到破产重整中的公司治理——基于利益衡量的公司控制权分析》，载《研究生法学》2017 年第 1 期。

② 参见池伟宏：《论重整计划的制定》，载《交大法学》2017 年第 3 期。

③ 参见刘延岭、赵坤成主编：《上市公司重整案例解析》，法律出版社 2017 年版，第 29-30 页。

（二）从外部来说，司法裁量权与行政审批权之间缺乏合适衔接

破产重整虽然是一种法院主导下的司法程序，但它也涉及行政权行使的配套内容。

首先，在企业重整过程中，有实力的企业对经营困难企业的兼并收购是企业恢复经营、重新上市的重要手段。企业合并有利于形成规模效益、改善公司治理效果、减少企业过度破产而带来的经济动荡等，但同时过度集中也有可能限制有效的市场竞争，引发反垄断审查，一旦审查委员会认定该次交易产生了排除、限制竞争的效果，企业的合并重组行为就无法继续。纵观各国法律，许多国家对此类情形合并在特定条件下予以豁免，即破产公司原则（failing company doctrine），又称破产企业抗辩（failing firm defense）。它是指如果实施合并的当事企业之一符合规定的破产企业标准，并且如非经该合并将导致破产企业的资产退出相关市场，那么该合并就不会产生或增强企业市场支配地位或者便于其市场支配地位的滥用，反垄断执法机构对合并就不予禁止。① 我国目前尚未确立这一制度，但随着市场机制的不断完善，兼并收购日益成为企业扩张自身规模和摆脱资不抵债境地的成熟手段，法院在受理重整案件时也不得不将破产制度与竞争及反垄断法联系起来予以全面考虑。

其次，从职责分配角度来说，重整程序中各表决组均表决通过重整计划草案后，应提交法院审查，由法院裁定批准。而上市公司重大资产重组的申请由于涉及公司并购等交易事项，应由证监会依照法定条件和程序，作出行政许可审查，多重主体的职责行使让重整程序的推进困难重重。最高人民法院与证监会会商机制的引进虽然在一定程度上有利于缓解上市公司破产重整中涉及的司法裁判权与行政监管权的冲突问题，但由于《上市公司重整纪要》的规定较为原则，对于会商意见的实际出具时间、专家出具咨询意见的具体流程等细节问题，相关法律法规和司法解释并未作出明确限定，这使得会商制度存在结果上和时间上的不确定性。当企业采用性质更为复杂的并行模式进行重整时，缺乏明确具体的法律指导会使得

① 参见吴宏伟、吴长军：《破产企业抗辩与破产重整制度的协调互动机制研究》，载《经济法研究》2011 年第 1 期。

实践中公司操作充满不确定性，让重整失败的风险大大增加。

四、完善企业重整与重大资产重组衔接机制的相关建议

理清破产重整与重大资产重组的衔接关系、保证这两个阶段的顺畅对接与运行，能够有效填补我国破产重整制度的某些疏漏之处，为上市公司破产保护开辟新路径。因此，本文尝试对完善企业重整与重大资产重组的衔接机制提出如下建议。

（一）正确识别企业营运状况，合理判断公司是否具有重整价值

重整制度虽然具有挽救困境企业的重要功能，但其本身也是一把“双刃剑”：重整制度的适用耗费大量时间金钱，包括申请重整费用、支付相关中介机构费用、相关主体所获报酬等，而受困于重整所导致的资金价值损失、投资机会损失等间接成本更是无法估量。此外，重整过程中引发的许多紧迫的社会经济问题，如劳工问题、环境污染问题等，也往往会超出破产法的承受能力。因此，过度滥用重整程序、规避本应启动的破产清算程序，反而不利于维护各方主体利益，与其重在挽救和再建的立法目的相悖。①

破产重整与破产清算制度作为破产程序的重要组成部分，都是促进市场资源优化配置、淘汰落后产能的有力工具，当市场产能严重过剩、企业不具备挽救价值时，用破产重整制度勉强维持企业的存活未必比实施清算更具积极意义。尽管资产重组对于僵尸企业的复活是一种有效途径，但对失去创新能力和转型可能性的企业强行予以资产重组不仅无法有效盘活市场、增强市场投资积极性，而且还会降低市场效率、加剧系统性金融风险，甚至引发潜在经济危机。在当前倡导供给侧结构性改革、大力清除僵尸企业的大背景下，一个企业若是持续亏损、完全无法适应激烈的市场竞争，甚至出现浪费资源、产能过剩等与可持续发展理念背道而驰的问题，就说明其缺乏挽救的必要性，无需耗费大量时间、金钱进行重整，而应通

① 参见李成文：《中国上市公司重整的内在逻辑与制度选择》，中国法制出版社2012年版，第37-38页。

过破产清算等合适手段使其迈入死亡阶段。对缺乏再生可能的企业进行强行挽救，甚至启动资产重组，其结果不仅是浪费了大量司法资源，还会牵连更多利益主体深陷泥潭、加剧市场中僵尸企业问题的严重程度。因此，对于那些挽救无望的企业应秉持正确认识、加强甄别能力，坚持以破产法为核心的法治手段和市场的优胜劣汰机制，减少政府的行政干预，通过合理有序的机制让其退出市场、寿终正寝，防止重整程序的滥用带来的危害。

（二）明确人民法院在重整中的角色定位，充分发挥法院的引导监督作用

为了实现供给侧结构性改革这一目标，我国对于破产企业重整予以了高度重视。而解决僵尸企业问题的关键点在于法治与市场的有机结合，如上所述，既要通过市场化机制来甄别企业是否具有重整价值，又要加强政府指导与监管、实现可控性的司法介入：一方面，人民法院应当厘清自身职责边界，对破产重整进程进行有序引导。基于破产案件的非讼法律属性，它一般不涉及实体权利的纠纷及裁判，故我国破产案件普遍存在着启动难、执行难等现象。依据我国法律规定，人民法院担负着破产重整程序的启动任务，鉴于此，法院可以成立专门的破产重整法庭，或在破产法庭中设立破产重整小组，让经过专业培训的法官处理僵尸企业重整案件，提高处理破产案件的积极性，为企业迈入破产阶段及破产审判工作常态化提供重要的程序上保障。① 另一方面，法院应在破产案件中积极引入管理人、债权人、债务人、出资人以及其他专业中介机构等相关主体，并履行监督职责。破产案件，特别是破产重整案件，涉及金融业务、商业谈判、企业管理方案等众多专业事项，全部依靠法院进行审查并不现实。如果重整实行并行模式，则意味着法院需要面对债务重组计划与资产重组计划同时进行的情形，更是大大增加了法院的应对难度。笔者认为，在并行模式下，法院应着重审查管理人的履职行为、重组方的资质资格、债权人所获清偿、重整计划的批准等问题，而有关重组的具体事务，则可放权给专业的经营决策层来负责，法院则对其履责行为进行必要监督，这样既能避免

① 参见杜万华主编：《最高人民法院企业破产与公司清算案件审判指导》，中国法制出版社 2017 年版，第 451 页。

重整程序的僵化，保障破产重整公正、高效推进，又能提高重整效率、兼顾多元利益主体的需求，在激烈的博弈中平衡各方利益间的冲突。

同时，并行模式下的重整除要估算企业资产的处置和股份划转等偿债资金落实时间以外，还须估算重组完成所要花费的时间，再加上其中还涉及证监会等行政部门审批的事项，重整计划执行的时间会更长，这可能会导致重整效率低下，使得公司原本最为关注的尽快恢复上市的问题难以实现。① 为了加快推进重整进程，在现行管理人负责模式下，应针对不同事项作出具体规定，明确划分债权人会议与股东大会、董事会之间的地位和职权范围，并在法院监督指导下履行各自职责，确保重整程序的有序进行：一方面，由管理人负责协调、处理债权审核、资产调查、衍生诉讼推进、信息披露、重整计划草案制定等与破产程序相关的专业事务；另一方面，仍由董事会负责公司日常经营事项以及重大资产重组的具体执行，包括引入同行业有实力的重组方、强化经营管理水平等，从而完善上市公司重整状态下的公司治理结构，② 提高企业的生存潜力和未来竞争力，实现各方的合理预期以及利益最大化。

（三）创新重整中的公司治理观念和治理方式，提升企业重整成功率

首先，我国破产程序秉持当事人自治主导理念，强调管理人在破产案件中的关键地位。重整程序作为多位一体的程序，参与者的主体能动性和博弈性更强，价值目标也更加多元化。另外，重整的适用主体大多为上市公司，其复杂的资产负债结构、员工营业状况，以及繁琐的沟通和协调工作，都给重整工作的有效预判增添了难度。③ 因此，对于拟实施重整的企业而言，在正式向法院提出申请之前，应重视中介机构对破产重整的论证、评估和策划，由其规划重整路径和实施方案，理性分析自身实际情况，寻求适合自身的再生路径，将重整目标定位为企业经营价值的存续，

---

① 参见丁燕：《上市公司破产重整计划法律问题研究：理念、规则与实证》，法律出版社 2014 年版，第 182 页。

② 参见王静、黄建东、蒋伟：《上市公司重整与重大资产重组并行的程序冲突与协调》，载《法律适用》2018 年第 2 期。

③ 参见许胜锋：《管理人制度适用的现实困局及立法建议》，载《法律适用》2017 年第 15 期。

最大限度利用并行模式所带来的优势，构建多元化重整模式。例如，在无锡尚德太阳能电力有限公司破产重整案中，由于案件的专业性与复杂性，清算组通过市场化运作遴选出审计、评估、法律、财务等中介机构，充分发挥它们在市场价值判断、营业管理咨询等方面的专业优势，为公司重整指出明确道路。同时，管理人聘请了在资产重组领域及企业管理等方面具备人才优势和丰富经验的公司负责管理无锡尚德重整期间的营业事务，通过报名、资格审查、尽职调查、提交投标文件、工作小组专业评议等严格的招募程序，筛选出最具优势的战略投资者，为后续的资产重组工作奠定了坚实基础。①

其次，当重整计划涉及重大资产重组时，可能会产生新的股东、新的董事甚至发生控制权转移，而由此引发的重整计划制定权与新投资人对公司的控制权之间的冲突问题也顺势而生，简言之，即重整投资人是否应当享有重整计划的制定权。在上市公司破产重整过程中，战略投资人的加入往往可以为企业注入新鲜血液，以保证破产企业能够维系其持续性经营价值。然而，对于重整能否获得成功十分关键的战略投资人，却没有重整计划的制定权，甚至没有参与权，这样带来的后果就是战略投资人对债务人企业重整投资望而却步，因而影响重整的成功率。② 笔者认为，对投资人权益的调整也体现着债权人、债务人、出资人等各方主体的利益博弈，我国《企业破产法》第 85 条明文赋予了出资人对重整计划的表决权，既然战略投资人是通过注入资金或提供优质资产的方式有条件受让公司股权，那么出资人所享有的权益也应适当让渡给新的投资人。因此，在重整计划制度的构建上，应当让投资人提前介入重整进程，赋予投资人重整计划的参与建议权，在重整计划中折射投资人的意志，从而推动投资者的注资积极性。

（四）解决与行政审批之间的协调问题，控制重整计划执行的合理期间

由于破产重整与重大资产重组并行情形涉及众多利益主体，要形成一

① 参见邹海林：《供给侧结构性改革与破产重整制度的适用》，载《法律适用》2017 年第 3 期。

② 参见梁伟：《论我国企业破产重整计划制定权主体制度》，载《学术交流》2018 年第 2 期。

套运行顺畅、行之有效的合理应对机制，除了需关注破产法立法的改进之外，还应大力加强其他配套制度及措施的优化与完善，有效衔接《公司法》、《反垄断法》和《企业破产法》等不同领域的法律，实现司法权与行政权的合理对接，尽量减少矛盾与空白地带的出现。首先，倘若并行模式被广泛采用，为避免重整期间过度延长使企业难以承受，最高法院在启动与证监会的会商机制时，需要对专家咨询委员会意见出具的时限作出合理限制，以免过度拖延带来大量资源浪费；同时，还应协调专家咨询委员会意见出具与重整计划草案表决之间的顺序，规定专家咨询委员会意见的出具原则上先于重整计划草案的制定和表决，通过这种方式给予管理人及利害关系人充分修改调整重整计划的机会。

其次，在上市公司自身重整无法成功的前提下援用破产公司原则，对无法依靠自身力量获得重生的企业适当放松审查力度，允许它与其他实力企业进行合并交易而不轻易认定其具有排除、限制竞争的可能性。该项制度适用的法理依据在于，由于不进行相关合并则会走入破产清算，企业已经不能被认定为市场上的有效竞争者，即使是被具有市场支配地位的收购方兼并，也难以对市场的竞争状况造成实质性威胁，所以批准这样的合并并不会违反竞争法精神，而那些仅是缺乏清偿能力、通过改进经营管理模式就可能重新站起来的企业，则应督促其运用市场化手段自我重整革新，而非一味寻求被其他企业兼并，从而最大程度上挽救危困企业，提高市场效率。

结　　语

破产重整本质上是对债务人持续经营价值的再分配，是为了恢复公司盈利能力、使其重新进入市场而诞生的挽救制度，也是调节市场资源有效配置的法治保障，但现有的重整模式很多时候仅是考虑上市公司的债务清偿能力，并未从打造上市公司核心竞争力和提高主营业务盈利能力入手，这对公司真正重获新生具有消极的不利影响。完善上市公司破产重整与重大资产重组的衔接机制，更契合国家要求运用市场化、法治化手段处置僵尸企业、促进产能升级的目标，它不仅有利于实现公司债务的最大化清偿，还能有效保留公司的营运价值，为公司重新上市提供了关键原料。因此，在坚持市场化和法治化的基础上科学地选择破产重整模式，使债务重组与资产重组有效相衔接，对于公司破产重整获得真正意义上的成功具有重要意义。

论重整中担保物权行使的自动中止

蒋婷婷*

内容提要：重整程序一经启动，担保物权的行使便自动中止，自动中止延缓了对担保物的执行，限制了担保债权人的变现权。重整期间，债务人或管理人享有担保物的控制权，若其使用或处分行为使得担保债权人对担保物享有的利益价值发生减损，担保债权人可要求债务人或管理人对价值减损部分进行补偿。同时担保债权在重整期间产生的利息也在补偿范围之内，但要根据担保物的价值对延期利息的补偿作不同的处理。

担保物权是为保障债权实现而设定的一种具有优先受偿性的权利，有担保的债权人在债务人到期不履行债务时得以债务人的特定财产优先受偿，此系担保制度的价值所在。而当债务人进入破产程序后，债务人的清偿行为便要接受破产法的检验。担保物权的行使效果虽然与破产法强调的公平清偿、集体清偿理念相背离，但基于物权的优先效力，此种优先清偿、个别清偿亦被承认，且可不经破产程序。但这在重整程序中发生改变，依据《企业破产法》第 75 条第 1 款，重整程序开启后，对担保物的执行便处于冻结状态，并贯穿整个重整期间，除非出现该款后半句之情形。整体观之，第 75 条关于自动中止制度的规定非常简单，对重整方与担保债权人均保护不周，既不利于破产重整目标的实现又有碍于担保债权人的利益保护。笔者立足于重整程序，具体分析我国自动中止制度的不足，探究在破产重整中如何平衡实现企业振兴与保护担保债权人利益间的冲突。

---

* 蒋婷婷，武汉大学法学院 2017 级民商法硕十研究生。

一、担保物权暂停行使的必要性

有担保的债权在理论上被称之为别除权，其清偿可不受破产清算与和解程序限制，而仅在在重整程序中受到限制。那么在重整中限制担保物权行使的法理为何？

破产重整系针对具有再建价值的债务人而设定的一种救济程序，管理人或债务人在清理债务的同时致力于企业的复兴。在实践中，企业重整可分为再建型（又称存续型或营业保留型）重整与清算型（又称出售型）重整。再建型重整是指通过重整程序使债务人的债务得到清理的同时保留债务人的有效经营性资产，使其原有业务能够继续经营并获得盈利。① 因要留存债务人的经营性资产，保障重整计划执行，就必须中止对经营性资产的执行行为。而在企业资金紧缺需要对外借贷时，债权人为保障债权的如期清偿，往往选择企业的生产设备、生产基地等重要的高价值资产作担保。此类担保物对企业继续生产经营至关重要，若允许担保物权人就此种担保物变现并受偿，将严重影响企业重整。为保护债务人、其他债权人和出资人的利益，有必要中止担保物权的行使。

清算型重整是指将债务人的资产进行处置，重新注入新的经营性资产，利用债务人壳资源的价值，通过重整程序实现债务清理并可以债务人的名义继续经营。② 此种重整模式中，债务人原有的经营性资产全部被处置，此与破产清算具有相似之处。此时担保物权暂停行使的依据是什么？传统的保留对债务人继续生产经营具有重要性的资产的理由并不适用。笔者认为在清算型重整中，担保物权暂停行使的功能在于让债务人或管理人对全部资产一体处置，提升整体资产处置的财产价值。债务人虽不继续经营原有的业务，但将全部资金进行变现时要考虑资产组合，争取最大化的变现利益。特别是在担保财产与债务人其他资产相组合构成企业的重要经营性资产的时候，一体处置的变现价值可能远远大于单独处置该担保物的

① 参见李震东：《公司重整中债权人利益衡平制度研究》，中国政法大学出版社2015年版，第115页。

② 参见李震东：《公司重整中债权人利益衡平制度研究》，中国政法大学出版社2015年版，第115页。

变现价值。并且，在清算型重整中，担保权人虽不能行使担保权，但暂停行使不会妨害担保权人，其地位反而优于再建型重整中的担保权人，再建型重整的重整期限一般较长，担保物亦有因债务人或管理人的使用而出现价值减损之可能，而在清算型重整中，债权人往往不会遭受此种风险。

此外，为实现重整目标而限制担保物权的行使亦符合维护普通债权人利益的需要。与破产清算、破产和解相比，对于有再建价值的债务人，普通债权人往往更希望进行破产重整，在债务人重整成功后他们能够获得更高的债权清偿。因而普通债权人也希望留存对债务人重整具有意义的担保财产，促使重整有效进行。

二、自动中止的效果

（一）自动中止适用的时间与范围

《企业破产法》在重整中担保物权的暂停行使上采自动中止原则，即重整程序一经启动，担保权人便不得实现其担保物权，无需债务人或管理人申请。自动中止的生效时点为法院裁定受理破产重整申请之日，但学界普遍认为应以重整申请提出之日为时效点。①

暂停行使的效力针对所有的担保物权，不论担保物是否为债务人所占有。有学者认为移转占有的担保可以不停止权利行使，② 笔者不赞同。首先，企业重整需要制定债务人的经营方案，对债务人在重整期间的生产经营作出安排。在担保设定时对债务人经营不重要的担保物在债务人重整中可能具有重要性，因此，以移转占有本身表明企业生产经营不需要该项财产为理由，认定移转占有的担保物权可不中止行使的说法不具有说服力。其次，考虑到担保财产对债务人重整可能具有意义，其行使会影响企业生

① 参见付翠英：《破产保全制度比较：以美国破产自动停止为中心》，载《比较法研究》2008 年第 3 期；许德风：《论担保物权在破产程序中的实现》，载《环球法律评论》2011 年第 3 期；季境、田晓：《有担保债权在公司重整程序中的限制》，载《法学杂志》2012 年第 4 期。

② 参见王欣新：《论破产程序中担保债权的行使与保障》，载《中国政法大学学报》2017 年第 3 期；徐阳光：《破产法视野中的担保物权问题》，载《中国人民大学学报》2017 年第 2 期。

产经营，有学者提出给占有担保物的债权人施加通知义务，若债务人确定以清偿债务或替代担保方式赎回担保物，则应通知债权人暂缓行使担保权。笔者认为此种做法不可取，担保债权的清偿有担保财产作为保障，在超额担保中，担保债权能够全部获得清偿，担保权人不能从重整程序中获得额外的利益，因而他对重整的期待利益并不大，反而可能因重整蒙受担保财产价值减损的不利风险。故对于担保权人而言，将担保财产直接变现更符合其利益。若允许移转占有的担保物权继续行使，担保权人可能不履行通知义务，径直就担保财产变现清偿，这势必影响债务人重整。

自动中止阻止了对担保财产的执行行为，其究竟影响担保权人的何种权利，在担保债权人与债务人间产生何种效果？

（二）担保物权人的变现权

担保物权可分为抵押权、质权、留置权和优先权，权利内容不一，但其共通性在于均有优先受偿的效力。在债务人重整中，担保债权人不得行使其担保权，此种自动中止所涉权利范围究竟为何在理论上存在争议。部分学者认为重整仅限制担保物权人的程序性权利，即对担保物的变现权的行使。① 重整期间，债权人不得对担保物进行变价、拍卖或者变卖。另有学者持截然相反的观点，认为破产重整不仅限制担保物权人的程序性权利，更影响担保物权人的实体性权利，担保物权人在重整程序中暂时被剥夺就担保物的优先受偿的权利②或者限制担保债权优先受偿的范围。③ 另有学者一方面认为自动中止是对担保物权行使时间上的限制，并不消灭债权人的权利，另一方面又指出债务人或管理人处置担保物须经担保权人同意，就该担保物的变现款应该提存，担保权人不能优先受偿。④ 理论上学界就此问题未达成共识，实务中司法态度亦不统一，在部分重整实践中，

① 参见王欣新：《论破产程序中担保债权的行使与保障》，载《中国政法大学学报》2017年第3期。

② 参见汪世虎：《论破产程序对担保物权优先性的限制》，载《河北法学》2006年第8期。

③ 参见陈英：《破产重整中的利益分析与制度构造》，山东大学出版社2013年版，第107页。

④ 参见王福强：《破产重整中的营业保护机制研究》，法律出版社2015年版，第135页。

出现了担保债权未获全额受偿而普通债权等其他劣后债权得到部分清偿的情形。

笔者认为自动中止制度仅仅限制担保物权人的程序性权利，即担保物的变现权。理由具体表述如下：

第一，持实体说的学者所宣称为实现重整目标，保护债务人、出资人、普通债权人等大多数人的利益，不可避免地要限制担保物权人的优先权，这是法律调整利益冲突的结果。① 但笔者认为此理由并不充分。诚然，法律作为一个利益平衡杠杆，总是在不同的利益之间进行权衡并进行选择，法律亦是利益调整之结果。有时为了保护某些社会利益，需要对个别利益进行限制，但此种限制不是没有界限的，绝对的限制反而是一种立法压迫。若肯定自动中止制度会损及担保物权人的优先受偿权，会将担保物权人置于非常不利的地位。债权人寻求担保之初衷在于保障债权实现，将自己置于优于无担保债权人的地位，限制担保物权人的实体权利会使债权人设定担保的目的落空，破坏了担保制度的基本功能，也损害了《物权法》等其他法律的根基。

第二，实体说对担保物权人限制有余而保护不足，会增加重整计划通过或执行的阻力，影响债务人重整的进行。若自动中止将影响担保物权人的实体权利，阻碍债权的优先受偿，有担保的债权人将倾向于破产清算和破产和解，为此他们可能极易阻碍重整计划的通过，使债务人自救希望落空。虽然《企业破产法》第 87 条规定了重整计划的强制批准制度，但该条第 2 款第 1 项规定重整计划草案应保证担保物权人就担保财产获得全额清偿、延期损失得到补偿并且担保权没有受到实质性损害，这与限制担保物权人的实体权利不相符合。此外，质权人、留置权人在占有担保物的情况下可能选择将担保物擅自变价，以使债权尽快得到清偿，妨碍重整的有效进行。

第三，比较法上看，《美国破产法》允许债务人对担保财产为一定的处分，可以就担保财产再设定担保，而且新成立的担保物权优先于所有既存担保权人的担保权，② 此种做法从表面上看直接限制了原担保物权人的

---

① 参见汪世虎：《论破产程序对担保物权优先性的限制》，载《河北法学》2006 年第 8 期。

② 参见《美国破产法》第 364 条（d）。

优先受偿权，担保权人的实体权利受到干预。但《美国破产法》在强调限制担保物权行使的同时亦重视对担保物权人的保护，设定此种超级优先权需要满足两个前提条件——债务人无法以其他任何方式获得资金并且担保债权人的利益将得到妥善保护。一般而言在担保物的价值大于担保债权数额的情况下，在该担保物上设定优先等级的担保权不会影响原担保物权人的受偿，或者管理人能够为原担保人提供替代担保，保障原担保债权利益。由此可见，担保物权人的优先受偿权并未受到限制。

（三）债务人或管理人的控制权

在破产清算中，有担保的债权人可不经破产程序而对担保财产变现以及时受偿。纵使债务人是担保物的所有权人，亦不能对该担保物行使用益性和处分性权利，但在重整中则不一样。重整程序中担保物权暂停行使的目的是服务于重整目标的实现，在担保物对企业重整具有意义时，债务人需要利用担保财产以恢复其营运能力，实现债务人财产价值的最大化。故债务人或管理人享有对担保财产的控制权是实现重整计划的需要，也是担保物权暂停行使的意义所在。

债务人或管理人应依据重整计划对担保财产进行使用、收益和处分，但这又会产生以下疑问：其一，金钱担保中，债务人能否使用该特定化的金钱？其二，债务人或管理人能否使用担保财产的变现款？其三，债务人使用或处分造成担保财产价值减损时对担保权人如何救济？

1. 金钱担保物

金钱担保是一种特殊的动产质押，以特定化的金钱作为客体。在债务人到期不能履行债务时，债权人可直接以该特定化的金钱受偿，无需变现。《担保法解释》第 85 条对此种质押类型予以规定。债务人或管理人能否使用现金担保物在理论上不无疑问。笔者认为在特定情况下可以使用作为担保物的金钱。至于有学者提出现金的使用使得担保物减少，重整不成功转入破产清算时，质权人的利益如何保护的疑问，① 笔者认为可以通过替代担保予以解决。债务人或管理人使用金钱担保物往往出于流转资金的需要，在重整期间，债务人或管理人虽也能通过对外借贷或变现其他财

① 参见郑志斌、张婷：《公司重整：角色与规则》，北京大学出版社 2013 年版，第 99 页。

产等方式获得流通资金，但前者成功的可能性较低而后者要经过一定的程序，耗费时间。为简化交易，在债务人为重整计划之执行有使用现金之需要时，不妨认为可使用现金担保物，但必须为债权人提供替代担保，且债务人此项请求应经过担保权人同意或者法院批准。

2. 担保物的变现款

有学者认为债务人或管理人在例外情况下可以使用担保财产的变现款，其认为若债务人能够偿还变现收益或者担保物的价值显著超过所担保的债权数额，使用部分变现收益不影响债权人的受偿；或者若债务人能够提供替代担保，则不应限制其对担保财产的变现款进行使用。① 笔者并不赞同，理由如下：第一，债务人对担保财产有处分权，能够决定将担保物变现，但对于变现款的处置应受《物权法》第191条调整，债务人不得擅自使用。第二，债务人使用担保财产的变现款是为满足获取流转资金的需求，这一需求可以通过其他方式得到满足，不能一味牺牲担保物权人的利益。一方面债务人可以通过对其他非担保财产进行变价或者设定担保以获取企业流转所需资金，另一方面担保权人未就变现款清偿债权而允许债务人使用该变现款，会减损债权人的优先受偿权能，即使债务人提供替代担保，但在规范解释层面亦有疑问。担保物的变现款与金钱担保中作为担保物的金钱的性质不同，故在债务人或管理人能否使用价款的问题上应作区分。金钱担保中肯定债务人或管理人对金钱的使用除了有债务人急需流通资金的考虑外，亦是为了贯彻重整中债务人或管理人对担保财产具有控制权这一要求，保障了制度的一体性。而且，对担保债权人的利益能通过替代担保进行救济。第三个问题涉及担保物权人的权利救济，在后文将详细阐述。

债务人或管理人要实现对担保财产的控制往往需要占有担保物，在不移转占有的抵押权和优先权中，债务人或管理人可径直使用担保财产，自无疑问。但在移转占有的担保权中，担保物处于债权人的控制范围内，依据《企业破产法》第37条债务人或管理人可以通过清偿债务或者提供替代担保来取回质物、留置物。若债权人不同意替代担保，债务人或管理人可以向法院申请批准替代担保。另有学者认为如果替代担保不能满足担保

① 参见王之洲：《论担保债权在重整程序中的保护与限制》，载《人民法院报》2015年9月30日第7版。

权人的要求，权利人不行使担保物权将处于严重不利地位，可以申请法院要求债务人或管理人支付定期租金提前清偿。①

三、担保物权人的权利救济

担保物权暂停行使系以牺牲担保物权人的部分程序性利益为代价保障重整的有效进行，自动中止使得债务人的财产保持在重整启动时的状态。在担保债权能够就担保财产全额清偿的情况下，担保物权人并不能从重整程序中获得额外利益，反而可能蒙受重整失败、担保财产价值减损而债务人无力补偿的风险。若一味限制担保物权的行使而不对担保物权人提供充分的保护，对担保权人而言难谓公平。担保物权人通过重整程序所能获得的债权清偿额应不小于在破产清算程序中所能得到的债权清偿额。笔者在此分析《企业破产法》对担保物权人的救济制度，比较域外法律规定，为保护担保物权人的利益提供意见。

（一）自动中止的解除

《企业破产法》第75条规定了暂停行使解除的情形，解除对担保权暂停行使的限制需要满足三个条件：第一，担保物有损坏或者价值明显减少的可能。第二，担保物损坏或者价值减少的可能足以危害担保权人的权利。第三，中止的解除须经人民法院批准。学界对此规定多持批评态度，其意见集中体现为：过于抽象，以足以危害为标准，可操作性差；条件严格，没有区分担保财产的性质区别处理；救济标准和救济措施不完善。笔者认为此条规定非常粗糙，未合理考虑到破产重整的实际。在重整程序中担保物由债务人或管理人控制，其对担保财产可进行使用、收益和处分，担保财产的价值因此种用益性行为而减少。若简单地认为只要担保物的价值有减损之可能，危害债权实现，即可解除对担保物权行使的冻结，对债务人而言显非合理。

以破产制度比较健全的美国为例，美国的破产法在救济担保物权人上以充分保护为原则，规定了多元的救济方式，避免担保物权人的权益因破

① 参见王福强：《破产重整中的营业保护机制研究》，法律出版社2015年版，第219~220页。

产程序的进行而遭受损害。就解除自动中止制度方面，其破产法规定，在以下两种情况下，担保物权人可以请求对担保物权的行使免于停止：其一，担保权人有正当理由，一般为担保权人对担保物的利益缺乏充分保护；其二，债务人对该担保财产无权益，且该担保财产对有效的重整来说并非必要。① 担保债权缺乏充分保护，债权人利益有减损之可能，债权在重整之后不能得到如期的清偿，这损害了担保债权人的实质性利益，因而该担保物权的行使中止应当解除。对于充分保护的认定，《美国破产法》有简单规定，其标准在破产判例中逐步完善。《美国破产法》第 361 条规定了符合充分保护的几种情形：第一，若担保物因破产托管人的使用、处分而价值减损的，对担保物权人的利益减少部分进行现金支付。第二，债务人对担保人在担保物上减少的利益提供额外担保或替代担保。第三，债务人向担保物权人提供等价财产补偿债权人因担保物价值减损而丧失的利益。由此可以看出，《美国破产法》对债权人的保护并不是通过保护担保物的价值不减损来保障被担保债权的清偿。在担保物因债务人使用、处分等行为而价值减少时，只要债权人就该担保物价值减少而丧失的利益能够得到补偿，则自动中止仍是被允许的，即充分保护的目的实际上不是保护债权人利益本身，而是充分保护此利益的价值，确保其价值不减损。② 担保物的价值减少不重要，该减少部分能不能得到补偿才是关键。

此外，若债务人对担保财产没有权益，且该担保财产不为重整所必需的，对该担保财产的执行行为可不停止。没有权益是指担保财产的价值不超过所担保的债权数额，债务人对担保财产没有额外利益。为重整所必要则指担保财产对重整而言是重要的或不可或缺的，这在判断上存在难度，一般应根据在既定案件中设想的重整类型来衡量。除此之外，托管人还要证明重整计划具有可行性。③ 由此可见，对担保财产是否留存应立足债务人重整的需要。自动中止制度的目的在于阻止个别债权的执行行为，保全对重整具有效益的财产。对于重整程序并无效益的担保财产，或对于债务

① 参见《美国破产法》第 362 条（d）（1）（2）。

② 参见王福强：《破产重整中的营业保护机制研究》，法律出版社 2015 年版，第 206 页。

③ 参见［美］大卫 · G. 爱泼斯坦、史蒂夫 · H. 尼克勒斯、詹姆斯 · J. 怀特：《美国破产法》，韩长印等译，中国政法大学出版社 2003 年版，第 132~133 页。

人重整无意义的担保物，无留存之必要，担保人自得请求解除中止的限制，将该担保物变现。

我国《企业破产法》规定只要担保物的价值有减少之可能，危害到债权实现，担保权人便可请求法院解除中止限制，此种规定过于宽泛，具有以下不合理之处：

第一，自动中止的依据在于保存债务人的营业组织，为债务人继续经营，恢复营运能力提供物质基础。对于债务人继续经营具有重要性的担保财产，更应被留存，用于企业的继续生产经营中。而重整具有一定的持续性，诸如生产设备等重要的资产会因使用而出现损耗，价值减少。若允许解除对该担保财产的中止限制，行使担保物权，则债务人生产经营将受到重大影响，重整目标可能难以实现。

第二，对于重整没有效益的担保财产，中止其上担保物权的行使会造成资源浪费，担保权人亦可能蒙受不利风险。若担保财产的价值不超过所担保的债权数额，而且该担保财产也不用于企业的生产经营，则应允许对该担保财产的执行行为，让其在市场流通中发挥更大的价值。暂缓担保财产执行，限制其进入流通领域，是一种资源浪费。此外，债务人重整时间不定，对于一些市场价格波动比较大的担保财产，可能会因重整的延续而错失最佳变现时机，导致其市场价值减少，最终导致变现款较少，影响担保物权人的债权受偿。

第三，保障有担保的债权人的债权实现有多种方式，解除担保物权行使的限制不是唯一的途径，例如《美国破产法》所采取的充分保护原则。正如有学者所言，充分保护实质上是为担保债权人提供担保财产变价之外的替代性补偿，① 以确保被担保债权的价值不发生减损。担保权人对重整最大的忧虑就是担保财产价值减少，导致最终的变现款不能清偿全部债权。担保权人对担保物价值的关注背后折射的是担保权人对债权能否被清偿的忧虑，只要保障债权利益不因担保物价值减损而发生变化，该担保财产处于何种状态并不为担保权人所关心。故可以借鉴美国充分保护之规定，在担保物发生价值减损的，债务人或者管理人须向担保物权人进行现金支付、等价物支付、替代担保等方式补偿该价值减少部分。

---

① 参见李忠鲜：《担保债权受破产重整限制之法理与限度》，载《法学家》2018 年第 4 期。

第四，《物权法》第193条系针对担保物价值减少规定的担保权人的保全权，也为保全担保债权人的利益提供了一种思路，可供借鉴。担保物价值减少的，担保权人可以要求债务人或管理人提供与减少的价值相应的担保或现金补偿。抵押人不提供担保也不现金补偿的，担保权人可以申请解除对担保物执行的限制。

（二）损失补偿

根据《企业破产法》第87条第2款第1项规定，物权人因延期清偿所受的损失将得到公平补偿。但对该延期损失所指范围并未进行规定，理论上就此问题也是争论不已，学界争论的焦点在两个方面：一方面，对担保物的价值减损部分是否均应补偿；另一方面，该延期损失是否包括利息。

1. 担保物价值减损

担保物价值减少有多种原因，根据发生原因不同可简单分为实体性贬值、功能性贬值与经济性贬值。实体性贬值是指标的物的有形损耗，对于重整期间因债务人或者管理人正常使用或损害行为而发生的价值减损，学界普遍认为应该予以补偿。但疑问在于对经济性贬值中因市场价格波动造成的交易性贬值是否应补偿，有学者认为不予补偿。① 笔者反对这种观点。因市场因素导致担保物贬值，此种风险纵使非债务人或管理人所能控制，但不能以此为由将风险转嫁于担保债权人承担。理由表述如下：

第一，重整中对担保债权人保护的基本要求是担保债权人通过重整程序所实现的债权清偿数额不低于在破产清算中所能获得的清偿数额。对重整程序中因市场因素担保物贬值债权人，丧失的利益不予补偿，违反了保护担保债权人的一般要求。

第二，担保物因市场价格波动而贬值，价值小于担保债权额时，若不对价值减损部分予以补偿，则担保债权人最终所能受偿的数额将减少，此系担保物权优先受偿权能减损之体现。而自动中止只限制担保权人的程序性权利，与实体权利无涉。

---

① 参见李忠鲜：《担保债权受破产重整限制之法理与限度》，载《法学家》2018年第4期。

第三，持不予补偿说的学者将补偿范围限于担保物的物理损害，并且认为只要此种损害不可归责于担保权人，担保权人就可要求对价值减损部分进行补偿。因而在不可抗力致使担保物损害时，亦不影响补偿。不可抗力在民法中常作为一种免责事由出现，与市场因素相比，债务人的可非难性更低，若对不可抗力造成的实体损害予以补偿而不对因市场因素造成损失予以补偿，其理由为何？以有无实体损害为标准判断对担保物价值减损部分是否补偿并无依据，其处理结果难以令人信服。笔者认为，若担保物在重整期间因不可归责于担保权人的事由而出现价值减损，担保权人就该价值减损部分均可要求债务人或管理人补偿。

2. 利息

自动中止延缓了担保权人的债权清偿，在该延期支付的期间内，担保债权是否产生利息，是否应该补偿，如何补偿一直是理论上的难题。按照《企业破产法》第 46 条第 2 款规定，附利息的债权自破产申请受理时起停止计息。但大部分学者主张破产重整程序中，担保债权的利息在延期清偿期间内不停止计算，但在利息补偿的范围、计算时点、计算标准等问题上产生争议。笔者亦认为担保债权利息不应该停止计算。从规范解释的角度来看，《企业破产法》第 87 条第 2 款第 1 项规定重整计划草案要保障担保债权人因延期清偿所受的损失得到公平补偿，从因延期清偿所受到的损失可以解释出利息损失。从比较法角度来看，美国、英国等普通法系国家和德国、日本等大陆法系的国家均规定债权利息在破产程序中不停止计算，由此可知，担保债权在重整程序中的利息不停止计算。

利息的计算标准，理论上有约定利率说①与法定利息说②的争议，笔者认为若担保权人与债务人对延期利率有约定的，若该约定符合法律规定，则应按照当事人约定的利率计算。利息计算标准属于当事人意思自治的范围，应允许当事人就此进行约定；当事人没有约定时则按照法定利率计算。

---

① 参见王福强：《破产重整中的营业保护机制研究》，法律出版社 2015 年版，第 218 页。

② 参见郑志斌、张婷：《公司重整：角色与规则》，北京大学出版社 2013 年版，第 294 页。

利息的计算时点，有学者认为若担保物的价值小于担保债权数额，利息从重整计划批准之日开始计算。若担保物的价值大于担保债权数额，则从破产申请受理之日开始计算。另有学者认为计算时点可由债权人与债务人约定。① 笔者认为担保债权利息应从重整计划批准之日开始计算。重整计划通过则意味着在重整期间担保物权确定不能行使，直至重整计划实施完毕或者重整失败，除非出现法律规定的解除冻结的事由。

至于利息的补偿范围和顺位，有学者认为对利息的补偿应以担保财产的价值为限，若担保物的价值充足，担保债权在破产期间的利息可就该担保物优先受偿，超出担保物价值的利息则不予补偿。② 另有学者在肯定对利息的清偿以担保物的价值为限的基础上，提出如果企业资产不能满足所有债权人的受偿要求，则担保债权人应适度让步，对担保债权的利息进行附期限的保护。③ 还有学者认为应将程序开始后的债权利息列为劣后债权，受偿顺序位于对所有债权清偿的最后顺位。④ 笔者认为担保债权额与利息之和未超出担保物价值总额的，该部分利息可就该担保物优先受偿；总和大于担保物价值总额的，超出部分的利息为劣后债权，在普通债权全部被清偿后才能受偿。依据《物权法》第 173 条，若担保人与担保权人在设定担保时未约定担保的范围，则债权利息也包含在内。所以债权人就担保物价值范围内的利息对担保物享有担保利益。

那么，超出担保物价值部分的利息该如何处置？对超出担保物价值利息的处置，理论上主要有三种学说：不清偿说、与普通债权同一顺位说、劣后债权说。笔者赞同劣后债权说，不清偿说没有理论依据，同为进入破产程序后产生的利息，为何超出担保物价值部分不予补偿？不清偿的主要理由是对超过担保物价值部分的利息进行补偿会造成破产财产价值的减

① 参见贺丹：《企业拯救导向下债权破产止息规则的检讨》，载《法学》2017 年第 5 期。

② 参见许德风：《论担保物权在破产程序中的实现》，载《环球法律评论》2011 年第 3 期。

③ 参见李忠鲜：《担保债权受破产重整限制之法理与限度》，载《法学家》2018 年第 4 期。

④ 参见贺丹：《企业拯救导向下债权破产止息规则的检讨》，载《法学》2017 年第 5 期。

损、普通债权人承担破产失败的费用与重整失败的风险，降低重整成功率。① 笔者认为此种担忧可通过理清超出部分利息债权的清偿顺位予以解决。与普通债权同一顺位说损害了普通债权人的利益，延期利息发生在破产程序启动之后，不属于破产债权，若取得与普通债权同一清偿顺序，则极有可能降低普通债权的清偿数额，特别是在重整失败的情况下，劣后债权说兼顾保护担保债权人和普通债权人的利益，具有合理性。未超出担保物价值的利息本属担保的范围之内，就该担保物优先清偿并不是给担保债权人以优待。对超出担保物价值的利息劣后于普通债权清偿，保障普通债权人的利益地位不因利息债权的存在而降低。

自动中止规则的本意是留存对债务人继续生产经营具有重要性的资产，提供良好的重整基础。因此，对担保债权人的权利进行一定的限制具有合理性，但这种限制有一定的界限，即仅限于担保权人的程序性权利，同时亦要重视保护担保债权人的利益。现行《企业破产法》有关重整中担保物权暂停行使和权利保护的规定体现在第 75 条和第 87 条，前者对担保物权暂停行使的解除规定得非常粗糙且不合理。若债务人对担保物并无利益，且不为企业继续生产经营所需要，可解除对该担保物上权利行使的限制。此外，担保债权人对担保物享有的利益可能因担保物价值减损而部分丧失，在担保物价值贬值之事由不可归责于担保权人时，应要求债务人或管理人向担保权人以现金补偿、提供替代担保等方式保障担保债权利益价值不减损，否则担保权人可申请法院解除对担保物权行使的限制。后者有关保护担保债权受偿之规定亦十分简单，对延期利息的计算时点、计算标准、清偿顺位等问题均未说明，不具有操作性。担保债权的利息应自重整计划被批准之日开始起算，按照当事人约定或者法律规定的利率计算，对未超过担保物价值部分的利息可以同担保债权享有同一顺位，超出部分的利息则劣后于普通债权而受偿。

① 参见许德凤：《论担保物权在破产程序中的实现》，载《环球法律评论》2011 年第 3 期。

重整期间出售的在建工程房屋上抵押权的涂销

刘汝梁*

内容提要：房地产企业将在建工程作为抵押物向他人借款，并根据建设工程规划许可证上的建设面积，向房地产管理局办理抵押登记。房地产企业进入破产重整程序后，要实现破产资产最大化就必须进行复工续建，避免在建工程成为烂尾楼。工程续建过程中主要资金保障除了引入新的投资资金外，就是销售已经取得预售许可证的在建工程房屋。购房者要办理该房屋的不动产所有权证书时，必须涂销该房屋上的抵押权，除抵押权人同意涂销外，需要人民法院裁判涂销抵押权，由购房者取得房屋所有权。人民法院涂销抵押权时，应兼顾平衡抵押权人、抵押人和购房者的利益，在物尽其用的原则下，仅在购房者以市场价购买有预售许可证的在建工程房屋，通过自付或按揭等方式，将购房款全款打入管理人监管的账户，并具备办理不动产产权证书的其他条件时，人民法院可以根据购房者或抵押人的申请，裁判涂销该套房屋的抵押权，确保购房者不因房屋上的抵押权，影响房屋所有权的取得。

一、重整中在建工程抵押权与购房者办理不动产证书权的冲突

房地产企业以在建工程作为抵押物向他人借款，应与他人签订抵押借

---

* 刘汝梁，湖北省汉江中级人民法院一级法官。

款合同，并根据建设工程规划许可证上的建设规模，确定设定抵押的在建工程的面积，向在建工程所在地的房地产管理局办理抵押登记。

房地产企业抵押的标的物是在建建筑物，在建建筑物一般指已经依法取得国有土地使用权证、建设用地规划许可证和建设工程规划许可证，开始进行建造但尚未完工的建筑物及建设竣工但房地产企业未办理所有权登记的建筑物。① 这类建筑物还需要房地产企业不断投入资金进行工程建设或配套设施的完善，才具备向购房者交房或办理不动产产权证书的条件。本文主要讨论的是已经取得预售许可证的在建建筑物。房地产企业作为抵押人用在建工程抵押是指为取得在建工程继续建造资金的贷款，以其合法方式取得的土地使用权连同在建工程的投入资产，抵押给贷款人作为偿还贷款的担保。在建工程抵押的标的物具有特殊性，包含已建成的建筑物、将来完成的建筑物及建筑物占用范围内的建设用地使用权，随着不断投入资金和人力、物力，其价值随着建筑物的不断建设而呈上升趋势。但在建建筑物处于未完成形态，存在停止建设、工程无法竣工等风险，抵押权的实现风险大。在建工程的抵押期间具有阶段性，抵押的在建建筑物竣工，抵押人办理房地产权属证书后，抵押权人和抵押人应重新办理房地产抵押登记。抵押人领取房地产权属证书前后，虽然办了两次抵押登记，但均是同一建筑物上的抵押登记，为了行文方便，本文不作区分，该建筑物上的抵押权均称为在建工程抵押权。

房地产企业如果资金链断裂，可能负债累累，陷入资不抵债的境地，在建工程也无法持续。人民法院受理债权人的破产申请后，考虑到房地产企业前期取得国有土地使用权、规划、支付承包人工程进度款等所支出的费用，均物化到在建工程中，要实现破产资产价值最大化就必须进行复工续建，避免在建工程成为烂尾楼。人民法院如果裁定房地产企业进行重整，房地产企业在重整期间可以在管理人的监督下自行管理财产和营业事务。工程续建过程中主要资金保障除了引入新的投资资金外，就是销售抵押人手上已经取得预售许可证，但尚未销售的房屋。

根据《第八次全国法院民事商事审判工作会议（民事部分）纪要》第 14 条规定，受让人在抵押登记未涂销时要求办理过户登记的，不予支

① 参见陶海英：《我国在建建筑物抵押制度研究》，河南大学 2013 年硕士学位论文。

持。《房屋登记办法》第 34 条规定:“抵押期间,抵押人转让抵押房屋的所有权,申请房屋所有权转移登记的,除提供本办法第三十三条规定材料外,还应当提交抵押权人的身份证明、抵押权人同意抵押房屋转让的书面文件、他项权利证书。”由此可见,在建工程的抵押权人,享有别除权,如果不同意自行涂销抵押权,在后购买在建工程房屋的购房者无法自行办理不动产权证书。这导致抵押人销售在建工程的房屋时,购买者出于对企业的破产重整的状况和房屋上在先设立的抵押权的考虑,担心不动产产权证书难以办理,无法取得房屋所有权,不愿介入在建工程房屋的流通,购买该房屋。

《房屋登记办法》第 35 条第 2 款规定:“因人民法院或者仲裁委员会生效的法律文书取得房屋所有权,人民法院协助执行通知书要求房屋登记机构予以登记的,房屋登记机构应当予以办理。房屋登记机构予以登记的,应当在房屋登记簿上记载基于人民法院或者仲裁委员会生效的法律文书予以登记的事实。”由此可见,在建工程上抵押权的涂销,除了抵押权人同意外,还可以根据人民法院生效的法律文书。

关于人民法院涂销抵押权,目前法律法规对上述情形规定不够完善。本文拟对在破产重整程序中,需满足什么条件,人民法院方可涂销上述情形中房屋上的抵押权进行讨论。

二、在建工程抵押权与购房者权利冲突的利益平衡

人民法院涂销抵押权,对抵押权人、抵押人和购房者的利益影响巨大,需要对各方利益进行衡量。利益衡量的关键是对利益进行识别,应在全面正确识别各方主体利益的基础上,依据一定的价值标准对各种利益进行利益衡量并作出选择。在建工程设定抵押后,抵押人已经办理了在建工程预售许可证的,在抵押人进入破产重整程序后,抵押权人的抵押权暂停行使。若此时抵押人将抵押的在建工程的房屋出售给购房者,则在上述法律关系中,至少涉及三方当事人,即抵押权人、抵押人和购房者。三方当事人各自有自己利益诉求。

就抵押权人而言,作为抵押人的债权人,最关心的是抵押人能否履行债务,实现其债权。虽然在建工程已办理了抵押登记,抵押权人也享有某些优先受偿的权利,但其事实上不占有在建工程,不可能为事实上的处

分，也不能随意对在建工程进行法律上的处分。其享有的权利是一种期待权，是抵押人逾期偿还债务，将在建工程进行拍卖、变卖或折价，以在建工程的交换价值来实现抵押权人的期待利益。此外，抵押权人和抵押人签订的借款担保合同中，一般会约定抵押权人有监督权，如果抵押人在事实上或法律上的处分有可能损害在建工程的交换价值时，抵押权人的利益就存在一定的风险，抵押权人可以要求抵押人增加抵押物，提前偿还债务或阻止在建工程价值的减损。虽然在建工程取得预售许可证后，对房屋进行销售，不一定会造成在建工程价值的减损，但转让的行为必然会带来一些风险，这就成为抵押权人最大的顾虑。

抵押人是抵押权人和购房者的相对人，系连接抵押权人与购房者之间的桥梁。抵押人在与抵押权人的抵押法律关系中，享有对在建工程的实际控制权和所有权，能够对抵押物进行事实上和法律上的处分，也负有维持在建工程价值的义务和责任，在转让在建工程的房屋时，不能享有绝对自由的处分权。在抵押人与购房者的房屋买卖合同法律关系中，抵押人通过销售在建工程的房屋，获得售房款，也负有向购房者交房和协助购房者办理不动产产权证书的义务。在建工程的房屋转让，对抵押人存在着实践价值和操作意义，可以通过转让行为，清偿抵押权人的债务，真正实现在建工程的交换价值。

就购房者而言，在与抵押人的房屋买卖合同法律关系中，通过支付对价，获得在建工程将来竣工验收合格并具备交付条件后，要求抵押人交付房屋，办理不动产权证书，取得对房屋享有占有、使用、收益和处分的权利。购房者作为一个理性的经济人，在购买房屋之前，根据国家相关职能部门对在建工程颁发的预售许可证，判断所要购买的房屋是否具备销售资格，选择与抵押人进行交易是其自由，也需承担一定的交易风险。因在建工程已被抵押人办理了抵押登记，受让的是负有抵押权的房屋所有权。如果抵押人到期偿清债务，抵押权消灭，或者人民法院裁判涂销抵押权，购房者的利益不受影响；但如果办理不动产权证书时，抵押权仍未消灭，则可能面临着无法办理不动产权证书，不能取得房屋所有权的风险。

已被抵押的在建工程转让时，需要合理平衡抵押权人、抵押人与受让人三者之间的利益关系，通过有效的制度调整利益分配，在尊重抵押人处分权的同时，尽量使抵押物转让对抵押权人的利益不构成威胁，并不过度损害抵押物受让人的利益，以缓和各方当事人之间的利益冲突。①

三、抵销权涂销的必要性

人民法院涂销抵押权，要遵循物尽其用原则，促进抵押物流通价值的实现。所谓“物尽其用”，即物权关系的设立、变更、消灭都要以发挥物的最大效用与最大经济效益为主要目标，从而使有限的资源得到最充分的利用。② 物尽其用的价值目标需要经过物的流通来实现，通过物的流通，使抵押物当前使用价值与将来交换价值的利用达到完美结合，促成社会资源的优化配置。在抵押物转让过程中不能过度保护抵押权人的利益，导致抵押人和买受人的利益受损，影响抵押物的流通，最终危及物的效用发挥。

房地产企业破产重整能否成功，很大程度上取决于其融资的数额，融资除了引进新的投资，就是销售已经取得预售许可证但尚未出售的房屋。只有鼓励购房者参与在建工程房屋的流通，才能最大限度地促成重整的成功，实现各方利益的最大化。因用于出售的在建工程房屋原先设有抵押权，抵押权人出于抵押人因资不抵债进入破产的实际情况，担心债权无法实现，因而缺乏涂销抵押权的主动性。购房者在市场上有选择卖方和是否进行交易的自由。购房者可能因房屋上设立有抵押权，而担心在抵押权人的债权未得到实现之时，其受让的抵押物有被变卖、拍卖、折价的风险而不愿购买，从而对抵押物的流通性造成障碍。正如有学者认为，第三取得者的地位如为债务人是否清偿债务所左右，则其权利状态显然不安定，由此也就会使得无人愿意买受抵押不动产，从而令抵押不动产的流通受阻。③

在建工程抵押制度中，虽然抵押人以在建工程作为债权担保，但在建工程继续由抵押人占有、管理，抵押人也从未丧失对在建工程的处分权。

① 参见梁上上、贝金欣：《抵押物转让中的利益衡量与制度设计》，载《法学研究》2005 年第 4 期。

② 参见屈茂辉：《物尽其用与物权法的立法目标》，载《当代法学》2006 年第 4 期。

③ 参见张巍：《日本的抵押权涤除制度》，载梁慧星主编《民商法论丛（第 24 卷）》，法律出版社 2001 年版，第 526 页。

这一系列的特性为在建工程的房屋买卖提供了可能性。抵押人在破产重整期间，如果不能销售已取得预售许可证的在建工程房屋，就很难最大限度地筹集资金，重整也很难成功。在建工程在重整失败后，很可能成为烂尾楼，有悖物尽其用的原则。只有让建工程房屋流通起来，才能更好地达到竣工验收合格直至办理所有权登记。在物尽其用的原则下，只要抵押人谨慎善意地对在建工程作出处分行为，仍应得到保护和鼓励。

四、抵押权涂销的限制

根据《企业破产法》第75条第1款规定，在重整期间，对债务人的特定财产享有的担保权暂停行使。但是，担保物有损坏或者价值明显减少的可能，足以危害担保权人权利的，担保权人可以向人民法院请求恢复行使担保权。抵押人在抵押权人暂停对在建工程行使抵押权的情况下，对取得预售许可证的在建工程房屋进行销售，必须确保购房者在符合办理不动产权证书条件时不受抵押权的限制。

最高人民法院2015年《全国民事审判工作会议纪要》第39条规定："取得了房屋预售许可或者销售许可的房地产开发商以在建工程抵押取得银行贷款后，又同买受人签订了房屋买卖合同，买受人依约支付了全部或大部分购房款，房地产开发商不能偿还银行贷款，抵押权人向人民法院请求行使抵押权的请求，不予支持；对于买受人向人民法院请求确认其购买房屋的权利优先于银行抵押权的，人民法院应予支持。"《最高人民法院关于建设工程价款优先受偿权问题的批复》第1条也规定："人民法院在审理房地产纠纷案件和办理执行案件中，应当依照《中华人民共和国合同法》第二百八十六条的规定，认定建筑工程的承包人的优先受偿权优于抵押权和其他债权。"第2条规定："消费者交付购买商品房的全部或者大部分款项后，承包人就该商品房享有的工程价款优先受偿权不得对抗买受人。"按照当然解释，如果权利A优位于权利B，权利B优位于权利C，则权利A优位于权利C。也就是说人民法院在审理房地产纠纷案件和办理执行案件中，对购房者已经交付全部或者大部分购房款后，购房人对房屋所有权的期待权优先于抵押权人的抵押权。该制度一定程度上体现了对购房者生存权利的保障，但因该制度冲击了物权优先、债权平等、登记之公示公信力等原则，需要予以适当限制，力求既满足其意旨，又实现与既有体系的平滑衔接。

(一)在建工程房屋需已办理预售许可证

人民法院涂销抵押权，首要前提是购房者所购买的在建工程房屋已办理预售许可证。如果抵押人在破产重整期间将未取得预售许可证的在建工程房屋出售，根据《最高人民法院关于审理商品房买卖合同纠纷案件适用法律若干问题的解释》第2条关于出卖人未取得商品房预售许可证明，与买受人订立的商品房预售合同，应当认定无效的规定，抵押人和购房者之间的购房合同无效。而合同无效是对当事人意思自治的否定，不能实现当事人签订合同的目的，购房者不能基于无效合同取得房屋的所有权。购房者要求人民法院涂销抵押权以办理不动产权证书，不应得到支持。

在建工程房屋的抵押权设立在先，并不影响抵押人取得预售许可证。根据《城市商品房预售管理办法》第6条规定："商品房预售实行许可制度。开发企业进行商品房预售，应当向房地产管理部门申请预售许可，取得《商品房预售许可证》。未取得《商品房预售许可证》的，不得进行商品房预售。"由此可见，抵押人要销售在建工程的房屋，必须取得预售许可证。《城市房地产管理法》第45条的规定："商品房预售，应当符合下列条件：(一)已交付全部土地使用权出让金，取得土地使用权证书；(二)持有建设工程规划许可证；(三)按提供预售的商品房计算，投入开发建设的资金达到工程建设总投资的百分之二十五以上，并已经确定施工进度和竣工交付日期；(四)向县级以上人民政府房产管理部门办理预售登记，取得商品房预售许可证明。商品房预售人应当按照国家有关规定将预售合同报县级以上人民政府房产管理部门和土地管理部门登记备案。"《城市商品房预售管理办法》第5条的规定："商品房预售应当符合下列条件：(一)已交付全部土地使用权出让金，取得土地使用权证书；(二)持有建设工程规划许可证和施工许可证；(三)按提供预售的商品房计算，投入开发建设的资金达到工程建设总投资的25%以上，并已经确定施工进度和竣工交付日期。"由此可见，上述行政法规和规章并不禁止存在抵押权负担的在建工程房屋进行预售，也未规定取得预售许可证时需要取得抵押权人同意或者先行清偿完在建工程抵押担保的债务。

（二）抵押人以市场价出售在建工程房屋

《城市房地产管理法》第 45 条第 3 款规定：“商品房预售所得款项，必须用于有关的工程建设。”《城市商品房预售管理办法》第 11 条第 1 款规定：“开发企业预售商品房所得款项应当用于有关的工程建设。”《城市商品房预售管理办法》第 14 条规定：“开发企业不按规定使用商品房预售款项的，由房地产管理部门责令限期纠正，并可处以违法所得 3 倍以下但不超过 3 万元的罚款。”由此可见，抵押人在破产重整期间将已抵押的在建工程房屋出售给购房者，所得款项应当用于工程建设。

抵押人将在建工程的房屋一套一套地出售，所得购房款不是用于偿还抵押权人，而是用于在建工程。随着抵押物越来越少，抵押权人在房地产企业资不抵债的时候，所享有的抵押权越来越没有保障，这看似是对抵押权人权益的过度损害。而事实上，抵押权人向抵押人借款，是希望抵押人能够还本付息。抵押人作为具有独立法人资格的房地产企业，因资不抵债进入破产时，所欠的债务多为因建设工程而拖欠的工程进度款、材料款、工人工资等。所有拖欠的债务均已物化到在建工程中，均可认为是建造工程的成本，而不是与在建工程无关的债务。抵押人将在建工程的房屋以远高于成本价的市场价出售给购房者，通过回笼资金用于在建工程，可将房屋继续建设直至可以交房。在重整期间，抵押权人的抵押权暂停行使，举重以明轻，房地产企业的普通债权人的债权也暂停行使。该以市场价出售在建工程房屋的购房款在破产重整期间，并没有用于偿还其他债务人之前的债务。重整成功后，随着在建工程房屋的出售，高于成本价的购房款可以用于偿还抵押权人的债务，使抵押权人的权益得到保障。如果破产重整失败，比如购房者预购特定的在建工程房屋，因重整失败根本没有建成，其预购的房屋不存在，或者抵押人因重整失败没有办理所有权登记，均不具备购房者办理不动产权证书的条件，自然不涉及要求法院涂销抵押权，对抵押权人的权利不产生影响。

人民法院涂销抵押权，要避免抵押人与购房者恶意串通，以过分低于市场价的价格将在建工程房屋出售给购房者，损害抵押权人的权益。因为抵押权人希望仅销售部分在建工程房屋，超出成本价的购房款可以使在建工程完工直至达到交房条件，剩余的尚未出售的房屋可以继续当抵押物，担保债权的实现。但如果购房者在购买有预售许可证的在建工程房屋时，和抵押人恶意串通，不是以市场价，而是以远低于市场价的价格，甚至成本价或低于成本价成交，将会极大损害债权人的利益，可能将全部在建工程房屋进行销售仍然资不抵债。在判断抵押人是否以市场价将在建工程房屋销售给购房者，可以通过专业的评估机构，以相同时间成交的相同地段、位置、朝向、面积、结构等相近似的房屋作为评估价格的参照物进行评估。

（三）购房者向监管账户交纳了全部购房款

购房者在购房前应向抵押人确认预售许可证，审查所购房屋是否在预售许可证的范围内，在签订商品房买卖合同时，应在合同上注明商品房的销售依据，如约定购房者购买的商品房为预售商品房，应注明预售商品房的批准机关和商品房预售许可证号。购房者在签订合同后，应将购房款以全款或按揭的方式汇入管理人监管的抵押人账户，之后再办理网签备案。抵押人在重整期间，是在管理人的监督下自行管理财产和营业事务。管理人可以对购房者是否将购房款汇入监管账户进行监督，也可以通过房地产管理部门对没有将购房款汇入监管账户的购房合同以不予办理网签备案的方式进行监督。这样可以避免抵押人纠合购房者损害抵押权人，避免只要抵押人声称已接受买受人的购房款，即可不费吹灰之力将法律和当事人历尽艰辛构建的担保权体系彻底摧毁。

根据《最高人民法院关于建设工程价款优先受偿权问题的批复》的规定，购房者交付购买商品房的全部或者大部分款项后，购房人对房屋所有权的期待权就优先于抵押权人的抵押权。也就是说，如果购房者未交付购买房屋的全部或者大部分款项，购房者的权利不得优先于抵押权人的抵押权，购房者即使占有所涉房屋，抵押权人也可以对该房屋行使抵押权，致使购房者无法取得房屋的所有权，所交付的小部分购房款也只能作为债权向抵押人的管理人作为普通债权申报。参照《最高人民法院关于人民法院民事执行中查封、扣押、冻结财产的规定》第 16 条规定，被执行人将其财产出卖给第三人，第三人已经支付部分价款并实际占有该财产，但根据合同约定被执行人保留所有权的，人民法院可以查封、扣押、冻结；第三人要求继续履行合同的，应当由第三人在合理期限内向人民法院交付全部余款后，裁定解除查封、扣押、冻结。对于管理人将要销售的在建工程房屋，出于破产重整对融资的需要，应当要求购房者通过自付或按揭等方式，将购房款全款付清。

（四）购房者或抵押人申请

人民法院不应在企业一进入破产重整程序，就将在建工程上的抵押权全部涂销。这样过于损害抵押权人的利益，会导致重整成功后未销售的房屋的抵押权也被涂销，或者重整失败后，不具备为购房者办理不动产权证书的条件，但抵押权已涂销，抵押权人的权利落空。

《房屋登记办法》第20条规定："登记申请符合下列条件的，房屋登记机构应当予以登记，将申请登记事项记载于房屋登记簿：（一）申请人与依法提交的材料记载的主体一致；（二）申请初始登记的房屋与申请人提交的规划证明材料记载一致，申请其他登记的房屋与房屋登记簿记载一致；（三）申请登记的内容与有关材料证明的事实一致；（四）申请登记的事项与房屋登记簿记载的房屋权利不冲突；（五）不存在本办法规定的不予登记的情形。登记申请不符合前款所列条件的，房屋登记机构应当不予登记，并书面告知申请人不予登记的原因。"人民法院应在购房者具备办理不动产权证书的其他条件后，应购房者或抵押人的申请涂销抵押权，确保购房者在抵押人破产重整期间所购买的在建工程房屋，不会因其上的抵押权而无法办理不动产权证书。在购房者办理不动产产权证书的其他条件都具备后才涂销抵押权，有利于平衡抵押权人、抵押人和购买者之间的利益。

人民法院对于购房者以市场价购买有预售许可证的在建工程房屋，通过自付或按揭等方式，将购房款全款打入管理人监管的账户，在具备办理不动产权证书的其他条件时，根据购房者或抵押人的申请，裁判涂销该套房屋上的抵押权，确保购房者不因房屋上的抵押权，影响对房屋所有权的取得。

第四部分：破产清偿制度

破产清算中的税收债权清偿顺序研究

蔡德耀*

内容提要：破产清算中的税收优先权问题是破产债权清偿的关键问题之一。从构成税收一般优先权的公益性和风险性的基础来看，在破产法的视野下，为了保持市场经济的良性发展，公共利益应当让步于个人利益。立法上为税收收入设置一系列的保障制度，取消破产清算中的税收优先权更符合破产法中企业的退出机制和市场的持续发展。从交易安全和秩序的角度而言，立法上应当确立担保物权的优先性地位，若片面强调税收的优先地位，会动摇长久以来形成的信用体系。故此，立法上应当取消税收优先权，即便不能贸然取消，也要增加税收优先权的构成要件，限制优先权的适用。

《企业破产法》第113条规定了破产清算中的各项债权的清偿顺序问题，在立法上赋予了税收债权优先于普通债权，但劣后于职工债权的地位。现代破产法是对债权人、债务人以及社会公共利益的多方兼顾，在破产清算中确立职工债权最优先的地位就能在立法上体现出平衡多方利益、保护弱势群体的理念。我国破产法越发注重保护债权人，提高债权人在破产中的受偿率。这有利于市场资本的持续流转运作，促进我国社会主义市场经济的良性发展。保证税收的优先地位固然能够保障国家的财政收入，有利于社会的良好运作。但是在破产率不高的情况之下，具有公益性质、行政强制力的税收债权，与具有私人利益性质的普通债权发生冲突时，是否仍然遵循个人利益让步于公共利益，税收是否继续保持其优先权的地位，是本文讨论的问题之一。

---

* 蔡德耀，武汉大学法学院2017级民商法硕士研究生。

同时《企业破产法》第109条规定了有担保的债权优先受偿。与此同时，《税收征收管理法》第45条规定了较为广泛的税收优先权，由此产生了在破产清算中设定在先的税收债权和担保物权的清偿顺序冲突。这亦需要立法上的明确规定。

一、对税收优先权基础的质疑

在我国破产清算领域中，税收有两种优先权，第一种是一般优先权，存在于《企业破产法》第113条中，其优先于普通债权；第二种是特别优先权，是当《税收征收管理法》第45条与《企业破产法》第109条发生了冲突，即根据税收时间和担保物权的设定时间，确定税收是否优先于担保物权受偿。本文将两种优先权的讨论范围限制在破产申请之前产生的税收，对于破产申请之后产生的费用，应该归入共益费用随时清偿。这种优先受偿的权利并不是税收优先权的体现，而是为了保证破产清算过程的顺利实施，减少在财产变价的过程中不必要的麻烦。如果变价的过程中出现税收，该税收又需要税务机关重新登记，在破产清算中受偿，实际上徒增了麻烦，不符合交易便利的原则。因此，笔者拟从破产申请前所欠税收范围，阐述对取消破产清算中的税收优先权理由及清偿顺序重建。

税收应否优先于债权，法理上虽质疑之声不断，但基于税收的特殊性质，也有不少学者持肯定意见。如日本有学者认为："租税系国家或地方公共团体存立之财政根据，从而租税征收之确保，乃国家或地方公共团体活动之基础，固不待言。然而就租税之征收系基于国家权力且无直接对价之本质言之，关于其征收乃含有一般私债权所无之特殊问题，特别是于经济混乱时期，租税之滞纳现象往往会增加，因而招致国家财政危机……基于上述原因，从而关于租税之征收，自古以来各国皆对之采取与一般债权不同之特殊制度。其一即为对于租税之征收赋予自力执行权；其二乃承认租税具有一般之优先权。"①

我国台湾地区学者施智谋先生对税收优先权必要性的论述也颇有代表性，其认为："租税债权与一般债权的性质是不同的。一般债权的发生，

① 刘春堂：《租税优先权研究》，租税研究会1981年版，第36~37页。

多半基于买卖或借贷，在纳税义务人支付能力恶化时，原可停止其信用之贷予，而减少债权数额之增加，如债权人不出此策，则应自负其危险。而租税债权的发生，则是根据法律之规定，租税债权之债权人，无法减少其债权数额之增加。再者，一般债权之债权人对其债务人（亦即租税债务人）行使求偿权之机会较多而快，而租税债权之行使，须受一定程序与时间限制，其求偿之机会不但较少，而且显缓慢。基于上述两种考虑，在租税法上有承认租税债权优先性之理由与必要。"①

熊伟学者总结上述的观点，认为设立税收优先权有两个最基本的理由，一是基于税收的公益性，二是基于税收的风险。其公益性体现为，税收是一种由个人利益集合而成并最终服务于个人利益的公共利益，因此可以被视为保护私法债权的最基本之共益费用。其风险性体现为，税收是一种缺乏对待给付的债权，税务机关与纳税人之间信息不对称，税收的保障手段所受限制较多。② 时至今日，作为税收债权优先性的两大基础理由不断受到质疑，甚至有些国家取消了税收优先权，将税收债权归入到一般债权中，与普通债权人同时受偿。但是取消税收优先权在我国是否可以提上日程呢？

（一）质疑税收债权优先理由之一：公益性

强调公益性是税收优先权肯定说学者理论的关键。税收是国家财政的基础，为促进公共事业的发展，满足公共利益的需要，因此税收拥有优先权。③ 张守文学者认为，人类不仅存在私人欲望，还存在公共欲望，而公共欲望只能通过公共经济来满足，通过国家或政府的财政手段来实现，即国家向营利性的经济主体课税，以此向公众提供公共物品。④ 而从税收债权的性质上说，破产程序中的税收债权，本质上即属于破产债权，除了具有优先受偿属性之外，其他权利内容与普通商事债权并无本质差异，亦并不享有特别的地位，这或许有破产程序效率上的考虑，但更重要的是体现

---

① 颜庆章：《租税法》，台湾月旦出版社 1995 年版，第 85 页。

② 参见熊伟、王宗涛：《中国税收优先权制度的存废之辩》，载《法学评论》2013 年第 2 期。

③ 参见曹艳之：《优先权论》，湖南人民出版社 2005 年版，第 140 页。

④ 参见张守文：《论税收的一般优先权》，载《中外法学》1997 年第 5 期。

了作为破产债权的税收债权理念。① 税收债权在本质上属于债权的范围，虽然在性质上属于公法之债，但同时亦具有私法上的债权性质，即所有的债权都是平等的，只是因为特殊性的立法安排，使得其享有优先受偿的地位。故此，因为公益性这一要件，税收债权拥有优先性。

但是在现代社会，个人利益是否一定要让步于公共利益，此在破产法中是值得思考的一个问题。从国外立法借鉴，日本破产法将不符合租税请求权的税金纳入劣后的破产债权，增加了一般破产债权人的受偿可能性，表明了政府不与一般破产债权人争利的态度，② 即遵循国家不与民争利原则，尽量让更多的债权人能够从破产清算中受偿。

从作为公益性的税收债权的分担性上说，税务机关优先得偿税款，也就意味着其他债权人的损失。而社会经济生活内部是紧密联系的，债权人的损失同样可能会导致系统风险，或者降低其参与市场交易的积极性，影响到市场经济的健康运行。如果放任税收优先权的行使，可能会颠覆税收之根基，为维持税收的公共利益，可能会破坏一个更大的市场经济交易秩序，孰轻孰重，毋庸讳言。③ 但是这样的做法亦会陷入一种困境，韩长印学者认为，从政府债权的风险转嫁角度看，如果不赋予其优先权，就意味着政府在特定破产案件中遭受的损失，最终会通过增加税率或税额等方式外化为其他纳税人的损失，也即由其他无辜的纳税人分摊了本应由破产人（及其债权人）承担的（政府）债务。④ 笔者认为，税收的风险会提高税额，并且将此种风险由全部的纳税人承担的理由是值得商榷的，在我国逐渐强调税收法定原则的背景下，对是否征税、如何征税的问题，并不是政府或依据公共利益单方面就能决定的。

笔者认为，公益性依然是税收债权的固有属性之一。税收不仅是满足公共利益的需要，更是分配正义的具体体现。我国正处于还富于民藏富于

---

① 参见徐阳光：《破产程序中的税法问题研究》，载《中国法学》2018 年第 2 期。

② 参见韦语忠：《破产财产分配顺序法律问题研究》，载王欣新、尹正友主编《破产法论坛（第三辑）》，法律出版社 2009 年版，第 170 页。

③ 参见熊伟、王宗涛：《中国税收优先权制度的存废之辩》，载《法学评论》2013 年第 2 期。

④ 参见韩长印：《破产优先权的公共政策基础》，载《中国法学》2002 年第 3 期。

民的阶段，课税在缩短贫富差距的同时为建成小康社会的利民活动提供资本坚持。但是，我们似乎将破产清算过程中的税收债权看成了税收的主要来源之一，视为我国税收不可或缺的一部分，这无疑是错误的看法。税收应当主要来源于正向发展的企业或者新兴的经济主体，而不是已经生病的企业。《企业破产法》注重的是企业的退出机制，更注重债权人的资本回收，以保障债权人能够有更充分的资本再次流入到市场当中，使得市场良性发展，而不是在破产中着重政府的财政收入。政府的财政不是市场经济的主要来源，市场的良性发展才是税收基础的源头。从债权人的成分来看，我国开放了企业之间互相借贷，促进民间借贷的发展，使得企业能够集资生产，其债权人多是个人、银行和企业。一旦出现清偿税收债权之后无法清偿一般债权人的问题，势必打击不少投资者，虽然这是一个商业风险问题，但是这个商业风险因为国家财政的插足而变得更大。故此，在破产法领域中，公共利益应当让步于个人利益。从市场经济的角度来看，市场经济的不断发展是满足公共利益和公共欲望的前提，如果缺乏了市场经济的发展，将会大大地限制市场经济为税收带来的收入。

（二）质疑税收债权优先权理由之二：风险性

从风险的公平分担角度看，企业由于经营不善或者其他原因产生的经营风险，包括对特定债权人或职工欠下债权，优先于对国家最终对社会公众欠下的税收债权受偿，无异于让社会公众分摊该特定范围的债权人和职工的损失，这样做不仅对公众是不公平的，对经济的发展和经济秩序的支持也可能是无效率的。① 从我国税收的现状观察，偷税、漏税的现象十分严重，如“范冰冰事件”，若非被举报，税务机关有可能对其逃税的行为不得而知。如果取消税收优先权，是否打开了企业通过恶意破产逃避税务的缺口？时间长且金额巨大的偷税、漏税，一定会影响到公共利益，导致税法被架空，破产法就会沦为偷税漏税的空子。笔者认为，不能将逃税漏税的责任全部归咎于企业，也不能将破产清算视为对税收救济的最后一道防线。税务机关对于企业信息的掌握程度较之于债权人可能相对较少，债权人会比较关注自己的债务人的经营情况，但是债权人所承担的欠债风险

① 参见韩长印：《破产优先权的公共政策基础》，载《中国法学》2002 年第 3 期。

和欠债后果远比税务机关要大。为了弥补此种信息不对称的差距，在立法上赋予了税务机关纳税担保、强制执行等相关保障税收的制度，仅凭强制力这一点，就远比债权人的债权更有保障。而需要强调的是税收机关对征税对象的有效监管，应该是加强税务机关的监督能力和征税能力，而不是在《企业破产法》中为了税务机关留下最后的“救命稻草”。待企业濒临破产之时才进行征税活动，最坏可能出现税收债权根本不能受偿的情况，这样的立法安排并不能充分保障税收。相反，取消税收优先权，让国家在设有纳税担保的情况下承担税收风险，从而倒逼税务机关加强平时征税的业务能力，这才是保障税收收入的关键。

税收固然具有风险性，但相比私法债权，税收的风险并不足虑，税收的保障措施众多，税收机关完全可以运用其保全措施保障税收。除此之外，税务机关完全可以在破产程序开始之前，通过强制力执行以保障税收。① 税收债权作为债权，在本质上与其他的债权是平等的，但是由于立法和国家背景的问题赋予其优先地位，其理由就是在于社会保障，减弱丛林法则在法律中的泛滥。从域外规范来看，较没有国家强制力为后盾的普通债权人，税务机关具有广泛的债务人信息获取途径，在债务人进入破产程序前拥有多项行政手段保障税收债权的实现。近年来，破产程序中的税收优先权在国际上呈现逐渐式微的趋势，德国、澳大利亚、奥地利、丹麦、挪威、瑞典和芬兰等国纷纷对破产程序中的税收优先权制度采取了激进改革，将其归为与普通债权序列由破产财产统一清偿。② 在这些国家中，并没有因为取消税收优先权而导致政府财政收入濒临崩溃，我国不少学者从这些国家中得到取消税收优先权的启发。我国是世界第二经济体，应当着重市场经济的发展，转变发展的观念，使得企业等经济主体得以继续产生和发展，让税收有着不断的“源水”。同时《民法总则》第 187 条规定了民事责任优先于行政责任、刑事责任。这实质上能够说明立法者是承认公共利益让步于个人利益的。尽管破产清算中的债权不能视为一种违约或者侵权的责任，但是该法条所体现的精神是可以被破产法所借鉴。故

① 参见熊伟、王宗涛：《中国税收优先权制度的存废之辩》，载《法学评论》2013 年第 2 期。

② 参见张钦昱：《破产优先权之限制理论研究》，法律出版社 2016 年版，第 215~217 页。

此，在破产清算中取消税收优先是符合我国的实际情况的。

二、担保物权应当优先于税收债权

担保物权和税收债权的清偿顺序问题一直是学界讨论的热点问题。我国台湾地区学者对此亦有争论，主张税捐优先论者的理由有二：第一，税捐征收在于适应财政公益之需要。第二，税捐之征收悉依法律规定（租税法律主义），稽征单位无从要求纳税义务人设定担保物权，以确保税捐之清偿，倘不明定税捐具有优先权，则纳税义务人难免虚伪设定抵押权，逃漏税捐。主张抵押权优先论者，其主要理由亦有二：第一，抵押权具有促进资金融通及创造信用之功能，关系社会发展，亦具有公益性；第二，税捐之多寡，何时开征，何时查征，贷于何用，难以查知，势必遭受不测之害，影响交易之安全。而王泽鉴先生则认为，税捐应否优先于抵押权，应作实证之研究。倘若税捐因抵押权之存在，致不能受偿之数额“甚多”，影响财政之收入，而其他方法又不能充分确保税捐之清缴时，则自有建立税捐优先权制度之必要，抵押权应该让步。① 王泽鉴先生认为，对于是否拥有优先权，很大程度上取决于数额之多少，应留给法官自由裁量的空间，平衡公共利益和私人利益。在我国《企业破产法》中并没有谈及税收债权优先于担保物权，但是《税收征收管理法》第 45 条确定了税收债权优先担保物权，这无疑是存在着诸多漏洞的。而大陆学者则运用“特别法优先于普通法”的原则解决立法上的冲突，但是本质的问题在于税收债权是否优先于担保物权。

税收优先权否定说的学者的关键理由就是税收优先权缺乏了公示性。在立法上，立法者希望通过欠税公告的原则来弥补税收债权公示性的要件。笔者认为，这样的做法并不足以使税收债权拥有优先于担保物权的地位。因为担保物权绝对性的特征能够对抗税收债权，即便税收债权已经公示了，仍然也摆脱不了相对性的特征，这是民法理论中物权和债权区分的特征之一。故此，特别税收优先权的存在是与民法基本理论冲突的。

---

① 参见王泽鉴：《民法学说与判例研究（第四册）》，中国政法大学出版社 1998 年版，第 360 页。

同时，税收债权优先于担保物权，会对市场交易安全造成冲击。一般债权人选择设立担保物权，是因为担保物权在清偿时拥有绝对的优先性。在当事人设立担保物权的时候，对未来是具有合理的预期利益的，而且物权变动需要的公示，通过公示的方式可表征该物权的存在和阻碍第三人行使权利，充分地保护担保物权人。如果税收债权在企业的财产不足以清偿所有债务的时候，优先得到受偿，会导致原本可以完全受偿的担保物权人被迫降低了受偿的份额，实际上是将公法上的风险无故转移到担保物权人的身上，使得担保物权人的注意义务被提高。税务机关和担保物权人就税务信息的掌握而言，往往是不公平的。而税收债权作为一种债权，从民法理论的角度来说，没有公示性，甚至只有相对性，而担保物权具有绝对性的特征。两者的对抗性是明显有高低的。以担保物权为核心内容的担保制度是市场机制的基础制度，其终极目的或价值在于确保交易安全和形式公平。在正常状态下，担保制度尚能保证债权人债权的实现，如果在债务人破产状态下，即债权人最渴望得到周全保护时，担保制度却不能给债权人提供保护，则会使人们怀疑担保制度的价值，进而会危及社会经济的安全运行。① 如果继续强调税收债权在担保物权范围内的优先性，则会使得债权人对担保物权制度产生不信任，增加交易的风险，而且还会导致信用体系受到冲击。这样的强调，无疑得不偿失。

另外，税收债权优先于担保物权，实际上间接地损害了职工债权的利益。正如有学者认为，若依照我国《税收征收管理法》和《企业破产法》规定，职工债权优先于税收债权，而税收债权优先于后设定的担保物权，由此推理出职工债权优先于税收之债发生后设定的担保物权，劣后于设定在前的担保物权，职工债权与担保债权的顺位竟取决于税收债权与担保物权发生时间，徒增法律适用上的混乱。②

从民法基础理论和市场交易安全的角度来说，担保物权应当优先于税收优先权，立法上该当予以明确，否则从解释论上无法解决何为特别法、何为普通法的优先适用的死循环。

---

① 参见沈理平：《破产清算优先权》，载《税务研究》2005 年第 3 期。

② 参见许德风：《破产法论——解释与功能比较的视角》，北京大学出版社 2015 年版，第 15 页。

三、破产税收清偿顺序的构建

（一）税收债权

现代破产法实则以社会整体利益为本位，应归属于公私融合法的范畴，虽然私法属性占据主导地位，但公权力的介入带来的私法公法化现象也随处可见。破产法中很多实体权利虽来源于民商法制度，但由于立法目的的需要，破产法对这些权利内容进行了必要的扩张或限缩。①

从立法论而言，可以直接取消破产清算中的税收优先权，将其置入到普通债权的行列，与普通债权按照比例同等受偿。从解释论角度，可以采取一些缓和的做法，保持现有的清偿顺序，但是仍然有必要增加税收债权在破产清算中的优先性的构成要件，而公示制度的作用能够为税收债权获得优先性提供优先受偿的理由。经过公示的税收债权，获得了一定程度上对世性的效果，特别是针对于长期欠税的企业，赋予税收优先于普通债权优先受偿的地位，能够在一定程度上避免企业恶意破产，逃避税务。而未经过公示的税收债权，就作为普通债权，与同等债权按照比例予以清偿。理由在于倒逼税务机关加快完善税务监督机制，促进其积极运用税务保全制度，如对欠税税款不加公示，则失去了优先的地位，由此产生的不利益应当由国家承担。

（二）破产税收债权的罚款、滞纳金清偿问题

我国《企业破产法》并没有提及破产税收债权的罚款、滞纳金的清偿问题，学界对此有讨论。本文认为，无论是罚款还是和滞纳金都对欠税人（债务人）有惩戒的功能。从破产不足清偿所有债务的角度上看，债务人已对负债支付不能，税务机关再行罚款，与破产债权人共享破产财产，非但无法对债务人施加惩罚，反而实际上将罚款负担转嫁给了普通债

① 参见徐阳光：《破产程序中的税法问题研究》，载《中国法学》2018 年第 2 期。

权人，有违公平。① 从破产财产足以清偿所有债务的角度上来说，税收债权虽然作为公法债权，但是在私法领域下应该排除具有惩罚性的行政功能，采用民商法上的利息计算，对逾期不履行的利息按款项实行补偿。本文主张取消税收优先权，故此关于税收利息的问题应该类推适用普通债权的相关规范。而对于破产申请之后因财产变价等原因产生的新的税收款项，并因此产生罚款、滞纳金的，应该同时归入到共益费用当中随时清偿。

小　结

在公法私法交叉的破产法中，对于税收的清偿不仅要考虑到公共利益，还要注重私人利益的保护。作为税收优先权基础理由的公益性和风险性，正逐渐被弱化。在我国市场经济蓬勃发展的时间段内，应该注重破产法中资本投资的发展，故取消税收优先权是有充分的理由和可能的。同时，应当着重保护多年来建立的市场安全和市场信用体系，明确担保物权的优先性地位，不能仅以维护公共利益为由，扰乱市场的秩序。

① 参见范志勇：《论企业破产与税收征管程序的调适》，载《河北法学》2018年第9期。

房企破产中购房款优先返还的法律问题和解决思路

——在商品房买卖合同解除的情形下

王　栋*

内容提要：房企破产中购房人的权利如何保障是司法实践中的难题。本文从商品房买卖合同的处理方式出发，找出购房款优先返还的普遍认定标准，归结现有认定标准存在的问题，希望通过立法和法官释法，建立有法可依兼具可操作性的认定标准，以期实现公平保护购房人和维护社会稳定的目标。

2017年以来，由于宏观政策收紧，加之地方政府纷纷采取限购、限价等强有力的管控措施，火热的房地产市场终于退烧。热潮过后，受政策性因素的持续影响，房地产开发企业融资渠道减少，融资成本增高，导致中小型房地产开发企业资金周转不畅，陷入经营危机，部分房地产开发企业①最终进入破产程序。房企破产不仅影响地方市政形象，还容易引起购房人、农民工、承包商、职工等群体上访，存在巨大的维稳隐患，特别是购房人群体性闹访现象已经屡见不鲜。如何妥善处理购房人问题成为横亘在房企破产中的难题。

一、房企破产中商品房买卖合同的处理方式

房企一旦进入破产程序，大量商品房买卖合同亟待处理。根据《企

* 王栋，北京市金杜（广州）律师事务所律师。

① 为简化表述，以下将“房地产开发企业”统称为“房企”。

业破产法》第18条的规定，管理人有权决定解除或继续履行双方均未履行完毕的商品房买卖合同。对于已经支付了全部购房款的购房人，由于购房人已经履行完毕合同义务，因此管理人无权解除合同，特别是已经实际入住或领取钥匙的全款购房人。根据《关于审理企业破产案件若干问题的规定》第11条第6款有关尚未办理产权证或者产权过户手续但已向买方交付的财产的规定，管理人应认定所购房产不属于债务人房企的财产范围。对于未支付全部购房款的购房人，无论未交清全款系房企原因还是自身原因，都应由管理人决定是否继续履行。如果管理人决定继续履行，购房人应当交清余款；如果管理人决定解除，购房人则应就其损失向管理人申报债权。在商品房买卖合同被解除的情况下，购房人的基本诉求从继续履行商品房买卖合同变为返还购房款。

二、购房款返还的依据不充分

（一）缺乏明确的法律依据

2002年最高人民法院给上海市高院《最高人民法院关于建设工程价款优先受偿权问题的批复》中关于消费者交付购买商品房的全部或者大部分款项后，承包人就该商品房享有的工程价款优先受偿权不得对抗买受人的批复，被很多人认为是购房款优先返还的法律依据，该批复明确了购房款在清偿顺位上优先于工程款债权，而工程款债权优先于有财产担保债权，因此，当然可以认为已经交付全额或大部分购房款的购房人债权优先于有财产担保债权清偿。但该批复主要是针对建设工程领域内，工程款债权与有财产担保债权在受偿冲突时的清偿顺位安排，并非是对破产程序中购房款优先返还的直接规定。此外，也有人以《最高人民法院针对山东省高级人民法院就处置济南彩石山庄房屋买卖合同纠纷案请示的答复》为法律依据，认为该答复中有承包人的工程价款优先受偿权应当理解为既不得对抗买受人在房屋建成情况下的房屋交付请求权，也不得对抗买受人在房屋未建成等情况下的购房款返还请求权的表述，但该答复未明确规定商品房买卖合同被管理人基于法定权利解除后购房款是否应予优先返还的问题。目前，尚无有关破产程序中管理人解除商品房买卖合同后购房款返还的法律规定。

（二）法理依据存在争议

对于购房款返还的法理依据，学界主要有两种观点，一种观点是共益债务说。站在民法的角度，合同解除后，法律状态因合同关系的消灭而恢复原状，因此，对方当事人对债务人负有返还义务，债务人也对对方当事人负有返还义务。共益债务说认为，由于该返还义务是基于破产法赋予管理人的特别解除权而产生的，损害赔偿请求权原本也应当被看作共益债务，只是立法政策上为了减轻破产财产的负担将其降低为普通债权。① 但有学者认为，如果将该债权解释为共益债务，有可能产生过度保护的问题。② 共益债务说基于《企业破产法》第43条的规定，认为购房款应由债务人随时予以清偿，购房款返还的清偿顺位列于税款、职工、有财产担保债权之前。实践中，共益债务说基于以下原因尚未获得普遍认可：首先，现行法仅对管理人选择合同继续履行后的对方当事人的权利作出了以共益债务保护的规定；其次，共益债务作为使全体债权人受益的债权种类，其范围应该得到限制；最后，如果把此类债权作为共益债务来保护的话，就会出现优先于第一顺位职工债权的结果，而这种结果在实践中很难获得认同。③ 另一种观点是破产债权说。根据《企业破产法》第53条的规定，买卖合同解除后，购房人基于商品房买卖合同解除所产生的损害赔偿请求权申报债权。合同因解除而溯及既往地消灭，尚未履行的债务免于履行，已经履行的部分发生返还请求权。④ 司法实践中破产债权说的拥趸多于共益债务说，但是围绕着购房款返还的法理依据的争议仍在持续。

---

① 参见金春：《论房地产企业破产中购房消费者的权利保护——消费者保护和债权人可预测性的平衡》，载《法律适用》2016年第4期。

② 参见任一民：《期房交易合同在破产法上的效力研究》，载《法律适用》2016年第5期。

③ 参见池伟宏：《房地产企业破产重整中的权利顺位再思考》，载《法律适用》2016年第3期。

④ 参见王欣新、余艳萍：《论破产程序中待履行合同的处理方式及法律后果》，载《法学杂志》2010年第6期。

三、购房款优先返还的认定标准及有关问题

（一）少有法院发布认定标准且存在标准不一

截至目前，除极个别法院外，大多数地区法院并未发布有关购房款返还认定标准的指导意见。其中影响力较大的当属《重庆市高级人民法院关于对最高人民法院〈关于建设工程价款优先受偿权问题的批复〉应如何理解的意见》①。该批复规定："人民法院在审理和执行购房消费者办理土地使用权、房屋产权证历史遗留问题的案件，优先保护购房消费者的利益时，应注意把握以下几个条件。首先，购房消费者中消费者的含义应与《消费者权益保护法》中的'消费者'含义相同，即购房者购房是为生活消费需要而不是为经营需要。其次，购房消费者已交付全部或大部分购房款（超过50%），且能支付尾款。第三，购房消费者在购买商品房的过程中无恶意损害抵押权人利益的行为。"重庆批复自发布后就引发了强烈关注，至今仍被多地借鉴适用，是司法实践中借用最多的认定标准，几乎被认为是通说。而《广东省高级人民法院关于在审判工作中如何适用〈合同法〉第286条的指导意见》② 中规定："承包人在××范围内对于××工程（楼房）享有建设工程价款优先受偿权，但在本判决生效之日（如已对该工程或楼房采取财产保全措施的，为采取财产保全措施之日）前已办理商品房预售登记、变更登记或消费者已交付超过50%购房款（在商品房担保贷款中，含消费者向银行所借款项）的房屋部分除外。"重庆批复和广东批复都将已付购房款的50%作为标准，但两个批复仍有明显差别，重庆批复中认定的标准还需以用于自住、无恶意损害抵押权人为必要条件，而广东批复则以办理商品房预售登记、变更登记为充分条件。

（二）司法实践中普遍适用的认定标准及其问题

由于购房款优先返还的法律依据既不明确也不充分，加之各地法院对

① 以下统称"重庆批复"。

② 以下统称"广东批复"。

购房款优先返还的认定标准不一致，司法实践中各地认定标准差异较大。目前普遍适用的认定标准主要包括缴纳大部分购房款、消费者购房人和生存性住房三要件，即缴纳大部分购房款、用于购房人自住、除所购房屋外购房人名下无其他房产，只有同时满足上述三个条件，购房人缴纳的购房款才可以优先返还。该标准虽划定了比较严格的认定条件，但仍有以下四个问题：

1. 理解僵化

对大部分购房款的理解“一刀切”，以是否缴纳50%购房款为界限，只要不足50%均不认为可以优先返还。实践中就出现过管理人认定缴纳了49.9%的购房款不应优先返还，列为普通债权，位列税款、职工、有财产担保、建设工程款优先债权等优先债权之后，与其他普通债权同一顺位清偿。且不论将大部分对等为50%以上没有法律依据，一旦房企宣告破产，进入清算程序，被认定为普通债权的购房款往往要打折清偿，如果是债务负担沉重或清偿资金匮乏的房企破产，购房人甚至颗粒无收，这对其中刚被解除商品房买卖合同的购房人而言，无疑是雪上加霜，该群体势必会通过包括群体闹访在内的途径表达诉求。

2. 违背保护生存权需要

名下无房产的要求主要是考虑到满足购房人生存的紧迫性需要。购房人虽然名下有房产，但面积过小、面临拆迁，或者是购房人所需赡养、扶养的家庭成员较多，或者是所购房屋用于改善居住条件，按照该标准不能被认定为购房款优先。而用于购房人自住的条件主要为了避免购买商铺款、办公楼款优先返还，保护购房人生存权。但如果购房人购置房屋用于经营的同时也用于居住，那房屋兼具居住和经营双属性，或者是购房人以出租使用所购房屋为唯一生活来源，或者是所购房屋用于购房人所扶养、赡养的成员居住，按照该标准也不能被认定为购房款优先返还。可见，名下无房和购房人自住的条件有违保护购房人生存权原则。

3. 不具有现实操作性

由于目前不动产登记系统未实现全国联网，因此，法院和管理人仅能通过不动产登记部门协助查明购房人在案件所在地的房产情况，无法查明其在全国范围内的房屋登记情况。如果购房人有农村住房或小产权房，或假借他人名义购置房屋，均无法查明。可见名下无住房的要求缺乏现实操作性，存在认定的客观障碍。

4. 有违破产法的经济法价值取向

随着社会的发展与进步，破产法的立法宗旨经历了从债权人本位—债权人与债务人的利益平衡本位—社会利益本位的变化过程。① 破产法在定纷止争的法治目标之外，还兼具显著的经济法属性，即化解社会矛盾，保护多数人利益。房企破产中购房人人数较多，如果不能处理得当，极易引发社会问题。仅以是否缴纳 50%购房款、是否用于自住、是否有其他住房三个条件划分，对购房人而言并不公平，而应基于保护购房人生存权的需要，以债权性质作为判定标准。在同性质购房人中强行画线，是对破产法立法准则的漠视，如因处理结果不同而导致群体性事件，甚至出现恶性伤亡事件，将违背破产法追求社会价值的目标。

四、立法确定购房款优先返还标准

（一）法院和管理人依法解释

鉴于普遍适用的唯一住房、用于自住和 50%以上购房款这一标准无法公平保护购房人，保障个人生存需要，且不具有现实操作性，目前亦尚无明确法律法规对购房款优先返还的认定标准作出规定，笔者认为在立法空档期内可以由法院和管理人依法发挥解释作用，调整前述普遍适用的认定标准。购房款优先返还基于生存权理论，为了保护购房人生存需要，认定标准应始终以公平保护、化解矛盾为原则，考虑生存需要而非形式要求，以公民生存需要为出发点，以是否属于购房款，是否影响购房人生存为认定标准，适当放宽认定尺度。

（二）立法明确认定标准

有法可依是法治的前提条件。我国目前没有全国性的法律法规规范购房款优先返还及认定标准，才导致实务中地区与地区之间认定标准存在差异，购房款优先返还的法律依据也不充分。为提供依据、统一标准，可以颁布法律法规对购房款优先返还问题作出规定，明确认定标准和处理方

① 参见王欣新：《论破产立法中的经济法理念》，载《北京市政法管理干部学院学报》2004 年第 2 期。

式；或者通过司法解释系统说明购房款优先返还问题，起到指导实务的作用；或者由最高人民法院发布典型案例，在司法案例中明确购房款优先返还的认定标准。

结　语

购房款优先返还处在法理依据有争议、立法未确认、实践先行的阶段，只有以破产法的价值为原则，以立法为导向，确立保护生者权利且行之有效的认定标准，才能根治商品房买卖合同解除后购房款优先返还这一难题，达到保护购房人权利和化解社会矛盾的双重目的。

破产变价中承租人优先购买权及其限制

余江波*

内容提要：与德国的法律规定不同，我国现行破产变价程序与强制执行程序存在区别，不能以此排除破产程序中承租人优先购买权的适用。但是承租人的优先购买权与破产变价程序的目的不能兼容，承认破产程序中的优先购买权不利于破产财产变价价格的最大化，会降低破产变价程序的效率，有损全体债权人的利益，且承租人的利益没有倾斜保护的必要，因此应于破产变价程序中排除承租人优先购买权的适用。但现阶段立法上尚未排除优先购买权的适用，在实践中应对承租人的优先购买权予以一定的限制，在以拍卖的形式变价破产财产时，承租人的优先购买权可以转换为对拍卖变价的知情权，管理人于拍卖公告之外还应对承租人履行通知义务。

一、问题的引出

优先购买权，域外也称先买权，是指因法律的规定或当事人的约定，特定的人在出卖人将其标的出卖给第三人时，可就该特定标的于同等条件下优先于第三人而购买的权利。① 破产财产的变价，则是以便于分配破产财产为目的，将破产债务人非货币形式的破产财产通过拍卖、变卖等法定

---

* 余江波，武汉大学法学院2017级民商法硕士研究生。

① 参见王利明：《合同法研究（第三卷）》（第二版），中国人民大学出版社2015年版，第325页。

形式与方法转换为货币的形式。① 在一般情况下，若作为处分标的的房屋上存在承租人优先购买权，则该标的被处分时，承租人行使优先购买权使其能够优先取得该项标的，自是这项制度的应有之意。但是当该特定标的的权利人因支付不能陷入破产的境地时，不应当然认为承租人在该标的变价时仍能行使优先购买权。须考诸制度价值，进行比较，方能进行取舍。

现行法并未规定优先购买权得否于破产清算变价程序中行使。在我国曾施行的规范性文件中，对这一问题有所涉及的是《最高人民法院关于贯彻执行〈中华人民共和国企业破产法（试行）〉若干问题的意见》(法（经）发［1991］35号)，其第60条规定："破产企业与他人组成法人型或合伙型联营体的，破产企业作为出资投入的财产和应得收益应当收回；不能收回的可以转让，联营对方在同等条件下享有优先购买权……"但是这一司法解释已然失效，而且我国立法上始终未对优先购买权有统一的规定，不同类型的优先购买权有不同的立法政策上的考量。② 因此不同性质的优先购买权于破产变价程序中得否行使不应一概而论。承租人的优先购买权得否于破产程序中行使于立法上是缺位的。

现阶段破产法律实务中，人民法院一般认为承租人得于破产程序中行使优先购买权。最高人民法院在一份裁定书中认为，发生在破产程序中的拍卖变卖与优先购买权的行使与通常情况下租赁合同房屋所有权人转让时承租人主张优先购买权明显不同，在破产变价程序中可以设定提交报名手续和缴纳相应保证金，不应视为侵犯承租人的优先购买权。③ 即最高人民法院承认了破产程序中优先购买权，但没有说明破产变价中承租人主张优先购买权具体的不同之处与不同的原因。

当然出租人与承租人也可以自行约定在出租人出卖出租的房屋时承租人享有优先购买权。根据意思自治的原则，双方的真实约定只要不违反法

---

① 参见范健、王建文：《破产法》，法律出版社2009年版，第252页。

② 参见戴孟勇：《先买权的若干理论问题》，载《清华大学学报（哲学社会科学版）》2001年第1期。

③ 贵州大有风机实业有限公司与贵州鼓风机总厂破产清算组等优先购买权纠纷再审案，最高人民法院（2013）民申字第278号民事裁定书，北大法宝引证码CLI. C. 2228357。

律强行性规定自应承认其效力。① 约定优先购买权体现的是意思自治的精神，当事人若在合同中约定一方具有优先购买权，往往也会约定有相应的补偿，对债务人财产价值的影响尚在债务人、管理人可控范围之内。而法定优先购买权则是基于立法政策的考量，并不考虑当事人的意思，当事人只要没有明确排除即应予适用。因此法定优先购买权对于当事人尤其是出卖人利益的影响更大，需要在破产程序中进行调整以便与破产法律制度相协调。②

若承认承租人在破产财产变价的过程中仍然可以行使优先购买权，则下一步需要回答的问题是承租人如何行使优先购买权，才能最大限度地减少对全体债权人利益的影响。如若不承认优先购买权，则问题在于优先购买权制度所体现的这一部分承租人的利益是否仍然需要保护，如何进行保护。本文主要在分析实践中涉及破产程序和优先购买权的具体案例的基础上，分析优先购买权在破产程序中的取舍与行使方式，以期裨益于涉及优先购买权的破产案件的处理，进而完善破产法律制度。

二、破产变价中承租人优先购买权的否定

（一）破产变价程序的性质与优先购买权的排除

1. 德国破产程序排除优先购买权适用的理由

优先购买权能否在破产程序中行使，于德国法上有明确的规定。根据

① 参见戴孟勇：《民法典中优先购买权制度的体系设计》，载《华东政法大学学报》2017 年第 5 期。

② 有台湾地区学者认为，为贯彻土地政策的需要，法定优先承买权或有扩张于强制拍卖程序的必要，而约定优先承买权应采限缩解释。（参见王泽鉴：《民法学说与判例研究（第一册）》，北京大学出版社 2009 年版，第 319 页。）但需注意我国台湾地区的法定优先承买权适用范围与大陆不同，主要适用于承租他人土地于其上建筑房屋的情形，主要目的，或谓土地政策的需要是尽可能使土地与其上房屋的所有人同一。（参见黄立主编：《民法债编各论（上）》，中国政法大学出版社 2002 年版，第 320~321 页。）而大陆优先购买权显然不以这一情形为主要适用范围，大陆地区优先购买权制度的立法考量与台湾地区不同，能否扩展于强制拍卖之中，尚待斟酌权衡，不应一概而论。

《德国民法典》第471条、第1098条第1款第1句的规定，在破产（支付不能）的情况下，无论是债权性优先购买权还是物权性优先购买权都应被排除。① 但存在例外，在土地于破产程序中被管理人任意出卖时，物权性的优先购买权得被行使。② 《德国民法典》如此规定的理由如下：首先，德国学界通说认为破产程序本质为通过变价债务人财产清偿所有债权人的债权，性质上属于强制执行程序，③ 是一种整体的强制执行程序（Gesamtvollstreckung）。④ 而管理人则是由法院选任，管理和处分破产财产的执行机关，破产财产的管理和处分权专属于管理人，破产债权人和债务人不容置喙。⑤ 其次，德国法上的优先购买权，即先买权是一种形成权，优先购买权人可以通过单方意思表示使得自己与义务人之间成立买卖合同。而这一形成权是以义务人向第三人出卖为其行使的前提条件，换言之，仅在义务人与第三人之间订立买卖合同的情况下，优先购买权人才能行使优先购买权。⑥ 管理人变价存在优先购买权的破产财产属于对破产财产的强制执行，采用拍卖的手段变价破产财产时，拍定人是因为国家权力而不是因为从债权人或债务人处受让而取得所有权。⑦ 拍定人与破产债务人、管理人之间不存在私法上的法律关系，即不存在买卖合同。拍定人取得标的物的所有权不符合优先购买权能够行使须具备的出卖这一要件，因此不得在破产程序中行使优先购买权。但若管理人任意变价存在优先购买

① 《德国民法典》第471条："出卖人系以强制执行方式或从支付不能的财产中为之的，先买权即被排除。"第1098条第1款第1句："权利人和义务人之间的法律关系，依第463条至第473条的规定予以确定。"本文《德国民法典》法条皆来自陈卫佐译注：《德国民法典》（第四版），法律出版社2015年版。

② 《德国民法典》第1098条第1款第2句："即使土地被支付不能程序中的管理人任意出卖，先买权也可以被行使。"

③ 参见陈荣宗：《破产法》，台湾三民书局1986年版，第11页。

④ 许德风：《破产法论——解释与功能比较的视角》，北京大学出版社2015年版，第16页。

⑤ 参见刘清波：《破产法新论》，台湾东华书局1984年版，第247页。

⑥ 参见［德］迪特尔·梅迪库斯：《德国债法分论》，杜景林、卢谌译，法律出版社2007年版，第128页；［德］乌尔斯·彼得·格鲁贝尔：《德国物权法概述与实体土地法》，王强译，中国政法大学出版社2016年版，第177~178页。

⑦ 参见许士宦：《执行力扩张与不动产执行》（第二版），新学林出版股份有限公司2014年版，第255页。

权的不动产，则属于私法上的处分行为，管理人与买受人之间存在买卖合同，此时优先购买权可得行使。①

2. 我国破产变价程序性质与优先购买权的排除

我国语境下，破产变价与强制执行存在区别。我国的破产程序的性质如何，学界尚未统一，也有学者认为破产变价程序就是一种执行行为，其理由为破产变价程序与强制执行程序具有相同点，比如对于标的物的出卖，物之所有人没有决定权，整个出卖程序也不由物之所有人直接进行。② 但学界普遍认为破产程序与强制执行程序各司其职，不应混同。其主要理由为，第一，强制执行程序是对个别债权人的债权的满足，更强调效率优先的原则，而破产程序则是要保障全体债权人的利益能够得到公正的、最大限度的清偿，更重视债权人平等原则；③ 第二，破产程序中虽然可以准用民事诉讼法的规定，但其主要目的是为了减少立法上的重复，弥补破产法程序性规范的不足，只是说破产程序中存在与执行程序相似的部分，而不能说破产程序就属于强制执行程序。④ 但是这些区别无法从本质上将破产变价与强制执行程序相区别。首先，将破产视为一种特殊的强制执行程序，同样可以解释破产程序与强制执行程序在功能、原则上的区别，破产程序要求全体债权人得到最大限度的清偿是效率原则的体现，而破产程序强调公平清偿则是破产程序的特殊之处。其次，第二个理由既无法证明破产程序属于强制执行程序，也无法证明破产程序不属于强制执行程序。最后，上述理由最多只能说明破产程序整体而言与强制执行程序存在区别，无法说明破产变价程序与强制执行程序的区别。

本文认为，管理人的破产变价行为与公权力机关的强制执行行为区别

---

① 参见李永军、王欣新、邹海林、徐阳光：《破产法》（第二版），中国政法大学出版社 2017 年版，第 256 页；邹海林：《破产法——程序理念与制度结构解析》，中国社会科学出版社 2016 年版，第 501~502 页。

② 参见柴发邦主编：《破产法教程》，法律出版社 1990 年版，第 238 页。

③ 参见肖建国：《我国强制执行平等与优先原则论纲》，载《法律科学》1996 年第 2 期。

④ 参见邹海林：《破产法——程序理念与制度结构解析》，中国社会科学出版社 2016 年版，第 7 页。

在于法律属性不同，强制执行程序是由公权力机关予以执行的，无论认为强制执行行为是一种司法行为还是一种行政行为，强制执行已然脱离了私法的范畴，强制执行机关拍卖、变卖被执行人的财产自然也难以适用民事法律规范。破产变价程序则不然，在我国理论中，破产法仍然是私法，是以民事法律规范对民事主体的私权保护为基础。①

这一区别具体又体现在以下几个方面：第一，管理人不是国家公务人员，也不是法院的执行员，学界通说认为管理人属于专门的独立机构，其独立于自然人也独立于法院之外。② 第二，在破产变价程序中，是债权人而不是法院起主导作用。根据《企业破产法》的规定，通过破产财产的变价方案属于债权人会议的职权，管理人所拟定的破产财产变价方案原则上应经债权人会议讨论通过，只有在债权人会议表决未通过的情况下，才由人民法院裁定，变价方式以拍卖为原则，但是债权人会议可以以决议的形式改变变价方式。虽然拍卖不以破产债务人意志为转移，但与强制执行程序不同的是，破产变价程序的决定权在债权人会议而不是法院手里，债权人会议毫无疑问是私主体。第三，管理人采用拍卖的方式变价破产财产，应当委托专业的拍卖机构进行拍卖。③ 管理人与拍卖人之间的地位是平等的，二者之间的关系是自愿、有偿的，拍卖人有权拒绝管理人的委托。在强制执行程序中，一方面人民法院可以自行拍卖，另一方面即使委托专业拍卖机构进行拍卖，考虑到人民法院在强制拍卖中行使的是法律赋予的执行权，人民法院与拍卖人之间的关系与其说是委托关系，毋宁说是协助执行关系，拍卖人应当接收人民法院的委托，而且二者地位并不平等，拍卖人应该接受法院的监督。④ 第四，人民法院固然不能成为强制拍卖后买卖合同的一方当事人，但是管理人作为民事主体，又具有管理和处分债务人财产的职责，在处理破产事务过程中势必会与其他市场交易主体

① 参见沈贵明主编：《破产法学》，郑州大学出版社 2004 年版，第 9 页。

② 参见李国光主编：《新破产法理解与适用》，人民法院出版社 2006 年版，第 140~141 页。

③ 参见邹海林：《破产法——程序理念与制度结构解析》，中国社会科学出版社 2016 年版，第 499 页。

④ 参见刘宁元：《中国拍卖法律制度研究》，北京大学出版社 2008 年版，第 230 页。

签订合同，成为买卖合同一方当事人并无法理上的障碍。在实践中，变卖的情形下是由管理人作为一方当事人与买受人签订买卖合同，拍卖的情形下，拍定人和管理人（清算组）之间仍然要签订买卖协议或者转让协议。① 因此在我国法学理论与实践中，破产变价程序与强制执行程序的性质不同，破产变价程序并不属于强制执行程序，至少不能完全为强制执行程序所涵括。而且完全可以满足优先购买权行使所需的前提条件，即存在买卖合同。

姑且不论破产变价程序是否属于强制执行程序，根据我国现行法的规定，即使是强制执行程序也有优先购买权适用的可能，2013 年《公司法》第 72 条就规定，人民法院依照法律规定的强制执行程序转让股东的股权时，应当通知公司及全体股东，其他股东在同等条件下有优先购买权。按照现行法律、司法解释的规定，在强制执行程序中，采用拍卖的执行方式，也有优先购买权适用的空间，更遑论与强制执行程序相比公法属性更弱的破产变价程序。因此，试图用将破产变价程序归为强制执行程序，进而尝试从解释论上建立一种统一的，能够在破产变价程序中排除承租人优先购买权的努力无疑是不成功的。但只能说这一尝试是不成功的，而不能认为破产程序中就因此可以适用承租人优先购买权。破产程序中能否适用优先购买权，如何适用优先购买权，可能还需要探诸优先购买权这一制度冀图实现的目的，将其与破产法公平与效率的目的进行权衡，才能进而判断。

（二）承租人优先购买权与破产法目的相冲突

虽然学界对于破产法的功能有不同的看法，但普遍都承认，在平等的基础上，使全体债权人的利益最大限度地得到满足和保护债务人并实现债

① 比如在李东方诉包头市石拐矿区百货公司破产清算组公司拍卖合同纠纷案中，清算组与拍定人之间即签订了拍卖买卖协议，内蒙古高级人民法院（2015）内民提一字第 00011 号民事判决书，北大法宝引证码 CLI. C. 9635666；在衡水百草堂医药连锁有限公司与财达证券有限责任公司、河北证券有限责任公司租赁合同纠纷案中，管理人经债权人会议的批准采用了变卖的方式处理破产财产，与受让人签订了《河北证券房产转让书》，河北省高级人民法院（2014）冀民二终字第 170 号民事判决书，北大法宝引证码 CLI. C. 8462693。

务人企业的重生，这两点应为破产法律规范中最为核心的理念。① 一般而言进入了破产变价程序后，破产企业几无重生的可能，因此破产变价以全体债权人的利益最大程度得到满足为首要目标。为实现这一目标在变价制度的设计与实施过程中应当遵循公平原则和效率原则。② 故而任何利益相关方应当一视同仁，任何降低债务人资产处置的效率，有损于债务人财产的价值进而危害全体债权人利益的行为都不应为破产程序所容。而且在破产程序中各方主体都可能需要作出一定的让步，牺牲一部分的利益，承租人也不例外。优先购买权限制了出卖人选择相对人的自由，限制了出卖人的处分权。在破产程序中破产债务人，或谓出卖人出卖的财产的价值存在减损之虞。具体而言，承租人优先购买权与破产清算有以下冲突之处。

1. 承租人优先购买权会减损破产财产变价价格

破产法以全体债权人利益最大化为目标，为了实现这一目标，在破产变价程序中应当坚持破产财产价值的最大化，而破产财产价值的最大化最为直接的体现就是破产财产出卖价格的最大化，破产财产变价的价格越高，破产债权人利益保障越为充足。但承租人的优先购买权会阻碍这一目标的实现。

在一般的情形下，潜在的买受人考虑到承租人可能不愿意或不能行使优先购买权，因而愿意去购买存在优先购买权的房屋。③ 换言之，承租人的优先购买权对潜在买受人的购买意愿、为购买房屋而支出的成本等因素影响不大。但是潜在买受人还是必须考虑其购买的房屋上存在优先购买权，也就是说要么潜在的买受人需要去调查承租人的购买能力，增大其于交易中的调查成本，要么潜在的买受人需要承担承租人行使优先购买权，导致其前期投入的成本落空的风险。这或多或少都会将一部分潜在的买受人排除于交易之外。即使参与交易，买受人也会降低预期的交易价格。出

① 参见李永军：《破产法律制度》，中国法制出版社 2000 年版，第 11~13 页；韩长印主编：《破产法学》（第二版），中国政法大学出版社 2016 年版，第 13~15 页；范健、王建文：《破产法》，法律出版社 2009 年版，第 4~6 页。

② 参见关宪法、张鹏：《债务人财产变价原则的确立与完善》，载王欣新、郑志斌主编《破产法论坛（第十辑）》，法律出版社 2015 年版，第 258~259 页。

③ 参见［德］鲍尔、施蒂尔纳：《德国物权法（上册）》，张双根译，法律出版社 2004 年版，第 468 页。

卖人未破产时，出卖人是否出卖标的物可由其自由选择，这一利益的减损由出卖人直接承担，出卖人可能出于某种特殊关系，考虑长远的商业利益等目的，在出卖房产时可以不追求该标的物价格的最大化。但在出卖人破产时，尤其是当已经进入了破产变价程序，因为优先购买权的存在导致变价的财产价值的减损是由破产债权人来最终承担，原破产债务人，即出卖人的特殊关系、长远商业利益俱不存在，破产财产的变价以财产价格的最大化为唯一目标。承租人优先购买权不利于破产财产价格最大化的弊端在破产程序中就显得格外突出。

而且实际上，承租人的优先购买权也有可能对房屋出卖的价格造成直接的减损。比如在承租人的预期报价高于第三人的情形下，因为第三人先进行报价，承租人只需要与第三人的报价相同即可，那么出租人实际上就丧失了承租人可能报出的高价与第三人的报价之间的差额。①

2. 承租人优先购买权会降低破产程序的效率

破产变价程序为了实现破产财产价值最大化的目标，除了追求破产财产变卖价格最大化外，还应该最为高效地实现这一目的。尽快将破产财产变现才能尽快地进行破产分配，使得破产债权人得到公平清偿，虽然《企业破产法》对于破产财产变价的要求是适时而非及时，但是关键在于破产财产的价值不因变价而贬损。承租人优先购买权另一个广为诟病的缺陷在于规定的模糊与适用的复杂。② 在破产程序中这一缺陷尤为突出，愈复杂的程序意味着愈高的时间成本，将会降低破产变价程序的效率，继而影响财产的价值。

《合同法》第230条对于承租人优先购买权的规定只有寥寥数字，其中合理期限与同等条件用语模糊，如何适用成为长期困扰实务界的问题。首先，同等条件的含义如何暂且不论，仅同等条件如何确定就将直接影响到出卖的效率。有学者为了减少重复买卖的发生，建议可以在出卖人确定买卖条件时，出卖人先以某一条件向承租人发出要约，若承租人未与承诺，则出卖人可与第三人以不低于该要约的条件缔结合同；而由第三人向出卖人发出要约时，则出卖人应向承租人发出同一条件的要件，待承租人

---

① 参见周珺：《承租人优先购买权否定论》，载《政法论丛》2014年第6期。

② 参见李群星：《对承租人优先购买权制度的评析与反思》，载《法律适用》2006年第6期。

未与承诺得与第三人缔结合同。① 这一做法尚为简化之后，若不简化更是繁之又繁。管理人在变价破产财产时还需要考虑这些繁琐的程序，破产变价的效率势必会受到影响。

其次，合理期限为多长对破产程序效率影响更大。根据《最高人民法院关于审理城镇房屋租赁合同纠纷案件具体应用法律若干问题的解释》第 24 条第 3 款的规定，若出卖人通知了承租人，承租人行使优先购买权的期限已经较为明确，即承租人在出卖人履行通知义务后 15 天内未明确表示购买的不得再主张优先购买权。但是若出卖人未通知承租人，则承租人行使期限没有明确规定。承租人的优先购买权缺少行使期限，会危及已经因交易形成的稳定秩序。② 在承租人众多的情况下，承租人可能会以未通知为由而要求行使优先购买权，或者以优先购买权受侵害为由要求损害赔偿，进而产生大量的诉累。③ 这些都将导致破产变价程序效率低下。

3. 整体出售中承租人优先购买权对债权人利益最大化的妨碍

在具体制度设计上二者的冲突更为清晰。实践中存在承租人只承租房屋的部分，而出卖人出卖房屋整体的情形，也存在出卖人将存在租赁关系的房屋与其他标的物捆绑出卖的情形。这一种出卖方式在破产法领域尤为常见，比如为了实现破产程序所追求的债务人利益以及全体债权人利益保护的目标，破产变价中存在将破产企业全部或部分变卖的变价方式，即将破产企业视为一个整体或将其一部分进行变价，单独变卖的一部分往往是一个独立的营业项目，这样可以维持原企业或项目营业的稳定，减少企业

① 参见戴孟勇：《房屋承租人优先购买权之研究》，载崔建远主编《民法九人行（第四卷）》，法律出版社 2010 年版，第 86~87 页。

② 参见常鹏翱：《论优先购买权的行使要件》，载《当代法学》2013 年第 6 期。

③ 比如在黔江拓城房地产公司破产一案中，因承租人众多，能够查到的涉及承租人优先购买权的判决书就有（2010）渝四中法民终字第 00383 号、（2011）渝四中法民终字第 00757 号、第 00138 号、第 187 号、第 194 号、第 00170 号、第 00139 号、第 00172 号、第 00137 号、第 00182 号、第 00186 号、第 00153 号、第 00167 号、第 00397 号、第 189 号、第 147 号、第 188 号、第 176 号、第 32 号、第 302 号、第 140 号、第 00184 号、第 127 号、第 407 号等共计 24 份民事判决书。

破产对其价值的影响的同时保障就业，也能实现破产财产价值的最大化。① 以至于有学者认为，为了最大限度发挥破产财产的效用，避免浪费社会资源，应以整体变价为原则。② 除此之外，为了实现破产财产变现价值的最大化，管理人也有可能将破产企业的不良资产与优良资产捆绑出售。

在出租人未破产的情况下，最高人民法院对于出租人将房产整体出卖的情形，是否应承认承租人就部分或整体行使优先购买权的问题有专门的规定，在《最高人民法院关于承租部分房屋的承租人在出租人整体出卖房屋时是否享有优先购买权的复函》中，其认为应从房屋使用功能和承租人承租比例两个方面进行考虑，如果承租人承租的部分是可分的、使用功能可以独立的，承租人仅可就其承租的部分行使优先购买权；如果承租人承租的部分是不可分的，使用功能上具有整体性，或者承租部分占出租人出卖房屋的一半以上时，承租人可以就出租人出卖的全部房屋享有优先购买权。

但是这一做法显然与破产法所追求的债权人利益最大化的目标相背离。破产财产变价采用企业整体或部分营业出售的方式，是管理人基于合理的商业判断标准所拟定的，经债权人会议通过的，能够实现破产财产价值最大化的变价方式。决定采用整体出售的方式就说明这种变价方式所保留的价值远大于单独出售。③ 因此无论承租人承租的部分是否可以独立存在，是否占出卖房屋的一半以上，都不应该就该房屋行使优先购买权。而且既然承租人的优先购买权是对承租人利益的倾斜保护，破产程序中应当限制而非扩大这种保护的范围，既不承认承租人就其承租的房屋享有优先购买权，更不应承认承租人就整体出售的企业或部分营业享有优先购买权。而在不良资产和优良资产捆绑出售的情形下，捆绑出售的各房产之间的联系可能并不紧密，甚至并无关联，只是为了资产处置方便而捆绑，承

① 参见安建主编：《中华人民共和国企业破产法释义》，法律出版社 2006 年版，第 155 页。

② 参见罗培新主编：《破产法》，格致出版社 2009 年版，第 321 页。

③ 参见李培进编著：《企业破产法的理论与实践》，中国政法大学出版社 2011 年版，第 229 页。

租人也不能就房产中的承租部分或者房产全部行使优先购买权。①

（三）承租人的利益于破产程序中没有特别保护的必要

当然，并不是说与破产法的目的与价值相悖的制度统统都应该被破产程序所排除，关于破产企业职工保护的各种规定也有可能减损破产财产的价值，降低破产程序的效率，甚至直接影响到公平受偿，但是因为职工在破产程序中确有倾斜保护的必要，因此于破产法律规范中也应有所体现。而且破产程序原则上应当继续保留债务人的利害关系人就债务人所享有的各项权利，除非破产法的目的重要到必须改变与之相关的法律规则。② 因此探究破产程序是否应该改变有关承租人优先购买权的规则，不妨先探讨承租人优先购买权所要保护的利益，在此基础上判断这一利益于破产法上是否也有保护的必要，以及是否存在替代制度也可以对这些利益予以保护。

法律为何要赋予承租人以优先购买权，往往基于以下的原因，一是保持现有物的利用关系的稳定，提高房屋的利用效率，承租人与所有人的合一可以使物的所有权恢复到完整的状态，有利于物的价值的最大化，同时可以减少承租人搬迁的成本。③ 二是承租人相对于房屋出租人往往处于弱

---

① 在衡水百草堂医药连锁有限公司与财达证券有限责任公司、河北证券有限责任公司租赁合同纠纷一案中，一审法院认为："河北证券破产管理人为使破产企业财产利益最大化，降低处置财产成本，及时回收现金，将一些优质资产与一些不良资产打包处置符合破产企业处置资产的原则……河北证券破产管理人与财达证券、河北财达资产管理有限公司之间签订的《河北证券房产转让合同书》中，合同标的是河北证券在河北的六处房产，该六处房产作为一个整体资产包进行处置，而不是针对每一处房产进行单独处置。百草堂作为一处房产的承租人对整体资产包没有优先购买权。"二审法院认为："河北证券破产管理人从利益最大化和破产程序的特定要求出发，将涉案房产与其他房产打包整体处置无可厚非。百草堂只同意购买其租赁部分的房产，百草堂购买房产的条件与河北证券破产管理人处置房产的条件不是同等条件，百草堂主张的优先购买权不成立。"河北省高级人民法院（2014）冀民二终字第 170 号民事判决书，北大法宝引证码 CLI. C. 8462693。

② 参见王欣新、余艳萍：《论破产程序中待履行合同的处理方式及法律效果》，载王欣新、尹正友主编《破产法论坛（第四辑）》，法律出版社 2010 年版，第 115 页。

③ 参见奚晓明主编：《最高人民法院关于审理城镇房屋租赁合同纠纷案件司法解释的理解与适用》，人民法院出版社 2009 年版，第 281~282 页。

势地位，其居住权利应当得到保障，法律赋予承租人以优先购买权有助于弱者权益的保护。① 有反对承租人优先购买权的学者认为，这两个理由都站不住脚。前一理由出于经济效益的考量，在限制出卖人对房产的自由处分权赋予承租人优先购买权的同时又没有让承租人给予出卖人（出租人）适当的补偿，明显偏重于承租人，二者权利义务不对等；后一理由则是建立在承租人是弱者的前提之下，但是在商业用房租赁中，很难说承租人是弱者，而在居住用租赁中，承租人又有其他保护自身合法权益的方式，因此也没有规定优先购买权的必要。②

当然该学者是针对一般情况而不是在出租人破产这一特殊前提下进行讨论的。破产程序是以债权人利益保护为中心，在此基础上，承租人的优先购买权与破产程序的目的更是显得格格不入。首先，正如反对承租人优先购买权的学者所认为的，法律赋予承租人以优先购买权对出租人却没有任何补偿，而这里因为出租人已经陷入破产的境地，出租人的利益实际上就是全体债权人的利益，那么侵害出租人的利益就是侵害全体债权人的利益。其次，弱者保护并不是破产法的首要目标。有学者认为考虑到只有租赁住房与基本生活保障相关，应当在破产程序中对房屋进行限缩解释，只指租赁住房而不包括办公用房和厂房。③ 但是实际上，考虑到我国很长一段时间都是由企业负责职工的福利，现有的规范性文件已经对需要保护的职工住房进行了安排。如《最高人民法院关于审理企业破产案件若干问题的规定》第81条规定："破产企业的职工住房，已经签订合同、交付房款，进行房改给个人的，不属于破产财产。未进行房改的，可由清算组向有关部门申请办理房改事项，向职工出售。"如果没有相应的社会保障体系，即使赋予承租人优先购买权，因为管理人的解除权的存在，住房承租人也可能因出租人破产而丧失居住之房屋；而随着社会保障体系的健全，以及买卖不破租赁制度的存在，即使不赋予承租人优先购买权，住房承租人居住的基本权益也可以得到满足。因此不再需要借助优先购买权制

① 参见李开国、黄明耀：《论房屋买卖中的优先购买权》，载《中南政法学院学报》1993年第2期。

② 参见戴孟勇：《论〈民法典合同编（草案）〉中法定优先购买权的取舍》，载《东方法学》2018年第4期。

③ 参见蔡晖：《破产程序中租赁权的行使及限制》，载《人民法院报》2003年9月3日。

度予以保障。虽然我国现行《企业破产法》以及相应的政策性文件对于破产企业职工有一定的倾斜，但是并不存在对于所有承租人一律都给予倾斜保护的必要性。

在债务人破产的情况下，债务人可以用于清偿的资产大致是固定的，向某一方倾斜保护就必然会导致其他人的利益受损，又缺少充分的理由说明承租人确有倾斜保护的必要。因此，本文认为，承租人优先购买权与破产程序的目的和价值冲突较大，且没有在破产程序中得以保留的理由，应当在破产变价程序中排除承租人优先购买权的适用。

三、现阶段承租人优先购买权于破产拍卖程序中的限制

既然现行法仍然保留了承租人法定优先购买权的规定，也没有于破产法中直接规定应在破产程序中排除承租人优先购买权适用的，那么在实践中仍然面临着如何协调破产程序与承租人优先购买权的问题。本文认为，在法律排除破产程序中承租人优先购买权的适用之前，有必要对于承租人的优先购买权予以一定限制。而拍卖是一种最为重要的也最为常用的变价手段，下文主要分析承租人优先购买权在以拍卖的形式变价破产财产中的适用方式。

（一）现阶段破产拍卖变价中优先购买权的实现方式

拍卖具有公开集中竞价和拍卖程序公开独立等特点，因此采用拍卖的方式足以保证变价程序的公开与公正，实现破产财产价值最大化，有助于最大限度地维护破产债权人的利益。① 因此破产程序中应当以拍卖变价为原则。而在拍卖变价中是否有承租人优先购买权适用的空间，理论与实践中有不同的看法。《最高人民法院关于人民法院民事执行中拍卖、变卖财产的规定》（法释［2004］16号）第16条规定："拍卖过程中，有最高应价时，优先购买权人可以表示以该最高价买受，如无更高应价，则拍归优先购买权人；如有更高应价，而优先购买权人不作表示的，则拍归该应价最高的竞买人。"也即在强制执行的拍卖程序中，仍然有优先购买权的

① 参见王延川主编：《破产法理论与实务》，中国政法大学出版社2009年版，第258页。

存在，除此之外，各地方法院所制定的有关执行的文件之中，也有拍卖程序可得行使优先购买权的规定的存在。① 一般而言，在拍卖程序中行使优先购买权的做法如下：在拍卖之前须通知优先购买权人到场；在拍卖过程中，在其他竞拍人确定一最高价的前提下，优先购买权人可以直接以该价格优先拍得该标的物，除非有更高竞价，相当于其他竞拍人需要和优先购买权人再进行一次竞价。

（二）理论界对现行实务做法的批评

对于在拍卖程序中允许优先购买权行使的规定，理论普遍持否定意见。其理由在于，首先，在拍卖中行使优先购买权会导致拍卖人数减少，最终的拍卖价格降低，不利于拍卖物所有人的利益，并最终影响债权人的利益。② 其次，以委托拍卖的方式或公开招标的方式变价破产财产在性质上与优先购买权的行使有冲突。③ 拍卖或公开招标等竞买的方式是多个竞买者之间相互竞争角逐，各个竞买者的地位应当平等，而优先购买权人的存在无疑打破了这一平等。如果竞买中有优先购买权人存在，竞买人无疑需要在竞买的博弈中花费更多成本，进而可能不去参加竞买。竞买人已经投了一定的金钱和时间，报出了最高价，仍然需要和优先购买权人继续进

---

① 比如北京市高级人民法院 2013 年 12 月 18 日修订的《北京市法院执行工作规范》第 296 条："拍卖过程中，有最高应价时，优先购买权人可以表示以该最高价买受，如无更高应价，则拍归优先购买权人；如有更高应价，而优先购买权人不作买受的表示的，则拍归该应价最高的竞买人。顺序相同的多个优先购买权人同时表示买受的，以抽签方式决定买受人。"上海市高级人民法院 2015 年所印发的《上海市高级人民法院关于在执行程序中审查和处理房屋租赁权有关问题的解答（试行）》（沪高法［2015］75 号）第 19 条："拍卖是买卖的一种特殊形式，但其性质是买卖，不能剥夺承租人优先购买的权利，出租人或者拍卖行依然有义务通知承租人拍卖事宜。具体操作可以参照《最高人民法院关于人民法院民事执行中拍卖、变卖财产的规定》，其中第 16 条规定：'拍卖过程中，有最高应价时，优先购买权人可以表示以该最高价买受，如无更高应价，则拍归优先购买权人；如有更高应价，而优先购买权人不作表示的，则拍归该应价最高的竞买人。'"

② 参见王泽鉴：《民法学说与判例研究（第一册）》，北京大学出版社 2009 年版，第 319 页。

③ 参见李永军、王欣新、邹海林、徐阳光：《破产法》（第二版），中国政法大学出版社 2017 年版，第 256 页。

行下一轮的竞买，不仅会影响该买受人的利益，而且会影响拍卖的公信力。① 在价高者得的竞价环节中绝对排除同等条件的适用。② 本文也赞同上述学者的观点，即不应在竞价环节赋予承租人优先购买权，竞价程序就应当以价高者得为原则，不能在竞买人已经报出最高价之后，仍然允许另外一个人以该价格优先买受。

（三）破产拍卖程序中优先购买权的调整

有学者认为，为解决优先购买权与拍卖性质上的冲突，可以设计两段式的模式，在提交拍卖前出卖人应当先询问优先购买权人的意见，只有在优先购买权人的报价不能满足出卖人的预期时，才能以第一段中优先购买权人所提出的最高价为保留价进行拍卖。③

本文认为，这一建议可以协调一般情形下优先购买权与拍卖性质上的冲突，但是在破产程序中存在下列两个问题，第一是破产财产的变价方式只能由债权人会议或者法院确定，管理人不能自行决定处理方式，除非债权人会议许可管理人以这种形式处理破产财产，否则管理人不能先行与优先购买权人以非拍卖的方式进行变价。第二是这一操作相较于一次拍卖程序无疑更为耗时费力，将会降低破产变价的效率。正如上所述，越为复杂的程序成本越高，相应的债权人可得利益也越少。而且未经过拍卖程序，管理人仅根据破产财产的评估与承租人的报价也不能确保破产财产价值的最大化。因此本文认为在破产程序中，上述方案不是最优的选择。

因为承租人优先购买权确与拍卖等竞价方式价高者得的原则相冲突，而且也没有在破产程序中予以特别保护的必要性，为了尽可能地确保变价程序的效率，降低优先购买权对于变价财产价值的影响。在破产程序中，承租人的优先购买权可以转换为对拍卖事实的知情权。根据《最高人民法院关于审理城镇房屋租赁合同纠纷案件具体应用法律若干问题的解释》第 23 条的规定，出租人委托拍卖人拍卖租赁房屋，应当在拍卖 5 日前通

① 参见戴孟勇：《房屋承租人优先购买权之研究》，载崔建远主编《民法九人行（第四卷）》，法律出版社 2010 年版，第 83 页。

② 参见易军、宁红丽：《合同法分则制度研究》，人民法院出版社 2003 年版，第 205~206 页。

③ 参见刘宁元：《中国拍卖法律制度研究》，北京大学出版社 2008 年版，第 66 页。

知承租人。当然因为在破产程序中由管理人负责处理破产事务，因此应当由管理人在拍卖5日前通知承租人参加拍卖。承租人虽然不能在其他竞拍人的最高价的基础上优先购得其租赁的房屋，但是可以参与拍卖，公平竞争，以最高价购得其承租的房产。只要管理人尽到了通知义务，承租人不参加拍卖或者参加拍卖未以最高价拍得该标的物，均视为放弃优先购买权，不得于拍卖之后另行要求行使优先购买权，或者以优先购买权受损为由请求损害赔偿。而且根据本文的分析，破产变价程序并不属于强制执行程序，因此在破产变价程序可以不遵循有关强制执行、强制拍卖的司法解释，破产变价程序中优先购买权转换为知情权也不存在现行法上的障碍。

实践中有法院认为，在报纸上刊登拍卖公告即视为履行了告知义务。① 但本文认为，对承租人的拍卖通知在形式上应与一般的拍卖公告不同。拍卖公告是拍卖人向公众发布信息，使得潜在竞拍人了解拍卖信息的法定方式。一般情况下拍卖企业会习惯于固定选择一家报纸作为发布信息的平台。② 但这一种公告所针对的对象显然是长期关注拍卖的潜在竞拍人，承租人往往不关注报纸上的拍卖事宜，在报纸上公告很难称之为通知承租人。即使是互联网上的公告可能也难以获悉。《企业破产法》第14条第1款规定对于已知的债权人采用通知，同时还要予以公告以通知潜在债权人，也可以说明通知不同于公告。房屋承租人与已知债权人类似，是人数有限且身份确定的，采用直接通知的方式也不会增加过多的成本。故而一般情况下管理人只是采用了拍卖公告的形式不能认为已经尽到了通知义务，须就此向未参加拍卖程序而主张优先购买权受损的承租人承担损害赔偿责任。若产生纠纷，应由管理人举证证明其已经尽到了通知的义务。

---

① 在谭友莲与重庆市黔江区拓城房地产经营公司等房屋买卖合同纠纷上诉案中，重庆市第四中级人民法院即认为："黔江拓城房地产公司被人民法院宣告破产后，依法在《武陵都市报》上公告，告知破产财产即将被依法拍卖的事实和通知谭友莲等房屋租赁人主张优先购买权，由此应当认定谭友莲在争议房屋处分前知道该房屋可能被处分的事实……而谭友莲没有参加拍卖或者参加拍卖后没有以最高价款购得租赁房屋，故应当认定谭友莲丧失了对争议房屋的优先购买权。"重庆市第四中级人民法院（2010）渝四中法民终字第00383号民事判决书，北大法宝引证码CLI. C. 299009。

② 参见刘宁元：《中国拍卖法律制度研究》，北京大学出版社2008年版，第176页。

结　语

承租人的优先购买权与管理人的解除权密切相关。承租人优先购买权是法定优先购买权，应随法律规定的特定法律关系，即租赁关系的存在而成立。或谓优先购买权行使主体适格，即法定基础法律关系客观存在并具有法律效力，一方民事主体为承租人，才有优先购买权之适用。因此若租赁合同宣告无效、被撤销、被解除，自然也没有优先购买权的存在。故而在实践中，管理人往往利用管理人的解除权解除原租赁合同，或者签订一个到该房产拍卖时自动解除或终止的租赁合同，即可以回避承租人优先购买权在破产变价程序中的困扰。① 现阶段尚未排除破产程序中承租人的优先购买权，管理人的解除权一定程度上可以缓解承租人优先购买权与破产程序的冲突，但是考虑到承租人的优先购买权与破产程序不能兼容，最终仍应以立法的方式排除破产变价程序中承租人的优先购买权。

① 比如在宋承志与崔随兵排除妨害纠纷上诉一案中，菏泽市牡丹区供销社东方大厦破产清算组即与宋承志签订房屋租赁合同一份，其租赁期限自 2007 年 7 月 1 日起至该楼房拍卖之日或破产终结之日止，山东省菏泽市中级人民法院（2014）菏民一终字第 414 号民事判决书，北大法宝引证码 CLI. C. 3277529。

破产法视角下的银行扣款还贷行为

郭晓晴*

内容提要：银行通过扣划存户存款偿还贷款的行为在现实中被广泛使用，但当企业已经出现破产原因，在破产受理前一段时间内的银行扣款还贷的行为效力如何，在理论上和实践上都认识迥异。破产程序旨在保障全体债权人基本上能获得公平受偿，但不能就此否认一些特殊债权的优先清偿位阶。本质上，银行扣款还贷行为是在行使破产抵销权，我国应认可其效力，但需在今后立法中增加限制性条件，以免银行滥用此种权利，损害其他债权人的利益。

一、问题的提出

在企业与商业银行的法律关系中，同时存在存款法律关系和贷款法律关系的情形十分常见。在贷款法律关系中，为降低日后不能收回贷款本金及利息的风险，商业银行一般会与企业约定加速到期条款，若企业日后不能按时返还贷款本金及其利息，其可以通过划扣企业存款账户相应资金的方式清偿所欠款项。由于双方存在约定，因此实务上一般对该条款的效力予以认可。但若划扣行为发生在破产原因出现后，此种扣款还贷行为是否有效，在司法实践中不无争议。若承认银行扣款行为的效力，则事实上使银行取得了对破产企业贷款债权的优先权，那么破产债务人与借贷合同之外的其他债权人之间关于特定债权优位对待的约定之效力是否应当同样得到承认？这是否符合债权平等清偿的原则？由于银行事实上具有对存款账

---

* 郭晓晴，武汉大学法学院 2017 级民商法硕士研究生。

户的控制权，因此可轻易划扣相应款项。但在司法实践中，管理人接管破产企业后，往往会基于《企业破产法》第 31 条和第 32 条的规定向人民法院申请撤销前述单方扣款收贷行为。由于法律并未对此问题作出明确规定，审判实务中的裁判后果也尚未统一，导致这一问题在理论界和实务界争论不休，亟待明确。笔者认为，对这一问题的分析，前提是根据企业和银行存款法律关系，明确银行扣款行为的性质，并结合破产程序的特点，确定银行在破产程序中扣款还贷行为的法律后果。

二、司法实践的分歧

（一）观点一：银行扣款还贷行为构成清偿

对于认定为清偿行为的理由，有法院径直依据《企业破产法》第 16 条，认为该行为属于破产申请受理后无效的个别清偿行为，要求银行返还扣划款。① 也有法院认为债务人对银行账户资金享有的是所有权而非债权，② 还有法院认为扣款行为构成现实的交付，而债权抵销本质上是观念交付，无需作现实的交付，③ 也有法院认为允许银行对债务人银行账户资金行使抵销权将违背破产法公平受偿原则，④ 因此银行扣款行为不构成抵销。

对于认定为清偿行为后可否行使撤销权，司法实务也有两种观点。一是，银行在并不明知债务人出现了破产原因的情形下，单方宣布借款提前到期和直接扣划债务人账户存款的行为有合同依据，不符合《企业破产

---

① 参见瑞安融信联合会计师事务所与中信银行股份有限公司温州瑞安支行与破产有关纠纷案、温州华明会计师事务所有限公司与中国农业银行股份有限公司瑞安市支行请求撤销个别清偿行为纠纷案。

② 参见“江苏江南农村商业银行股份有限公司、常州新北区商汇担保有限公司与常州新北区商汇担保有限公司请求撤销个别清偿行为纠纷案”、“南京市六合区人民法院宇扬金属公司管理人与农行雨花台支行破产撤销权纠纷案”。

③ 参见“招商银行股份有限公司杭州保俶支行与浙江点金律师事务所、江苏百年东吴律师事务所等请求撤销个别清偿行为纠纷案”。

④ 参见“浙江六和律师事务所与中国建设银行股份有限公司湖州分行破产撤销权纠纷案”。

法》第 32 条规定的破产撤销权的构成要件。二是，在债务人破产之前 6 个月内即便是按约收回贷款，根据《企业破产法》第 32 条，也属损害其他债权人利益的个别清偿行为，应予以撤销。上述两种说法的出现是由于对《企业破产法》第 32 条有不同的理解，而对是否构成撤销权作出了不同的判断。但这并非本文讨论的重点，笔者在此不予赘述。

（二）观点二：扣款还贷可能构成抵销

有法院认定，扣款还贷行为构成抵销。理由有二：一是认为债务人对银行账户资金享有的是债权而非所有权，且银行对债务人银行账户资金行使抵销权对其他债权人的公平受偿不构成实质性损害。① 因此，满足相关条件应认为可构成抵销。二是双方成立储蓄存款合同时，债权人即银行不知企业不能清偿到期债务或者破产申请的事实，即债权人并非恶意负担债务，应对其债权予以保护。在审判实践中，法院一般根据其是否满足实体上和程序上的要件认定其是否构成抵销。在实体上，需满足两个条件，一为企业和银行需因储蓄存款合同以及贷款合同而互负债权债务，且双方之间的储蓄存款合同成立于法院受理破产申请受理前。而在程序上，其要求据以主张抵销的债权必须已向管理人依法申报并经法院裁定确认。②

（三）总结

司法实践的分歧，来源于对银行扣款还贷行为法律性质认定上的偏差。若认为企业和银行因订立存款合同而互负债权债务，只要不存在《企业破产法》第 40 条禁止抵销的情形，即可行使破产抵销权，此时不受破产撤销权的限制。而若认为该行为构成清偿，银行的扣款行为的效力需受各种限制，此时就存在撤销权适用的空间。

---

① 参见“宁波骏潮进出口有限公司破产管理人与中国银行股份有限公司余姚分行破产抵销权纠纷案”。

② 参见“忠成数码科技有限公司破产管理人与中国建设银行股份有限公司温州分行破产抵销权纠纷案”。

三、银行扣款还贷行为的法律性质

（一）存款合同法律关系的法律性质

对于银行和企业之间缔结的存款合同，企业拥有的是随时提取存款及收取相应利息的权利，也负有将存款交付给银行、接受银行利用其资金进行投资活动的义务。而对银行来说，银行负有保管存款、支付相关利息的义务，也拥有对存款资金进行支配利用的权利。双方法律关系的性质直接影响的就是存款所有权的归属。对此，法律上规定模糊，学理上也争议不断。对存款所有权归属的讨论主要分为债权说和物权说，也有学者认为此属于一种复合法律关系，① 单单认定为债权债务关系抑或授予物权使用权关系都是片面的。笔者认为，本文争议的关键点是银行扣款还贷行为是抵销行为还是清偿行为，这直接影响该行为的效力。因此，存款合同中对存款性质及所有权归属的认定甚为关键，以下主要就这两种观点进行介绍与讨论。

1. 法律规定

根据《商业银行法》第 71 条规定，当商业银行宣告破产时，个人储蓄存款的本金和利息是作为债权进行清偿的，即存款人不能主张取回权。而根据《存款保险条例》第 5 条第 3 款，存款保险基金管理机构理赔后，仅能取得存款人对银行的债权，可见存款人对其存款享有的是债权。而从《企业破产法》第 113 条对破产财产的清偿顺序的规定可知，所欠的存入个人账户的款项也是作为债权进行清偿的。同时，最高人民法院公布的公报案例也支持了该说法。在俞建水与中国工商银行股份有限公司上海市鞍山路支行、中国工商银行股份有限公司上海市杨浦支行储蓄存款合同纠纷案中，上海市第二中级人民法院认为："在储蓄存款合同关系中，存款人将存款存入银行后，资金所有权即归属于银行，存款人则享有依据储蓄存款合同向银行主张本息的债权。"

但法律也为存款人对存款仍拥有所有权提供了法律依据。如根据

① 参见邵明舟：《试论对生效裁判和执行行为的破产撤销权》，载《人民司法》2012 年第 10 期。

《继承法》第3条第2项明确规定，公民死亡时遗留的个人合法财产是遗产，其中包括储蓄存款。若公民对自己的储蓄存款没有所有权，即不可能构成个人财产。同时，根据《最高人民法院关于适用〈中华人民共和国担保法〉若干问题的解释》第85条规定，债务人或者第三人将其金钱以特户、封金、保证金等形式特定化后，可以作为债权的担保，当债务人不履行债务时可就该金钱优先受偿。这说明债权人可以用账户中的资金进行质押，虽然有观点认为此担保属于权利质押的范畴，① 但从该担保设立的公示方式可知，该担保以转移占有作为质权设立的公示要件，此可视为法律将其认定为动产质押，即存款人对存款仍拥有所有权，可以此作为质押的标的。为矛盾之处在于对存款本金及利息诉讼时效的规定。根据《最高人民法院关于审理民事案件适用诉讼时效制度若干问题的规定》第1条规定，存款本金及利息不适用于诉讼时效。若认为存款人拥有债权，就应适用诉讼时效。这其中反映了我国立法对该问题模糊不清的态度。

2. 学理观点

(1) 债权说

多数学者认为，根据货币“占有即所有”的属性，存款所有权应归属于银行，② 因此存款人对银行享有的是债权，失去了对货币的所有权。也有学者认为，若双方不构成债权债务关系，即若银行不拥有存款的所有权，则不能满足银行提供保管资金、支付利息服务的目的——任意使用存款并保留赚得的利润。③ 现代银行业以“吸收存款、发放贷款”为银行主要的业务模式，若银行不拥有货币的所有权，则无法达此目的。而且，由于存款人可随时支取存款，而银行却不能随时解除贷款合同，因此现实中构成了“存短贷长”的情形，在这一资产负债结构下，银行总是处于破产的危险中，若存款所有权属于存款人，银行在不能归还存款时可能构

---

① 参见董翠香：《账户质押论纲》，载《法学论坛》2006年第5期；赵一平：《论账户质押中的法律问题》，载《人民司法》2005年第8期。

② 参见汪鑫主编：《金融法学》，中国政法大学出版社1999年版，第200页；强力：《金融法学》，高等教育出版社2003年版，第114页；陈华彬：《物权法原理》，国家行政学院出版社1998年版，第467页。

③ 参见其木提：《货币所有权归属及其流转规则》，载《法学》2009年第11期。

成刑事犯罪，若存款所有权属于银行，则按照破产程序承担民事责任即可。① 而参见外国立法例可知，大陆法系及英美法系均认可存款所有权应归属于银行。所不同的是大陆法系主流观点认为银行与存款人之间的法律关系是消费寄托关系，英美法系的主流观点认为银行与存款人之间的法律关系是消费借贷关系。最后，有学者认为，存款所有权发生转移，风险也随之转移，当发生诸如犯罪分子私刻印章或伪造签名将存款取走或出现金融机构工作人员贪污、挪用公款等情形时，其侵害的对象是金融机构，侵害的客体是金融机构的财产所有权。从震惊一时的许霆案可知，当犯罪人盗取以存户存款为基础的银行资金时，侵犯的是银行对资金的所有权，即成立的是盗窃金融机构罪，而非以侵犯存户对存款的所有权定罪。②

因此，该观点认为存款人在交付存款货币后，银行拥有存款货币的所有权，存款人只拥有要求银行返还存款货币及利息的债权。

（2）物权说

物权说认为，存款的所有权归属于存款人。存款合同仅仅是将存款的使用权转移给银行，存款的所有权仍掌握在存款人手中。银行根据存款合同获得的也仅仅是存款的使用权。根据该学说，存款合同关系就是一种物权关系，存款人转让存款的使用权，但是存款的所有权仍属于存款人。③

该说有以下几点理由。一是基于对物权客体的考虑，存款是能为特定主体所直接支配的财产利益，因而是物权客体。二是物权说更符合生活常识，若一个人将存款存进银行即在法律上认为其丧失了所有权而只能向银行主张债权，显然不符合一般人的认知。三是认为存款人拥有存款所有权是物权价值化的体现，该说认为存款人虽然将货币交于银行，但作为价值形态存在的存款的所有权并没有发生移转，存款人仍然对银行账户资金享

① The Lord Cottenham LC 在著名的 Foley v Hill 案中确认了银行享有货币所有权，避免银行在破产时无力归还贷款而构成刑事犯罪，See Folev v. Hill and Others (1848) 2 H. L. C，np. 36-37。

② 参见许霆盗窃案判决书，2008 年粤高法刑一终字第 5 号。

③ 参见孟勤国：《物权二元结构论——中国物权制度的理论重构》，人民法院出版社 2002 年版，第 35~50 页；公孙致远编：《中国金融法律实务全书》，中国经济出版社 1994 年版，第 582 页；徐志珍、黄莹：《论银行存款的所有权归属》，载黄莹、孟勤国主编《中国物权法的理论探索》，武汉大学出版社 2004 年版，第 187 页。

有所有权，可以直接支配作为价值形态存在的银行账户资金。①

3. 笔者观点

从我国法律的规定上看，该问题的规定存在矛盾之处，因此不能为该问题提供有益的参考。而从理论观点上看，两种学说站在了不同的立场，债权说的理由更多的是固守货币“占有即所有”的特性，并从银行业利用存款资金便利性出发，沿着债权法律关系进行解释。而物权说更多是从所有权人财产神圣不可侵犯性出发，沿着所有权的路径进行解释。笔者认为，这两种看法都未关注货币本身的特点，即其存款货币本身是否符合物权特定的要求。在笔者看来，债权和物权之争源于我国对物权特定原则规定的缺失，最终导致两种学说各成一体，看似都能自圆其说，实则相互讨论的核心并不统一。

在学界，物权特定作为物权的一个基本原则争议不大。根据我国《物权法》第2条第3款，也可以看出物权特定原则的端倪，但法律上并未如物权法定、物权公示原则一样，将其规定为一项基本原则，而正在制定的《民法典物权法编》甚至删除了有关基本原则的规定，使得物权特定这一重要的原则未得到应有的重视。根据物权特定原则，要成为物权客体，行使物权请求权，必须满足特定化的要求。货币为动产，动产所有权的变动应该适用动产物权变动的规则。但在交易上，货币仅为一种价值符号，由于流通的需要和其本身辨识性较低，当法律行为无效或被撤销而主张返还货币时，仅主张债权法上的救济，即返还同等价值的货币。② 在存款合同中，亦同。当存款人将存款存入对应的银行账户，虽然银行账户有标志性的特征，如账号、户名，但根据该存款之后的流动轨迹可知，该存款货币不可避免地会与其他银行资金混合，共同作为银行贷款的基础，而由于货币流通的需要，不可能在货币上作出特定化的标识，之后存款人支取货币时也不可能要求返还与存入金钱一模一样的纸币。因此，在一般的存款法律关系中，当金钱变成存款货币后，因不符合特定化的要求，存款人不能主张物权返还请求权。而之所以可以作为质押的标的，是因为在作

① 参见张里安、李前伦：《论银行账户资金的权利属性——横向公司诉冶金公司、汉口支行案之理论评析》，载《法学论坛》2007年第5期。

② 参见其木提：《货币所有权归属及其流转规则》，载《法学》2009年第11期。

为质押的标的前，质押人已通过特户、封金等形式将这部分金钱特定化。在质押期间，该账户内的资金应保持在担保款项的范围内，即在账户中需保持相当部分的货币资金，不得流通。因此该部分货币可以作为动产质押的标的，而在一般存款合同中，则不存在该种特定化手段。

因此，笔者认为，存款人不因缔结存款合同而丧失货币的所有权，而是由于存款货币已不满足特定化的要求，存户虽然可以随时支取现金，但不是在行使物权返还请求权，因为原纸币已经流通不能返还。依据双方订立的存款合同，存款人可以要求返还与对应面值相等的金钱，这是一种债权请求权，即存款人不是因缔结存款合同而直接对银行享有返还货币的债权请求权，而是由于物权请求权不能行使，因此只能主张债权法上的救济。对此，德国法上也有相应规定。德国学界通说认为，金钱亦得为所有物返还请求权之标的，但仅以金钱在占有人处，且已特定化为限。仍存续之金钱价值，不得根据《德国民法典》第 985 条之规定请求返还，就此只能成立债法上的请求权。例如，丧失的金钱被占有人存入其银行账户时，所有物返还请求权即因此而消灭。

对于有看法认为存户仅因存款而失去了对货币所有权的观点有悖常识，笔者认为，在日常生活，一般人不会对权利的法律属性予以过多地关注，一般人都认识到，若其将金钱存入银行，必须容忍银行对此加以利用，而自己也将获得随时提取本金及其利息的权利，在这一法律关系中，双方不会发生争执。在一般存款法律关系中，存户拥有债权而非所有权并不会减损其享有的权利，存户依然可以随时要求返还存款本金和利息，因此不影响存款法律关系的存续。而若认为存户仍拥有所有权，则将发生无法返还原物所有权的困境，因为存款人事实上只能取得存款货币的替代物而非原物本身。虽然可以认为存在价值形态的存款货币所有权，但此时存款人取得的并非货币原物本身，仍然不符合原物返还请求权的要求。因此，笔者认为，银行拥有存款货币的所有权，存款人享有主张返还同等价值货币的债权请求权。

（二）银行扣款还贷行为在破产程序中的合法性

对于银行扣款还贷行为在破产程序中的合法性，首先需从银行扣款还贷行为本身出发，判断银行是否具有扣款还贷的权利。而后结合破产程序的特殊性，对该问题进一步分析。

1. 银行扣款还贷行为的合法性

对于银行扣款还贷行为的合法性，我国多部法律文件作出了肯定的回答，适用条件一般为当贷款逾期不能收回时，且双方事先对银行扣款行为有约定。如根据《贷款通则》第 22 条第 4 项，贷款人拥有“依合同约定从借款人账户上划收贷款本金和利息”的权利。而 1989 年《中国人民银行关于金融机构从贷款保证人存款账户直接扣收贷款问题的复函》，则明确了依据《国务院关于企业销贷收扣款顺序》，银行可以从借款人账户内按扣款顺序直接扣回到期贷款。根据 1994 年颁布的《中国人民银行关于“对银行、信用社扣划预收货款收贷应否退还问题”的函》，只要借款合同存在事前约定，银行、信用社对借款人的到期贷款，均有权按借贷合同约定从借款人账户存款中扣划收贷。根据 2000 年颁布的《中国人民银行加强金融机构依法收贷、清收不良资产的法律指导意见》，若双方有约定，金融机构可以直接从借款人或保证人的存款账户上扣收款项的方式对逾期贷款进行催收。由此可见，我国法律对银行扣款还贷的行为是认可的。

2. 银行扣款还贷行为在破产程序中的合法性

为了保护债权人的利益，我国的《企业破产法》不仅规制破产受理后减损破产财产的行为，对破产受理前企业的行为也作出了相应的限制。这是因为企业从出现破产原因到进入破产程序，尚有一段时间，在此时间内，可能出现不当减损企业财产的行为，导致债权人不能获得平等清偿。而在此期间内，银行是否有权进行扣款还贷，是本文讨论的重点。根据《最高人民法院关于审理企业破产案件若干问题的规定》第 15 条第 4 项，破产受理后银行一般不得实施扣款还贷行为。对于破产受理前的扣款还贷行为，笔者认为，首先需明确此期间内扣款还贷行为的性质。对此，学界存在抵销说、清偿说和折中说。其次，需考虑银行扣款还贷行为对其他债权人的影响，就此考虑银行扣款还贷的合法性和合理性。若承认银行在破产程序中具有扣款的权利，需考虑其限制要素。

(1) 抵销说

该学说是以企业与银行之间存在债权债务关系为基础的，企业因存款合同对银行拥有债权，又因贷款合同对银行负有债务，因而符合破产抵销权的条件，可以进行抵销。其主要理由有三。① 一是参考外国立法例的结果。二是认为破产抵销权的行使是保障银行金融债权的必要手段。三为若不允许银行行使抵销权，银行必将通过其他措施规避风险，对存款人可能更为不利。若认为是抵销行为，则需受《企业破产法》第 40 条有关破产抵销权行使的限制。

（2）清偿说

有人认为，借款人与银行之间的扣款还贷条款，实际上是一种附条件的委托授权，双方之间形成的是委托法律关系，当约定的条件成就时，银行可依据扣款还贷条款，利用自身控制借款人银行账户的便利，扣划借款人银行账户中的存款偿还欠缴贷款。由于银行是根据借款人的委托行使的扣款还贷行为，其法律效果无异于借款人主动清偿债务。② 因此，银行的扣款还贷行为实质是债务清偿行为。由于是清偿行为，其必须受到撤销权的限制，即根据其是否符合《企业破产法》第 32 条规定，决定是否予以撤销。也有观点认为，企业与银行交叉债权的发生并非完全是自由契约的结果，因此抵销权的行使可能构成了相对于其他债权人的垄断性特殊优势地位。③

（3）折中说

亦有部分学者认为不应一概而论，应具体问题具体分析，如王欣新教授认为，应区分不同账户的性质确定银行有无抵销权，对于企业定期存款账户中的资金，借款人有与银行发生交叉债权的明显意思表示，因此可以抵销；对企业保管类账户及结算账户中的资金，借款人与银行发生交叉债权的意思表示不明确，因此不能抵销。④

（4）笔者观点

① 参见王欣新：《银行贷款合同加速到期清偿在破产程序中的效力研究》，载《法治研究》2015 年第 6 期。

② 参见吴清林：《银行清收贷款中对抵销权的误读》，中国法院网，http：//www.chinacourt.org/article/detail/2006/10/id/221306.shtml，访问日期：2018 年 10 月 25 日。

③ 参见王欣新：《银行贷款合同加速到期清偿在破产程序中的效力研究》，载《法治研究》2015 年第 6 期。

④ 参见王欣新：《银行贷款合同加速到期清偿在破产程序中的效力研究》，载《法治研究》2015 年第 6 期。

基于上文分析，笔者认为，当企业在同一银行既拥有存款又有贷款的情形，属于双方互负债权债务，因此有破产抵销权的适用空间，此时不应认定为清偿行为。虽然抵销行为事实上使银行的贷款债权得到了优先清偿，但这是法律从银行业的特点出发，肯定银行与贷款人加速到期条款效力的结果，不能因为出现破产原因而否定其效力。因为不论是否出现破产原因，基于贷款人具有的不能还款的事实，银行都可根据加速到期条款，对贷款人在银行的存款账户资金予以抵销，这实质上也算是对贷款债权的一种担保，这是对银行这一资金体量庞大、资金流动快的行业所具有的风险的必要保障。此时，进入破产程序并未改变此种权利状态，并未造成银行与其他债权人之间利益的失衡，不宜就此剥夺其抵销的权利。但是，对于抵销权的行使，需受到一定的限制。首先是时间上的，银行只能对在破产申请受理前的贷款债权主张抵销。其次，需区分账户的类型，决定是否予以抵销。如对于定期存款账户的资金，可予以抵销。而对于信托账户，则不得主张抵销，因为双方不具有就此抵销的合意。而对于一些特定账户，由于已经特定化，权利人可以主张取回权。如我国审判实务认为，股民在证券机构缴存保证金的行为属于委托行为，保证金所有权属于股民所有。因此证券公司破产后，只要保证金没有被挪用，股票所有人享有依法取回保证金的权利。① 最后，也需加强规定，对破产程序前，存款人和银行恶意串通损害债权人的行为予以防范。目前，我国法律禁止银行在破产受理后行使抵销权，也对银行明知存在破产原因而采取措施以满足抵销权实施条件，进而主张抵销权的行为予以禁止，但仍不能避免银行恶意行使抵销权损害其他债权人的行为。如对于银行和企业恶意串通增加存款账户余额，从而通过抵销减少破产财产的行为，法律并未明确予以禁止。而《美国破产法》第 533（b）条进行了规制，其规定如果债权人在破产程序启动前 90 日内行使抵销权的行为减少了该笔主动债权与其所对应之被动债权之间的原本差额，那么便意味着该债权人的地位获得了提升而损害了其他债权人利益，管理人就得追回债权人多获得清偿的那部分财产。②

---

① 参见“广东国际信托投资公司破产案”，载《最高人民法院公报》2003 年第 3 期。

② See Charles Jordan Tabb, The Law of Bankruptcy, 2nd ed, Foundation Press, 2009, pp. 545-546.

结　语

银行扣款还贷行为，一方面为银行的资金安全提供了保障，另一方面也为了结双方的债权债务关系提供了便利。但在破产程序中，银行扣款还贷的行为事实上发生了优先清偿银行债权的效果，因此在实务中如何平衡银行与其他债权人的利益十分关键。对于此问题的思考，笔者从存款法律关系出发，确认债权债务关系的性质，认为存在抵销权行使的空间。同时，对于破产受理前银行扣款还贷的行为，笔者认为并未损害其他债权人的利益，不是具有偏颇性的清偿行为，因而在满足一定条件下，应允许银行通过行使破产抵销权扣划存款。但对于此项抵销权的行使，我国立法应加强规制。目前，我国未对债权人破产抵销权的行使规定主观要件，意味着只要债权人不存在《企业破产法》第40条禁止抵销的情形，即可以进行抵销。笔者认为主观要件在实践中难于认定，法律规定客观要件为宜。但相较于外国立法例，我国对客观要件规定的还不够周全，我国在今后修订法律时要对该问题予以关注，在允许银行行使抵销权的同时，避免其恶意损害其他债权人的利益。

人身侵权之债在企业破产中的清偿保障研究

刘学美*

内容提要：大规模侵权事件发生后，人身侵权之债作为一般债权很难在企业破产程序中得到清偿。但人身侵权之债关系到受害人的生存利益，且具有不可预见性和不可选择性，与财产侵权之债相比具有特殊性。故将其作为一般债权进行清偿既不利于保护受害人的人身利益，也易使得债务人本身的自我约束动力因此减弱。因此，人身侵权之债应当具有优先性，其可优先受偿的范围包括人身损害赔偿和精神损害赔偿，优先顺位具体表现为可采取固定比例优先规则与担保债权同位受偿。面对大规模侵权受害人数众多、赔偿数额巨大等特点，单从破产企业自身通过赋予人身侵权之债以优先性进行救济仍远不够，还需要立足于一种整体主义的视角，建立以侵权企业赔偿责任为主，行业基金与责任保险结合善后的清偿保障制度。

近年来，大规模侵权的案件层出不穷，引发了一系列的社会争议和问题。法律作为解决社会矛盾、维护社会公正最强有力的保障手段，在大规模侵权的救济问题上，却存在着诸多留白。其中，最亟待解决的问题是：责任企业面对如此大规模的受害者人数和赔偿数额，往往因资不抵债而走向破产，而侵权债权作为一般债权，在破产清算中实难获得清偿。最具典型的例子是，2009 年 11 月，河北省石家庄市中级人民法院作出裁定，终结已经没有任何破产财产的三鹿集团的破产程序。裁定显示，三鹿集团对

* 刘学美，中南财经政法大学法学院 2016 级民商法硕士研究生。

普通债权的清偿率为零，这就意味着全国30万的结石患儿将无法再从三鹿集团获得任何赔偿。① 继续赔偿和善后工作最终落到了政府身上，一"人"铸错，最后却由政府来买单和善后，这实际上也间接地增加了社会的负担。

反思为何三鹿集团对这30万患儿的侵权债权清偿率为零，能够发现，我国现有《民法总则》、《合同法》、《侵权责任法》及《企业破产法》所构筑的债权受偿顺位，是以"担保物权绝对优先"与"普通债权平等受偿"两大规则为核心实施的。而人身侵权债权正好归属于一般债权，须在担保债权悉数清偿完毕后，就剩余财产进行清偿。所以，在没有剩余财产的情形下，人身侵权债权自然无法得到清偿。但是，将人身侵权债权作为一般债权进行清偿，真的合理且合乎法律背后的价值吗？

一、人身侵权之债作为一般债权存在的问题

（一）理论上的缺陷

1. 忽视了人身侵权之债的特殊救济需求

学界一般将民法中的债划分为合同之债、侵权之债、无因管理之债、不当得利之债以及缔约过失之债。除侵权之债外，合同之债、无因管理之债、不当得利之债和缔约过失之债多与财产利益相关。而侵权之债包括人身侵权之债和财产侵权之债，财产侵权之债与前述四类债一致，多涉及财产利益，救济往往是针对财产的损失进行弥补。但人身侵权之债相较于其他债的种类，具有不同的内在属性，表现为："人身利益承载的对人格和身份的双重法律保护，是人之所以为人所应当享有的基本权利，如果民事主体丧失这些权利，就丧失了做人的资格和人的基本尊严与价值。"② 发生人身侵权时，侵害的往往是人的身体健康乃至于生命安全，如果人身权利不能得到充分救济，则会在极大程度上威胁到受害人的基本生存。所以

---

① 参见马利峰、罗思荣：《论人身损害赌偿之债在破产程序中的优先受偿》，载《法治研究》2010年第7期。

② 韩长印、韩永强：《债权受偿顺位省思——基于破产法的考量》，载《中国社会科学》2010年第4期。

人身利益与财产利益发生冲突时，法无不选择优先保护人身利益。因此，在企业破产清偿程序中，将侵权之债作为一般债权最后进行清偿，此种顺位忽视了人身侵权之债的特殊救济需求，不符合我国宪法“以人为本位”的价值取向。

2. 忽视了人身侵权之债的不可预见性和不可选择性

破产清算中担保债权优先于普通债权受偿规则的确定，可以说是对当事人自由意志的尊重。当事人在交易中有着不同的立场和自身条件，往往需要在风险和利益间进行衡量，以作出更有利的选择。降低利率或交易条件来换取较高的获偿率，这是担保债权人的选择；而降低获偿率来换取更优越的利率或交易条件，这是普通债权人选择。① 对此合意，法律不予干涉。这些自由意志选择的背后，其实是债权人与债务人对债权预期能否实现及实现大小、损失概率的估计。但是，将人身侵权之债与此进行比较便会发现，人身侵权之债的债权人根本无法在事先对事故发生的概率、造成损害的大小以及侵权人的赔偿可能性进行预估，所以无法作出相应的规避措施来降低风险。国外有学者称这类债权人为“不可调整的债权人”，意指这类债权人无法像订立合同一样，可以通过意思自治对债权的产生以及权利义务的内容作出选择和限定。②

正是因为人身侵权之债的不可预见性和不可选择性，受害人无法与债务人进行事前谈判，作出有利的保障约定。但这并不阻碍其他非侵权之债的债权人提前与债务人约定，在将来可能用于补偿侵权债权人的财产上设定担保物权，优先保障己身权利的实现。显然，在此情形下，如果不区分侵权之债与其他债权的清偿顺位，一概将人身清偿之债归入一般债权受偿，既在逻辑体系上不成立，其结果也必然对侵权债权人显失公平。③

（二）实践中的不利益

近年来，在环境污染、食品安全等领域发生的大规模侵权事件中，对

① See Christopher M. E. Painter, Tort Creditor Priority in the Secured Credit System: Asbestors Times, The Worst of Times, pp. 1050-1051.

② See Reinier Kraakman, “Concluding Remarks on Creditor Protection”, European Business Organization Law Review, Vol. 7, 2006, p. 465.

③ 参见韩长印、韩永强：《债权受偿顺位省思——基于破产法的考量》，载《中国社会科学》2010 年第 4 期。

侵权行为人进行严惩，对广大受害人的民事赔偿则淡而化之似乎成为一个通例。① 侵权赔偿的淡化不是由于侵权人逃避责任，而是因为法律制度的设计致使侵权人无法承担此部分责任。当侵权人无法承担责任时，被侵权人的救济将会朝向两个方向：一个方向是得不到救济。当受害人的生命健康通过正常合法的途径得不到保障，生存权受到威胁时，不难想象，大规模侵权中广大的受害人会通过非正常乃至暴力的手段来为自己赢得一线生机。这个方向的尽头，恐怕是秩序的崩塌和社会的动荡。

所以，政府在此时找到了另一方向，即大规模侵权中的侵权人承担不了的责任，就由政府和社会来承担。虽然这种责任的替代是为了保障受害人的生存权，其出发点固然值得欢呼称赞。但是，在大规模侵权事件频发的今天，凡是侵权人承担不了的责任，都由政府和社会来兜底，这将会给政府和社会带来沉重的负担，整个社会的运行效率势必会因此而受到影响。此外，从侵权责任法的功能来看，侵权人对受害人予以赔偿的目的不仅在于救济，还体现在对侵权人的惩罚和预防侵权行为再次发生上。但当实施侵权行为的企业陷入破产时，侵权人可能借此免除侵权赔偿责任，侵权责任法的预防和惩罚功能也随之失去了意义。这使人不禁疑问：难道在侵权人破产时，就允许侵权责任法理所当然地沦为具文，仅发挥画饼充饥的作用吗？再者，从企业自身来看，“包括侵权之债在内的普通债权一概劣后于有财产担保的债权受偿，也使得那些有能力对企业侵权行为实施制约和监督、并能理性分担企业侵权风险的债权人（主要是担保物权人）缺乏监督债务人的动力，债务人本身的自我约束动力也因此减弱”。②

无论是理论上产生的缺陷，还是实践中产生的不利影响，将人身侵权之债作为一般债权进行清偿带来的上述问题，本质上可根源于现有制度将整个债权清偿制度建立在债务人具有清偿能力这一假定上。③ 然而，一旦债务人不具有清偿能力时，这样的清偿制度还能继续适用吗？这已然成为整个民商法必须面对的新问题。

① 参见冯辉：《破产债权受偿顺序的整体主义解释》，载《法学家》2013 年第 2 期。

② 韩长印、韩永强：《债权受偿顺位省思——基于破产法的考量》，载《中国社会科学》2010 年第 4 期。

③ 参见韩长印、韩永强：《债权受偿顺位省思——基于破产法的考量》，载《中国社会科学》2010 年第 4 期。

二、人身侵权之债在破产清偿中的优先性

鉴于现行法律中将人身侵权之债作为一般债权予以清偿，既未考虑到人身侵权之债的特殊性，违背了法的价值和“人重于物”、“人身重于财产”的精神，① 又给实践造成了诸多不利。因此，突破现行债权清偿顺位，增加人身侵权之债的优先受偿性实有必要。在探讨如何突破现有清偿制度前，须厘清两方面的问题：一是人身侵权之债具有优先性，那应当优先受偿的范围如何？二是人身侵权之债的优先性是相对于其他哪些权利而言的？

（一）人身侵权之债可优先受偿的范围

人身侵权根据侵权对象的不同可分为人格权侵权和身份权侵权。人格权侵权又可分为侵害物质性人格权和侵害精神性人格权，物质性人格权侵权包括侵害生命权、健康权和身体权三类，对此产生的赔偿称为人身损害赔偿；精神性人格权侵权主要是指侵害精神利益的行为，对此产生的赔偿称为精神损害赔偿。身份权侵权是指侵犯身份信息和资料的行为，② 具有个别性特点，不具备大规模侵权的广泛性，所以不属于本文研究的范围。故可优先受偿的人身侵权之债应限定在人格权侵权之债范围内。问题是，人身损害赔偿和精神损害赔偿是否都涉及优先效力？

《最高人民法院关于审理人身损害赔偿案件适用法律若干问题的解释》第 17 条规定了赔偿范围包括医疗费、护理费、交通费、住宿费、误工费、伙食补助费、营养费、残疾辅助器具费、精神损害抚慰金，残疾赔偿金及死亡赔偿金等。其后《侵权责任法》第 16 条规定，人身损害赔偿的范围包括医疗费、护理费、误工收入、残疾赔偿金、死亡赔偿金、丧葬费等合理费用，未规定精神损害抚慰金，而是单独将精神损害赔偿规定到第 22 条，增加了请求精神损害赔偿的要件，即造成严重的精神损害。

实践中，严重的人身侵权行为往往会导致精神损害赔偿请求的提出。

---

① 参见王泽鉴：《侵权行为法》，中国政法大学出版社 2001 年版，第 35～36 页。

② 参见杨康乐：《试论身份权的立法保护》，载《法治研究》2008 年第 8 期。

为了贯彻法律规定、解释和适用的统一性，本文所指的可优先受偿的人身侵权之债应包括人身损害赔偿和精神损害赔偿两方面，具体内容应同《最高人民法院关于审理人身损害赔偿案件适用法律若干问题的解释》及《侵权责任法》的规定相一致。因此，下文表述的“人身侵权之债”，皆是在应当优先受偿的人身损害赔偿和精神损害赔偿的意义上使用。需要考量的是，当破产财产不足以支付所有人身侵权之债时，是否应当在赔偿的内容中再作区分，划分出首先应当优先受偿的部分？这样的再区分，不仅体现了对受害人生命健康更为细致的关怀，也有利于赔偿效率的提高。根据人身侵权之债内容重要性和紧急性的不同，本文尝试对人身侵权之债划分出三个等级：第一优先等级，指直接关系到受害人生命健康的治疗、康复费用，包括医疗费以及残疾或死亡的赔偿金部分。第二优先等级，指因治疗和康复造成的其他损失，包括护理费、营养费、伙食费、交通费、住宿费、误工费、辅助器具费和丧葬费等。第三优先等级，包括精神损害赔偿。

（二）人身侵权之债的受偿顺位考量

我国《企业破产法》第113条规定的破产财产清偿顺序为：第一，破产费用和共益债务；第二，职工债权；第三，其他社会保险费用和税款；第四，普通债权。破产顺位制度使得后顺位的破产债权，只有在前顺位的债权得到清偿后，才有机会获得清偿。另，《企业破产法》还规定了别除权①，使得担保财产不属于破产财产，担保债权优先于以上所有债权，具有绝对优先地位。而一般用来设定担保的财产，都是企业资产中最优质的财产，占企业资产的较大比重。这就意味着，一旦这些优质资产被用于清偿后，企业资产往往所剩无几，职工债权、保险费用等能否清偿尚且岌岌可危，何况普通债权。②

---

① 我国别除权的称谓是从大陆法系的破产法中借用而来，英美立法并没有别除权的概念，对应的概念是有财产担保的债权。我国破产法论著的通说将别除权等同于破产法上“有财产担保债权”，并将别除权视为“有财产担保债权”的另一种称谓，但如果将我国使用的别除权的外延与大陆法系的用法进行对比，可以发现我国破产法上的别除权较之于大陆法系的别除权涵盖的范围要小。参见韩长印：《我国别除权制度改革初论》，载《南京大学法律评论》2004年第21期。

② 参见胡卫萍：《社会转型中的大规模侵权及其责任承担机制研究》，中国检察出版社2012年版，第169~170页。

人身侵权之债要突破现行破产法的清偿顺位，需要具体考量其优先于何种债权进行受偿。所包括的情形大致可划分为两类：一是劣后于担保债权而优先于普通债权，二是优先或同位于担保债权。前者其实还涉及与破产费用和共益债务、职工债权、税款等的具体比较。因此有学者提出，职工债权和其他保险费用中有很大一部分属于社会保障的范畴，应该交由社会保障部门管理，在企业破产时由社会保障部门承担，回归社会本位。① 故为了保障其他普通债权人的利益，不激化社会矛盾，和税款一样，应当将这部分费用作出调整，而不与人身侵权债权人争羹。②

此种考虑虽有利于增加人身侵权之债受偿的几率，但并非釜底抽薪之法，无法从根本上解决担保债权巨大的情形下，其他债权难以受偿的困境。正如反对者所言："当债务人的财产仅能满足有财产担保债权人的受偿要求时，该方案不仅不能保证有财产担保债权人对债务人形成有效约束，而且可能迫使一些普通债权人竞相要求债务人提供财产担保，从而转化为有财产担保债权人。"③ 所以，中间顺位方案下，赋予人身侵权之债以优先性并无实际价值和意义。只要担保财产在债务人资产中的占比足够大，且担保财产仅能满足担保债权的需求时，劣后于担保债权的人身侵权之债无论处于何种优先受偿地位，也同样可能面临无法清偿的危险和困境。鉴于此，本文认为人身侵权之债受偿顺位争议的关键点在于：担保债权与人身侵权之债的优先性衡量。

三、破产程序中人身侵权之债与担保债权受偿顺位之协调

如何才能将人身侵权之债与担保债权的受偿地位，协调至一种对双方所代表的价值利益损害最小的状态，是近年来国内外学者都致力于研究的一个问题。其中，美国破产法学者提出的几种方案受到了我国较多学者的

---

① 参见胡卫萍：《社会转型中的大规模侵权及其责任承担机制研究》，中国检察出版社2012年版，第176页。

② 参见胡卫萍：《社会转型中的大规模侵权及其责任承担机制研究》，中国检察出版社2012年版，第178页。

③ 韩长印、韩永强：《债权受偿顺位省思——基于破产法的考量》，载《中国社会科学》2010年第4期。

关注和认同，值得思考。

（一）超级优先受偿方案

超级优先受偿方案是指侵权债权在破产程序中的清偿顺位优先于物权担保债权。① 显然，这种方案是对人身侵权之债进行保护的最有力方案，但“彻底动摇了担保绝对优先的原则，有走向极端的嫌疑”②，并不是平衡人身利益与交易秩序最合适的手段。虽然我国法律一再强调以人为本的价值理念，但交易安全、公共利益这样的法律价值，涉及一国的基本制度，同样不可偏废。所以，我们很难在交易安全和人身利益保护之间做出孰轻孰重的选择。

超级优先受偿方案不仅在法律价值孰优孰劣的衡量上存在问题，而且增加了企业融资的难度，既不利于交易安全的保障，也不利于经济效益的增长和社会运行效率的提高。归根结底而言，与我国“以经济发展为中心”的发展方针政策相违背。③ 因此，超级优先受偿方案很难契合我国现行的法律制度。

（二）与担保债权平行受偿方案

1. 与物权担保债权同位方案

与物权担保债权同位方案是指给予侵权之债与担保债权相同的清偿地位。④ 这种方案相对于超级优先受偿方案，不仅兼顾了人身利益和交易安全两大法律价值的维护，也有利于人身侵权之债受偿地位的提高。但是，根据我国《物权法》的规定，担保债权的清偿还会受到种类顺序、时间先后、是否登记等因素的影响。这就给此方案的实际操作带来了困难：在人身侵权之债与担保债权同位受偿的规则下，如何确定顺序不同的担保债

---

① See Christopher M. E. Painter, Tort Creditor Priority in the Secured Credit System: Asbestors Times, The Worst of Times, p. 1077.

② 韩长印、韩永强：《债权受偿顺位省思——基于破产法的考量》，载《中国社会科学》2010年第4期。

③ 参见王欣新、乔博娟：《论食品安全领域大规模人身侵权债权在破产程序中的清偿顺位》，载《法治研究》2013年第11期。

④ See Christopher M. E. Painter, Tort Creditor Priority in the Secured Credit System: Asbestors Times, The Worst of Times, p. 1079.

权与人身侵权之债之间的受偿顺位？一旦处理不当，将会使得那些先前为企业提供融资的担保债权人，根据时间顺序原则先行行使担保权以规避风险，使其后无辜的债权人承受债务人的侵权风险。① 可见，这种方案不仅操作难度较大，也并不契合我国的法律制度。

2. 裁剪方案

裁剪方案是指从担保财产的价值中裁剪适当比例给普通债权人（包括侵权债权人）。② 这种方案类似于英国破产法中规定的“Top-slicing”制度，指先将设有浮动担保的财产变现，并从中提取20%的特定份额，最多不能超过60万英镑，用于无财产担保债权的清偿。③ 此方案显然有利于兼顾秩序与公平，且能提高破产财产的清偿率。但是，对于大规模侵权产生的人身侵权之债而言，该方案的适用范围仅限于债务人可设定为浮动抵押的那部分财产，其实际作用十分有限。④

3. 部分优先方案

部分优先方案是指：“将一部分或者一定比例的有财产担保债权额转化为普通债权，仅部分削弱物权担保债权的优先顺位。该方案主要包括‘可调整优先’和‘固定比例优先’两种规则。”⑤ 可调整优先规则是指将没有担保债权时侵权之债能受偿的数额，与担保债权存在后侵权之债可受偿的数额之差，对应到担保债权额中，使得该部分差额转化为普通债权用于清偿侵权之债，剩余担保债权仍以担保财产优先清偿。例如，企业破产时剩余资产为90万，担保债权为70万，普通债权为40万，不可调整型债权（侵权之债）为60万。在担保债权绝对优先的规则下，担保债权可受偿70万，普通债权和侵权之债各受偿10万；但假设在没有担保债权

① See Abhinav Ashwin, “Tortious Liability of Company in Winding Up: An Analysis, Comp”, Law, Vol. 26, No. 6, 2005, p. 176.

② See Jesse M. Fried, “Taking the Economic Costs of Priority Seriously”, Quarterly Report, Vol. 51, No. 4, 1997, p. 328, note 6.

③ 参见张海征：《试述我国破产财产清偿制度——以英国破产制度为视角》，载《中国市场》2008年第1期。

④ 参见韩长印、韩永强：《债权受偿顺位省思——基于破产法的考量》，载《中国社会科学》2010年第4期。

⑤ 韩长印、韩永强：《债权受偿顺位省思——基于破产法的考量》，载《中国社会科学》2010年第4期。

的情况下，三项债权应当平等受偿，每项受偿 30 万。此时，依照可调整优先规则的要求，担保债权应将不可调整的债权数额 20 万转化为普通债权，剩余优先受偿的担保债权为 50 万，普通债权受偿仍为 10 万，但侵权之债此时的受偿额增加至 30 万。可调整优先规则的确有利于保障人身侵权之债得到较高比例的清偿，但也存在不足，即担保债权人无法提前预测担保债权中将有多少份额属于不可调整的债权额。这就增加了交易风险，使得债权人投资成本增大，容易造成企业融资困难，不利于经济的长久发展。

固定比例优先规则是指直接将担保债权数额的一定比例转化为普通债权，其余债权仍具有优先地位。此规则具有三点优越性：第一，由于转化比例是事先确定好的，操作简单，对于担保债权人而言不确定性和风险更小，对融资的影响也更弱。第二，此规则针对的是担保债权的数额而非担保物的价值，由于担保债权的数额从担保债权设定时就已经明确，这就使得担保债权人不能像在裁剪方案中一样对此进行规避。第三，此规则既承认了担保的制度价值，不至于严重冲击现行担保制度，又可使担保债权人谨慎放债，加强监督，从而降低大规模侵权发生的概率。但固定比例优先规则也存在着一定的执行难度，或者说所有试图限制担保债权优先性的方案都存在这样的难度，即在以经济发展为中心的社会里，担保制度代表着交易的安全与秩序，对现代经济发展不可或缺。这些迫使担保债权的优先性被弱化的方案，究竟能否被经济制度所容纳，为广大的担保债权人所接受，是一个利益博弈的过程。制度的设计远非着眼于解决当前问题这么简单，更需要一种“整体主义”和“长远规划”的视角。

不过，通过权衡上述方案的利弊来看，固定比例优先规则无疑是平衡担保债权与人身侵权之债间受偿地位最适合的方案。且我国《物权法》第 170 条的但书规定也为削弱担保债权的绝对优先性留了余地，将固定比例优先规则作为参考方案不无可能。在担保债权转化为普通债权的固定比例内，未能受清偿的其余人身侵权之债，有学者认为可以基于其与职工债权的性质和人身损害赔偿功能的相似性，将其合并于《企业破产法》第 113 条所规定的第一顺位优先权中。① 本文赞同此种观点。

① 参见韩长印、韩永强：《债权受偿顺位省思——基于破产法的考量》，载《中国社会科学》2010 年第 4 期。

四、整体主义视角下的清偿保障制度构造

前文探讨了如何从破产企业自身，实现对大规模侵权债权的最大力度救济。侵权者当然应是侵权责任的承担主体，但是，面对大规模侵权受害人人数众多、赔偿数额巨大，救济具有复杂性等特点，① 即便使破产企业竭尽所有资产用于赔偿，恐怕也是杯水车薪。所以问题的解决，除了须赋予人身侵权之债在企业破产清偿中的优先受偿地位外，还有赖于以一种整体主义的保障视角，来探索以侵权行为人责任为核心，其他救济相辅助的径路。在这种整体主义的视角下，既要贯彻“人本主义”价值理念，又要坚持维护交易秩序和经济发展；既要最大力度地保障受害人的侵权债权，又要最大限度地避免潜力企业、优质企业、核心企业因赔偿不能而归于破产，给行业发展和社会经济造成严重的影响；既要充分发挥侵权主体的主要赔偿功能，又要兼顾侵权企业破产后的善后工作。

学者关于探索这种整体主义视角下多元化救济路径的文章数不胜数，研究领域内可谓一片欣欣向荣。与破产企业的人身侵权赔偿相配套的救济模式主要包括基金和保险制度，学者的研究多集中在对二者优劣的讨论上，少有学者将这两种救济模式结合起来进行研究。立足于保障破产清算中人身侵权之债的清偿及充分协调社会资源的角度，本文认为未尝不可以将这两种制度结合起来，扬长避短，分散风险。毕竟，在侵权企业赔偿不能时，要做好继续救济和善后的工作，这既需要有雄厚的救济资金做后盾，又需要有统筹兼顾的“管理者”。而保险和基金都可作为资金保障的后盾，同时，基金管理者还可以作为后续善后的负责机构。

破产企业优先予以清偿，基金和保险制度配合辅助救济，这一清偿保障制度具体可构造为：首先，由发生大规模侵权概率较高的行业设立救济基金，设立和维持基金的金额由行业内所有企业每年进行缴纳，行业基金管理者每年再从收取的资金中划出一部分购买大规模侵权责任保险。其次，发生大规模侵权后，由基金管理者负责统筹赔偿等救济事宜。在责任企业赔偿不能时，由基金管理者负责启用基金和保险进行后续赔偿善后工

① 参见朱岩：《大规模侵权的实体法问题初探》，载《法律适用》2006 年第 10 期。

作。最后，基金和保险可针对不同侵权债权内容进行赔偿，但统一交由基金管理者发放。责任保险主要针对被侵权人的医疗费、残疾赔偿金和死亡赔偿金进行赔偿；基金主要针对因治疗和康复造成的其他损失和精神损害进行赔偿。

上述清偿保障制度有四方面的优点：第一，对责任企业而言，有两点好处。一是通过基金管理者来统一购买行业责任保险，比其自行购买责任保险时成本更低，且充足的保险费更容易使保险公司答应承保，这可以降低企业的经营成本。二是虽然每年需要向基金管理者交纳一定数额的费用，但这笔费用里包含了企业自身原本应当支付的责任保险费。且一旦大规模侵权事故发生后，企业自身赔偿不能时，通过基金和保险参与救济，可以给优质企业留下一线生机，使其通过重整来避免破产，继续保留优质资源。第二，对保险公司而言，由于大规模侵权事故的赔偿费用过高，风险也过大，所以为了避免经营风险，保险公司往往只能提高保险费率来应对参数的不确定性，或者根本不敢承保相关险种。① 而单个企业能支付的保险费的确有限，但若将一个行业所有企业的保险费汇集在一起投保，这在某种程度上也能降低保险公司的承保风险。此外，责任保险主要针对被侵权人的医疗费、残疾赔偿金和死亡赔偿金进行赔偿，赔偿范围的限制，对保险公司而言，同样有利于降低风险。第三，对被侵权人而言，侵权企业承担主要赔偿责任，行业救济基金和责任保险善后，这也有利于对侵权债权人进行充分保障。第四，对于政府和社会而言，这种清偿保障制度一改此前以政府为主导的救济模式，重新回归到责任企业和行业分担救济的道路上来，不仅有利于缓解社会矛盾和政府负担，也有利于实现侵权法的惩治功能，使得行业加强对企业的监督，从根本上预防和减少大规模事件的发生。

一项制度应当如何设计与落实，本质上而言是各方面利益博弈的结果，大规模侵权下清偿保障制度的构造也不外乎如此。因此，我们有必要从整体主义的视角出发，统筹法律价值、主体利益、经济利益、社会利益，兼顾更多不同的选择可能，寻求更合适的清偿保障模式。

---

① 参见李建华、管洪博：《大规模侵权责任保险制度的适用》，载《国家检察官学院学报》2012 年第 6 期。

结　语

人身侵权之债在企业破产清算中应当优先受偿，其可优先受偿的范围包括人身损害赔偿和精神损害赔偿两方面。关于人身侵权之债存在的受偿顺位争议，本文认为解决此争议的关键在于如何协调担保债权与人身侵权之债间的优先顺位。对此，可采纳固定比例优先规则进行协调。另外，在大规模侵权中，往往还面临着受害人数众多、赔偿数额巨大、救济具有复杂性等特点，此时仅依靠破产企业自身的力量难以解决问题。所以，除了赋予人身侵权之债在企业破产清偿中的优先受偿地位外，问题的解决还有赖于确立一种整体主义视角下的救济模式。这一模式具体可构造为：首先，由发生大规模侵权概率较高的行业设立救济基金，设立和维持基金的金额由行业内所有企业每年进行缴纳，行业基金管理者每年再从收取的资金中划出一部分购买大规模侵权责任保险。其次，发生大规模侵权后，由基金管理者负责统筹赔偿等救济事宜。在责任企业赔偿不能时，由基金管理者负责启用基金和保险进行后续赔偿善后工作。最后，基金和保险可针对不同侵权债权内容进行赔偿，但统一交由基金管理者发放。责任保险主要针对被侵权人的医疗费、残疾赔偿金和死亡赔偿金进行赔偿；基金主要针对因治疗费用和对康复造成的其他损失和精神损害进行赔偿。

论对职工优先权的合理限制

——以社会实证分析为基础

胡宇驰*

内容提要：我国对2006年《企业破产法》颁布之前的职工债权采取的是绝对优先保护的方式，职工债权可以优先于担保债权获偿；《企业破产法》颁布之后的职工债权仅优先于普通债权受偿。此种立法上的变化的原因在于社会经济背景的变化。时至今日，社会保障制度有了新的发展，社会经济发展有了新的问题，《企业破产法》一刀切地对职工债权一律优先于普通债权保护的做法应当予以改变。

基于保护社会弱势群体利益的政策考量，在破产清算程序中职工债权一般被赋予优先受偿的效力，我国对职工债权的保护经历了从优先于担保物权的绝对优先保护，到仅优先于普通债权保护的变化。此种改变目的在于保护破产企业的担保债权人，是市场经济发展过程中对交易安全和商业信用加强保护的结果。但是破产企业职工债权是否应当一律优先于普通债权人得到保护？在比较法上，《法国民法典》对工资优先权的保护限于两年度的工资报酬；《日本民法典》中工资优先权仅限于六个月的工资；《美国破产法》对职工劳动报酬的优先保护限于两千美元,①《德国破产法》对劳动者报酬的保护限于破产程序开始前的三个月。②我国赞同对劳动者优先权予以限制的学者也不在少数，王利明教授主持的《物权法建议稿》中就将职工优先权限于最近一年工资。我国立法对职工债权几乎

* 胡宇驰，武汉大学法学院2017级民商法硕士研究生。

① 参见潘琪：《美国破产法》，法律出版社1999年版，第137页。

② 参见郭玲惠：《劳动契约法论》，台湾三民书局2011年版，第158页。

无限制地优先于普通债权受偿的理由何在，本文考察早期立法对职工债权保护的立法背景和立法理由，结合当今经济和社会背景的新发展，提出各地方应结合当地实际情况，在破产程序中对职工优先权采取不同的保护标准。

一、职工优先权立法背景和理由

（一）新旧破产法对职工债权的保护

1986年《企业破产法（试行）》出台之时正是国有企业经济责任制改革时期，国务院发布《国营企业实行劳动合同制暂行规定》、《国营企业招用工人暂行规定》、《国营企业辞退违纪职工暂行规定》等一系列规定，对国企职工实行合同制用工，国有企业职工不再是铁饭碗。而在那个时期城镇居民家庭收入中绝大部分是国有单位和集体单位职工收入，其他经济单位职工收入只占了相当小一部分。① 因而大量的国有企业下岗职工的保障是当时社会经济改革急需解决的问题。与当时的社会背景相适应，破产立法为了解决国有企业破产后的职工保障问题，给予下岗职工以绝对优先保护的效力，职工债权可以从担保财产中优先受偿。《企业破产法（试行）》实施的过程其实是当时社会逐渐建立起对国有企业下岗职工社会保障制度的过程，在改革初期下岗职工的保障制度不健全时，《企业破产法（试行）》在一定程度上起到了一个保姆的作用。后来出台了三条保障线政策，逐步建立起了国有企业下岗职工基本生活保障、失业保险、城市居民最低生活保障制度，《企业破产法（试行）》对国有企业下岗职工的保姆作用渐渐退出历史舞台。

但随着经济制度改革的深入，产生的另外一个问题就是农民工的保障问题。20世纪90年代直至21世纪初，农村大量劳动力涌入城市，他们当中相当一部分从事的不是正式的全日制工作，流动性大，工作稳定性差，且没有劳动合同。由于不具备很强的劳动技能和竞争力，农民工劳动

① 根据1999年发布的中国统计年鉴，城镇居民平均每人全年家庭收入来源总额是5458.34元，其中国有单位职工收入3288.71元，集体单位职工收入363.34元，其他经济型单位职工收入仅有154.15元。

力市场供大于求，工资待遇水平也很低。因此农民工的保障问题成为了尖锐的社会问题。而在 20 世纪 90 年代，不具有城市户口的农民工甚至不具有参加社会保险，享受社会保障的权利。1998 年广东省率先出台政策，允许农民工参加基本养老保险，而后各地陆续出台相关政策，直到 2004 年各地才陆陆续续出台了关于农民工养老、工伤、医疗保险的政策。① 农民工群体本身抗风险的能力较弱，一旦企业欠薪，其基本的生存权利都难以得到保障，一时间大量的集体讨薪事件爆发。在这样的社会背景下，农民工社会保障制度缺位，《企业破产法（试行）》再一次承担起了保障破产企业职工生存权利的重任。2006 年《企业破产法》虽然规定了新法实施后产生的职工债权不再具有优先于担保债权的效力，但职工债权仍然享有一律优于普通债权的效力。

（二）职工债权保护矫枉过正

新旧破产法对职工债权的保护是基于特定的社会背景，其立法目的在于保护职工基本生存的权利。然而这样的保护存在巨大的制度成本。优先权制度本身就是破除债权平等原则，损害交易安全的制度。一个经营不善的企业进入破产清算程序，其欠付的职工工资必然是长期积压的，此时不受限制地给予职工优先受偿的权利，那么顺位劣后的普通债权人几无获偿的希望。与之交易的相对人根本无从知晓企业内部的职工债权，缺乏公示的职工优先权使得交易的风险难以预期，交易充满不确定性。

职工破产优先权的本质是对弱势劳动者的生存权利与交易安全的利益权衡，由于社会保障的缺位，基于公共政策不得已损害债权人的利益来对破产企业的职工加以救济。但这是迫不得已的制度选择，对破产企业的职工保护就应当以保障生存权利为限。并非所有领域所有行业的劳动者一旦企业破产其生存权利就会受到威胁，对于具有较强劳动技能，竞争力较强的劳动者来说，再次就业并无多大的难度。而另一方面，经营不善的债务人破产，作为债权人的企业生存亦可能受到威胁，甚至可能引发连锁破产，届时可能会出现为了保护一家破产企业职工而导致下游企业破产，更多劳动者失业的尴尬局面。

① 参见樊轶侠：《农民工社会保障制度：现状、问题与设想》，载《当代经济管理》2007 年第 4 期。

最为典型的例子是《企业破产法》规定的职工优先权与《合同法》第 286 条规定的建设工程施工合同承包人优先受偿权的冲突。处于上下游关系的发包企业与承包企业关系紧密，一旦发包企业经营困难无力偿还建设工程款，无法回收巨额投资的承包企业势必会发生经营危机，建筑行业大规模集体讨薪事件大多缘由于此。① 此种情形若依然坚持破产企业职工债权优先受偿，那么作为债权人的建筑工程承包人可能血本无归，参与工程施工的工人工资就得不到偿还；此时破产企业职工利益和作为债权人的企业职工利益就产生了冲突，如何权衡学界大致出现了三种观点。第一种观点认为破产企业的职工债权优先，赞成这种观点的学者大多主张建设工程施工合同承包人的优先受偿权不属于破产法中的担保债权，应当作为《企业破产法》第 113 条规定的普通债权劣后受偿。② 第二种观点则反之，主张建设工程款优先受偿，认为《合同法》第 286 条对建设工程优先受偿权的规定属于一种法定的担保物权，自然适用《企业破产法》关于有担保的债权优先于职工债权受偿的规定。第三种观点主张两者同等受偿，认为双方企业的职工都应当保护，在发包企业破产时两方企业的职工应当处于同一清偿顺位。③ 这种观点看似公平，其实在法理上没有依据，因为承包企业职工并非发包企业的债权人。其实此种冲突无论怎么处理都有不妥之处，相比之下将建设工程款优先受偿权视为担保物权，为保护施工方职工利益而使承包企业债权优先受偿的观点更值赞同。④

概而言之，以保障职工生存权为出发点的破产企业职工优先权制度超越了本来的制度目的，用力过度地对职工优先权进行不加限制的保护。此种做法忽略的一个事实是，市场中大量的小微企业抗风险的能力未必就强于普通的企业职工，弱势的小微企业往往得不到强势交易方的担保，作为普通债权人在破产程序中又处于垫底清偿的地位，若对在先清偿的职工债权不加以一定的限制，那普通债权人几无清偿可能。企业的生存权亦应当

---

① 参见韩柳洁：《谁在拖欠农民工的血汗钱?》，载《人民政协报》2014 年 12 月 15 日第 5 版。

② 参见叶伶俐：《建设工程价款优先受偿权的司法困境及其应对》，载《山东审判》2012 年第 6 期。

③ 参见曹艳芝：《优先权论》，湖南人民出版社 2005 年版，第 237 页。

④ 参见危思敏：《建设工程款优先受偿权实现中的权利冲突及其解决》，西南政法大学 2017 年硕士学位论文。

值得保护，一个弱势企业的危机意味着其背后更加弱势的企业职工的危机。

二、职工权益保障的现状

（一）职工权益保障的新变化

相比于1990年至2010年频发的职工集体讨薪事件，近年来的相关报道要少了许多，其背后的原因就在于围绕职工权益保障的一系列制度变化。

最先对职工权益保障作出回应的是1993年《劳动监察法》，根据有关学者的调查研究，劳动监察制度完善之后，企业职工维权成本大幅度降低，劳动者通过劳动监察追讨工资大概仅需15—36天，几乎没有纯粹的经济成本。① 劳动者维权问题一直得到政府的高度重视，特别是建设工程施工领域的农民工维权问题。劳动和社会保障部、建设部甚至针对这一问题联合颁布了《建设领域农民工工资支付管理暂行办法》，规范建筑企业的职工工资发放，甚至要求业主或工程总承包企业先行垫付农民工被拖欠的工资。这在一定程度上保障了弱势劳动者的权利，至少将很大一部分职工债权挡在了破产程序之外。

然后是2008年颁布的《劳动合同法》。《劳动合同法》的立法背景就是当时尖锐的劳动维权社会矛盾，是政府劳动部门对弱势劳动者加强保护的又一重大举措，其出台之时引起了巨大的社会争议。从该法实施时起，企业在用工方面的自主权受到了极大的限制，不仅强制其用工必须签订劳动合同，解除劳动关系也限于法律规定的特定情形，即便能够解除劳动关系，企业也要为此支付一笔经济补偿金，尤其是对于老、弱、病、残、孕等弱势劳动者，企业更是再难将他们推向社会。这实质上是把劳动者社会保障的重任分担到了企业，损害了特定阶层的利益，加大了投资风险和成本，故而当时对《劳动合同法》的反对声音不在少数，但不可否认的是，

① 参见戴俊玉、陈耀庭：《基于劳动监察、劳动仲裁、法院判决途径的劳动者讨薪维权成本分析》，载《中国人力资源开发》2014年第22期。

该法的出台大大缓解了社会矛盾和弱势劳动者保障的压力。①

最为重要的是社会保障制度的逐步健全。相比劳动监察和要求企业承担社会责任这些短期见效的方法，弱势劳动者社会保障制度的建立和推进则要缓慢许多。直到2003年劳动与社会保障部才颁布《最低工资规定》，要求各地根据当地实际情况执行以保障劳动者基本的生存权利。随后是逐步建立起来的针对城市外来务工人员，尤其是农民工群体的社会保险体系。在2013年《社会保险法》颁布之前，对外来务工人员的社会保障制度还是一种地区保护模式。值得一提的是，部分发达地区甚至直接建立了针对职工欠薪的保障基金，根据《深圳经济特区欠薪保障条例》和《上海市企业欠薪保障金筹集和垫付的若干规定》，在深圳、上海两地企业如因经营不善而拖欠工资，职工可以请求保障基金先行支付，因此也有学者主张继续推行欠薪保障基金来保障职工权益。②

相比于20世纪90年代弱势劳动者，尤其是农民工群体只能依靠每月绵薄的工资收入生存，一旦权益受侵害而无从救济的状态，现在的职工群体无疑更有保障。据国家统计局公布的数据，1998年城镇居民平均每个家庭所受的转移支付收入为1083.04元，而2017年全国人均转移支付收入为4259.1元，城镇居民人均5909.8元，农村居民人均2328.2元。相比改革开放初期清一色的国有单位、集体单位职工，现在的劳动者群体更多在私营企业就职，其中数量最多的就是抗风险能力弱的小微企业。现在的劳动者流动性更强，劳动技能和竞争力整体上相比《企业破产法》颁布之时更强，再就业的概率更大。总而言之，现在的劳动者并非新旧破产法颁布之时立法者所设想的那样，一旦企业破产自身的生存就全然没有保障，反之现代社会经济问题是小微企业的生存问题。据有关报道和调研显示，国内民营企业所缴纳的社保费率占了工资的一半，再加上相关税费，百分之九十的企业如果不偷税漏税肯定会倒闭。③

---

① 参见董伟、原春琳：《孙宝树回应〈劳动合同法〉三大争议》，载《中国青年报》2008年3月10日第1版；庄华毅：《唱衰〈劳动合同法〉会不会成为主流》，载《中国青年报》2008年2月2日第2版。

② 参见侯玲玲、王林清：《从民法到社会保障的工资债权保护——以德法两国工资保障为视角》，载《法学杂志》2013年第7期。

③ 参见何珺：《经济学家热议中小企业齐叹“不乐观”》，载《机电商报》2011年12月26日第3版。

现在经济社会发展的主要问题已经从 20 世纪 90 年代劳动者生存权的保障悄然转变为民营企业、小微企业的生存发展问题。民营企业负担过重一定程度上是用工成本增加的结果，这既有我国经济自然发展，廉价劳动力市场不复改革开放初期供过于求的原因，也在相当程度上属于上述一系列制度运转所带来的成本。这并不是要否定这些保障劳动者权益的制度成果，但不可否认的是当时为了解决突出的社会问题而存在不少用力过度的现象，破产程序中职工债权优先权就是这样的一个例子。

（二）职工权益保障问题依然存在

尽管相比 20 世纪 90 年代，当今社会职工权益保障问题已经有所改善，但问题并未得到完全解决，其原因就在于社会保障制度的地区差异性，即部分发达地区的保护较为全面，而相对落后地区的保障依然情况严峻。

首当其冲的问题是现在整体上依然是以城镇职工为保障对象的社会保险制度体系，中国社会保险的制度缺位成为了中国社保最大的特点，广大农村居民群体整体上没有被纳入社保体系当中。虽然各地历经改革，农民可以参保的项目越来越多，但这一群体参保比例依旧很小，并且中断社保、退保的现象十分严重，这是由这一群体的复杂性、流动性所决定的。而且虽然社保制度在不断发展，社保基金收入逐年增加，但是不同保险项目之间的发展十分不均衡，尤其是失业保险的发展几乎处于停滞的状态。① 以医疗和养老保险为主体的社会保险制度对职工的保障十分不全面，尤其对与流动性强的外来务工人员和农民工群体，养老保险这种长期险种几乎没有吸引力。

其二是对于非缴费性质的社会福利和保障制度仍然基于户籍制度运行，对于一个城市的外来务工人员来说，没有户籍的他们一方面不能享受最低生活保障、住房福利等保障制度，另一方面，基于人员分散和流动性强的原因，没有自己的公会组织，也无法争取自身的权益。② 据国家统计

① 据国家统计局的统计，1990 年到 2017 年社保基金收入从 187 亿元增长至 66362 亿元，而工伤保险参保人数从 2000 年的 10408 万人到 2017 年增长至 18784 万人；相比之下养老保险从 2000 年的 13617 万人增长到了 2017 年的 91454 万人，医疗保险的增幅更大。

② 参见刘家、强唐代、盛蒋华：《中国新贫困人口及其社会保障体系构建的思考》，载《人口研究》2005 年第 5 期。

局的统计，虽然我国居民转移支付的收入逐年增加，但农村居民和城镇居民在转移支付收入上的差距并未减少，2017 年农村居民转移净收入为 2328. 2 元，而城镇居民为 5909. 8 元。上文述及的职工欠薪保障基金的建立也限于上海、深圳等发达城市，广大二、三线城市和中西部地区并没有相应的条件。

也即是说，尽管劳动者权益保障制度相对于《企业破产法》颁布时已经有了长足发展，但此种发展呈现出不均衡和不充分的状态，《企业破产法》对职工债权的保护在特定地区、特定领域依然有适用的余地和空间。

三、结合地方情况的职工优先权保护

我国《企业破产法》对职工债权的保护是基于保护职工生存权的需要，是社会保障制度缺位情况下的应对之策，当今社会发展的问题已经改变，部分地区部分领域福利早熟使得企业负担过重，部分地区部分群体社会保障又处于缺位的状态，相比于 20 世纪 90 年代职工权益保障的社会问题，民营企业的生存问题成了新的社会问题，面对此种社会形势的变化，《企业破产法》应当作出相应的应对，改变职工债权一律优先于普通债权受偿的规定。

有学者主张参考比较法上的经验对享有优先权的职工债权予以一定时间和数额上的限制，未获清偿的职工债权作为一般债权受偿，不能清偿的部分请求破产基金支付。① 然而此种主张是建立在我国社会保障制度相当完善，欠薪保障基金已经普遍建立起来的构想之上的，在未来或可成为一个立法的方向，但就我国当今实际来说，一律削弱对职工破产债权优先保护的做法依然会产生严峻的社会问题，并非所有地区所有行业的劳动者群体都具有了相应的抗风险能力。

与其在《企业破产法》上大动干戈，一刀切地对所有职工加强或削弱保护，本文认为各地采取以司法解释的形式结合当地情况和行业特点对职工优先权加以限制的模式更为可取，对于社会保障制度相对健全的城市

① 参见侯玲玲、王林清：《从民法到社会保障的工资债权保护——以德法两国工资保障为视角》，载《法学杂志》2013 年第 7 期。

和地区，不妨将职工优先权限制在一定的数额范围之内，此数额可以参考当地最低生活保障乘以一般再就业所需时间计算，其理由在于本质上职工优先权就是保障职工生存权的制度，与最低生活保障制度的目的相一致，故而对于不具城市户籍的人员来说，此笔数额相当于最低生活保障金，对于具有城市户籍享有最低生活保障的职工，此两笔金额应当是择一竞合的关系。对于在此范围之外的债权，职工不再享有优先受偿的超然地位，应当作为普通债权在破产程序当中受偿，若地方建立了欠薪保障基金，则不能受偿的部分可以请求基金支付。

在社会保障制度相对缺位的地区，情况与《企业破产法》颁布之时并无多大差别，劳动者权益保障相对于民营企业保护依然是突出的社会问题，在这些地区和城市可以分情况采取当地最低工资标准乘以一般再就业时间的优先受偿标准，或是直接对职工优先权不予限制。

此外亦可考虑发挥法官的个案衡平作用。一个破产清算案件中破产企业的职工是否真正因为就职企业破产而处于生活困难的境地往往需要进行实质调查，法律预设一个计算标准并不能真正适当地解决问题。我国当今司法实践中由于对职工债权采取一律优先受偿的做法，债权人会议对职工债权的分配方案实质上没有异议的权利。而法律或可考虑赋予管理人对职工债权的调查权，职工在破产程序中优先受偿的数额以保障生存所需为限，管理人将调查的结果和分配方案报债权人会议审议通过，对分配方案有异议的职工可以以管理人为被告提起异议之诉。

结　　语

破产法对职工优先权的保护趋势应当是随着社会保障体系的健全而逐渐削弱的，从优先于担保债权到仅优先于普通债权，再到有限地优先于普通债权的趋势符合 1986 年至今我国经济和社会的发展。在我国部分地区，劳动者保障依然是较为严重的社会问题，但在部分社会福利发展成熟的地区，民营企业保护相比于劳动者保障成了新的社会问题，此种发展的不平衡性也就决定了破产法不能对劳动者债权采取完全一样的保护模式。与社会保障制度建设的地区差异性一样，职工债权优先权也应当采取各地方相区别的保护模式。各地或可采取最低生活保障的计算标准，或可采取最低工资标准来对职工债权优先权加以限制，在社会保障十分不健全的地区，亦可对职工优先权不加限制。同时允许管理人对职工债权优先受偿的数额进行实质调查，债权人会议进行监督审议，当劳动者不服分配方案而诉之法院时，法官可以有一定自由裁量的余地，结合案件和当事人的实际情况来决定优先受偿的数额，从而发挥法官的个案衡平作用，达到破产财产分配的实质公平和正义。

别除权之法定特别优先权

戴雄伟*

内容提要：由于我国《企业破产法》以“特定财产享有担保权的权利人”为标准来界定别除权行使的范围，这一表述是否包含法定特别优先权，在理论与实务中有不同的观点。本文从一则建设工程款优先受偿权纠纷案例入手，以破产案件司法实务为视角，剖析破产别除权的法律权利属性，认为别除权的基础权利范围除质权、抵押权、留置权等担保物权外，还应包括散见于《合同法》、《物权法》、《海商法》、《担保法》等及最高法院司法解释中明文规定的法定特别优先权，并对我国《企业破产法》中别除权制度的修订完善提出建议，以期该制度能更好地指导破产案件司法实践。

别除权是破产法中一项优先受偿权利，在破产程序中有着特殊的法权地位，而我国在《企业破产法》中未采用别除权的概念，对别除权在破产程序中的具体行使，别除权是否包含法定优先权等内容未作出明确规定。在破产案件的司法实践中，如何准确界定别除权，在遇到破产法外设置的其他法定优先权是否享有别除权等诸多问题，时常困扰着一线司法工作者。本文拟从一则案例入手，对上述问题作些粗浅探讨。

一、案例：甲建筑公司诉乙啤酒公司别除权纠纷案

（一）案情简介

2013年6月，甲、乙公司签订《建筑工程安装协议书》，双方约定甲

---

* 戴雄伟，湖北省仙桃市中级人民法院党组副书记、副院长。

公司承包乙公司车间安装改造工程。合同签订后，甲公司于 2014 年 9 月完成工程，同年 10 月向乙送达结算书，并于 2015 年 1 月组织竣工验收。其后甲公司多次向乙公司催款，但乙公司仅支付部分工程款。2015 年 5 月，双方签订付款协议书确认：截至 2015 年 5 月，乙公司已支付 850 万元，剩余工程款 1330 万元，应自 2015 年 6 月起至 2016 年 6 月止分三期支付，乙公司对甲公司在承建厂房价值内享有优先受偿权无异议。后乙公司未按首期约定支付，甲公司于 2015 年 12 月起诉至法院要求乙公司支付工程款，并申请对乙公司土地厂房予以查封保全。法院审理后判令乙公司给付甲公司工程欠款及相应利息。上述判决生效后，乙公司仍未履行给付义务。2016 年 8 月，乙公司向法院申请破产，法院审查后受理立案。甲公司遂向管理人申报债权，乙公司管理人将甲公司申报的债权 1500 万元（包括工程欠款 1330 万元、利息及其他损失 170 万元）均列入无担保的普通债权。甲公司遂向法院起诉，请求判令甲公司申报的债权享有别除权，即乙公司优先偿付甲公司工程款 1330 万元、利息及其他损失 170 万元，共计 1500 万元。

（二）争议焦点

本案的争议焦点是破产别除权基础权利范围的认定，即在别除权纠纷案由下建设工程款优先受偿权的权利定性问题，包括工程款优先权在破产程序中能否当然适用，其能否成为破产别除权的基础权利；若能对工程款主张别除权，其法定保护期限及相应的债权保护范围如何界定。

1. 当事人的主张

甲公司主张：该笔建设工程款多数为农民工的工资，甲公司作为建筑工程项目的承包人，因自身所应获得的工程款并未得到发包人乙公司的完全清偿，所以大部分农民工的人工费一直处于拖欠状态，如不能得到清偿将一定程度影响社会稳定。另在甲公司向乙公司催讨欠付工程款的过程中，乙公司不止一次向甲公司承诺该款有优先受偿权，并在还款协议中予以了确认。甲公司依法申请法院对甲公司承建的厂房及乙公司土地予以查封保全，也表示当时就主张了优先受偿权。甲公司的工程款债权应享有别除权，即使乙公司破产，甲公司也应该得到全额赔偿。

乙公司管理人应诉辩称：对甲公司的债权及催款事实无异议，但并不能当然认定建设工程款享有别除权，别除权的认定必须有法律明确规定。

我国相关司法解释只是规定在房地产纠纷案件和办理执行案件中，建设工程款才有优先受偿权，而破产案件和破产程序中能否适用优先权并未明确；此外，甲公司所主张的优先权的期限法律规定为六个月，起算日期应为工程竣工之日，或约定的竣工之日，甲公司向法院主张工程款优先受偿权已超过6个月的法定保护期限。

2. 法院判决

法院经审理认为：根据《合同法》第286条的规定，甲公司基于建筑工程承包人身份，对于发包人乙公司所欠的工程款债权有权主张优先受偿，破产案件管理人将此债权列为普通债权不当，应予纠正。对于工程款债权迟延履行所产生的利息及案件受理费，根据《最高人民法院关于建筑工程价款优先受偿权问题的批复》第3条的规定，承包人因发包人违约所遭受的非直接经济损失不应包含在建设工程款优先权范畴之内，即对于工程款债权本金之外的利息等损失甲公司无权主张优先受偿权。对于乙公司辩称本案诉争优先权已超过6个月的时效期间，因本案中甲公司在工程竣工后6个月内曾多次向乙公司催款，既包含了向乙公司主张优先受偿权的意思表示，乙公司对此也予以认可。乙公司未履行还款协议，致使甲公司向法院起诉主张权利，不能仅以起诉作为甲公司主张优先权，而应认定甲公司向乙公司催款即为主张优先权，故对乙公司的时效抗辩不予支持。

综上，法院判决，甲公司对工程款本金1330万元的债权享有优先受偿权，对利息及其他损失费用作为普通债权登记而不享有优先受偿权。

二、别除权之法律地位分析

破产法理论上通常将别除权解读为：债权人因其债权设有担保物权或享有法定特别优先权，而在破产程序中就债务人特定财产享有的优先受偿权利，是由债务人特定财产原已存在的担保物权或法定优先权具有之排他性优先效力沿袭而来。① 别除权之名称，便是针对这一权利在破产程序中的特点而得名的。从其本质而言，是指在全部破产财产中，区别出其上具

① 参见王欣新：《破产法》（第二版），中国人民大学出版社2007年版，第395页。

有债权的财产，一旦该财产被变卖，那么，此债权人就可以优先于其他债权人受偿，具有区别、排除的特点和实际效果，因此被称为别除权。

在我国的破产立法中没有直接使用别除权的概念,① 根据《企业破产法》第109条规定，对破产人的特定财产享有担保权的权利人，对该特定财产享有优先受偿的权利，这即是我国破产法对别除权的相关规定。② 破产别除权并不是仅依照《企业破产法》规定而产生的相应权利，而是法定优先债权和担保物权等基本民事权利在企业破产领域的派生和发展。从权利起源上讲，别除权并非破产法所创设，别除权是担保物权和法定特别优先权在破产程序上的延续。③ 当企业进入破产程序后，对已经设定合法担保以及依法享有法定留置权利的财产，债权人可以就这一具体的特定物享受优先受偿的权利。从破产案件司法实务的角度而言，结合别除权的法律权利属性，别除权在破产程序中有以下四点特征：

（一）别除权在破产程序中具有特别地位

在破产程序具体个案中，债务人财产是债务人对其债权人承担债务的责任财产，是债权人得以公平、有序受偿的重要物质保障，具有非常重要的意义。④ 无论是破产重整、破产和解，还是破产清算，均有一个重要环节，即对破产企业财产的处理。债务人财产的能否完全清理、有效评估和及时依法拍卖，直接决定着破产程序能否顺利进行。另一方面，破产债权若通过对破产人财产的公平分配而实现，受偿率一般较低，且在破产程序终结后，未得到清偿的债权不再清偿，这就决定了享有别除权的债权人主张权利的首要目的在于要求实现担保利益。而实现担保利益，其直接指向的就是债务人财产中的担保资产，债权人的权利与该担保物息息相关，一

---

① 在最高人民法院2011年2月18日《关于印发修改后的〈民事案件案由规定〉的通知》中，第282条为别除权纠纷，该通知中使用了别除权表述，其他司法解释则没有。

② 参见奚晓明主编：《最高人民法院关于企业破产法司法解释理解与适用》，人民法院出版社2013年版，第139页。

③ 参见韩长印主编：《破产法学》（第二版），中国政法大学出版社2016年版，第153页。

④ 参见奚晓明主编：《最高人民法院关于企业破产法司法解释理解与适用》，人民法院出版社2013年版，第25页。

旦该担保物被处置，可以率先、单独受偿；若该特定物自然灭失或被他人合法占有，在此之上的别除权也随之消失。上述原因导致别除权在破产程序中具有特别地位，破产案件管理人及法院合议庭均对享有别除权的债权人高看一眼，优先受理、优先协调、优先清偿，尽量与别除权权利人达成合意，以达到解放担保物之目的，只有这样才能够顺利依序地推进破产程序。这也是在一线工作的破产案件司法实务者们必须面对的一个坎。

（二）别除权兼具物权、债权双重属性

关于破产别除权的性质，学术界存有债权说和物权说两种观点。债权说认为别除权本质上是拥有物权特性的优先于其他普通债权受偿的破产债权；① 物权说则认为别除权本质上是一种可以抗衡其他破产债务人的特种物权。② 笔者认为，别除权兼具物权、债权双重属性。破产别除权存在于破产程序之中，受破产法相关条文的规范和约束，它与纯粹的物权或债权并不能完全等同。别除权本身在破产程序中不再是纯粹的担保物权，而是既继承了原权利特征，又接受破产程序限制，重塑后成为一种有着自身特点的优先受偿权利。因别除权具有担保物权及特别优先权优先受偿的特性，故其在具体行使的规则和程序中又具有可以转化为普通债权的属性。一方面别除权能够就特定破产财产行使优先受偿权；另一方面当别除权权利人放弃优先受偿特权或者其权利行使后其未得到清偿的部分债权转化为普通债权，此时别除权人仍然可以凭借普通债权人的身份参与破产清算程序中，以此来得到清偿。别除权权利人在司法实务中可以通过物权担保的方式实现自己权益，也可以通过放弃物权寻求普通债权的表决权方式实现自身权益，二者之间的选择由别除权权利人进行利益衡量后自主决定，无论是哪一种形式，法律均应予以保护，这也是由别除权兼具物权、债权双重属性所决定的。

（三）别除权优先性体现为受偿绝对优先

因物权担保设定之目的，就是为在债务人失去清偿能力时，仍能使债

---

① 参见郑远民：《破产法律制度比较研究》，湖南大学出版社 2002 年版，第 89 页。

② 参见李永军：《破产法制度》，法制出版社 2000 年版，第 308 页。

权人从其特定担保财产上得到优先清偿。① 故以担保物权为基础的别除权在破产程序中的具体表现，就是别除权人对特定财产即别除权标的物享有排斥他人影响而优先受偿的权利。别除权的优先受偿，是一种绝对优先受偿，不同于其他破产债权因法律性质不同而根据破产法在清偿顺序存在先后。别除权的优先受偿权是针对特定担保财产行使的，只受担保物自身价值或现状的制约，不受破产程序限制，享有可优于其他债权人单独、及时受偿之权。若管理人对担保物依法作价处理，在别除权权利人获得清偿之前，其他债权人不得在作价范围内获得任何清偿。② 在企业破产的重整程序中，我国《企业破产法》规定别除权的优先受偿权利的行使受到一定限制，以免因担保物的处置而影响重整程序挽救企业功能之发挥，但这种限制是暂时性的，《企业破产法》也规定了不得影响相关权利人的优先受偿权，对其实现优先权益仍通过种种措施予以了充分保护。

（四）别除权中的约定担保优先权是在弱势意义成立

别除权从实践一般情形和权利最初发端看，其中最主要的是当事人约定设立担保物权，这也是我国破产别除权制度中主要的基础权利。这种有财产担保债权虽然从表征上具有优先性、排他性，但实际上受到《物权法》、《合同法》等法律及《企业破产法》本身的诸多限制。相比于在普通单个民事纠纷中强势意思自治的担保物权而言，因破产案件更具有政策、公益的考量因素，所以笔者认为别除权中的约定担保优先权只是在弱势意义上成立：首先，需要受到物权优先效力的一般限制，包括建筑工程承包人的优先受偿权、消费者期房优先受偿权、民用航空器优先权、国有土地使用权出让金优先权、船舶优先权、买卖不破租赁原则等；其次，还

---

① 参见王欣新：《破产别除权理论与实务研究》，载《政法论坛》2007 年第 1 期。

② 在司法实务中，这种绝对优先受偿因担保物自身缘由及破产人资产多少，也要受到一定限制。对于足额或者超额担保来说，权利人可以实现全部利益；对于不足额担保来说，权利人的利益只能实现以担保物价值为限的利益。同时，因为破产费用和共益债务是以实际需要和支出为依据随时清偿支付，在破产人财产唯有担保物或其他财产不足以支付上述两项费用的情况下，别除权权利人的担保利益也可能受到影响。笔者认为，别除权绝对优先受偿是一项基本原则，这些在司法实务中遇到的特殊情形不影响该基本原则的成立。

要受到《企业破产法》上特别规定的清偿限制，比如：劳动债权特定情形下的优先受偿权、对有担保债权人的个别清偿在特定情形下无效等；再次，还要受到《企业破产法》上特别规定的行使程序限制，主要包括重整程序的限制、和解程序的限制、破产程序中表决权的限制、破产撤销权构成的潜在威胁限制等。

总之，别除权可以排除他人债权和民事强制执行，能保护债权人合法权利不受到债务人运营情况的影响。笔者认为可以将《企业破产法》第109条中规定的权利称之为别除权，并应对该条款中的担保权理解为包括约定担保权和法定担保权，而法定优先权便源于法定担保权。我国破产法对因法定优先权而享有别除权的情况未作具体规定，但在破产案件中仍将遇到破产法外设置的各种优先权在破产程序中是否享有别除权、如何实现别除权等问题，需要一线司法实践者去面对、去解决。由于从文字表述上很容易理解为，我国破产法是从约定担保的角度对别除权加以规定的，① 在破产案件实践中碰到担保法规中的质权、抵押权、留置权等情形也容易区分，对此类法律适用各方面没有争议，笔者在本文中不作研究探讨，所以在下文中，笔者主要以法定优先权为视角分析破产别除权中的另一形态——法定特别优先权。

三、别除权之法定特别优先权的主要表现形式

基于社会政策、公共利益等方面的考量，法律有时会直接规定某些主体有就债务人的全部或者特定财产优先受偿的权利，这类权利即为法定优先权，是基于法律明文规定而产生。法定优先权可分为一般优先权与特别优先权，前者以债务人的一般财产为标的，后者以债务人的特定财产为标的。特别优先权又分为动产优先权和不动产优先权。显然，因破产别除权的权利基础表现的是特定物担保，故仅特别优先权才可能构成破产别除权的权利基础，而一般优先权则不符合此条件。② 我国民法并未建立起详备、清晰的优先权体系，有关规定散见于各特别法之中，当该优先规定涉

① 本文开篇案例中被告乙公司的抗辩即是例证。

② 参见汪铁山：《论破产别除权的权利基础及其裁判规则的选择》，载《南方社会科学》2015年第3期。

及破产案件的特定物时，就表现为别除权中的法定特别优先权。目前，我国法律规定的特别优先权主要有以下几类：

1. 我国《海商法》第 2 章第 3 节规定了船舶优先权。依该法规定，海事请求人有权就诸如船员报酬、船舶吨税、引航费、海滩救助费用向船舶所有人、光船承租人、船舶经营人提出海事请求，对产生该海事请求的船舶具有优先受偿的权利。此外，根据《最高人民法院关于可否将航道养费的缴付请求列入船舶优先权问题的批复》，航道养护费参照《海商法》第 22 条第 1 款第 3 项的规定，亦具有船舶优先权。

2. 我国《民用航空法》第 19 条规定了民用航空器优先权。根据该条，债权如果属于救援民用航空器的报酬或保管、维护该民用航空器的必需费用之范畴，则其可就该民用航空器享有优先权。

3. 我国《担保法》第 56 条和《城市房地产管理法》第 51 条规定了国有土地出让金的优先权。结合这两个条文的规定，对于拍卖划拨土地使用权的，拍卖所得价款应当先缴纳相当于应缴纳的土地出让金的款额。其他担保物权人，比如抵押权人必须在此之后才可优先受偿。

4. 我国《合同法》第 286 条规定了建设工程款的优先权。在建设工程中，发包人不如期支付建设费用的，承包人可以催告其在合理期限内偿付。如果其在合理期限内未及时支付的，则除按建设工程本身的性质不宜折价、拍卖的以外，承包人可以和发包人商定以建设工程折价，也可以申请人民法院对其进行拍卖。承包人的建设费用在折价或者拍卖价款中优先受偿。

5. 根据《最高人民法院关于建设工程价款优先受偿权问题的批复》规定，消费者支付购买商品房的全部或者大部分款项后，承包人就该商品房享有的工程价款优先受偿权不得对抗买受人。在房地产企业破产案件购房人债权中，若购房人要求继续履行房屋买卖合同，即要求破产人交房并办证的，对其物权请求权是否应当予以支持，理论界和司法实务界大多持肯定态度。有意见认为，在债权人已付清房款的情况下购房人享有取回权；① 也有意见认为，在购房人对房屋买卖合同已办理预告登记的情

① 参见池伟宏：《房地产企业破产重整中的权利顺位再思考》，载《法律适用》2016 年第 3 期。

况下购房人享有预告登记权。① 笔者认为，对已经签订房屋买卖合同并在房管部门进行网签登记的购房债权人，要区别不同情况不同对待：如果是消费类购房债权，则具有法定特别优先受偿权；如果是先有债务后签订以房抵债或者以投资为目的购买大量房屋的，则不应具有法定特别优先受偿权。根据《最高人民法院关于人民法院办理执行异议和复议若干问题的规定》第29条的规定，购房债权属于消费类的，应符合三点：第一，订立房屋买卖合同的标的物性质为用于居住的房屋，从而排除了商铺、写字楼、厂房等的优位待遇；第二，已支付的价款超过合同的总价款的50%，从而排除只缴纳定金或只签订合同没有缴纳房款的优位待遇；第三，购房为刚需而非投资，从而排除了一次性投资购买多套房产（司法实践中应详细审查，笔者认为可确定三套以上为多套）及以房抵债的优位待遇。据此，只有符合上述条件的消费类购房者才享有法定特别优先权。

对于上述特别优先权可否作为别除权的基础权利，时至今日在学界和实务界虽争议不断，但持肯定观点的占大多数，笔者也持肯定观点。上述五类法定优先权以债务人的特定财产为优先受偿对象，它们的共同特征在于均建立在特定财产之上，满足破产别除权客体特定这一构成要件，契合于别除权的别除特征，从其权利本身演化到别除权的内在原理和担保物权也大体相似，在法律权利属性上同担保物权相比并无实质差别。而且在大陆法系其他法域的破产法上，一般也都认为，特别优先权可以成为别除权的基础权利。② 因此，将上述特别优先权纳入别除权的基础权利范围的做法是符合法理的。

四、对上述案例的评析

（一）对法院判决的评析

本文案例不仅涉及建设工程款的优先受偿权，还涉及破产程序的别除

① 参见夏正芳、李荐：《房地产开发企业破产债权的清偿顺序》，载《人民司法（应用）》2016年第7期。

② 参见韩长印主编：《破产法学》（第二版），中国政法大学出版社2016年版，第149页。

权制度。由于我国破产法并未准确界定别除权基础权利的范围，只在《企业破产法》第109条中粗略规定，该条中的担保权，是否当然涵盖《合同法》第286条规定的工程款优先受偿权，法学理论界和司法实务界对此问题争议较大、莫衷一是。从本案法院判决结果可知，主办法院认同和支持了破产案件中建设工程款享有优先受偿权，可以构成别除权。

（二）笔者观点

由于我国《担保法》、《合同法》和《物权法》等立法未将法定优先权确认为担保权，因此在评判此案件判决是否公允前，首先要明晰法定优先权能否作为别除权制度的权利基础。笔者在上文中已作分析，明确表示持支持的观点。事实上，我国的《企业破产法》将对破产人的特定财产享有担保权作为破产别除权制度的权利基础，亦即，仅仅排除了担保法理论中之人的担保，并没有明确排除其他的担保形式，所以对担保物权的范围可作进一步的扩展，甚至是把它扩展到非典型的担保物权。这样前面案例中所涉及的建设工程款优先受偿权，就有了法律解释的空间。

从我国法律解释的方法、立法背景、目的、需求出发可以得出工程款在破产案件中理应享有具有优先权。作为典型物权之一的抵押权，毫无疑问可以成为破产别除权的权利基础。而在《最高人民法院关于建设工程价款优先受偿权问题的批复》之中，明确了建设工程款是优先于抵押权的，不难得出这样的推论：比抵押权更优先的建设工程款优先受偿权自然可以成为破产别除权的权利基础，因而本案件中的建设工程款可以适用破产别除权制度。不管对于建设工程款的权利属性如何界定，从立法背景和目的均可以推断出，法律对于承包人建设工程款债权的优先受偿性给予高度重视和特殊保护，其在很大程度上有助于维护数以万计的农民工、临时从业人员等弱势群体的基础生存权和发展权。结合在多地发生的烂尾楼工程集体讨薪上访事件，我国的现实国情迫切需要在破产程序中最大限度地保护建设工程价款的优先受偿权。笔者也十分认同和支持本案例的主办法院能依法认定建设工程款享有优先受偿权。

五、明晰别除权在立法中的表述

破产别除权制度是破产法领域内的一项重要制度，但在我国现行破产法规仍然存在一定的制度欠缺，有待进一步完善，主要表现为别除权基础权利范围认定不清、别除权清偿顺序模糊、别除权行使规则体系不健全等。笔者认为：应以明确别除权在立法中的表述为切入点，对现行的《企业破产法》进行修改或作出新的司法解释。

（一）在立法中明确引入别除权概念

未来我国破产法修订过程中，在当前《企业破产法》第 109 条对特定财产享有担保权的立法表述基础上，增加别除权概念。其理由如下：第一，对特定财产享有担保权的表述涵盖范围过于狭窄，显然与传统上对别除权内涵的理解存有差异，而增加别除权的称谓可以恢复制度的本来面貌；第二，使用别除权的表述也契合于理论界对该制度的一般称谓，有利于理论研究成果向实践转化，减少司法实践中的分歧。

（二）在立法中阐明别除权的基础权利范围

在对别除权的立法表述中，应当明确别除权的基础权利范围，对于何种权利可以纳入该范围，何种权利不可以纳入该范围作出明确规定，以此来消除理论和实务上对此问题的长期争论，保证法律适用的统一性。在具体设置上，将质权、抵押权、留置权等担保物权纳入基础权利范围应无争议。对于定金，虽然从理论上来说，存在以特定财产设立定金的可能，进而应当承认该类型定金的基础权利地位，但在具体实践中，定金均是以货币形式设立，规定前述情形基本没有实际意义，因此应以否认其基础权利地位为宜。关于法定特别优先权，笔者在本文中已作分析，并坚定认为未来立法中应将其纳入别除权的基础权利范围。因此，别除权的基础权利应包括质权、抵押权、留置权等担保物权以及法律明文规定的法定特别优先权。

（三）明确担保物权与法定特别优先权间的清偿顺序

现行《企业破产法》在第 109 条规定对特定财产享有担保权的债权人可以优先于普通债权人受偿，但对于法定优先权与担保优先权并存时如何受偿，没有明确规定。因为《担保法》、《物权法》等其他部门已经对抵押权、质权、留置权等担保物权的优先受偿顺序作出了相对较为详细的规定，在破产程序中处理这类别除权时只需遵循其他部门法的既有规定即可。对相同性质的别除权之间的受偿顺序，现行《企业破产法》没有作出具体安排并不构成立法疏漏。但是对于不同性质的别除权，即担保物权和法定特别优先权之间的受偿顺序立法不作规定，则会导致实务处理上的困难，因此，修改时有予以详细阐明的必要。笔者认为，在法定特别优先权和约定担保物权之间，未来立法应明确规定，虽同属别除权基础权利范围，法定特别优先权受偿顺序应在约定担保物权之前。因为特别优先权是对特定财产的法定担保权，其上添加有公共利益和社会政策的考量，依法定担保优先于约定担保的一般原理，其理应更具优先性。唯有如此，才能符合行权顺序朝着保证破产程序的公平、顺利进行的方向前进。

（四）建立别除权行使期限制度

在别除权的行使期限问题上，《企业破产法》还没有相应的规定，只是要求别除权人应当申报债权。有担保的债权人不申报或延期申报，虽会承担一定的法律后果，但是否会导致别除权消失，《企业破产法》未作明确规定，从而容易引发别除权行使过程中出现相对松散、无序的情形。为提高我国破产程序的运行效率，未来我国破产法可以借鉴德国、日本等国家的立法设计，增添相应规定，以催促别除权人及时行使别除权，保障破产清算程序的正常开展，① 但前提条件是管理人必须履行告知义务，使相关利益关系人了解有关情况，否则就会侵害享有别除权当事人的权益。其具体制度内容为：管理人可以要求别除权人在法定期限内行使权利，如果别除权人在该期限内未行使权利的，可以推定别除权消失，管理人有权请求法院认定别除权人权利无效或直接对别除权标的进行变现。

别除权制度是破产法相关制度的重要组成部分，对其立法进行完善势在必行。笔者针对别除权制度在司法实务中所面临的现实困境及若干实践难题，在本文中提出的几点建议微不足道，希望能有助于一线的广大破产案件实践工作者，使别除权之法定优先权与其他相关权利的关系得到最优化协调，为各方当事人作出合适的利益安排。

---

① 参见韩长印主编：《破产法学》（第二版），中国政法大学出版社 2016 年版，第 234 页。

第五部分：关联企业破产问题研究

供给侧改革背景下实质合并破产制度的构建与完善

——以16件关联企业实质合并破产案件为分析样本

杨俊广　曹文兵*

内容提要：关联企业破产往往涉及财产甄别、债权债务清理、资产清理、企业重整挽救等一系列问题，加之涉案债权金额较大、牵涉人员众多、社会影响重大，较普通企业破产而言，是破产审判中的难点与热点。借助实质合并规则，能有效地处理该类问题。但一则我国《企业破产法》及相关规则阙如，二则各地法院实践标准不统一，理论界和实务界对实质合并的讨论颇有出入。通过对16件典型实质合并破产案件的分析，可以窥出实质合并规则应以否认各关联企业的独立人格为核心，从申请主体、启动模式、管辖法院、债权人保护及管理人选任等方面分别予以构建和完善。

实质合并制度的理论基石是企业整体说。① 它作为一项衡平救济措施，肇始于美国的Sampsell案件（1941年），历经Chemical案（1966年）、Vecco案（1980年）、Auto-Train案（1987年）、Augrie/Restivo案

---

* 杨俊广，湖北省武汉市中级人民法院环境资源审判庭庭长、审判委员会委员；曹文兵，武汉大学法学院博士研究生，湖北省武汉市中级人民法院环境资源审判庭审判员。该文系教育部人文社会科学重点研究基地项目“工商业与人权研究”（项目编号：17JJD820019）的阶段性成果。

① “企业整体说”由美国Adolf Berle教授提出，他认为，如果数个股东依照法定程序设立一家公司，该公司成为一个法律主体，此种情形下，公司的法律事实与经济事实一致。但如果股东登记设立了数个公司，尽管在法律上各公司具有独立的法律地位，但各公司之间由于关联关系而形成了经济上的共同体，其他公司实际上成为了控制公司的附庸，从经济事实的角度出发，这些公司应当被视为同一主体。

(1988年)、Owens Corning案（2005年）的发展变化，适用标准由宽松灵活逐渐转向严苛，并最终确立了契合美国国情的实质合并破产规则。实质合并是指对相互关联的企业的债务进行合并，剔除关联企业间的债权及担保，并将目标企业的资产进行合并，对关联企业的所有债权人按比例进行清偿。① 实质合并的效力，在于将关联企业的资产视为单一破产财产，把关联企业的所有外部债务视为单一企业的负债，而关联企业内部互负的债权消灭，对各个企业的优先权在合并后仍保留优先权。② 关联企业破产所涉及的问题极为复杂，囊括财产甄别、债权债务清理的障碍、资产清理的纠葛、企业重整挽救等一系列问题，并且此类破产案件涉案债权金额较大、牵涉人员众多、社会影响重大，远比单个企业破产繁琐复杂得多，也就俨然成为破产审判中的难点与热点问题。自2007年《企业破产法》实施以来，全国各地方法院运用实质合并规则对审理关联企业破产案件进行了有益尝试和积极探索。关联企业实质合并破产案例层出不穷，其中既包括合并清算案件，也包括合并重整案件。由于《企业破产法》及相关司法解释对关联企业实质合并规则的规定付之阙如，导致各地法院审理关联企业破产案件时裁判标准不统一，做法存在差异。当前，仅有《全国法院破产审判工作会议纪要》（下文简称《破产审判纪要》）就关联企业破产问题作出了粗疏的规定，无法对关联企业破产案件审理工作提供明确细致的指引。因此，总结关联企业破产审判工作的实践经验，积极构建与完善适合我国国情的关联企业实质合并破产制度是当前最亟待解决的现实问题。

一、实质合并制度的法理基础、价值与功能

公平与效率是现代破产法的基本目标与根本价值追求，关联企业的不规范运行严重背离此追求。实质合并规则之目的正是修正关联企业破产对这一原则的背离，一方面打破关联企业破产时的形式公平，追求实质公

① See Phillip. Blumberg, “The law of Corporate groups”, Little Brown & Co Law & Business, 1985, pp. 402-404.

② 参见贺丹：《上市公司重整中的公司集团破产问题》，载《政治与法律》2012年第2期。

平，从而保护债权人的利益；另一方面，实质合并将关联企业视为一个整体，排除分别计算资产和各个企业负债等事项，从而节省了时间、费用成本，一则节省了破产企业的开支，二则保障破产程序顺利进行。① 实质合并的核心节点在于将关联企业视为一个整体，通过人格否认，否认各企业的独立法律主体地位，将关联企业间的债权消灭，同时视各成员的财产为一个整体，进而以此对所有债权人进行公平清偿。② 实质合并规则回应了公司法制度本质特征与公司集团集中控制所引发的问题，可以实现对债权人利益的实质保护。③

首先，实质合并制度有利于减少债权人参与程序的成本，从实质上保障对债权人进行公平清偿，与《企业破产法》规定原则与精神一致。公平原则，是破产程序所追求的最主要的价值，它贯穿了破产程序的始终，④ 实质合并破产制度正是为实行这一原则而确立的。实质合并从整体而言，虽然对个别债权人支付比例有可能降低，但在所有债权人之间有助于实现实质公平。⑤ 实践中，各关联企业虽然均是独立的人格主体，但是关联企业间在经济层面上通常存在着千丝万缕的联系和错综复杂的关系。各企业间相互纠缠的复杂关联，以及借此而进行的违法内部交易，对关联企业的债权人而言极为不利。关联企业破产案件中，虚假破产和破产欺诈屡见不鲜，破产法所追求的公平价值基本原则受到冲击。⑥ 换言之，控制企业通常会滥用关联企业内部繁杂、多重的控制关系，以极其隐蔽且兼具欺诈性质的方式在关联企业成员之间不当输送利益、转移资产、隐匿资产、逃避债务，为进行不正当交易及关联企业之间的非市场化利益输送创

① 参见王欣新：《关联企业的实质合并破产程序》，载《人民司法》2016 年第 28 期。

② 参见徐阳光：《论关联企业实质合并破产》，载《中外法学》2017 年第 3 期。

③ 参见贺丹：《破产实体合并司法裁判标准反思——一个比较的视角》，载《中国政法大学学报》2017 年第 3 期。

④ 参见［日］伊藤真：《破产法》，刘荣军、鲍荣振译，中国社会科学出版社 1995 年版，第 7 页。

⑤ 参见朱黎：《美国破产实质合并规则的实践及其启示》，载《浙江学刊》2017 年第 1 期。

⑥ 参见王欣新、周薇：《关联企业的合并破产重整启动研究》，载《政法论坛》2011 年第 11 期。

造便利条件，造成各从属企业资产与负债情况严重失实，致使其他企业实际无独立法律主体地位可言，并借此损害其他关联企业及其债权人的利益。实质合并之确立目的，本质上就是追求对关联企业间非法或不当利益转移或分配行为的矫正与纠偏，将已转移、隐匿的资产和利益予以重新归位，注重对所有债权人的平等保护。详言之，实质合并制度是将法人人格高度混同或过度控制的关联企业当作一个主体对待，将此间所有企业的资产和债务进行整合，并在消灭关联企业间的债权和担保之后，再进行统一清算或者重整，有效地避免关联企业之间的欺诈性转让和自益性担保交易，能够有效地惩治关联企业控制者的违法钻营行为，极大地提高违法成本，从而公平维护所有外部债权人的利益。与此相反，如果采取个别破产或单独破产的常规处理模式，难以有效解决关联企业混同资产甄别、债权债务清理、资产追索、企业挽救等一系列问题，难以确保外部债权人获得公平清偿，① 而关联企业通过不当利益输送却能获得高额清偿。采取分别破产的常规模式，在关联企业不当利益输送的情况下，其实严重损害了破产法的公平价值、程序价值和重整制度价值。由于资产、债务被人为地集中在不同的企业，分别重整或者清算必定造成关联企业之间债权人受偿率极高和极低的分化现象，造成严重的不公平。②

其次，实质合并制度有利于提高破产审判效率，降低破产成本。破产审判既要注重公平价值，同时也不容忽视效率价值。关联企业间存在错综复杂的关系，资产、业务、债权债务、人员极易混同，交叉担保、联保等现象普遍颇为严重。实质合并规则避免了甄别公司之间冗杂繁复的交易记录，梳理不同债权人对不同公司诉求的麻烦，③ 极大地减少了程序耗费，降低了各方成本，提升了破产财产处置的效果。

再次，实质合并制度能有效地规制关联企业违规行为，保护债权人利

---

① 参见周继业主编：《人民法院破产审判——江苏实践与经验》，法律出版社2018年版，第307页。

② 参见孔维璜：《实质合并规则的理解和运用》，载《人民司法》2016年第28期。

③ 参见［美］道德拉斯·G. 贝尔德：《论破产重整的实质合并》，张钦昱译，载李曙光、郑志斌主编《公司重整法律评论（第3卷）》，法律出版社2013年版，第446页。

益。破产法所规定的破产撤销权和无效行为制度，以及公司法上的公司人格否认制度，对于规制关联企业违规行为、保护债权人利益作用微乎其微。详言之，破产撤销权制度是《企业破产法》针对单一企业破产而作出的一种立法安排，而未对关联企业作出特别的规定，诸如，延长撤销权行使的追溯期间和实行举证责任倒置。关联企业为实现隐匿财产、转移财产、逃避债务、逃避税收的不正当目的，故意规避破产撤销权制度有关除斥期间的规定，在除斥期间之前实施诈害性行为和偏颇清偿行为，现有撤销权制度无法有效规制关联企业的故意规避行为，难以发挥破产撤销权制度应有的作用。控制企业往往会利用控制权对从属企业的资产、人员、财务等方面进行不正当的调整，财产甄别、债权债务清理、资产回收尤为困难，破产无效制度收效甚微。反观破产撤销权和无效行为制度虽能规制企业个别违法行为，其规制对象限定于债务人，无法对诸如控制企业等其他实施违法行为的主体进行规制，债权人利益无法得到有力保护。鉴于法人人格否认制度与实质合并制度在规制领域、启动条件、法律责任、目的及作用等诸多方面存在差异，适用法人人格否认制度处理关联企业破产问题存在一定的局限性，该制度仅能追究基于控投关系所形成的控制关系的关联企业股东的连带责任，对股东以外的其他公司的控制行为则无能为力。法人人格否认制度也无法解决在破产情况下关联企业作为债权人基于关联企业担保所引致的优先受偿问题。实质合并制度则是通过否认关联企业的独立法律人格，以解决关联企业财产难以认定的问题。① 实质合并采用企业整体说，以经济事实的一致代替法律事实的不一致，从而否定个企业的独立法律主体地位。②

最后，实质合并制度符合诚实信用原则，有益于维护公平竞争的市场秩序。诚实信用原则是民商事领域的帝王条款。关联企业破产实质合并恰恰是法律维护诚实信用体系，惩治不遵守诚实信用原则、滥用公司独立人格和股东有限责任、转移财产、逃避债务、损害债权人利益制造者的利

① 参见田信、李尊：《关联企业实质合并探析》，载王欣新、尹正友主编《破产法论坛（第八辑）》，法律出版社 2013 年版，第 358 页。

② 参见朱黎：《美国破产实质合并规则的实践及其启示》，载《浙江学刊》2017 年第 1 期。

刃，从反面进一步促使企业控制者、经营者乃至全社会对诚实信用原则的遵守。①

二、实质合并案件的样本分析

（一）样本的采集

笔者选取了自2007年《企业破产法》实施以来，各地方法院审理的16件颇具典型性、代表性的关联企业实质合并破产案件，从申请主体、启动模式、实质合并破产判定标准、债权人参与情况、管理人选任等方面进行统计分析。这些案例全部来自于最高人民法院和各级地方法院破产审判工作发布会发布的案例和各地法院破产审判调研报告中附录的案例。通过对下列16件案件的分析，检视实质合并破产制度司法实践中存在的问题，并以此为契机剖析其存在的问题，以期助益于关联企业实质合并制度的完善。

表一　　关联企业实质破产案件统计情况

案件	申请人	受理时间	启动模式	判定标准	债权人参与情况	管理人的选任
怡华系企业实质合并破产重整案	管理人	2012年	分别受理、再进行合并	人格混同	通过听证会形式参与	指定同1家管理人
纵横集团合并重整案	管理人	2009年	分别受理、再进行合并	人格混同＋公司间相互担保关系＋债权人利益	是	指定3家管理人

① 参见沈阳市中级人民法院课题组：《关联企业破产实体合并法律适用问题研究》，载王欣新、尹正友主编《破产法论坛（第五辑）》，法律出版社2010年版，第107页。

续表

案件	申请人	受理时间	启动模式	判定标准	债权人参与情况	管理人的选任
闽发证券合并清算案	管理人	2008 年		人格混同		
浙江玻璃合并破产案	管理人	2012 年	部分企业已经进入破产程序，法院裁定其他企业并入破产程序	人格混同	是	指定同 1 家管理人
中江系企业合并重整案	管理人	2013 年	分别受理、再进行合并	人格混同 + 债权人利益	是	未披露
柳州华远公司等关联企业破产重整案		2015 年	分别受理、再进行合并	人格混同		分别指定 3 家不同类型管理人
无锡奥特公司、沪通公司合并破产清算案	管理人	2012 年	分别受理、再进行合并	人格混同	是	指定同 1 家管理人
华伦集团合并清算案	管理人	2009 年	部分企业已经进入破产程序，法院裁定其他企业并入破产程序	人格混同 + 资产清理难度	是	指定同 1 家管理人
江苏纺织集团等 6 公司合并重整案	管理人	2017 年	分别受理、再进行合并	人格混同	是	指定同 1 家管理人
庄吉集团合并重整案	管理人	2016 年	分别受理、再进行合并	人格混同	是	指定同 1 家管理人

续表

案件	申请人	受理时间	启动模式	判定标准	债权人参与情况	管理人的选任
中汉卓信合并重整案	债权人+管理人	2013 年	部分企业已经进入破产程序，法院裁定其他企业并入破产程序	人格混同+债权人利益保护+审判效率	是	指定同 1 家管理人
凹凸系企业合并重整案	债务人	2016 年	分别受理、再进行合并	人格混同	是	指定同 1 家管理人
江山三星铜材线缆公司等 5 公司破产重整案	管理人	2016 年	分别受理、再进行合并	人格混同	是	指定 2 家联合管理人
惠州兴华公司等 4 公司合并重整案	债务人股东	2017 年	分别受理、再进行合并	人格混同	未	指定同 1 家管理人
淮矿物流及其子公司合并重整案	管理人	2015 年	部分企业已经进入破产程序，法院裁定其他企业并入破产程序	人格混同	未	指定 2 家不同类型管理人
沈阳欧亚集团破产清算案	法院	2008 年	先行合并，再破产	人格混同	未披露	未披露

（二）样本的分析

通过对上述表一的统计与分析，可以发现实质合并制度运行过程中存在如下问题：

1. 公司人格高度混同的实质合并判断标准过于单一

从表一反映的情况来看，在上述 16 件关联企业实质合并破产案件中，法院均无一例外地将公司人格高度混同作为实质合并的核心裁定标准，但实质合并制度适用的所有情形却未被涵括，从而导致实质合并适用范围与判断标准过于狭窄。公司人格高度混同的实质合并判断标准过于单一，不但会使得实质合并制度的功能大打折扣，也会掣肘实质合并制度的发展。绝大多数法院将财务、财产、业务、人事、经营场所、组织机构、管理等方面的严重混同作为公司人格高度混同认定标准的主要因素。但关联企业间是否存在人格高度混同，其根本仍是人格混同学说，即公司人格不能独立的存在，而肆意为股东或其他非公司意志机关操纵，仅依据以上标准作为认定标准的主要因素过于单一。

2. 实质合并破产启动模式不够规范

从表一反映的情况来看，在上述16件关联企业实质合并破产案件中，实质合并破产程序的启动模式通常包括三种类型：第一种是分别破产、再进行合并模式；第二种是部分企业已经进入破产程序，法院裁定其他企业并入破产程序；第三种是关联企业先行合并，再一并进入破产程序。一方面，三种模式的存在即从侧面反映了实质破产程序启动模式的不规范。另一方面，考虑到我国破产法的启动程序采取的是依申请原则，第二种模式的启动极容易引起当事人的反对。加之如果人格混同认定标准单一，在第二种模式下，司法腐败极易产生，不利于企业正常的开展经营活动。

3. 债权人的参与

另一个问题是，实质合并债权人的参与问题。依通说，实质合并的核心在于公司人格否认，按公司法及公司法理论，属于司法裁判权，换言之，除法院之外的任何其他主体并无启动实质合并的权利。法院要高度重视不同企业债权人的参与，重视其诉求和利益保护。但上述16件案件中，债权人一则似乎实质地参与了实质合并的启动，参见了听证会；二则债权人的债权比例似乎又依法院按公平原则决定。这在实务中，必将给债权人以法院对债权人的意见征询是在走过场的印象，法院裁判的公平性也会受到质疑。

4. 举证责任的分配

不同于一般的破产案件，采取实质合并破产规则必将涉及关联企业法定人格独立问题的判定，从而对证据的要求提出了严苛的标准。谁主张、谁举证的举证规则对债权人申请启动颇为不利。上述案例，似乎是考虑到这一点，普遍过度依赖管理人提供证据。但这一点并不能为债权人申请实质合并提供参考价值。债权人启动的举证责任，仍需要探索。

5. 管理人的选任规则不尽完善

实质合并破产案件，考虑到关联企业的数量，管理人的选任是一个颇为为难的问题。管理人的选任要善于整合各类管理人优势资源，从而充分发挥不同类型管理人的特长，达到破产案件公正高效审理的目的。上述案例中，对管理人的选任普遍只选任 1 家，而不是根据具体的情况，按照启动模式的不同分别应对，难以发挥管理人的作用，实现实质合并破产的目的。

三、关联企业实质性合并适用条件之界定

（一）实质合并的适用条件

相较于单一企业破产，关联企业实质合并破产涉及的利害关系人较多、法律关系错综复杂，需要一揽子解决众多债权人利益的平衡、职工安置、社会维稳等一系列问题，因此，关联企业破产案件的审理对于法官的业务能力提出了更高的要求。当前，我国现有法律对实质合并制度规定的缺失、破产法官整体业务能力的偏弱，加之实质合并制度本身系直接对各关联企业独立人格的终极性、整体性、极端性的否认与消灭，构成了对有限责任制度的严峻挑战，动摇了现代公司法的基石。相比公司人格否认制度而言，实质合并破产对法人人格的否认，是全方位彻底的最终否定，不再局限于个别的行为或事项，或者个别债务的清偿。① 假若实质合并制度被不加任何限制地滥用，则不仅会动摇现代公司法的基石——有限责任制度，而且也会违背法律所追求的实质公平正义之价值，不能为了追求简化程序或者减少工作量而进行实质合并。② 因此，实质合并制度的适用具有审慎性、有限性与例外性，该制度的适用具有严苛的条件，绝不可为达到某种目的肆意突破实质合并的适用条件，要尽量避免因不当适用实质合并

① 参见王欣新：《关联企业实质合并破产标准研究》，载《法律适用（司法案例）》2017 年第 8 期。

② 参见郁琳：《关联企业破产整体重整的规制》，载《人民司法（应用）》2016 年第 28 期。

制度而造成相关利害关系人合法权益受损的行为的发生。笔者以为，实质合并制度的适用条件包括以下几个方面：

1. 关联企业之间法人人格高度混同

关联企业间存在人格高度混同的判定，应当对以下几方面的因素综合考量：第一，各关联企业成员之间的资产存在严重混同，分离和甄别各个企业的资产难度极大、金钱成本、时间成本与社会成本颇高，财产权属极不明晰；第二，各关联企业成员之间的财务会计凭证、财务账目、银行账户、财务管理模式存在严重混同，未建立彼此独立的会计核算体系，难以区分，致使不能客观真实地反映债权债务关系；第三，各关联企业成员之间的人员管理方面存在严重混同，董事、监事、高级管理人员、普通职员在关联企业成员之间交叉任职；第四，关联企业间的经营存在严重混同，形成难以分割的综合体，各个企业沦为企业集团的某一个部门或者分支机构，经营决策权由集团公司绝对掌控；第五，各关联企业成员之间存在资产、负债的不当转移、不正当的关联交易行为以及不合理、非市场化的资产资金输送，导致一部分关联企业的财产不当减少，而另一部分企业的财产不当增加；第六，各关联企业成员之间共同使用经营场地、生产设备、办公设施，难以区分；第七，各关联企业成员之间交叉持股、相互拆借资金、相互提供担保、相互联保；第八，控制企业对从属企业在经营活动、重要人事安排、资产处置、资金调配、债务清理等方面进行绝对性、经常性、持续性、过度地控制，而非一时性或偶然性地控制，各从属企业绝对受命于控制企业，任由控制企业发号施令，按照控制企业的指令进行商业安排、从事经营活动，丧失了独立的意志，缺乏自主决策权；第九，从属企业的交易对象除了控制企业和其他姊妹关联企业外再无其他交易对象，从属企业的资产资金除了完全依靠控制企业和其他姊妹关联企业输送或调配外再无其他资产；第十，各关联企业成员之间在利益与所有权上具有统一性，经济利益一体化现象极为严重；第十一，上述情形在程度上应为显著，在范围上应该广泛，在时间上应该持续，而并非间断性、例外性地存在。人民法院在裁定是否受理实质合并申请时，应当结合具体个案综合考量上述因素，作为判定关联企业之间法人人格是否存在严重混同的重要标准，但要着重审查各关联企业之间资产、负债、经营业务、组织机构的混同情况，因为这些关键性、决定性因素的存在必然导致关联企业成员严重丧失财产独立性和法人意志独立性，致使这些关联企业符合经济一体化特征，有违法人人格独立原则，降低部分关联企业的偿债能力，进而对部分债权人造成明显不公平。

2. 债权人的整体利益因实质合并而受益

关联企业被高度混同的情况，导致了关联企业外部各自债权人的受偿比例严重失衡，影响了全体债权人的公平受偿、损害了债权人的整体利益，若未损害全体债权人的公平受偿，则实质合并制度无适用之余地。实质合并在某种意义上讲，是为寻求整体上的实质公平，避免法律上各企业独立地位的形式而导致的实质不公平。① 总体而言，实质合并后进行的债权人清偿，大于各个企业分别破产后进行的债权人清偿。实质合并制度给债权人整体带来的利益涵括以下三个方面：第一是来自因关联企业资产合并处置而导致的 1+1>2 的配套性互补互增效应；第二是因关联企业合并重整导致的集团整体运营价值的提升；第三是因实质合并破产免除各企业资产与负债的区分和清理成本，降低破产费用而得到的利益增加。② 此外，适用实质合并制度时不得明显损害部分利害关系人的利益，不得存有恶意，要注重平衡各方利益的冲突与分歧。

3. 其他破产救济方法均已穷尽，且无法实现公平偿债最大化的要求

因实质合并规则的适用不可避免地会对个别债权人的利益造成损害，由此决定了它仅仅是一种防御性、消极性、谦抑性、终极性的救济手段，只有在穷尽了所有其他破产救济方法无济于全体债权人公平受偿，且关联企业间法律主体地位严重混同时，实质合并作为最后的救济手段才可以加以适用。若关联企业成员之间仅仅存在个别关联交易或临时的、偶然的、非持续性的不正当关联关系，对于因不正当关联关系导致债权人利益受损时，应当采取撤销权制度、无效行为制度、法人人格否认制度、衡平居次原则、摊付令制度或者通过程序合并方式进行救济，借以纠正个别不正当关联交易。

4. 各关联企业成员原则上已达到破产界限

各关联企业成员进行实质合并破产除了符合法人人格高度混同的条件

---

① 参见王欣新：《关联企业实质合并破产标准研究》，载《法律适用（司法案例）》2017 年第 8 期。

② 参见王欣新：《关联企业实质合并破产标准研究》，载《法律适用（司法案例）》2017 年第 8 期。

外，还要求各个企业原则上达到破产界限，不得违背破产法相关规定。若各关联企业成员均未达到破产界限，抑或仅个别企业达到破产界限，而剩下的其他企业却不符合破产条件，即使目标企业间存在人格高度混同，亦不可进行实质合并破产。此种情形下，对关联企业的债权可以采用法人人格否认制度、衡平居次原则、摊付令制度、程序合并方式进行处理。但在某些符合特定条件的情况下，个别企业也可以在未达到破产界限时进行实质合并破产。笔者以为，《最高人民法院关于适用实体合并规则审理关联企业破产清算案件的若干规定（第四稿）》（以下简称：征求意见第四稿）第2条之规定可资借鉴，该条规定："关联企业成员虽未达到破产法第二条第一款规定的条件，但因其与前款规定的关联企业成员之间法人人格高度混同或者系出于欺诈目的成立，从而在实际上符合破产法第二条第一款规定的，可以依照本规定适用实质合并规则进行清算。"

5. 以资产负债分离困难、分离成本颇高、有益于推进破产程序顺利进行作为辅助性的条件

实质合并制度自身无不体现着对司法效率与经济效率的追求，以实现公平有序清偿债权为根本目标。若关联企业成员之间的资产负债分离难度极大、区分成本颇高或者根本无法分离，执意进行分别破产，资产负债分离所耗费的时间成本与金钱成本最终需由债权人来承担，也有碍于破产程序的顺利推进，严重违背了破产法追求的公平与效率价值目标。当区分各个公司界限的希望变得十分渺茫、花费的时间成本如此巨大以至于危殆所有债权人实现债权时，将各个公司看成一个实体可以最大限度地趋向正义，① 关联企业成员之间资产负债分离是否存在巨大困难、分离成本是否过高、是否有益于推进破产程序顺利进行应当作为适用实质合并破产规则的辅助性条件。

（二）实质合并破产申请人的举证责任

谁主张、谁举证，因此实质合并破产申请人应当就实质合并破产的适用条件、原因及必要性进行充分举证。不同的申请人所承担的举证责是有区别的：债权人作为申请人时，因债务人企业的债权清册、债务清册、财务会计报告等均由债务人企业自行掌控，债权人无法知悉债务人企业内部

---

① Chem. Bank. N. Y. Trust Co. v. Kheel, 369 F. 2d 845, 847 (2d Cir. 1966).

的运作，以及相应的资产、负债情况，对其间人格高度混同的相关证据难以举证。考虑到债权人的举证能力弱、距离证据较远、接近证据较难及举证成本高等因素，为了减轻债权人的诉讼负担，债权人申请实质合并破产时仅需提供初步证据证明其所信赖的交易对象是整个关联企业集团而非仅信赖其中某一个企业，即可完成举证责任。若关联企业以法人人格不存在高度混同为由反对实质合并，鉴于关联企业距离证据较近、易于接近证据、举证能力较强等因素，则应提供充分的证据反证其对成员企业的控制存在正当性、合法性及合理性。

在债务人申请破产时，因债务人对自身的各种状况最为熟悉，对于关联企业间的关联交易是否不当、利益输送是否违法，以及资产负债、业务、人事等方面是否高度混同最为了解。此种情形下，债务人的举证能力往往较强，所耗的举证成本也较低，也理所当然应由债务人承担全部的举证责任。

在管理人申请实质合并破产的场合，因管理人在履行法定职责过程中，相比债权人，易于掌握关联企业间资产、负债、经营业务、组织机构等是否存在混同、关联企业成员之间是否存在控制与被控制、关联企业成员之间是否存在不正当利益输送等重要事实与关键证据。当管理人发现关联企业成员之间存在上述情形时，为实现破产财产价值的最大化，实现对整体债权人的实质公平保护，理应向法院提出实质合并申请，在此种情形下，由管理人承担举证责任毋庸置疑。

四、关联企业实质性合并程序性规则的构建与完善

（一）申请主体

《企业破产法》第 7 条及第 70 条就单一企业破产（包括破产重整）的申请主体作出了规定，包括债权人、债务人、清算义务人、出资人。但该法并未对实质合并破产的申请主体作出规定。笔者以为，实质合并破产申请主体应当采取多元化、多方参与的模式。详言之，债权人对公平有序清偿最为期待，主动性与积极性较高，理所当然成为实质合并破产的申请主体。债务人因对自身资产负债、关联企业之间关联交易、关联程度等情况最为熟悉，亦当然成为申请主体。债务人既可以单独，也可以联合其他

关联企业提出实质合并破产申请，也可以在债权人先行提出破产申请被法院裁定受理之后申请加入实质合并破产程序中。出资额占债务人注册资本1/10以上的出资人在债务人不申请重整时，可直接对关联企业申请合并重整。清算义务人在清理关联企业资产负债过程中，若发现关联企业存在符合实质合并破产的条件，也可以向法院申请启动实质合并程序。管理人的职责分工决定了其对关联企业的资产负债状况、关联企业之间关联交易、关联程度、控制程度、混同程度等情况易于掌控，具有较强的举证能力，与此同时合并破产也可极大地减轻管理人的工作负担，因此，管理人在关联企业已启动破产程序的情况下作为实质合并破产申请主体具有天然的优势与内在的原动力。在破产审判实践中，以管理人作为申请主体的实例居多。鉴于我国破产法依申请进入破产程序的原则和精神，法院原则上不应直接依职权启动实质合并破产程序，而应合理引导上述相关申请主体依法向法院提出实质合并破产申请。法院仅在上述申请主体怠于申请或者拒绝申请，且不进行实质合并整个破产程序难以为继及债权人整体公平受偿之目标难以企及的情况下，才可以依职权主动启动实质合并破产程序。

（二）启动模式

破产审判实践中，实质合并破产程序的启动模式通常包括以下几种类型：第一种是分别破产、再进行合并模式。在此种模式，各关联企业成员先后或者同时进入破产程序，事后经申请人的申请，将各关联企业成员统一纳入实质合并破产程序。第二种是部分企业已经进入破产程序，法院裁定其他企业并入破产程序。第三种是在申请破产前关联企业已经合并，后一并申请进入破产程序。

考虑到我国破产法的启动程序，采取的是依申请原则，第二种模式的启动极容易引起当事人的反对，也极易产生司法腐败。我国的实质合并破产程序，应该依申请人申请，即在第一种和第三种模式之间选择。但第三种模式，对法院提出了过高要求，法院在立案时即开始对几家企业各种证据进行分析认定，考虑到我国司法实践，以及相关实体和程序法律依据缺乏，当事人诉讼权利保障问题模糊不清，能否适用上诉程序等问题，这一模式在理论和实践上均不可取。相较之下，第一种模式则显得较为稳妥。

（三）管辖法院的确定

通常而言，管辖法院的确立主要基于以下三个方面因素的考虑：法院体系内事务管理、诉讼成本的合理分配、实体正义的确保。实质合并破产案件管辖法院的确定除了要考虑上述因素以外，还需要考虑破产财产最大化原则。关联企业成员往往分布于不同的区域，甚至跨越不同的省份，这些企业一旦进入破产程序，必然引发实质合并破产案件管辖法院如何确定的问题。笔者以为，管辖法院的确定应当遵循以下规则：第一，实质合并破产案件原则上应由核心控制企业住所地法院进行集中管辖。此种管辖便于清晰和高效地查清关联企业体运作、交易的实际情况，从而在认定人格是否混同，清查资产和负债情况方面提供更为准确和详细的证据资料，①有益于破产程序的快速、有效推进，提高审判效率。若核心控制企业难以确定或无法确定，则应由主要财产所在地法院进行管辖，因为这样便于核查关联企业资产负债情况，有益于实现债权人公平有序受偿；若主要财产所在地亦无法确定，则应报请共同的上级法院确定。第二，关联企业中某一企业（非核心控制企业）先行进入破产程序，其他关联企业被申请实质合并破产，一般应由最先受理的法院集中管辖，除恶意规避管辖、有碍于实质合并程序顺利推进等特殊情况外，不宜再向核心控制企业所在地法院移送。第三，不同法院对关联企业实质合并破产管辖问题产生争议，应当依据《民事诉讼法》第 37 条之规定报请共同的上级法院确定管辖法院。②

（四）通知及债权人异议

实质合并制度的出发点是实现对债权人利益的公平保护，实体合并必须兼顾不同情况下的债权人期待利益。③ 但是，因分别破产的企业资产状况和债权结构不同，实质合并破产也会拉低资产状况相对较好、负债比率

① 参见刘敏、梁闽海：《企业破产清算案件中的审判实务问题——以闽发证券有限公司破产清算案为视角》，载《法律适用》2013 年第 7 期。

② 参见王永亮、黄杰国、高丽宏：《关联企业破产实体合并的司法实践》，载《人民司法》2010 年第 16 期。

③ 参见贺丹：《破产实体合并司法裁判标准反思——一个比较的视角》，载《中国政法大学学报》2017 年第 3 期。

相对较低的企业的债权人的清偿率。① 实质合并制度不可避免地会对债权人权益造成重大影响，致使债权人的受偿比例发生变动，关系到债权人的合法权益。因此，法院在审理破产案件过程中，决定是否适用实质合并破产制度时应当考虑诸多影响实质合并的因素，其中债权人的信赖利益尤为值得关注。实质合并所带来的利益应当大于合并给债权人带来的损害，它是竭力打破企业集团破产时的表面上和形式上的公平，从而实现实质意义上的真正公平。实质合并并不能为使某债权人集团获利而以对相同情形的债权人集团的损害为代价。② 换言之，实质合并制度并不在于使得债权人获得全部清偿，而在于真正践行实质公平原则，竭力做到对各关联企业的全体外部债权人的利益平衡与整体利益的保护，实现整体债权人利益的最大化。③ 各关联企业成员债务负担程度的差异性，根源于非市场化的交易行为。法院在作出实质合并裁定时，不应回避债权人的异议，而应当正面回应债权人的异议，充分保障债权人的知情权与异议权，法院应及时督促管理人分别模拟计算出实质合并前各个关联企业的债权清偿率以及合并后整体的债权清偿率，为债权人作出理性判断提供科学依据，并为异议债权人提供快捷方便的司法救济途径，尽可能衡平不同债权人的利益诉求，确保破产程序顺利推进。假若有意回避债权人异议，不作出正面回应，法院作出的实质合并裁定就会因缺乏合理性、合法性、正当性、逻辑性和周延性而引发债权人的不满，从而阻滞破产程序的顺利进行。具体而言，法院在作出实质合并裁定前，应当采取组织听证会或通过债权人会议的形式，将涉及实质合并方面的信息与资料告知全体债权人，充分听取债权人对实质合并的意见，尽可能地确保大多数债权人在获取充分信息的前提下，自行作出理性的选择与判断。诚如有学者所言："既然实质合并的最终宗旨是为了债权人整体的公平偿债，从债权人的角度看，实质合并属于意思自

① 参见刘思萱：《实质合并破产重整的生动样本》，载《人民法院报》2018 年 2 月 1 日第 5 版。

② 参见彭插三：《论美国破产法中的实质合并规则》，载《财经理论与实践》2010 年第 3 期。

③ 参见王欣新、周薇：《关联企业的合并破产重整启动研究》，载《政法论坛》2011 年第 11 期。

治的范畴，那么就应当由债权人自行作出决定。"① 法院应当将债权人会议决议或听证会的结论作为裁决是否实质合并破产的重要参考依据，充分尊重债权人的意思自治，维护破产的程序自治与程序自决。在债权人会议模式下，通常由债权人、债务人或管理人提出实质合并破产申请，提交债权人会议表决，各关联企业的债权人会议应当分别就是否实质合并进行表决，表决通过标准采用债权人数过半、代表债权数额超过 2/3 以上的模式。在听证会模式下，法院应在破产案件受理后第一次债权会议前召集债权人代表、债务人及管理人等利害关系人就是否实质合并破产举行听证会，通过听证会的方式向利害关系人披露关联企业的混同情况，充分听取各方当事人尤其是债权人代表对实质合并的意见与建议，竭尽力量全面审查是否符合实质合并破产条件的事实依据。法院应对申请主体的申请、债权人会议决议、听证会笔录，结合各方提供的正反证据，进行独立判断，以排除管理人申请有误或债权人会议决议失允的情况。若个别债权人对实质合并提出异议，法院经审查后认为实质合并与债权人整体利益相悖，抑或实质合并将对异议债权人的利益产生重大损害，则有权裁定驳回申请人的实质合并破产申请。此外，在法院作出实质合并破产裁定后，若债权人仍持异议，建议在《企业破产法》修订或者制定相关司法解释时，赋予异议人向上一级法院提起上诉或者申请复议的权利，确保异议债权人能够获得充分的司法救济。

(五) 管理人的选任

法院依法裁定受理实质合并破产申请之时，应当指定管理人。管理人是破产程序的主要推动者和破产事务的具体执行者，在整个破产程序中发挥着极其关键的作用，管理人的合理选任不仅关乎债权人公平受偿，而且影响到破产程序的顺利推进，甚至还关系到破产企业的前景。关联企业破产涉及财产甄别、债权债务清理、资产清理、企业重整挽救等系列纷繁复杂的问题，管理人的选任尤为关键。笔者以为，实质合并破产案件中，管理人的选任应当针对具体个案情况综合考虑管理人的业务能力、工作业绩、职业操守、破产案件履职评价、节约社会资源、管理人工作的连续

① 朱黎：《论实质合并破产规则的统一适用——兼对最高人民法院司法解释征求意见稿的思考》，载《政治与法律》2014 年第 3 期。

性、管理人履行职务的协调性、管理事务的统一性、管理人市场健康有序发展等因素，从而确保破产程序公平、公正、高效地运行。管理人的选任要善于整合各类管理人优势资源，从而充分发挥不同类型管理人的特长，达到破产案件公正高效审理的目的。通常而言，实质合并启动模式的不同也会导致管理人选任方式的差异。详言之，在分别受理、再进行合并模式下，为节约社会资源、简化工作流程、确保管理事务的统一与高效，法院可以依据案件的繁简、难易程度，直接统一指定一个或多个中介机构担任整个关联企业的管理人。在部分企业先进入破产程序、其他关联企业由法院裁定并入破产程序模式下，原则上应当将事先进入破产程序的债务企业管理人指定为统一管理人，以体现管理人工作的连续性，尽可能避免不同管理人间重复工作、互相推诿、相互掣肘、协商困难。若原先的管理人无法胜任工作，则可以重新指定管理人，原管理人应当及时向新管理人移交先前已掌控的资产、债权债务清册、企业印章、财务账簿等重要资料，并终止执行职务。

关联企业实质合并重整实证研究

黄　赢　范文杰*

内容提要：对我国关联公司适用实质合并重整有其合法性和必要性。实质合并会造成以关联公司的所有资产偿还所有对外负债的法律后果，对债权人权益影响重大，管理人应以审慎适用为原则。本文从我国管理人实务角度出发，结合 WJS 公司七家关联公司合并破产案，从适用前提、行为标准、程度标准和结果标准四个方面阐述实质合并的适用标准。本文主要参考我国现有法律法规、《破产审判纪要》以及法院公布的合并案例，对部分在理论界的通说观点或者通行标准进行分析。

一、问题的提出

2017 年 8 月，WJS 公司等七家公司先后进入破产重整程序，公司主要资产均在 WJS 公司名下。在依法履职过程中，管理人发现七家公司存在严重人格混同的情形，主要包括：七家公司的实际控制人为同一人；七家公司之间能以调令等简单形式变更职工的工作岗位和用工单位，无需变更缴纳社保的公司，也无需与后一公司签订新的劳动合同；七家公司的资金均可由实际控制人调拨，公司之间无交易事实且有大量资金调动且不对账，甚至不记账；存在大量公司贷款融资后资金由另一公司使用的情形；某一公司的对外债务，由另一关联公司为其提供担保。

在财务资料缺失的现实状况下，难以还原各个公司的财产原状。本案中法人人格高度混同的情形，严重损害了部分债权人的利益，分别重整已

* 黄赢，湖北山河律师事务所律师；范文杰，湖北山河律师事务所合伙人律师。

经难以甚至无法公平、有序、及时地向全体债权人进行分配。

二、关联企业实质合并的必要性和合法性

（一）概念和法律后果

我国法律法规并未对关联企业及其实质合并作出明确定义。王欣新教授认为关联企业是指通过股权、合同或其他方法如人事控制、表决权协议等，在相互间存在直接或间接的控制与从属关系或重要影响的两个或多个企业。① 施天涛教授认为关联企业指企业之间为了企业之间更大的规模效益，通过股权参与、资本渗透、合同机制或者人事连锁或者表决权协议等方式，而形成的企业之间的联合。② 对关联公司关联方式的认定标准，理论和实务界的主流观点是：资本联系方式、合同维系方式、其他联系方式，如人事控制和表决权协议。③

对于关联企业合并，一般认为有实质合并、程序合并和程序协调三种模式。④ 本文主要探讨实质合并，下文的合并不作特别说明也指实质合并。

联合国国际贸易法委员会《破产法立法指南》第 224 条规定了实质合并的法律后果：实质合并是将企业集团两个或两个以上成员的资产和负债作为单一破产财产的组成部分对待；实质性合并令应当具备下列效力：一是被合并集团成员的资产和负债作为单一破产财产的组成部分处理，二是消灭列入合并令的集团成员间债权和债务，三是对列入合并令的集团成

① 参见王欣新：《关联企业的实质合并破产程序》，载《人民司法（应用）》2016 年第 28 期。

② 参见施天涛：《关联企业法律问题研究》，法律出版社 1998 年版，第 6~13 页。

③ 参见最高人民法院民事审判第二庭：《企业改制、破产与重整案件审判指导》，法律出版社 2015 年版，第 324 页。

④ 参见郁琳：《关联企业破产整体重整的规制》，载《人民司法（应用）》2016 年第 28 期。

员的债权如同对单一的破产财产的债权处理。①《破产审判纪要》第36条对此予以明确规定："人民法院裁定采用实质合并方式审理破产案件的，各关联企业成员之间的债权债务归于消灭，各成员的财产作为合并后统一的破产财产，由各成员的债权人在同一程序中按照法定顺序公平受偿。采用实质合并方式进行重整的，重整计划草案中应当制定统一的债权分类、债权调整和债权受偿方案。"可见，合并破产后最核心的法律后果包括：各个关联公司之间的债权债务和担保关系归于消灭；关联公司以全部公司的资产，对全部公司的对外负债承担责任。

（二）实质合并的必要性

关联企业合并重整在破产程序中具有重要的制度价值，主要包括有利于实现公平原则，有利于提高破产效率，有利于重整制度的目标和价值，有助于重整程序推进等，是对常规破产程序的重要补充。②

1. 实质合并重整有利于实现公平原则。关联公司可能存在关联交易、资产混同、人员混同以及非市场化的利益输送。实践中，为了整体利益，关联公司集团通过公司之间的交易或者公司对外的一系列交易，牺牲某一个（某几个）公司的利益，将对外负债不当地集中于某一个（某几个）公司，而将资产、优质资源集中于利益集团中的其他公司。关联公司均进入破产程序的，若分别破产，则明显不利于被牺牲公司的债权人。这还可能导致在关联公司整体盈利的情况下，某一个（某几个）公司出现破产情形，相应公司的债权人只能在破产程序中获得一定比例的清偿，变相导致关联公司整体用较小的代价逃避债务。此外，实践中还存在，关联公司的董监高和亲属，或者其他关系亲密的债权人，利用对关联公司的信息优势，与资产较优质的公司发生交易，或者与其他公司交易的要求优质资产公司提供抵押等担保。上述情况，分别破产对部分公司的债权人明显不利，无法实现破产企业债权人公平受偿的宗旨。

2. 合并重整有利于提高重整效率，实现重整的目标和价值。在实践

① 联合国国际贸易法委员会：《破产法立法指南》，第三部分《破产企业集团对待办法》第224段，2012。

② 参见王欣新、周薇：《论中国关联企业合并破产重整制度之确立》，载《北京航空航天大学学报（社会科学版）》2012年第2期。

中，关联公司不仅资产负债混同，还可能伴随着故意或者无意的财务管理混乱，导致极难查清关联公司之间的交易和资金往来情况。查清真实准确的财务情况，需要进行长期大量的审计工作，为此需要花费较长的时间，并支付大额的审计费用，而时间成本和金钱成本的最终承担人是破产债权人。更重要的是，在重整程序中，法定的重整程序仅 6 个月，有正当合理理由的可以延长 3 个月，在该期限内无法制定重整计划草案并提交债权人会议的，应当依法进入破产清算程序。因此漫长的审计工作，可能导致本有重整价值的企业被迫进入清算程序，不仅损害债权人的利益，也损害了有重整可能的债务人的经济价值。

（三）实质合并的合法性

实质合并起源于美国判例法，是在破产法应用过程中发展总结出的衡平法原则，是对普通破产制度的补充。通过分析美国相关判例法和衡平法，不难看出实质合并制度的理论依据是从揭开公司面纱，也就是公司人格否认制度发展起来的，当然两者的内涵外延并不一致，在此不具体比较分析。①《破产法立法指南》对实质合并破产也作出了明确规定。

在我国《企业破产法》中并未明确确定合并破产制度，但根据现有相关法律规定和司法解释，适用合并破产是有其法律依据的。根据我国《公司法》第 20 条和第 64 条的规定，以及《最高人民法院关于审理与企业改制相关民事纠纷案件若干问题的规定》第 12 条和第 35 条的规定可推导，因法定事由债务人之间应对债权人承担共同或者连带责任的，可以适用合并制度。根据《企业破产法》第 4 条和《民事诉讼法》第 132 条之规定，对于应当对债权人承担共同或者连带责任的债务人，可视为必须共同进行诉讼的当事人，故根据当事人申请或者法院依职权合并多个债务人的破产案件符合程序法律规定。② 此外，破产法学界普遍认为实质合并符合《企业破产法》第 1 条规定的公平清理债权债务，保护债权人和债务人的合法权益，维护社会主义市场经济秩序的原则。

然而，在我国破产法发展早期，理论和实务界是普遍反对实质合并破

① 参见徐阳光：《论关联企业实质合并破产》，载《中外法学》2017 年第 3 期。

② 参见最高人民法院民事审判第二庭：《企业改制、破产与重整案件审判指导》，法律出版社 2015 年版，第 336~337 页。

产的。现代公司法的重要基础之一就是公司有限责任制度，实质合并制度来源于刺破公司面纱制度，两个制度均是对公司有限责任制度的挑战，经常会有各种反对的声音。而从实质合并的法律后果可看出，比起公司人格否认制度，实质合并制度是更进一步对有限责任的整体性否认，争议性更大。比如李永军教授就曾提出公司人格否则制度作为防止公司法有限责任制度滥用的补充，并不能推导出实质合并制度的正当性和必要性。同时认为，关联企业同时进入破产程序的，应当分别受理、分别申报、分别进行程序，对满足公司人格否认制度的案件，应直接适用该原则按照连带责任处理，对合并重整制度持完全反对的态度。①

但是，司法实践中处理破产案件所暴露出的问题和困境，特别是对司法公平、破产效率和重整价值的要求，越发表明实务中对合并破产的迫切需要，而法人人格否认制度、撤销和无效制度也不能代替实质合并的作用。在现有破产法、公司法、民诉法和相关司法解释规定的框架下，合并破产具有其适用的合法性。同时，我国虽不是判例法国家，但是最高人民法院、各省市高级人民法院等也先后公布了多个典型案例，对合并破产的具体适用有重要的指导意义，案例包括闽发证券合并清算案、怡华系企业合并重整案、佛山市百业房地产开发有限公司等六家公司合并破产重整案、纵横集团合并重整案等。

2018 年最高人民法院公布的《破产审判纪要》中专门就关联企业破产提出规范意见，认为人民法院审理关联企业破产案件时，可通过实质合并审理方式处理法人人格高度混同的关联关系，确保全体债权人公平清偿，并从适用原则、申请审查、管辖、法律后果等多个方面进行了阐述。可以说该会议纪要以司法政策的方式初步确立了关联企业破产的规则，对合并破产司法实践有里程碑式的重要意义。

三、管理人适用实质合并的法律实务

在美国 In re Vecco Construction Industries, Inc. 案中，法官将判断关联企业是否合并破产的判断标准归纳为七个因素：第一，分离和确定个体资

① 参见李永军、李大何：《重整程序开始的条件及司法审查——对“合并重整”的质疑》，载《北京航空航天大学学报（社会科学版）》2013 年第 6 期。

产和负债的难度；第二，是否存在合并的财务报表；第三，在单一地理位置合并的受益情况；第四，资产和营业的混同；第五，不同实体权益的同一性；第六，存在明显的公司内部的债务担保；第七，未遵守公司规范方式的资产转移。① 而王欣新教授将上述七个因素分类成另一自我标准、利益平衡标准、资产分离难度标准。②

联合国《破产法立法指南》第 223 条规定的可实质合并情形包括：法院确信企业集团成员的资产和负债相互混合，以至没有过渡的费用或迟延就无法分清资产所有权和债务责任；或者，法院确信企业集团成员从事欺诈图谋或毫无正当商业目的的活动，为取缔这种图谋或活动必须进行实质合并。③ 同时也指出了另一个理由：由于集团各成员在企业结构、经营业务和财务上的联系，或由于集团多个成员生产过程及其产品中蕴含的知识产权等整个集团共有资产的价值，实质性合并可能会给债权人带来更大的回报。④

我国《破产审判纪要》对实质合并适用确定了审慎适用原则，也就是在破产案件中各个关联公司，以分别进行破产为基本原则，以实质合并破产为例外。该纪要规定适用实质合并的前提是关联企业成员之间存在法人人格高度混同、区分各关联企业成员财产的成本过高、严重损害债权人公平清偿利益，同时可综合考虑关联企业之间资产的混同程度及其持续时间、各企业之间的利益关系、债权人整体清偿利益、增加企业重整的可能性等因素。

我国《最高人民法院关于适用实体合并规则审理关联企业破产清算案件的若干规定（征求意见稿第五稿）》虽还未成为正式的司法解释，但制定阶段的草稿可以反映此后立法的偏向性，具有一定代表意义。该稿第 3 条规定了可以认定关联企业严重丧失法人财产独立性的情形：第一，

---

① 参见彭插三：《实质合并规则与公司法人格否认制度比较研究》，载《北京工商大学学报（社会科学版）》2018 年第 3 期。

② 参见王欣新、周薇：《关联企业的合并破产重整启动研究》，载《政法论坛》2011 年第 6 期。

③ 联合国国际贸易法委员会：《破产法立法指南》，第三部分（“破产企业集团对待办法”），第 71~72 页，2012。

④ 联合国国际贸易法委员会：《破产法立法指南》，第三部分（“破产企业集团对待办法”），第 61 页，2012。

流动资金、货币资金、固定资产等主要经营性财产，在占有、使用、收益、处分等方面难以区分的；第二，财务账簿、会计凭证难以区分，或者混合使用共同账户的；第三，生产经营场所未予明确区分的；第四，其他。第4条规定了可以认定严重丧失法人意志独立性的情形：第一，主要经营业务相同，交易行为、交易方式、交易价格等受控制企业支配的；第二，相互担保或交叉持股的；第三，董事、监事或高级管理人员交叉兼职的；第四，受同一实际控制人控制，关联企业成员对人事任免、经营管理等重大决策事项不履行必要程序的；第五，其他。

王欣新教授将实质合并破产的标准划分为法人人格混同标准、欺诈标准、债权人收益标准和重整需要标准，也针对司法实践分析了行为性标准。①

徐阳光教授认为适用实质合并的形式标准是企业人格高度混同，而实质标准是有利于挽救债务人或保障债权人公平清偿和信赖利益，以及有利于提高司法效率与经济效率。②

可见，国内外权威法律法规和理论学说的适用标准并不完全统一，且存在较为宏观的原则性标准，例如法人人格混同标准；也存在较为微观的行为标准，例如相互担保或交叉持股；更存在结果性标准，例如严重损害债权人公平清偿利益。

从实务角度看，实质合并制度的核心在于具体适用标准，只有法院、管理人、债权人、债务人正确判断适用情形才能确保实质合并制度发挥积极作用。结合我国法律、《破产审判纪要》和专家学者的观点，笔者认为司法实务中，管理人是否向法院申请实质合并重整应从适用前提、行为标准、程度标准和结果标准四方面考虑。鉴于目前我国审慎适用的偏向性，笔者认为不满足适用前提、行为标准、程度标准和结果标准任何一方面的，不宜进行实质合并。

（一）适用前提

前文已经提到，实质合并是对公司法基石制度——法人人格独立的颠

---

① 参见王欣新：《关联企业实质合并破产标准研究》，载《法律适用（司法案例）》2017年第8期。

② 参见徐阳光：《论关联企业实质合并破产》，载《中外法学》2017年第3期。

覆性挑战，这是反对实质合并的核心原因。无法否认，实质合并的滥用不仅对债务人及股东不利，对交易时无法预料到合并结果的债权人也是不公平的，因为债权人交易的默认前提是公司人格独立。① 破产案件中，应当谨慎看待实质合并，以分别破产为原则，实质合并为例外。

在适用实质合并前应当基本遵循权利用尽规则，② 优先考虑其他制度，包括但不限于：法人人格否认制度、撤销制度、无效行为制度。但相关制度均有其局限性，法人人格否认制度是对限定范围的对个人事项的否认；撤销和无效制度只能个别纠正单项或几项行为，在高度混杂或者超过除斥期间时难以达到效果。③ 故当分别重整使部分公司处于无法重整或者显失公平的状态时，可以考虑适用实质合并。④

（二）行为标准

国内外法律法规和理论学说对于人格高度混同的适用标准基本达成共识。公司的独立人格包括了公司的财产独立和公司的意志独立，当关联公司的财务、业务、人员等因素高度混同，导致公司债权债务无法区分，则丧失独立人格，构成混同。⑤ 另外，《破产法立法指南》第三部分“破产企业集团对待办法”提到了法院为取缔欺诈和毫无正当商业目的的活动可实质合并，⑥ 王欣新教授将其归纳为欺诈标准。⑦ 因该标准还未在我国立法和司法实践中确立，本文不作深入讨论。分析我国的实质合并案例不

---

① 参见郁琳：《关联企业破产整体重整的规制》，载《人民司法（应用）》2016年第28期。

② 参见张少丽：《关联企业实质合并破产制度研究》，载《重庆第二师范学院学报》2014年第4期。

③ 参见张少丽：《关联企业实质合并破产制度研究》，载《重庆第二师范学院学报》2014年第4期。

④ 参见王欣新、周薇：《关联企业的合并破产重整启动研究》，载《政法论坛》2011年第6期。

⑤ 参见孔维璜：《实质合并规则的理解和运用》，载《人民司法（应用）》2016年第28期。

⑥ 联合国国际贸易法委员会：《破产法立法指南》，第三部分（“破产企业集团对待办法”），第56页，2012。

⑦ 参见王欣新：《关联企业实质合并破产标准研究》，载《法律适用（司法案例）》2017年第8期。

难发现法院合并裁定基本是围绕关联公司人格高度混同展开论述的，《破产审判纪要》认可了关联企业成员法人人格高度混同适用合并的做法。在司法实践中，则面临一个问题：哪个或者哪些情形可以认为是导致关联企业必须实质合并的法人人格高度混同？

美国的案例法确立的法人人格高度混同主要表现在资产和营业混同，存在明显的公司内部担保或者未遵守公司规范方式的资产转移。联合国《破产法立法指南》主要提及资产和负债相互混合。《关于适用实体合并规则审理关联企业破产清算案件的若干规定（征求意见稿第五稿）》第3条和第4条，对丧失法人人格独立性的行为进行了2条8款的详细规定，意见稿虽然将一些集团公司的常规管理经营形式列入人格混同的判断中，显得不够精准，① 但仍是实质合并适用标准立法的有益尝试。我国2018年公布的《破产审判纪要》则认为应当考虑关联企业之间资产的混同程度及其持续时间，以及各企业之间的利益关系。笔者结合国内外法律规定和我国司法实践，对应当适用实质合并的人格高度混同常见表现形式进行简要分析：

1. 各关联企业资产和负债严重混同

公司的财产是否混同是判断公司财产独立性的核心要素，而财产不独立或者没有财产的法人，其人格也无法独立。② 可以说，关联企业的资产和负债混同是判断是否进行实质合并的最重要因素，而实质合并的最主要法律后果也是关联企业之间的资产和负债合并计算。资产和负债的严重混同，会使破产法立法目的在分别重整程序中无法实现，而只能采用实质合并。王欣新教授认为资产和负债的严重混同是适用实质合并的充分条件。③ 这与本文提到的适用前提和结果标准也并不冲突，因为资产和负债的严重混同导致分别重整已经无法公平、有序、及时地对债权人进行分配，也就满足了本文所指的适用前提和结果标准。

实践中具体表现形式包括但不限于：会计凭证、财务账簿难以区分甚

---

① 参见王欣新：《关联企业实质合并破产标准研究》，载《法律适用（司法案例）》2017年第8期。

② 参见孔维璜：《实质合并规则的理解和运用》，载《人民司法（应用）》2016年第28期。

③ 参见王欣新：《关联企业实质合并破产标准研究》，载《法律适用（司法案例）》2017年第8期。

至混用；共用银行账户；公司之间存在合并财务报表；控制人在公司之间随意调配资金；流动资金、货币资金或固定资产等财产在占有、使用、处分、收益等方面难以区分等。

2. 过度控制并存在利益不正当输送

过度控制可表现为关联企业之间的控制，也可表现为同一实际控制人对多个关联企业的控制。因过度控制，关联企业之间通过无偿和不正常低价进行交易、转移资产，导致关联公司之间的利益不正当输送，应当是适用实质合并的行为标准之一。① 过度控制并不当然适用实质合并，主要因为集团内部为集团利益最大化可能布局上下游经营链条或者横向经营网，此时集团内部符合市场价格和方式的关联交易并不能当然成为合并重整的原因。在非市场化的经营交易行为导致了不正常的利益输送时，才应当考虑对相关交易行为的救济措施。② 比如，以不合理的低价或者无偿进行经营交易；或者低价或者无偿转让公司动产、不动产等；或者控制某一公司对外提供服务或者供货，由另一关联公司收款；或者某一公司贷款后，资金由另一公司使用等。市场化经营中一般不会发生前述行为，因集团或者实际控制人的控制力，导致利益不正当输送的，应采取相应救济手段。此时还应当考虑实质合并的使用前提，也就是是否可以通过无效行为和撤销制度。

实践中具体表现形式包括但不限于：关联企业的交易行为、交易方式、交易价格受控制；经营管理等重大决策事项不履行必要程序，直接由控制人或集团决定；董事、监事或高级管理人员交叉兼职；公司之间的相互担保等。

3. 其他法人人格混同情形

其他法人人格混同的方式还包括人事混同、经营场所混同、经营范围混同等。前述情形并不必然导致实质合并，应个案适用。具体来说，当人事混同、经营场所和范围混同，可能导致债权人在发生交易时，是基于对整个关联公司形成的利益集团的信赖，特别是关联企业误导债权人使其认

① 参见最高人民法院民事审判第二庭：《企业改制、破产与重整案件审判指导》，法律出版社 2015 年版，第 338~339 页。

② 参见朱黎：《论实质合并破产规则的统一适用——兼对最高人民法院司法解释征求意见稿的思考》，载《政治与法律》2014 年第 3 期。

为该集团各关联企业是一个经济整体时，分别破产也不利于公平清偿。[①] 此外，在劳动密集型企业中，若由一个公司签订绝大多数劳动者的劳动合同，其他关联公司仅有管理人员甚至无职工，数个公司混用职工，此时若企业进入破产程序，职工债权可能占很大比重，这对签订绝大多数劳动合同的企业的债权人明显不利。

（三）程度标准

只有在法人人格高度混同到一定程度，也就是人格混同到无法区分的程度，或者区分各关联企业成员财产的成本过高时才能考虑适用实质合并。实践中，因为财务账簿、会计凭证的不规范和账户混合使用，实际控制人随意调配资金等多方面因素可能共同导致关联公司的人格混同到完全无法区分的程度。在实践中，还可能存在一种情况，即理论上可以进行分别重整，但是时间成本和金钱成本高昂，以至于不实质合并就无法满足重整的价值。具体来说，各关联公司存在人格高度混同等情形，虽然经过一系列的调查追本溯源可以查清原始资产负债交易状态，理清各公司真实财产状况，但是这种追本溯源的调查需要耗费高昂的时间成本或者金钱成本，比如导致破产财产中的大部分用以支付审计费用等破产费用，或者调查时间漫长导致债权人因无法及时获得分配而陷入困境。这种情况下，还强行分别重整可能已经丧失了重整的根本意义，甚至因为时间过长超过重整期限而无法重整。

（四）结果标准

满足适用前提，除具有法人人格高度混同的行为，还需要造成严重损害债权人公平清偿利益的后果，否则基于我国的审慎适用原则，也不应适用实质合并。破产法的核心目的就是公平、有序、及时地向债权人分配破产财产。分别破产辅助揭开公司面纱制度、撤销和无效制度等都无法解决关联公司法人人格高度造成的问题，但是没有严重损害债权人的公平清偿利益时，也不应适用合并破产。例如，关联公司完全没有独立意志，日常经营管理、重大经营决策、人事安排、董监高任命等全部由同一实际控制

---

① 参见王欣新：《关联企业实质合并破产标准研究》，载《法律适用（司法案例）》2017 年第 8 期。

人控制，但是公司之间没有资产负债混同，也没有不正当利益输送，没有造成对债权人公平清偿利益的损害，适用实质合并反而造成了不公平。实践中还存在各关联公司均无产可破的情况，此时是否进行实质合并并不会影响债权人的公平清偿，故不论是否有适用前提和导致人格高度混同的情形，笔者认为均无必要进行实质合并。

（五）其他标准

总览各国法律规定和实践案例，发现还有不少除上述四方面之外的判断适用标准。因大多数并非关键因素或者并非我国适用标准，在此不作过多分析，仅简单分析一下债权人整体清偿利益因素。实践中绝大多数情况下，合并破产并不能使所有债权人的清偿比例变高。根据管理人公布的公司财产调查报告和债权审核报告，能力较强的债权人可以计算出分别破产和合并破产两种模式下自己的清偿率，当分别破产状况下清偿率更高时，该债权人显然会反对实质合并。实践中绝大多数的实质合并破产案件中，均会存在反对实质合并的债权人。更为重要的是，认定法人人格混同和决定否认独立人格均属于司法裁判权的范畴。① 因此债权人对实质合并达成一致意见并不能成为适用实质合并的前提。② 甚至，反过来，所有债权人均同意实质合并也不能成为适用实质合并的标准。③ 举一个较为极端的例子，正常经营、合法管理的集团中，几个子公司均进入破产程序，资产状况良好的母公司无任何对外债务，所有子公司的债权人均要求母公司与子公司合并破产，此时不存在法人人格混同的情形，仅因为全体债权人同意有利于债权人的整体清偿利益则适用实质合并则明显不妥。

此外，适用实质合并破产清算的标准应当与适用实质合并破产重整的标准是一致的，但对实质合并后主体的存续会略有不同。④

---

① 参见徐阳光：《论关联企业实质合并破产》，载《中外法学》2017 年第 3 期。

② 参见王欣新：《关联企业实质合并破产标准研究》，载《法律适用（司法案例）》2017 年第 8 期。

③ 参见王欣新：《关联企业的实质合并破产程序》，载《人民司法（应用）》2016 年第 28 期。

④ 参见朱黎：《论实质合并破产规则的统一适用——兼对最高人民法院司法解释征求意见稿的思考》，载《政治与法律》2014 年第 3 期。

四、WJS 公司等七家关联公司合并重整案依法适用实质合并及其他问题

本文开篇提到的 WJS 公司等七家关联公司的法人人格混同事实，可分析出七个关联公司既无法人意志独立性，也无法人财产独立性，满足了适用的行为标准——法人人格高度混同。调查发现公司之间存在大量无序交易、频繁资金往来和相互担保等情况，因财务混乱、凭证账册缺失，七个关联公司的债权债务关系已经完全无法理清，资产负债难以区分，满足了适用的程度标准。法人人格否认制度、无效和撤销制度，均无法解决上述严重混同所产生的问题，具备了适用实质合并的前提。WJS 公司之外的六个公司的资产主要为对关联公司的应收款项，无法查清具体债权债务金额相当于无法调查清楚公司的主要破产财产，对 WJS 公司外六公司的债权人极不公平，而公司间长期资产负债混同的情形加剧了这种不公，故满足了使用的结果标准——严重损害债权人公平清偿利益。管理人据此向法院申请合并，法院经过调查研究最终裁定七个关联公司合并破产重整，为本案向债权人公平清偿奠定重要基础。

实质合并应由法院以裁定的形式作出，① 管理人仅有向法院申请的职权，在法院作出合并裁定前，应当以分别破产为前提开展相应工作。实质合并造成资产负债合并计算的法律后果，将给债权人的权益造成重大影响，管理人对此应慎重对待。管理人在向法院申请合并前，应深入研判，不符合上述适用标准的，不能因为方便管理人工作等因素强行进行合并。在实践中已经出现因管理人擅自进行实质合并而被起诉的案件，对管理人实质合并实务也有警示作用。管理人向法院提出申请的，应当一并提交相关证据，有必要的可聘请中介机构出具相关专项报告。② 此外，债权人、出资人等提出合并申请的举证责任分配也将是司法实践中管理人将面临的

① 参见王欣新：《关联企业的实质合并破产程序》，载《人民司法（应用）》2016 年第 28 期。

② 参见王欣新：《关联企业的实质合并破产程序》，载《人民司法（应用）》2016 年第 28 期。

问题：依据谁主张谁举证原则应由其自行举证;① 但根据我国国情，由管理人或债务人承担进一步举证责任似乎较为合适，债权人仅需举证证明到合理怀疑的地步即可。②

适用实质合并破产还涉及多方面的内容，比如管辖法院、申请主体、合并范围、受理破产和裁定合并的先后程序等，本文暂不作进一步展开。

结　语

在我国关联公司适用实质合并重整有其合法性和必要性。实质合并会造成以关联公司的所有资产偿还所有对外负债的法律后果，对债权人权益影响重大，管理人应以审慎适用为原则。申请适用前应从适用前提、行为标准、程度标准和结果标准四个方面予以考虑，其他方面则可以成为是否适用的辅助判断标准。笔者主要从我国管理人实务角度出发，参考我国现有法律法规、《破产审判纪要》以及法院公布的合并案例，对部分在理论界的通说观点或者通行标准进行了分析。此外，笔者对行为标准中的具体表现形式仅作简单罗列，而司法实践对行为的表现形式急需更为具体的标准和规定。随着对《破产审判纪要》的更深入理解和破产案件数量的增多，司法实践中会出现更多实质合并的案件，合并破产相关的法律法规和司法解释将逐步完善。

① 参见彭插三：《论美国破产法中的实质合并规则》，载《财经理论与实践（双月刊）》2010 年第 2 期。

② 参见王欣新：《关联企业的实质合并破产程序》，载《人民司法（应用）》2016 年第 28 期。

从《破产法立法指南》探索合并破产之类型

胡　涛　陈　维*

内容提要：《公司法》与《企业破产法》是商法的典型代表，意思自治与诚实信用原则为其主要的适用原则。基于此，破产法在制定之初仅用于调整单一企业破产，但随着经济结构的不断转型和发展，经营遇到障碍时加以调整和修复，便出现了关联企业合并破产的处理模式。早期的合并多是程序上的合并，即将合并破产的方案提请各关联企业债权人审议通过后，再进行合并，各程序间相对独立。经验在实践中不断地得到改良，合并程序逐渐提前至受理阶段，申请主体亦从关联企业成员扩展到非关联企业成员。本文在对《破产法立法指南》进行解读的基础上，结合我国破产运用之实情，拟对关联企业合并破产的相关问题予以归纳总结并补充。

一、概　　述

（一）关联企业之成因

我国法律对于企业的概念定义等同于公司，法律赋予公司法人基本的权利和义务，如起诉、被诉、持有和转移财产、签订合同以及纳税等。公司的持久性特征保证了公司人员变动的情况下，不影响公司法人的存在。公司的有限责任制为投资风险设立了一道防火墙，起到鼓励投资的作用。法律规定了公司成立的要求，规定了成立后的后果，公司形式有助于提高

* 胡涛，北京市京师（武汉）律师事务所主任、破产重组与投资并购法律事务部主任；陈维，北京市京师（武汉）律师事务所破产重组与投资并购法律事务部律师。

商业事务秩序的确定性，与公司发生交易的人可以信赖公司的法人资格及其附带的权利、义务和责任。

《公司法》是典型的商法，商法是调整平等主体之间商事关系的法律规范的总称，其调整的行为具有显著的营利性特征。商法主要包括：《公司法》、《保险法》、《合伙企业法》、《破产法》、《海商法》、《票据法》等。意思自治原则和诚信原则主导着商法主体的交易活动。交易安全亦是由诚信原则加以保证。主要表现如下：当事人欲通过不履行诚信义务或通过商行为、商事法律之漏洞来获取显失公平的利益，受损失方可以通过请求裁判者依诚信原则进行调整，或者要求他方主体依诚信原则解释该商行为或商事法律，从而使其免受不必要之损害。

在市场经济逐渐发展的过程中，关联企业逐渐成为一种重要的经济现象，其表现出以下几个特征：第一，是一种具有独立法人人格的企业之间的联合体；第二，是由多种联系纽带联结而成的企业群体；第三，其形成必定是基于特定的经济目的。

我国的关联企业在改革开放的过程中，经过内部扩张而逐渐形成。起初，各企业控制着自己的财务、技术或商业力量；后来这些单一的主体向外扩张，从法律和经济上去控制其他企业；再后来从同一市场延伸到不同的市场，从相关领域延伸到无关领域。交叉担保融资也已经成为关联企业筹措资金的一种重要手段。

（二）关联企业之国际认定

《破产法立法指南》第三部分“破产企业集团对待办法”中以企业集团的形式将关联企业定义为以控制权或举足轻重的所有权相互联结的两个或多个企业。国内也有学者将其定义为两个或两个以上独立的公司之间的通过资本参与、企业协议、义务关系、认识连锁或其他手段形成的一种企业联合。①

实践中关联企业的存在也表现出各种形式，如因特定目的而设立的全资子公司、拥有部分股权的子公司、控股子公司、业务姊妹公司、分级子公司、服务公司、休眠公司、以家庭成员连锁交叉董事制、股本所有权等。

---

① 参见金剑峰：《关联公司法律制度研究》，法律出版社2016年版，第46页。

关联企业之间往往会选择一家企业为主导，其他企业辅助运营之模式，本文均以母子公司来举例说明：子公司没有独立的决策权，母公司对子公司实行严格的控制，通过母公司的集中财务运作向子公司分配股本、借贷资本，决定子公司经营和财务策略，制定业绩目标、决定管理层人事任免、监督各子公司之活动等。在某些由家庭成员控制的连锁交叉型关联企业中，一般比较重视经济效益的统一性，其最大的动力来源即关联企业股息免税、相互担保融资、整体的利润与亏损合并计算。

关联企业的关联方式主要分为横向关联和纵向关联两种。横向关联侧重于业务范围的延伸，可能是相关领域，也可能是无关领域的多个行业。纵向关联则侧重于从法律和经济上控制其他企业，通过收购上下游企业来稳固行业地位，纵向关联的发生往往可能伴随着行业垄断。

判断关联企业之间的关联化程度，联合国国际贸易法委员会《破产法立法指南》中对集团一体化程度的判断给出了些参考标准：

第一，集团经济组织形式：如行政结构是集中安排抑或是保持各成员独立性之区别，集团成员运营资金之来源是集团供资抑或是以自有财产为其他成员的贷款提供担保，人事事务是否集中管理，集团对政策、经营和预算作出关键决定的限度，以及集团业务纵向及横向的融合程度。

第二，集团如何对营销进行管理：如集团内销售和购买的重要性，共同商标、标识和广告方案的使用，以及产品保证的提供。

第三，集团公众形象：如集团表现为单一企业的程度，以及在对外报告，例如对股东、监管者和投资者的报告中将集团各成员的活动称为集团业务的程度。①

因关联企业主营控制公司考虑的并非某一个公司的利润与亏损，而是资金的最佳用途，故，除了以上可参考的标准外，关联企业间是否存在如下情形：利润上缴、相互贷款、资产转移和担保、向非自身债权人付款等，也都可以作为关联化程度的判定标准。

（三）关联企业之国内认定

探求关联企业，必然会涉及企业法人人格高度混同的现象，有必要厘

① 参见联合国国际贸易法委员会：《破产法立法指南》，第三部分（“破产企业集团对待办法”），第10页，2012。

清揭开公司面纱制度与法人人格混同制度这一组概念的区别。

揭开公司面纱制度是来源于英美法系国家的使用术语，在我国主要是指《公司法》第 20 条第 3 款的规定："公司股东滥用公司法人独立地位和股东有限责任，逃避债务，严重损害公司债权人利益的，应当对公司债务承担连带责。"其目的主要是使股东（自然人和企业）承担子公司债务的连带责任，立法以自然人逃避债务作为适用条件。

法人人格混同制度在大陆法系国家则称为法人人格否定，从破产法的角度来理解，其在破产程序中是一种特殊处理的手段，尤其是在我国破产制度尚未适用于自然人的情况下，一般不延伸到自然人。此种人格否定是全方位彻底的最终否定，不再以自然人逃避债务为适用条件，而是上升了一个高度，使关联企业成员之间的所有债权债务关系完全消灭，财产完全合并，强调对债权人利益的保护。其表现形式：母子公司、控股公司、集团公司等。

然而，对于关联企业的认定，我国公司法中没有作明确的解释，只散见于《税收征收管理办法》、《税收征收管理法实施细则》中的若干规定。根据《税收征收管理法实施细则》第 51 条和《税收征收管理法》第 36 条，关联企业，是指有下列关系之一的公司、企业和其他经济组织：

第一，在资金、经营、购销等方面，存在直接或者间接的拥有或者控制关系；

第二，直接或者间接地同为第三者所拥有或者控制；

第三，具体办法由国家税务总局制定。

类似的规定如《企业所得税法实施条例》第 109 条。《特别纳税调整实施办法（试行）》（国家税务总局制定）第 9 条对关联关系进行了详细列举。《企业所得税法实施条例》第 109 条及《征管法实施细则》第 51 条所称关联关系，主要是指企业与其他企业、组织或个人具有下列行为之一：

第一，互相持股；

第二，互相担保；

第三，董监高间互相兼职；

第四，一方经营活动以另一方提供的工业产权、专有技术等特许权证为依据；

第五，一方的购买或销售活动主要由另一方控制；

第六，一方接受或提供劳务主要由另一方控制；

第七，一方对另一方的生产经营、交易具有实质控制，或者双方在利益上具有相关联的其他关系。

无论关联企业的概念还是揭开公司面纱的概念，其最终落脚点，都是要证明目标企业法人人格高度混同，以便能准确地运用相关法律予以调整。

（四）法人人格混同之判定

关联企业的关联化要达到何种程度才构成企业法人人格混同之理由？我国相关法律并未明确规定，现有法律用来处理单一公司实体可能效果比较显著。但我国法人人格高度混同的关联企业是大量存在的，集中体现在江浙地区的家族式运营企业中，这就造成了一种多米诺骨牌效应，一家企业陷入债务危机可引发相关企业同时或前后出现债务危机，甚至全部进入破产程序。

上海高院民二庭曾经出台了《关于审理公司法人人格否认案件的若干意见》（以下简称上海《若干意见》），该意见规定了以下内容：

1.《若干意见》第 5 条、《公司法》第 20 条第 3 款公司法人人格否认原则，应注意审查以下三项要求：

①股东实施了滥用公司法人独立地位和股东有限责任的行为；

②逃避债务；

③严重损害公司债权人利益。

2.《若干意见》第 8 条，对人格高度混同的认定进行了具体细化，下列情形持续、广泛存在的，可以综合认定股东与公司人格高度混同：

①（财产混同情形）存在股东与公司资金混同、财务管理不作清晰区分等财产混同情形的；

②（业务混同情形）存在股东与公司业务范围重合或大部分交叉等业务混同情形的；

③（人事混同情形）存在股东与公司法定代表人、董事、监事或其他高管人员相互兼任，员工大量重合等人事混同情形的；

④（场所混同情形）存在股东与公司使用同一营业场所等情形的。

3. 总结归纳得出法人人格高度混同又可以分为：严重丧失法人财产独立性、严重丧失法人意志独立性。

（1）严重丧失法人财产独立性

第一，流动资金、货币资产、固定资产等主要经营性财产，在占有、使用、收益、处分等方面难以区分的；

第二，财务账簿、会计凭证难以区分，或者混合使用共同账户的；

第三，生产经营场所未予明确区分的；

第四，其他可以认定关联企业严重丧失法人财产独立性的情形。

（2）严重丧失法人意志独立性

第一，主要经营业务相同，交易行为、交易方式、交易价格等受控企业的支配的；

第二，相互担保或交叉持股的；

第三，董事、监事或高级管理人员交叉兼职的；

第四，受同一实际控制人控制，关联企业成员对人事任免、经营管理等重大决策事项不履行必要程序的；

第五，其他可以认定关联企业严重丧失法人意志独立性的情形。

《最高人民法院关于适用〈中华人民共和国企业破产法〉若干问题的规定（六）（第五稿 2013 年 4 月-法院系统征求意见稿）》中采取了与上述规定一致的认定意见。

二、关联企业合并破产

《企业破产法》是我国商法的典型类型之一，亦秉承着意思自治与诚信原则之灵魂。企业进入破产程序后，最重要的处理阶段是如何将企业的剩余价值在诸多利益相关方之间进行资源再分配。这个过程涉及的利害相关方主要有：债务人、债务人的原股东（含控股股东和中小股东）、债权人、战略投资方。但这些利益相关方的再分配标准目前并无相关法律程序予以明确。简言之，企业破产程序即为债务人、债权人、股东、投资方基于破产财产价值最大化、提高债权人清偿率的原则，在利害关系人之间进行相互妥协、谅解、合作的过程。

关联企业之现状是现实存在的，且已无处不在。我国现有的法律针对单一企业的处理效果较好，但涉及关联企业破产时，立法却不明确。管理人不得不去面对这一现状，从而逐渐形成了一些可行的解决办法，以便能够针对性地解决各类问题，准确反映出现代经济之现状。

由于企业关联的形式复杂多样，理论和实务界亦不再局限于把实质合并原则作为关联企业合并破产的唯一标准和唯一模式，开始探讨非实质合并下关联企业合并破产模式,①如未达到人格混同之标准基于自愿情况下的合并破产。

（一）债务责任之延伸

关联企业法人人格高度混同带来的直接结果便是债务责任延伸之问题，前文我们分析了关联企业的认定及法人人格混同的判定。

按照关联企业间各成员混同之程度，实践中可以作出以下几种划分：

第一，关联企业无混同：即关联企业之间虽然存在关联关系，但法人人格相互独立，不存在严重丧失法人财产独立性、严重丧失法人意志独立性法人人格高度混同之情形，债权债务相对独立，互不干扰。

第二，关联企业不完全混同：即其中一部分成员在经营过程中因统一做账、统一管理逐渐造成财产、业务、人事、场所难以区分之情形，造成部分企业法人人格高度混同，另一部分成员经营管理则相对独立。此类混同模式多数存在于横向扩张的企业中。

第三，关联企业完全混同：各成员成立之目的即在于辅助母公司或主控企业完成各类特定的目标如取得特定的资质或获得特定的贷款等，此类混同模式多数存在于纵向扩张的企业中，在我国的中小民营企业中比较常见。

在关联企业成员部分或全部进入破产程序时，债务责任划分成为实践中的难点。在某些个人破产制度已健全的国家，其法律规定可以根据个案情况向个别债权人提供以下救济，即在特定的情况下，已经进入破产程序的集团成员所负外部债务无法得到的清偿的情况下，其偿债责任范围可以延伸至集团非破产成员和相关高级管理人员。

总结归纳各国破产法律，认定债务可延伸的种类很多，以母子公司举例说明通常可以分为以下几类：第一，母公司可能会为维护其自身利益，而让其中一个或多个子公司亏损经营；第二，母公司采取欺骗的手段抽走

① 参见郁琳：《关联企业合并破产整体重整的规制》，载《人民司法（应用）》2016 年第 28 期。

子公司的资产或者子公司成立之目的即为欺骗债权人；第三，人为地将母公司化整为零，将母公司分成若干子公司，无视各主体的有限责任，或将个人资产与公司资产严重混同，设立子公司对外签署合同但并未予以明确母公司责任，使债权人基于信赖关系而认定为交易对象为子公司而非母公司，以逃避合同的法定义务；第四，对股东的提款或退款超过可分配的利润，造成企业资本枯竭；第五，母公司在明知子公司可能或已经进入破产程序的情况下，仍然允许或指示其对外举债等。

基于上述情况，一家企业进入破产，则可能牵出多家关联企业，例如实践中管理人在承办某公司的破产清算案件过程中，通过审计发现该公司为集团公司下的子公司，同一集团公司控制下的子公司达 11 家，管理人随即委托审计单位进行专项审计，组织固定证据，在确认 11 家关联企业确实达到人格高度混同的情况后，向法院提出合并破产之申请，最终法院予以合并受理。

（二）合并破产之分类

本文侧重于探讨关联企业合并模式中破产清算和破产重整两种程序。基于债务人之意愿可分为被动合并与主动合并。

被动合并，也称法院裁定合并（Court ordered pooling）①，在债务人非自愿的情况下（往往体现在母公司经营状况良好，子公司资不抵债且进入破产程序等），由债权人提供线索或管理人履职过程中发现母子公司存在法人人格严重混同损害债权人利益之情形，报经法院审核后予以合并清算或重整，被动合并往往较多地体现在清算程序中。

主动合并，也称自愿合并（voluntary pooling），在债务人自愿的情况下破产申请之初关联企业各成员（含母公司）进入破产程序，或部分子公司申请破产后主动配合关联企业合并破产。

基于合并形式可分为实质合并与程序合并，有的学者还归纳出来另一种程序协调的模式。② 程序协调常见于破产重整与和解过程中，实践中也

---

① See The Parliament of the Commonwealth of Australia House of Representatives , Corporations Amendment (Insolvency) Bill 2007, Explanatory Menorandum, p. 68.

② 参见葛平亮：《德国关联企业破产规制的最新发展及其启示》，《月旦财经法杂志》2016 年第 1 期。

不乏管理人或者审判法官持相同的观点。①

《破产法立法指南》中对实质合并给出了如下定义：将企业集团两个或两个以上成员的资产和负债作为单一破产财产的组成部分对待。② 可以将其理解成一个视为制度，即在保持各关联企业组织结构独立的前提下，将多个关联企业视为一个整体或一个拟制的法律主体，法院在适当的情况下可以不考虑关联企业每个成员的独立身份，而将其资产与负债合并，在统一财产分配与债务清偿的基础上进行破产清算或重整，清算或重整结束后企业存续与否应根据其自身意愿或留给市场自行调节，管理人或法院无需强加干涉。③

程序合并类似于诉的合并，各关联企业仍保持法人人格的独立，资产与债务分别归结与清算，此类合并模式常见于关联企业混同程度不高，债权债务关系较为明朗的情况下，法院无需突破公司法中法人人格独立之界定。

程序协调是指关联企业破产时，通过法院、管理人和债权人等利害相关人的合作，协调各个破产程序的管理和进行，以保持清算或重整之效率，如存在关联企业被指定若干管理人之情形，可允许某一管理人（可能是母公司管理人）在协调程序方面起主导作用，实践中部分案例则是以法院为主导。

从实质合并到程序合并再到程序协调，利害关系人的主观意愿性逐渐递增。前两种多是基于法院主导的严格司法意义下的破产程序，其主观能动性不够强烈，多数情况为各方利害关系人被动承受，虽然人格混同与实质合并存在因果关系，合并的裁定均由法院下达，但笔者认为应当以相关利害关系人协商一致为前提。而后者程序协调则是在前两者的基础上有所扩充，可以运用于跨区域合并破产、庭前重组、预重整、清算组等制度中，利害关系人的意思自治原则在此类模式中显得尤为重要。

不管是在非破产程序中对法人人格混同的关联企业采取揭开公司面纱

---

① 参见郁琳：《关联企业破产重整的规制》，载《人民司法（应用）》2016 年第 28 期。

② 参见联合国国际贸易法委员会：《破产法立法指南》第三部分（“破产企业集团对待办法”），第 8 页，2012。

③ 参见王欣新：《关联企业实质合并破产标准研究》，载《法律适用（司法案例）》2017 年第 8 期。

的处理方式，还是在破产程序中采取实质合并的处理方式，都是为了纠正原法人人格混同情况下不当行为产生的法律后果，而并不是对关联企业修改工商登记，组织合并。①

（三）合并破产之申请

《企业破产法》第7条规定了破产程序的申请主体含债务人、债权人、依法负有清算责任的人，其中依法负有清算责任的人在企业未进入破产程序前为出资人，进入破产程序后还包括了管理人等。早期的合并是将合并清算或重整方案提请各关联公司债权人会议通过后，才进行合并程序的推进，实践中积累了部分实务经验后，个案中才逐渐出现法院在关联企业合并破产申请受理阶段根据实质审查即裁定进入破产程序，从而简化了债权人会议表决流程。

1. 申请方式

合并破产的申请方式大致可分为以下几种：

第一，组织合并进入破产。法院通过审查发现确实存在关联企业人格高度混同之情形，为便于后续破产工作的开展，可准许关联企业先行通过公司法上的组织合并，对关联企业成员个数进行人为筛选和减少，仅保留母公司或主控公司，再由筛减后的企业申请进入破产程序。此类方式根据地区的差异，也存在适用上的不同，有的地区因配套制度的不完善，注销往往存在各类障碍，故此类方式仅在个案中进行了尝试。

第二，联合申请进入破产。各关联企业保留主体资格，联合申请并进入破产程序，而后经过实质合并的方式进行清算或重整。基于我国公司法法人人格独立之限定，此类方式在我国运用得比较广泛，特别是针对中小民营企业。

第三，单独申请选择合并。各关联企业单独申请并各自进入破产程序，再根据混同程序选择程序合并或者实质合并等处理方式。此类方式可能涉及不同企业由不同法院受理从而指定不同管理人，或者因各案受理时间不一致而存在实质合并的条件下程序衔接困难，造成司法资源的浪费。

第四，管理人申请实质合并。单一企业进入破产程序，管理人履职过

① 参见王欣新：《关联企业实质合并破产标准研究》，载《法律适用（司法案例）》2017年第8期。

程中发现该企业与关联方存在混同情形，基于广大债权人利益考虑，管理人向受理法院申请各关联企业合并破产。此时，管理人拥有关联企业最完备的信息，也是对实质合并是否妥当是否可取最有评价条件的。

第五，受理法院依职权实质合并。①其合并之原因类似于管理人申请，以保护债权人的整体利益为原则。

2. 特殊的申请主体

上述笔者介绍了组织合并后申请、单独或联合申请、管理人申请等多种方式，无论哪种方式，是否每个进入合并破产的企业必须达到破产程序启动之标准？且合并破产的企业是否必然相互关联？

上文中我们提到，《公司法》和《企业破产法》是典型的商法代表，亦秉承着商法意思自治及诚信原则之灵魂，协商一致是商法运行之前提。我国《企业破产法》通常只适用于被确认为符合破产程序启动标准的企业。目前破产实务中的大部分合并，多数是基于实质合并状态下的被动合并。在破产程序并无司法强制裁量权的干预下，笔者认为，关联企业非破产成员、非关联企业成员也均可基于自愿申请之基础，被纳入破产程序合并处理，特别是重整程序。

第一，关联企业非破产成员列入申请。相对独立的关联方进入破产程序后，部分关联企业的非破产成员虽从外观上看并未达到破产申请的标准，也可纳入申请范围。

第二，非关联企业成员列入申请。此类企业之间并非常见的投资、从属关系，而是相互独立平等基于特定经济目的，②通过组织分工等特定手段形成的合作单位。

这些特殊的申请主体在破产程序中起到决定案件走向与处理结果的关键作用。重整程序中，基于业务的完整性等因素而自愿合并重整，从而保证事业的存续；清算程序中，基于社会责任和提高债权清偿率等因素而自愿合并清算。

---

① 参见王欣新、周薇：《关联企业的合并破产重整启动研究》，载《政法论坛》2011 年第 6 期。

② 参见朱志亮、胡晓敏：《关联企业合并和解的理论基础和实践探索》，载《第八届中国破产法论坛论文集暨〈企业破产法〉实施十周年纪念研讨会论文集（下册）》，第 307 页。

3. 资产合并之结果

合并后的债务人资产具有以下几方面特征：第一，关联企业间债权债务消灭，从而排除了关联企业内部成员间互负债务的表决权；① 第二，通过各利害关系人间的意思自治原则来减少裁定合并（或者法院强制合并）带来的争议；第三，同类债权同等受偿；第四，债权人对于债务的追索不再限定于特定的资产范围；第五，关联企业互保抵销、连带债权合并、同一债权人并户，有效地排除关联企业间资产转移、逃废债之情形；第六，高管工资合并，核减关联企业职工的平均工资等。

（四）合并后的资产归结

无论是被动合并还是主动合并，关联企业资产归结问题一般出现在以实质合并为处理前提的案件中，实质合并的核心是将多个关联企业视为一个整体或一个拟制的法律主体，突破法人人格独立之限定将资产与负债合并，统一分配与清偿。笔者认为，依据实质合并与股权出售式重整之特点，两者可以结合运用，以减少重整工作之障碍。

出售式重整模式也称为事业让与型重整，即将债务人营业之全部或主要部分让与他人，而以所得对价（继续企业价值）分配于诸债权人。②出售式重整主要包括三个类型，即资产出售式、股权出售式和反向出售式。其中股权出售式重整通过债务人设立全资子公司并出售其股权的方式进行，即债务人以具有重整价值的资产出资设立全资子公司，之后债务人出售该子公司的全部股权，用子公司股权的转让所得款来清偿债务，从而保全债务人的事业，实现破产重整。

实践中关联企业合并破产进入程序后，管理人可以新设一子公司，用以接收各关联企业的优质资产并加以整合，此类合作模式存在以下典型优势：可有效地优化配置、分离低效资产、切断或有债务并解决实践难点。

破产清算与重整的立法本意应以是否有利于社会和各方利害关系人利

---

① 参见贺丹：《当事人自治与司法裁断：公司集团破产规则设计的均衡进路》，载《第八届中国破产法论坛暨〈企业破产法〉实施十周年纪念研讨会论文集（下册）》，第278页。

② 参见许士宦：《债务清理法之基本构造》，台湾元照出版公司2009年版，第115页。

益为原则。如同前文所述关联企业非破产成员、非关联企业破产成员基于自愿之前提，亦可以纳入合并破产申请之主体。同理，其资产亦可纳入破产财产范畴。

未出现破产原因的企业能否纳入破产范围，则最主要的还是兼顾意思自治原则及法院的裁量权。《破产法立法指南》建议非破产成员基于自愿原则纳入到破产清算或重整范围内的，由该企业的管理层、董事会作出相应的决定，在自愿合并出现不公平等情况下，法院介入并对结果予以纠正或恢复。实践操作过程中也不乏存在反对声音。特别是非破产企业的债权人认为企业纳入破产程序会拉低其现有的债权清偿率，对其利益造成影响，债权人对该企业存在期待利益。我们可以参考美国的司法裁判思路，法院可以裁定基于该非破产企业而不是整个关联企业的考虑设定债权人有权取得不低于其在未进行实质合并前所获得的清偿。为解决这一问题可以适时地纳入听证程序。2018 年 3 月最高院印发的《破产审判纪要》第 33 条要求："实质合并申请的审查。人民法院收到实质合并申请后，应当及时通知相关利害关系人并组织听证，听证时间不计入审查时间。人民法院在审查实质合并申请过程中，可以综合考虑关联企业之间资产的混同程序及其持续时间、各企业之间的利益关系、债权人整体清偿利益、增加企业重整的可能性等因素，在收到申请之日起三十日内作出是否实质合并审理的裁定。"

在法院的主导下，管理人、债务人、债权人、出资人、职工代表、债权人会议主席、异议人等，主要对管理人搜集的关于债务人企业混同的证据进行质证、对非破产成员纳入破产程序进行异议。在各企业并未被宣告破产前，债务人企业及各利害关系人的法律地位和实际情况均没有发生根本性的改变，故应充分肯定各利害关系人的程序参与权。

（五）合并后的债务清偿

1. 实质合并中的反对声音

实质合并无论是被迫合并还是自愿合并都不能导致合并企业的资产总量的增加，只不过使各成员企业债权人的清偿比例趋于相同。那么就会出现有的债权人清偿比例提高，有的则降低的情形，利益受损方必然会存在反对之声：第一，享有关联企业交叉担保的债权人，在单独破产程序中，主债务人无法清偿的部分原本可以向担保企业分别申报分别索偿，合并后同一债权人需要并户，债权清偿来源减少，清偿额降低。第二，优质资产所在企业（如资产所有权比较集中的母公司）的债权人，在子公司的债权追索范围延伸至母公司后，母公司债权人的清偿额降低。第三，非破产企业的债权人或中小股东，为提高破产清算企业的债权清偿率或挽救破产重整企业的事业，自愿纳入破产程序，原本可能得到全额清偿的债权人或存在股东收益的出资人，此时的权利却无法得到保障。

笔者认为，基于公平原则之考虑，为解决上述问题可以参考美国破产法的司法实践：第一，将非破产企业债权人的债权排除在合并程序之外，即该企业债权人全额清偿后，将剩余资产纳入破产程序；第二，在协商一致的情况下，确保出资人得到合适的收益比例；第三，依据关联企业各成员混同程度高低，设定债权人的清偿比例。

2. 惩罚与补偿性质的债务清偿

非实质合并后的债务清偿模式依据债务人主观意愿程度的不同大致可分为两大类：

（1）被动合并情况下的惩罚性债务清偿模式

如前文所述，被动合并往往发生在母公司或主控公司利用其对子公司的控制地位损害子公司债权人或少数股东的利益时。其表现形式为出资不实、资产转移、关联交易、人格混同违反法律规定等。① 美国联邦最高法院 1939 年审理泰勒诉标准电器石油公司一案中基于衡平理念创造了深石原则也称为衡平居次原则，即根据关联企业是否基于公平合理合法的行为取得对破产企业的债权而决定其债权是否劣后于破产企业普通债权人和其他股东受偿。我国公司法对深石原则概念的引入起始于 2003 年《最高人民法院关于审理公司纠纷案件若干问题规定（一）（征求意见稿）》第 52 条："控制公司滥用公司人格的，控制公司对从属公司的债权不享有抵销权；从属公司破产清算时，控制公司不享有别除权或优先权，其债权分配的顺序次于从属公司的其他债权人。"直到 2010 年《中华人民共和国企业破产法司法解释（征求意见稿）》提及债务人破产时，规定控制公司及其他关联公司基于不公平、不合理的关联交易而拥有对债务人的债权，劣后于破产企业的其他普通债权人受偿。除非上述关联公司举证证明其债权系基于公平原则的关联交易而产生的。

① 参见刘连煜：《公司法理论与判决研究》，法律出版社 2002 年版，第 104 页。

非实质合并破产程序中应依据母公司或主控公司过错程度适时调整其清偿顺位及清偿比例。

（2）自愿合并情况下的补偿性债务清偿模式

补偿性债务清偿是一个相对于惩罚性债务清偿而言的概念，非破产企业放弃自身利益自愿合并进入破产程序后，对此存在异议的债权人、出资人等利害相关人的权益保护，可依据该企业对案件的贡献程度，类推适用衡平居次原则在协商一致的前提下适时调整利害相关人的清偿顺位及清偿比例。如可约定本企业的债权人优先于其他企业债权人清偿，或其清偿比例高于其他企业债权人的清偿比例等，据此达成谅解，减少争议。

三、合并审理后的几点建议

（一）网络平台助力涉众型破产案件

如前文所述，在合并破产申请方式中存在单独申请选择合并的情形，各关联企业独自申请进入破产程序后，法院根据实际混同程度选择是程序合并还是实质合并之审理模式。关于合并过程中的管辖权问题，理论和实践已作出许多探索，可总结为：第一，母公司或控制企业所在地法院主审为原则，其他法院辅审为补充；①第二，申请在先原则，② 或先入为主原则；③ 第三，负债规模集中原则。

关联企业不同成员的债权人亦可能分布在不同的区域。大型集团公司破产案件中的债权人人数众多，可能会造成表决权代表、债权人委员会、债权人会议的开会地点难以确定的问题。传统的现场会议模式存在以下特点：会务组织成本高；会务组织压力大，投入人力物力多；参会人员极易互相干扰；因地域限制导致出席率不高等。④如何有效地组织人数极其众多

① 参见徐阳光：《论关联企业实质合并破产》，载《中外法学》2017 年第 3 期。

② 参见葛平亮：《德国关联企业破产规制的最新发展及其启示》，载《第七届中国破产法论坛论文集（下册）》，第 17 页。

③ 参见王欣新、周薇：《关联企业的合并破产重整启动研究》，载《政法论坛》2011 年第 6 期。

④ 参见张亚琼：《如何利用网络平台召开大型债权人会议》，载微信公众号“破产重组法务”，2017 年 7 月 21 日。

的各类债权人平稳召开特大型的债权人会议，是实践中一直在探索解决的问题。

2016 年最高人民法院破产重整案件信息网平台筹建完成，如何有效地用该平台解决大型债权人会议的各项难点，各地管理人均作出了些有益的尝试。2017 年 4 月 25 日家美天晟武汉置业有限公司的管理人通过该平台，组织召开了家美天晟第二次债权人会议，对管理人制定的重整计划草案进行表决，全部 1620 个债权人中有 1513 人于当天实际登录参加网络会议，本次会议为全国第二例，起到了良好的示范与启示作用。

2017 年 8 月 3 日广西柳州鹿寨金利水泥有限公司第一次债权人会议通过网络表决和现场表决同步召开。

2017 年 8 月 8 日最高人民法院破产重整信息网技术团队经过筹备，多次进行联调和模拟测试。于上午成功召开了东北特钢集团破产重整案第二次债权人会议，经 1911 家有表决权债权人现场和网络投票表决，一次性通过了重整计划草案。债权人根据相关提示，可观看会议直播、查阅重整计划草案等文件、参与投票表决。管理人、审计及资产评估机构可以通过平台围绕债权人普遍关心的审计、评估、重整计划等相关问题在线解释说明，取得了较为不错的实战经验。

（二）非实质合并重整中出资人权益调整

破产重整制度是一种破产清算的预防制度，我国《企业破产法》第 2 条规定："企业法人不能清偿到期债务，并且资产不足以清偿全部债务或者明显缺乏清偿能力的，依照本法规定清理债务。企业法人有前款规定情形，或者有明显丧失清偿能力可能的，可以依照本法规定进行重整。"多数进入重整程序的企业并未出现破产原因，只是经营状况急速恶化，有继续经营之可能。股东对股权的市场价值享有一种期待利益，正是这种期待利益维系着重整企业的价值。

破产实践中，有些学者和管理人认为，企业既然已经进入破产重整程序，企业财产通常无法使全部债权人得到清偿，因此出资人的受偿基本为零，故而对于出资人权益调整就变得理所当然。也有观点认为：在资不抵债的情况下，出资人的受偿为零，其股权价值也为零，股东权益就不存在，因此股东也不享有表决权，出资人组设与不设无关紧要。

笔者认为，在对债务人宣告破产之前，债务人企业的法律地位和实际情况没有发生根本性的改变。同理，债权人的权利仅应涵盖债务人财产，而不应涉及出资人财产，更无权要求出资人行使或者放弃其权利，而且即便是破产清算的情况下其股权价值为零的说法也并不准确，破产企业具有重整可能性的本身即反映出股权还具有剩余价值。

而破产程序本身就是各利害关系人基于现实状况相互妥协及让步的一个过程。那么，如何权衡各关联企业出资人权益成为合并重整程序中的一项不可避免的考量因素。

关联企业合并破产的申请与资产归结，均不排斥非破产企业自愿纳入破产程序，那么在非实质合并程序中即存在单个企业所有者权益为正数之情形。不同于合并清算中的出资人权益已然可能为零的情况，企业进入重整程序，使得原本为正数的出资人权益急速减退。此时，即存在一个自愿合并企业出资人权益比例让渡之问题，仍然以母子公司举例说明：①子公司进入破产程序，而母公司或主控公司存在违法操作之嫌疑导致子公司进入破产程序的，母公司出资人权益让渡比例应高于子公司债权人让渡比例，或者应劣后于子公司债权人债权清偿完毕后获取收益。②子公司进入破产程序，母公司相对独立，关联性不大的母公司基于关联企业事业存续等因素的考量，为引进新的战略投资者，亦存在完全放弃出资人权益的情形。③子公司进入破产程序，特别是重整程序中母公司债权人、出资人等利害关联系人可暂停行使各项权利，待重整计划执行完毕后再行恢复。

无论哪种调整模式，既然已自愿并入破产程序，当企业出现破产原因时，企业的股东和债权人等利害关系人处于共同危险的境地，在企业依法进入重整程序后，理应由各利益相关方共同分担损失，使企业摆脱困境恢复正常经营。

重整程序所独有的私权保护与社会整体利益保护并重的特质以及强制批准权固有的平衡权属性决定了人民法院在意思自治机制失灵的条件下应当依法审慎适用强制批准制度，通过公权力的适度干预，以强制批转取代当事人协商，对重整各参与人的利益进行强制平衡，契合重整效率最大化原则，确保重整计划公平、公正、合理，保障重整程序的顺利推进。①

---

① 参见曹文兵：《上市公司重整中出资人权益调整的检视与完善——基于 51 家上市公司破产重整案件的实证分析》，载《法律适用》2018 年第 17 期。

（三）非实质合并重整中的融资途径

破产程序启动后，债务人能否继续经营是重整案件的关键，即便是在保持继续营业的清算案件中亦是如此，如化工行业某纤维公司破产清算案，债务人生产经营所需的原材料 PTG、MDI、反应原液等，本身价值较高，又都储存于反应釜、管道等容器内，该企业的连续聚合高速纺丝生产设备专用性较强，维护成本高，如果停产，大量昂贵的原材料将直接损耗，机器设备也将损坏或难于恢复正常状态。为保持企业的运营价值，此案管理人在清算期间经债权人会议表决通过后选择继续营业。这里就涉及运营资金的来源问题，何时引进？如何清偿？

1. 申请后合并破产成员间的资金拆借

合并审理的企业间往往存在关联交易、交叉担保、互负债务之情形，我国《企业破产法》并未规定债务人申请破产后即进入破产程序，从提出破产申请到受理破产申请之间可能需要几个月甚至更长的时间，在此期间，法院需对合并破产的标准进行审查与评价，选择合并之模式。同时，企业继续经营就需要开展业务、支付职工工资、支付供应商货款、支付维修等日常开支费用。此段时间的运营良好与否可能影响到整个案件的可行性选择，即是否清算或重整，并影响到债务人的后期偿债能力。但此时间段内的借款存在被撤销的可能性，我国《企业破产法》第 32 条规定了破产受理前 6 个月内的个别清偿撤销权，合并破产中的某一企业向另一企业出借了运转资金，可能会造成该企业的其他债权人负债的增加，清偿率的降低，在后续进入破产程序后，极有可能被管理人撤销。

2. 受理后合并破产成员间的资金拆借

关于合并破产成员间的资金拆借问题，各国法律规定亦不尽相同，有些国家限制企业在破产程序中向外出借资金，且未规定破产程序中偿还此类资金的优先顺序等问题。我国的相关立法则较为宽松，破产实务中可以就此类问题在出借企业利益及关联企业整体所需间寻找平衡点。尤其是在如非破产企业受母公司控制之情形下，如何处理各关联企业之间的交易，是否有必要保持各关联企业的资金结构的相互独立，出借方管理人与接收方管理人若为同一个，该如何处理双方的利益冲突？《破产法立法指南》第 211~216 条对受理后的成员间资金拆借给出了相应的立法意见，实践中此类拆借可分为以下几种：

第一，关联企业破产成员提供融资。破产成员之间的资金拆借在一般情况下并未予以考虑，实践中也极少采取此类方式。当借款人和出借人不仅已经进入破产程序，且同属关联企业内部成员时，一方管理人寻求促进资金出借，另一方管理人寻求获得资金，可能引发各管理人的责任与义务问题。此类融资应当以债权人最终受益的前景为平衡点，并非是以牺牲某一成员之利益为前提。

第二，关联企业非破产成员提供融资。为确保自身财务稳定及继续经营，非破产成员作为出借方可能非常关心母公司或其他破产成员的财务状况，特别是在纵向一体化程度较高的各关联企业之间，其日常业务活动依赖破产成员的情况下。可以让负债不多、资产结构尚佳的企业参与整个关联企业的破产救济，如为关联企业新的融资（可能来自关联企业外部）提供抵押担保等。

第三，非关联企业提供融资。非关联企业自愿纳入破产程序后向合并破产的其他成员提供融资。此类现象大多发生在横向一体化程度较高的各企业之间，基于出借方各利害关系人自愿之前提，在维持自身运营且不损害债权人及出资人权益的情况下，此类方式不失为合并破产中管理人提供了一条较佳的融资途径。

小　结

由于企业关联形式复杂化，理论与实务已并不局限于将实质合并作为关联企业合并破产的唯一标准和唯一模式。① 意思自治原则在破产清算、重整、和解三类程序中适用空间逐渐递增，将关联企业非破产成员或者非关联企业成员基于提高债务清偿率或保存债务人事业之延续等目的，依据该原则纳入破产程序后，我们可以发现法院强制裁定的空间在逐渐缩小，有逐渐趋于和解程序之特点。我国破产实践中也已出现类似案例，例如江

① 参见朱志亮、胡晓敏：《关联企业合并和解的理论基础和实践探索》，载《第八届中国破产法论坛暨〈企业破产法〉实施十周年纪念研讨会论文集（下册）》，第 307 页。

苏省启东市人民法院审理的金双喜实业发展有限公司等六家关联企业合并和解案系全国首个关联企业合并和解案例。本文以《破产法立法指南》之建议为基础，试探性地结合破产实务进行了一些探索，以期能为我国的破产事业添砖加瓦。

关联企业实质合并破产规则研究

吴永盛*

内容提要： 关联企业的认定应以企业间是否具有控制关系为标准。关联企业破产时适用实质合并规则的必要性和正当性体现在公平偿债以保护债权人利益、减小破产成本、提高审判效率等方面。实质合并标准包括各企业人格高度混同、单独破产成本过高且严重损害债权人利益、债权人会议表决通过。实质合并可适用于破产清算、重整以及和解程序。合并类型包括全部破产后合并、部分破产后全部合并、先合并后破产三种类型。实质合并应坚持审慎适用、无害债权人两个基本原则。在程序问题上，管理人、债权人以及债务人为申请实质合并主体；在管辖、裁定等程序问题上，若《企业破产法》未规定，可适用《民事诉讼法》相关规定。实质合并后，各企业被视为一整体，企业之间在内部上排除清偿关系，涤除债权债务；外部债权仍按《企业破产法》规定的顺序和比例公平受偿。

一、问题的提出：关联企业破产如何适用实质合并规则

随着经济的发展，企业规模也日益扩大，形成了许多的集团企业。这些企业之间存在直接或间接控制，以及可能导致公司利益转移的其他关系，形成了法律上的关联企业。鉴于关联企业错综复杂的经济联系，在上述企业破产时，往往难以厘清各个企业之间的资产状况，且在破产前后关

* 吴永盛，武汉大学法学院 2017 级民商法硕士研究生。

联企业也极易相互转移资产，逃避债务。鉴此，最早在美国，有法院就采用实质合并破产规则来处理关联企业破产案件。该规则打破了法人人格独立原则，不同企业在破产程序中被作为一个债权人看待，其财产合并为一项单独的破产财产，所有对合并债权人享有债权的债权人均从这笔财产中受偿。① 实质合并规则在美国通过一系列判例不断得到完善，并被其他国家所采用。我国《企业破产法》并未明确规定实质合并规则，但司法实践早已有采用该规则处理关联企业破产案件的先例，特别是《破产审判纪要》共用8个条文规定了实质合并，这也体现了权威司法部门对该制度的认可。当前已有一些学者对实质合并进行了研究，但他们并未全面探讨我国确立实质合并规则的必要性和正当性，实质合并的原则、标准、范围、类型以及该规则的具体程序问题仍需进一步厘清。为此，本文尝试对实质合并规则在关联企业破产领域确立的正当性以及必要性作出论证，对实质合并规则实体及程序上的具体问题作出解答，希冀所言之孔见有裨益于我国实质合并破产规则的发展。

二、关联企业概念辨正

从美国新泽西州率先允许公司成为控股股东开始，公司兼并就开始在资本市场中蓬勃发展，其他公司成为本公司的客体，从而产生了关联公司（Affiliated Corporation）关系。公司之间形成了各个层面的联合体，包括股权上的、合同上的、控制权上的等，原本很清晰的股东和公司之间的人格独立变得模糊起来，出现了众多具有控制与被控制关系的关联企业。② 如何认定关联企业，各国和地区立法各不相同。美国由法院审理涉及利益冲突的交易而形成了公司法判例规范，一般以一公司对另一公司持有特定比例股权为标准来认定关联企业。德国实质上就是母子公司的相关规定，德国在其《股份法》第3编规定了关联企业，在第291、292条规定关系企业合同包括控制合同、盈余转移合同，以及其他关系企业合同，如盈余

① 参见［美］大卫·G. 爱泼斯坦、史蒂夫·H. 尼克勒斯、詹姆斯·J. 怀特：《美国破产法》，韩长印等译，中国政法大学出版社2003年版，第23页。

② 参见邓峰：《普通公司法》，中国人民大学出版社2009年版，第146页。

共同体合同，企业出租合同、企业转让合同。① 我国台湾地区对关联企业的认定，除了母子公司的规定外，还增加了相互持股公司。《破产法立法指南》则以所有权与控制权为要素来定义关联企业（企业集团），通常可通过企业之间分摊负债、会计以及税收目的综合判断，甚至为简化术语直接用母公司指代对关联企业中有控制权的实体，用受控集团成员指代受母公司控制的成员。② 总的来说，域外立法对于关联企业的定义有宽有窄，服务于各自的立法目的，但总体上将定义聚焦于企业之间的所有权与控制权上。我国《公司法》第 216 条从控制标准与利益冲突的角度界定了关联关系，税法的有关规定，也对关联关系进行了规定。但是，仅规定关联关系对认定关联企业而言依然是一条间接的、绕弯的路，且《公司法》第 216 条以及税法对于关联关系的规定实际上也过于宽泛，包括了企业与其他企业、组织、董事、监事、高管等之间的关联关系，但如果要认定关联企业，则应只限于企业之间。在参考域外立法下，笔者以为关联企业的认定应以控制权为标准，类型包括：第一，一方企业直接或间接控制另一方企业；第二，双方同时直接或间接被一企业控制。至于具体的控制标准，则可参照税收、会计关于关联企业的相关规定进行设置。

三、确立实质合并规则的必要性与正当性

（一）规制关联企业之间非法转移利益，公平偿债

实质合并规则将各个关联企业的资产和债务合并，视为由单一整体持有的资产和承担的负债，在关联企业人格严重混同的情形下，实质合并保

---

① 依《股份法》第 292 条，一个股份有限公司或者股份两合公司有义务为了分配共同盈余而将盈余或者其个别经营体的盈余全部或部分地与另外一个企业的盈余或另外一个企业的个别经营体的盈余合并的合同，为盈余共同体合同；一个股份有限公司或者股份两合公司有义务将其部分盈余或者其个别经营体的盈余全部或部分地转移到另一个经营体的合同，为部分盈余移转合同；一个股份有限公司或者股份两合公司将其企业的经营体出租或者转让给另一个企业的合同，为企业出租合同、企业转让合同。

② 参见联合国国际贸易法委员会：《破产法立法指南》，第三部分“破产企业集团对待办法”，2012。

护债权人利益，主要体现在难以厘清单个公司资产的情形下，债权人的债权依然可以有效率地获得清偿。应当指出的是，实质合并规则完全有可能会在形式上减少一些债权人最终获得的追偿额，但之所以说其是形式上的，是因为各个公司单独破产本身就忽略了关联企业之间资产、债务错综复杂的关联性，并非实质上的公平，而实质合并规则对于债权人的效果是使各债权人的债权受偿额趋于相同。总的来说，是使所有债权人得到最大公约数性质的受偿，实现实质公平偿债。

（二）保障破产程序进行，提高审判效率

适用实质合并规则，一个重要的情形就是各关联企业人格严重混同，厘清单个破产企业的资产和负债往往需要耗费大量的时间、金钱成本，甚至难以完成这项任务。实质合并规则正是基于化繁为简的制度需求应运而生，该规则放弃了对于单个企业资产债务的整理，统一打包，以前每个公司的债权人变成打包后整个经营体的债权人，债权人以该实质合并后的全部资产按法律规定的顺序、比例受偿。可以说，实质合并最主要的制度功能就是在处理关联企业破产时化繁为简。

四、实质合并规则适用标准、范围及类型的比较分析

实质合并规则在美国是通过一系列判例产生并发展的。1941 年的 Sampsell V. Imperial Paper & Color Corp 案①中，第一次适用实质合并破产规则；1941 年的 Fish V. East 案②，法院尝试对关联公司范围进行明确，指出实质合并只有在涉及母子公司公平受偿的取舍时才具有价值；1966 年的 Chemical Bank York Trust Co. V. Kneel 案③则首次提出了“区分关联企业之间的界线令人绝望”的标准；1980 年的 Vecco 案④归纳了实质合并规则适用的要素标准；1987 年 Auto-Train 案⑤则提出了实质合并规则适

---

① Sampsell v. Imperial Paper & Color Corp. 313 U. S. 215（1941）.

② Fish v. East, 114F. 2d 177（10th. Cir. 1940）.

③ Baird, supra note 4, p. 16.

④ In re Vecoo Construction Industries, Inc, 4Bankr.（Bankr, E. D. Va, 1980）.

⑤ In re Auto-Train Corp. 810F. 2d（D. C. Cir. 1987）.

用的三标准说，即存在实质性的关联关系、实质合并具有明显的优势和债权人不具有对单个公司的独立人格的期待而与之进行交易；1988 年的 Augie/Restivo 案①提出的两条实质合并规则适用标准，其中一标准为公司间人格严重混同，另一标准为债权人未有对债务人具有独立人格的期待；2005 年的 Owens Corning 案②提出适用实质合并规则应满足企业之间人格严重混同，单独破产成本过高以至于损害债权人的利益；债权人在与债务人交易时并未有对其独立人格的期待。《破产法立法指南》则只规定了 2 个条件：满足企业高度混同且分离成本过高；法院确信企业集团成员从事欺诈图谋或毫无正当商业目的的活动，为取缔这种图谋或活动必须进行实质性合并，且只需满足其中任一条件即可。

我国目前已审理的实质合并破产案件，有较多的法院在公开的裁判文书上都回避了对采用实质合并规则的说理，而是仅论述各申请主体以人格高度混同等理由申请实质合并，法院予以准许。③ 此种现象的背后是在成文法背景制约下，法院以自己的智慧进行着实质合并规则的摸索。总的来说缺乏一个统一明确的标准，呈现出一些乱象。而在敢于对适用实质合并规则的理由进行论述的法院裁判中，有的法院仅以企业之间人格高度混同作为唯一理由，④ 更多的则是追求面面俱到，宁缺毋滥地论述理由。总体

---

① In re Augie/Restivo Banking Co. 860 F2d.（2d Cir. 1988）Sura note 7.

② Sura note 7.

③ 如安徽省高院发布破产审判十大典型案例之二："现代物流合并重整"案，裁判文书上内容为："管理人在资产清查过程中发现，淮矿物流的 4 家全资子公司不具备独立的法律人格，存在高度人格混同的情形，遂向淮南中院申请将 4 家全资子公司与淮矿物流合并重整……淮南中院裁定受理淮矿物流及其 4 家子公司合并重整申请。"2017 年度江苏法院十大破产案例之一："江苏省纺织工业（集团）进出口有限公司等六企业合并重整"案，裁判文书写道："管理人对六家公司清产核资后认为，六家公司存在人员、财务、业务、资产高度混同情形。审计机构出具专项审计报告认为，六家公司财务混同，没有独立财务核算体系；财务管理人员及行政人员混同……管理人根据上述事实，向南京中院申请对六家公司合并重整，南京中院于 2017 年 9 月 29 日裁定六家公司合并重整。"

④ 参见"郑志锋与湖州镭宝投资有限公司、湖州天外绿色包装印刷有限公司普通破产债权确认纠纷"案，(2017）浙民终 808 号判决书；"渭南市益利再生资源回收有限公司破产重整"案，(2017）陕 01 破 15 号裁定书。

而言，理由包括单独破产成本太高、实质合并有利于公平清偿债务、经债权人会议表决通过等。①《破产审判纪要》应该也是在参考上述已有裁判后，将上述几个裁判理由全部规定为适用实质合并规则的条件。② 笔者以为，无论是公司法上的法人人格否认制度还是破产法上的实质合并规则，都打破了公司独立的人格，而我们知道，公司人格独立是现代公司制度的基石，这就要求我们在揭开公司面纱或实质合并破产时都应该坚持严格的标准。在合并破产中，受影响最大的是债权人，作为最大的利害关系人，法院在批准适用实质合并时应该充分尊重他们的意见，否则，整个破产的程序便失去了正当性，也背离了破产法的立法意旨。故笔者建议，可吸收《破产法立法指南》和美国法上的相关规定，适用实质合并规则时，除了要求人格高度混同、单独破产成本过高且严重损害债权人利益外，还应增加债权人会议表决通过这一要件。③

关于实质合并的适用范围，学界没有形成统一认识，但较多学者认为实质合并仅适用于破产清算和破产重整。④《破产审判纪要》第 37 条明确

① 参见“辽宁辉山乳业集团安达牧业有限公司等重整”案，（2018）辽 01 破申 42-2 号裁定书；2017 年浙江法院破产审判十大典型案例之四“庄吉集团有限公司等四公司破产重整案”。

② 《纪要》第 32 条规定：“……当关联企业成员之间存在法人人格高度混同、区分各关联企业成员财产的成本过高、严重损害债权人公平清偿利益时，可例外适用关联企业实质合并破产方式进行审理。”

③ 有司法实务人士提出反对将债权人会议表决规定为实质合并使用条件，转而建议按照其所在法院成功审理的常怡系实质合并重整案时采取的“管理人申请+听证会”模式。参见孔维璜：《实质合并规则的理解与适用》，载《人民司法》2016 年第 28 期。但笔者以为，债权人会议本身就是破产程序中集中表达债权人意思的机关，债权人会议的重要意义就在于有效统一债权人的意思，形成债权人的决议并且对所有债权人发生法律效力。鉴此，所谓“听证会”，其行使的完全是债权人会议的功能，另召开听证会实属徒增破产成本、影响破产程序的效率，并无必要。

④ 如王欣新教授在给企业集团实质合并破产下定义时，仅包括合并重整和合并清算。参见王欣新：《关联企业的实质合并破产程序》，载《人民司法（应用）》2016 年第 28 期；相同观点的还有朱黎：《论实质合并破产规则的统一使用——兼对最高人民法院司法解释征求意见稿的思考》，载《政治与法律》2014 年第 3 期。

了实质合并规则可以适用于破产清算、破产重整以及破产和解程序。在司法实践当中，也已有实质合并清算、实质合并重整、实质合并和解的相关案例，① 这也印证了实质合并规则在破产各个程序中的可操作性；另一方面，实质合并规则在关联企业破产清算、重整以及和解程序当中，能够有力促进各项破产程序的进行，具有极其重要的制度需求以及制度价值。故笔者建议以后在修订《企业破产法》时明确实质合并规则可适用于破产清算、重整以及和解程序。

关于实质合并的类型。总的来说，实质合并的启动模式有三种：各企业单独进入破产程序，再进行合并破产；部分企业先进入破产程序，法院再裁定其他关联企业合并进入破产程序；先行合并，再同步进入破产程序。② 第一种情形，是适用实质合并比较普遍的场合；第二种情形，存在着非债务人财产的实质合并问题，即可否将非债务人企业进行合并。在此方面，美国虽已有相关判例，但却出现了赞成与反对两种截然不同的声音，至今未有统一规定。③ 笔者以为，对非债务人是否纳入实质合并范围，只有在非债务人与债务人之间系关联企业，且符合适用实质合并标准时，基于关联企业实质合并的正当性与必要性，应当与债务人进行合并。只要严格遵循实质合并适用标准，并不会产生人们所担忧的对关联企业打击面过宽，影响市场经济秩序的问题。

---

① 关于实质合并清算案件，参见郑志锋与湖州镭宝投资有限公司、湖州天外绿色包装印刷有限公司普通破产债权确认纠纷案，（2017）浙民终 808 号判决书；实质合并重整案件，参见辽宁辉山乳业集团有限公司等重整案，（2018）辽 01 破申 42-1 号裁定书；浙江星安投资集团有限公司破产重整案，浙江省/（2017）浙 0881 破申 11 号裁定书；实质合并和解案件，参见 2017 年度江苏法院十大破产案例之六、2012—2017 年南通法院破产审判典型案例之七“金双喜实业发展有限公司等六企业合并和解案”等。

② 参见徐阳光：《论关联企业实质合并破产》，载《中外法学》2017 年第 3 期。

③ 如在 1964 年的 Soviero v. Franklin National Bank of Long Island 案、1984 年的 In re Tureaud 案、2000 年 In re Bonham 案中均将非债务人纳入合并，但在 1993 年的 Matter of Munford, Inc 案中，法院又否认了实质合并适用于非债务人。参见王之洲：《美国破产法上“实质合并”规则的新发展：非债务人财产也能被合并吗?》，载微信公众号“破记录”，2018 年 6 月 12 日。

五、实质合并规则适用原则及程序问题

(一) 适用原则

在美国 In re Owens Corning 案中，法院初步确立了适用审慎、谦抑性、无害债权人原则。法院认为，应在穷尽其他一般规则依然无法有效处理破产案件后才考虑实质合并规则；实质合并规则的适用不应仅出于便宜处理破产案件的考虑，即使未给债权人带来实益，基本底线也是不能损害债权人之债权。①

《破产审判纪要》第 32 条提出适用实质合并规则应遵守审慎适用原则，即以尊重单个企业人格独立为基本原则，只有达到特定标准才考虑适用实质合并规则。笔者以为，公司人格独立是现代公司法制度的基本灵魂，在当前实质合并规则初步适用的时期，最高院强调审慎适用原则，是值得肯定的。但是，破产程序的实施宗旨是要保证对全体债权人公平清偿，债权人利益保护也应是实质合并规则的基本追求。② 以后正式在破产法中确立实质合并规则时，除了审慎适用原则，还应借鉴美国经验，吸收无害债权人原则。审慎适用原则要求实质合并规则保持谦抑性，在未穷尽其他破产法规则的情形下，尽量不考虑实质合并规则的适用。整体无害债权人原则亦是对径用实质合并规则冲动的限制，法院不能仅仅因为区分单个企业资产、负债工作纷繁复杂而向实质合并规则逃逸，且该规则的适用必须在整体上符合比例原则、有利于债权人利益的基础上，因为实质合并存在摊薄一些债权的可能，③ 难以保证每个债权人在适用实质合并规则时

① 参见彭插三：《论美国破产法中的实质合并规则》，载《财经理论与实践》2010 年第 2 期。

② 参见王欣新：《破产法专题研究》，法律出版社 2002 年版，第 4 页；汪彩华、屈洁：《论我国关联企业破产债权人的法律保护》，载《法治研究》2009 年第 7 期。

③ 因为不同的债务人一般资产和负债的比率互不相同，如 A 公司的资产与负债比例较 B 公司为高，那么在 A、B 两公司实质合并后，A 的债权人只能受偿更少的债权，因为实质合并后的资产负债比率将会比 A 的资产负债比率低。参见［美］大卫·G. 爱泼斯坦、史蒂夫·H. 尼克勒斯、詹姆斯·J. 怀特：《美国破产法》，韩长印等译，中国政法大学出版社 2003 年版，第 23 页。

受益，只能是整体上而言。

(二) 程序规定

1. 规则的启动

(1) 管理人申请

管理人是破产程序中最重要的机构之一，破产案件受理后，在法院的指导下全面接管企业并负责债务人财产的保管、清理、估价、处理和分配。具体职责包括调查债务人财产状况、管理和处分债务人的财产。鉴于管理人在破产程序中的重要地位以及独特职能，管理人对债务人是否人格高度混同、是否具有实质合并之必要等情况最为了解，且亦是管理人职责之要求，故应允许管理人提出实质合并规则申请。司法实践中，大多也是由管理人提出实质合并申请。①

(2) 债权人、债务人申请

债权人、债务人申请重整在司法实践中已有先例。② 他们在破产程序特别是破产重整和破产和解程序当中对实质合并规则有着现实的制度需求。在关联企业破产重整案件当中，若不适用实质合并规则，将会耗费大量的时间和精力区分各关联企业之间的资产、负债等事项；适用破产法上的撤销权制度、无效行为制度等区分各企业财产的成本过高，将损害债权人的实际清偿利益。实质合并规则的适用，对于债权人而言，更符合企业重整前的实际运营情况和债权人的认知，更有利于所有利益相关方从宏观上把握关联企业的整体情况。对于重整企业自身而言，适用实质合并规则是对关联企业内在经济联系的尊重，可以有效解决单个企业破产重整效益低下的问题，确保生产、经营链条的完整性，进而提升重整成功的概率。破产和解依据《企业破产法》一般由债务人向法院提出申请，在各债务人人格高度混同的情况下，实质合并和解可使关联企业之间互借互保的债

① 相关案例参见安徽省高院发布破产审判十大典型案例之二“现代物流合并重整案”；江苏法院通报企业破产审判十大典型案例之二“怡华系企业实质合并破产重整案”；2017 年浙江法院破产审判十大典型案例之四“庄吉集团有限公司等四公司破产重整案”；2017 年度江苏法院十大破产案例之一“江苏省纺织工业（集团）进出口有限公司等六企业合并重整案”等。

② 参见 2017 年度江苏法院十大破产案例之六、2012—2017 年南通法院破产审判典型案例之七“金双喜实业发展有限公司等六企业合并和解案”。

务免除，同名债权人合一，诸多法律效果可能更有利于挽救处于危亡之境的企业，更有利于获得精通利弊权衡的债权人的支持与让步，促进债权人会议顺利通过和解协议，这些优点也无疑会促使债务人积极申请合并和解。

2. 管辖

关联企业由于可能分布在不同的地区，因此一重大程序难题就是管辖法院的确定问题。管辖分散的直接影响就是企业生产经营机构与资料的分散，法院更加难以充分审查企业之间错综复杂的关联网络，法院之间也更难就是否适用实质合并规则达成一致。依据我国目前的规定，破产案件由债务人住所地法院管辖，公司以其主要办事机构所在地为住所地，若主要办事机构所在地不能确定，则法人的注册地或登记地为住所地。因此，实质合并破产案件一般由公司主要办事机构所在地管辖，例外情况下则由公司注册地或登记地管辖。值得注意的是，《破产审判纪要》第 35 条对适用实质合并规则时的管辖也作了规定，依该规定，原则上由关联企业中核心控制企业住所地法院管辖，核心控制企业不明确的，由关联企业主要财产所在地法院管辖。笔者以为，《破产审判纪要》对于管辖的规定看似理想，但缺乏可操作性。在更多的企业破产情形中，申请人在未经负责清算的会计师事务所等专业机构审计，或者对关联企业缺乏全面了解的情形下，很难知道到底哪一个企业是核心控制企业，或者关联企业的主要财产地在哪，而且所谓核心、主要等用词本身语义就比较模糊，容易造成法院推诿受理案件。鉴此，笔者主张按照《企业破产法》以及《民事诉讼法》相关规定，原则上由涉案的关联企业主要办事机构所在地管辖，主要办事机构所在地不确定的，由登记地或注册地管辖。法院之间对管辖权有争议的，可以请共同上级法院指定管辖，上级法院在指定时应考虑关联企业核心控制企业以及关联企业主要财产所在地。

3. 裁定

在相关主体申请实质合并后，法院即应对该申请进行审查。若符合适用实质合并规则的条件，鉴于是程序性问题，法院应用裁定的形式予以批准。对于实质合并裁定，并不在不可上诉的裁定范围之内，且从异议人救济的方面来看，也应准许异议人对该裁定进行上诉。至于其他方面的程序规则，若《企业破产法》未规定，可适用《民事诉讼法》的相关规定。另外，法院在批准实质合并时，应当明确合并后的新的管理人。

六、实质合并规则适用的法律效果

实质合并与公司法人人格否认不同，后者只是在特定的法律关系中否认公司与股东之间清晰的责任划分，而实质合并是全面、永久地否认各集团成员的独立人格。① 关于实质合并的法律后果，可分为内部效果和外部效果两部分。

（一）排除内部清偿关系

适用实质合并规则后，各个企业的独立人格不复存在，全部视为一个整体，各企业之间的债权债务视为从来没有发生过，直接从企业资产负债表中消除，故企业之间债权债务归于消灭，即所谓涤除债权债务。由合并后的管理人统一行使撤销权等权利，集中维护债务人财产。

（二）外部债权仍按债权顺序、比例公平受偿

原先单独企业的债权人现统一成为合并后整体的债权人，清算组对同名债权人予以合并，户名相同的债权人，无论申报了几次债权，都作为一个债权人对待。对于破产债权，并不追究该债权原先由哪一企业产生，而是以合并后整体的财产总额，按照《企业破产法》第 113 条规定的受偿顺序平等受偿。

结　语

关联企业破产情形下适用实质合并规则，既是各关联企业之间人格高度混同，资产、负债难以区分下的应对之举，也是公平偿债、有效推动各破产程序实施的客观制度需求。我国近年来在关联企业破产中不断有案件适用了实质合并规则，且取得了比较理想的效果。虽然在此期间，我国破产法对确立这一规则的尝试无疾而终，但后来最高院还是以《破产审判纪要》的形式实质上肯定了这一规则的适用。然而，《破产审判纪要》对

① 参见彭插三：《实质合并规则与公司法人人格否认制度比较研究》，载《北京工商大学学报（社会科学版）》2010 年第 3 期。

实质合并的 8 条规定仍有许多地方有待商榷。本文对确立实质合并规则的建议是：实质合并标准包括各企业人格高度混同、单独破产成本过高且严重损害债权人利益、债权人会议表决通过。实质合并可适用于破产清算、重整以及和解程序。合并类型包括全部破产后合并、部分破产后全部合并、先合并后破产三种类型。实质合并应坚持审慎适用原则以及无害债权人原则。在程序问题上，管理人、债权人以及债务人自己为申请实质合并主体；在管辖、裁定等问题上若破产法未规定，可适用《民事诉讼法》相关规定。实质合并后，各企业在内部上排除清偿关系，涤除债权债务；外部债权仍按《企业破产法》规定的债权顺序、比例公平受偿。

关联企业实质合并破产的适用标准与限制因素

田冰雅*

内容提要：关联企业作为企业的新型组织形式，在发挥规模效益的同时，也会在破产案件中存在利用关联关系转移资产、逃避债务的道德风险。我国引入了美国的“关联企业实质合并破产”制度以保障债权人的公平受偿，司法实务中逐渐显化出四个实质合并破产的适用标准，即“法人人格高度混同、单独清算危害债权人利益、单独清算困难且效率低、合并破产利于企业重整挽救”。该标准背后分别蕴含了“经济实质高于法律形式、实质公平高于形式公平、效率高于‘公正’、长远利益高于眼前利益”的价值判断。为防止过度冲击法人独立人格，应通过权利用尽规则、保护债权人知情权和异议权和部分合并破产模式来限制实质合并破产的适用。

一、问题的提出

关联企业是回应扩大化再生产需要而衍生出来的新型企业组织形式，通过互相持股、资本渗透、合同协定、人事连锁等经济手段，使企业间存在控制从属关系或者经营管理的重大影响关系。联合形态能够有效实现规模化效益，降低生产成本，抵御市场风险，是达尔文物竞天择、适者生存的丛林法则在商品经济中应用的结果，也成为市场竞争下企业经营者的自

* 田冰雅，武汉大学法学院2017级民商法硕士研究生。

发选择。但是关联企业在发挥其天然优势的同时，也存在一荣俱荣、一损俱损的风险。一旦关联企业中存在一家或多家企业濒临破产，企业间经济往来频繁、账务纠缠不清、人员交叉任职、关联担保众多等隐患都将阻碍破产程序的顺利进行，而企业间通过悬空债务、虚设担保、转移资产等方式逃避债务的现实操作却极其简单，以至于关联企业单独破产可能造成对债权人权利的严重侵犯。在我国大力推动供给侧结构性改革，完善企业退出机制、化解产能过剩的经济背景下，关联企业合并破产成为利用破产制度解决僵尸企业的重要举措。

实质合并（Substantive Consolidation）的内涵有多种表述。《元照英美法词典》将实质性合并定义为两个以上破产案件的合并处理，通常针对同一债务人或有关债务人，以便统一核算资产负债和分配破产财产，并消除重复要求和债务人之间的相互请求。① 美国著名的 Phillip Blumberg 教授认为实质合并是将已破产之多数关联企业的资产和债务合并计算，并且去除掉关联企业间彼此之债权和担保关系，完成前述“合并”后，即将合并后之破产财团，依债权比例分配给该集团所有债权人，并不细加追究该债权是哪一家从属公司所引起的。② 联合国《贸易法委员会破产法立法指南》（下称《破产法立法指南》）第三部分“破产企业集团对待办法”指出，在实质性合并的情况下，如果破产程序涉及同一企业集团两个或多个成员，法院在适当情况下可以不考虑企业集团每个成员的独立身份而将其资产和负债合并，视同由单一实体持有的资产和承担的负债。③

我国对于关联企业破产的规范严重缺失，一旦关联企业进入破产程序，其债务清算、财产界定、资产追偿、重整挽救等处理都变成了破产司法实践中棘手的重难点问题，近年来学界对实质合并破产的研究逐渐深入，2018 年 3 月 6 日发布的《破产审判纪要》中第六部分就关联企业破产问题作出了较为系统的规定，其中涉及关联企业实质合并破产的适用原则与条件、对实质合并申请的审查和监督、关联企业破产的管辖原则以及

① 薛波等：《元照英美法词典》，法律出版社 2003 年版，第 1304 页。

② See Phillip. Blumberg，“the law of Corporate groups”，Little Brown & Co Law & Business，May 1985，pp. 401-402.

③ See UNCITRAL，Legislative Guide on Insolvency Law，Part three：Treatment of Enterprise Groups in Insolvency，United Nations，New York，2012，p. 59.

法律后果。关联企业合并破产的程序性规定暂且不讨论，本文仅就实质合并破产的适用问题进行分析。在法人人格独立的基础上，我国仍坚持以关联企业各成员单独破产为原则，实质合并破产为例外，并将关联企业法人人格高度混同、区分各自财产成本过高、严重损害债权人公平清偿作为判断实质合并破产的考量因素。该标准是否合理，在实务纠纷中如何理解和适用，将成为学界研究关联企业破产问题的重点方向以及关联企业破产司法实践的焦点和突破口。

二、关联企业实质合并破产标准的实证研究

对我国关联企业破产案件进行检索分析，能够归纳出法官判断能否适用实质合并破产的重要考量因素。在北大法宝数据库中以关联企业合并破产为全文关键词进行案例检索，得到相关案例 40 个，中国裁判文书网中全文同时出现关联企业和合并破产这两个关键词的案例共有 97 个。笔者对这 137 个案例作如下处理：将两个数据库中同时出现的案例进行整合；并将部分不涉及关联企业实质合并破产判断标准的破产债权确认纠纷、执行裁定书、撤销个别清偿行为纠纷等删除；此外，系列案件以及同一件案件不同审级中法院对实质合并的标准认定相同的，在案例分析中应作为一个案例考量。经过上述筛选案例过程，最终获得具有分析价值的案例共 18 个。

近些年来，关联企业逐渐成为企业发展的重要形式，在激烈的市场竞争下，被淘汰的企业大幅增加，党的十八届三中全会作出了健全优胜劣汰市场化退出机制，完善企业破产制度的重要部署，国家发改委在《关于 2016 年深化经济体制改革重点工作的意见》中，制定出推动产业重组、完善企业退出机制的具体方案。学界对关联企业破产的深入讨论以及全国法院破产审判工作会议的召开都为关联企业实质合并破产的司法实践提供了理论基础和裁判思路。在 18 个公开的有效案例中，2013 年及以前的案例只有 3 个，2016 年及以后的案例共 16 个，从案例的时间分布，也能对我国破产法的发展进程探知一二。具体的案例分析结果如表一。

通过表一可以看出，法官对关联企业实质合并破产的认定中，较为宽松的标准是法人人格高度混同，7 个案例都采用了该单一判断标准；在此基础上，1 个案例将分别清理各关联企业债权债务，将严重损害公司部分

债权人的正当权益作为额外标准；[①] 2 个案例将法人人格高度混同、单独清算损害债权人利益、关联企业间不正当利益输送作为实质合并标准；5 个案例将法人人格高度混同、单独清算损害债权人利益、单独清算困难且效率低作为标准；3 个案例采取了最为严格的合并破产标准，认为关联企业符合法人人格高度混同、单独清算损害债权人利益、单独清算困难且效率低、合并破产能够促进企业重整挽救，才能合并破产。

表一　　**案例分析结果**

实质合并破产标准	案　　例
法人人格高度混同	1. （2016）苏民终 832 号 2. （2016）浙 0402 民初 2943 号 3. （2017）浙 02 民终 2326 号 4. （2017）浙 09 民终 132 号 5. （2017）浙 01 民终 7660 号 6. （2017）浙 0225 民初 3274 号 7. （2017）浙 0902 执 799 号
法人人格高度混同+ 单独清算损害债权人利益	（2013）浙绍商终字第 1144 号
法人人格高度混同+ 单独清算损害债权人利益+ 关联企业间不正当利益输送	1. （2017）苏 01 破 1、6、7、8、9、10 号 2. （2017）浙民终 808 号
法人人格高度混同+ 单独清算损害债权人利益+ 单独清算困难且效率低	1. 最高人民法院［2008］民二他字第 40 号批复 2. 湖德商初字第 418 号 3. （2017）渝 0109 破 1 号之四 4. （2018）渝 01 破申 18 号 5. （2018）渝 01 破申 1 号
法人人格高度混同+ 单独清算损害债权人利益+ 单独清算困难且效率低+ 合并破产能够促进企业重整挽救	1. （2017）辽 01 破申 16 号 2. （2018）鲁 0681 破申 5 号 3. （2018）辽 01 破申 42-1 号

① 浙江省绍兴市中级人民法院（2013）浙绍商终字第 1144 号民事判决书。

综上，关联企业法人人格是否高度混同、单独清算是否危害债权人利益、单独清算的难易程度以及效率、合并破产是否利于企业重整是我国司法实务中关联企业适用实质合并破产的标准。按照该标准进行裁定，我国许多复杂棘手的破产案件得到了高效公平的解决，破产企业的价值得到了最大限度发挥，许多濒临破产的关联企业经过实质合并重整重新焕发出了生机，可见该标准是经得起实践考验的。

三、关联企业实质合并破产标准的理论分析

《破产法立法指南》认为破产法的宗旨和目标应是实现资产价值的最大化；确保破产财产公平分配给债权人；在清算和重整间求得平衡。我国《企业破产法》的立法目的也是为了规范企业破产程序，公平清理债权债务，保护债权人和债务人的合法权益，维护市场经济秩序。关联企业进行实质合并破产也应以该目标为导向，一方面规制关联企业滥用关联关系逃避债务的行为，保护债权人的合法权益，另一方面也要维护破产企业的权益，尽可能以重整挽救企业，激发企业重新发展的积极性。把关联企业法人人格高度混同、单独清算危害债权人利益、单独清算较为困难且效率低、合并破产利于企业重整作为关联企业实质合并破产标准经得起实务检验，通过四个层次和纬度的利益权衡进行最终的价值判断，符合破产法的立法宗旨，具有深厚的理论基础。

（一）企业法人人格高度混同：经济实质高于法律形式

当关联企业出现显著、广泛、持续性的高度混同时，与传统商事规则中企业法人人格独立、股东有限责任间出现了背离。经济实质上，关联企业间人员交叉任职、债权债务归属混乱、决策相互影响、资产统一调配，实质上以统一的整体对外经营，但是在法律形式上各企业属于独立的法律主体，以各自名下的资产进行债务清偿，形成了以非独立法律实体运作和以独立法律实体偿债的冲突，① 关联企业经营的非独立性和法律责任的独立性间存在不可调和的尖锐矛盾，企业法人人格高度混同引发了关联企业

① 参见朱黎：《论实质合并破产规则的统一适用——兼对最高人民法院司法解释征求意见稿的思考》，载《政治与法律》2014 年第 3 期。

破产中对经济实质和法律实质的价值判断。

实体法理论（Entity Law）主张，公司的外在形式重于实质，也即在关联企业破产程序中，应当根据各主体法律上的独立性将其作为独立主体分别破产，无需考虑其在经济上的密切联系。① 与之截然相反的学说是1947年哥伦比亚大学 Adolph Berle 教授提出的企业整体论（Enterprise Entity Doctrine），该观点认为应根据公司事实（Corporate Fact）是否符合企业事实（Enterprise Fact）判断公司是否具备法律上独立主体地位。公司事实是指法律事实，企业事实是指经济事实。如果依照法定程序成立的公司独立自主经营，该公司的法律事实和经济事实相一致，其具有独立的主体地位；如果公司属于法律上的独立主体，但是在实际经营管理中出现人员、资产等高度混同的情形，导致在经济事实上成为同一主体，此时可以忽视公司的独立法律主体地位，以经济事实为标准，将公司作为利益共同体追究企业集团的整体责任。② 因为企业法人人格高度混同时，其对外决策是为了企业集团的共同利益，属于有意识和有目的的共同行为，各企业已经丧失了独立的主体资格，根据权利义务相一致的理论，也应当让各关联企业共同承担破产责任，③ 因此在经济实质和法律形式的价值判断中，宜采用企业整体论，侧重于以关联企业的经济非独立性为标准，进行实质合并破产。

关于破产法中关联企业实质合并破产与公司法中刺破公司面纱的关系，有学者主张实质合并破产原则是刺破公司面纱规则在破产法领域的适用，两者在行为表现和危害结果上有相似之处，都强调法人人格混同时否认其独立主体地位，因此关联企业实质合并后可以参照《公司法》第20条第3款规定，要求关联企业对集团债务承担连带清偿责任。④ 两者虽然有相似之处，但是并不能相互替代，其适用前提与范围、法律后果等都存

① 参见朱黎：《美国破产实质合并规则的实践及其启示》，载《浙江学刊》2017年第1期。

② See Berle, "The theory of enterprise entity", Columbia Law Review, Vol. 47, No. 3, 1947, p. 147.

③ 参见杨宁：《试论破产关联企业债权人利益保护机制——以破产法第31~33条为视角》，载《黑龙江省政法管理干部学院学报》2011年第2期。

④ 参见蒋敢：《浅议关联企业合并破产制度及实务应用》，载《中国注册会计师》2018年第5期。

在差异。刺破公司面纱是自下而上地纵向揭开公司面纱，以股东滥用权利，逃避债务为适用前提，对法人人格否认局限于个别交易之中，强调公司与股东对单笔债务承担连带清偿责任，侧重于保护特定债权人，在其他法律关系中公司的独立法人地位不受影响。刺破公司面纱对法人人格否认的程度较轻，因此只要求公司在个别交易中存在人格混同，并不强调混同需达到严重的标准。而关联企业实质合并破产特定适用于破产程序，从单个企业横向辐射到所有关联企业中，是对法人人格进行全方位、终局的否认，目的在于保护所有债权人，并不局限于个别债务清偿行为当中，也不以逃避债务为适用前提。由于对企业独立人格进行更严厉和彻底的否认，实质合并破产要求关联企业人格混同必须达到严重甚至令人绝望的程度，以至于没有过度费用或延迟就无法分离企业的财产和债权债务。①

（二）单独清算危害债权人利益：实质公平高于形式公平

有观点指出，单个债权人基于对企业单独资产及偿债能力的预期与公司进行交易，产生债权债务，单独破产符合债权人的初始预期以及实质公平正义的要求。实质合并破产的初衷虽然是促进公平偿债，但其所追求的公平有时对债权人来说就是符合交易时的预期，在实践中完全忽视债权人的事先信赖情况，强行合并关联企业，将原有利益进行重新分配，以期在所有债权人之间达到破产债权的形式平均主义，违背了实质公平原则，并不会增加债权人的整体利益。② 尤其是对关联企业中资产较充足、清偿率较高的企业的债权人来说，实质合并是通过降低其个人受偿率来拉高企业集团全体债权人的平均受偿率，这种形式公平是以牺牲个别债权人的个人利益为代价的。

实则不然，关联企业破产案件并非不关注实质公平，实质合并破产恰恰是对实质公平高于形式公平原则的最佳践行。一方面，关联企业实质合并不是在企业集团总体资本不变的前提下将集团中清偿能力较强的成员的债权人利益移转给清偿能力较弱的集团成员的债权人，而是通过实质合并

① 参见王欣新：《关联企业实质合并破产标准研究》，载《法律适用（司法案例）》2017 年第 8 期。

② 参见朱黎：《美国破产实质合并规则的实践及其启示》，载《浙江学刊》2017 年第 1 期。

破产方式抵销关联企业内部的债权债务，排除企业间的欺诈性转让和自益性交易，① 减少资产分离和内部相互清偿的成本，提高清算效率，利用集团整体资源促进重整成功，从而发挥出比单独破产清算时各企业的资产简单相加更大的利益。最后的预期结果应是实质合并破产给债权人整体带来的利益大于对个别债权人造成的间接损害，甚至能够通过合并资产的保值增值、成本费用的减少所带来的收益使得每个债权人都获益。

另一方面，实质合并破产使破产企业的价值得到最大限度发挥，用来清偿债务的总体资本保值增值，从而使每个债权人的受偿情况都得到改善，这是合并破产最理想的状态。虽然合并破产给债权人带来的整体利益大于部分债权人的损失，符合法经济学的价值追求，但仍有部分债权人因合并破产导致债权清偿率下降。即使出现这种情况，也没有违背实质公平的理念。因为，虽然表面上原本单独清偿时受偿率高的债权人因合并破产而利益减损，但是各债权人间受偿率的差异本就根源于各企业间资产的优劣差异，而企业间资产差异正是关联公司先前破坏公平交易关系的违法行为所导致的。② 为保障关联企业全体债权人间的公平清偿，实质合并实行统一的清偿率正是对原本关联交易引发的受偿不公平状态予以纠正，使其回到正常轨道上，这恰恰是债权债务清理的实质公平所在。

（三）单独清算困难且效率低：效率高于公平

效率和公平的关系论是个永恒的争议话题，但是不同的历史阶段、不同的发展目标都将影响两者的关系，对效率和公平的争论不应是抽象和概括的，而应结合实际的事例以及所要达到的目标来具体分析。在关联企业破产案件中，追求偿债公平应当是首要的目标，但是如果对公平的追求过于执着，甚至不惜以过度牺牲效率和效益为代价，那么最终所实现的公平必将大打折扣。破产债务清偿中，无论是债权人希望获得公平偿债，还是债务人希望早日摆脱破产状态，都需要注重效率和效益，否则因过高费用、过度拖延、效率低下增加的清算成本终将分摊到债权人与债务人身

---

① 参见王红梅、周玮：《关联企业破产适用实体合并规则的制度探究》，载《企业与科技论坛》2015 年第 14 期。

② 参见王欣新、周薇：《关联企业的合并破产重整启动研究》，载《政法论坛》2011 年第 6 期。

上，体现为债务人的无力清偿以及债权人所获清偿的减损，此时实现的所谓公平已经不再是真正的公平。

关联企业破产案件中如果单独清算必将导致以下费用的增加：第一，关联企业相互之间债权债务清算偿付的费用及成本；第二，将关联企业对外的债务合理界定，分配到单个企业中产生的费用和成本；第三，关联企业间财产归属的确定成本；第四，相较于实质合并破产，单独破产中每个企业都要设置管理人所增加的报酬支出；第五，因清算困难导致破产拖延产生的时间损失以及清偿的折现损失等。以上各项中包含了在复杂的法律调查、性质判定、行为纠正、财务调整、取回权行使、撤销权行使、资产回收等方面发生的费用。① 如果关联企业存在高度混同情形，再进行单独清算不仅存在实践操作上的困难，而且会不可避免地造成效率低下、清算成本提高，最终影响债权人的清偿以及债务人的重整。因此在单独清算困难且效率低的前提下，实质合并清算的效率价值应高于单独清算过度花费和迟延带来的所谓公平。

司法实践中，法院也将破产财产的分离难度，即单独清算的困难程度作为关联企业合并重整的重要判断因素。如 2009 年的浙江纵横集团 1+5 公司合并重组案以混同且无法区分为合并重整的理由；同年的汉唐证券有限公司及其 46 家壳公司合并破产清算案以清算程序复杂、繁琐，资产归属难以划分、势必造成效率低下，清算成本巨大为由裁定合并清算；② 2012 年浙江玻璃股份有限公司及其关联公司合并破产案以混同且无法区分、利益输送、利于整体债权人利益、利于破产工作推进作为裁判标准；③ 2017 年的正大控股公司、浙江永泰集团等 34 家公司合并清算案以财务、资产、负债、组织机构及管理人员混同难以区分等人格高度混同为

---

① 参见王欣新：《关联企业实质合并破产标准研究》，载《法律适用（司法案例）》2017 年第 8 期。

② 参见刘敏、池伟宏：《汉唐证券有限责任公司及其 46 家壳公司合并破产清算案评析——关联企业实质合并破产制度的适用》，北大法宝数据库，http：//iras. lib. whu. edu. cn：8080/rwt/PKULAW，访问日期：2018 年 10 月 28 日。

③ 参见最高人民法院：《浙江玻璃股份有限公司及其关联公司合并破产案》，中国法院网，https：//www. chinacourt. org/article/detail/2016/06/id/1909055. shtml，访问日期：2018 年 10 月 29 日。

裁定合并清算的依据。①

（四）利于企业重整挽救：长远利益高于眼前利益

如何使破产企业的现有资产发挥最大效用，实现保值增值，并尽量通过重整、和解等方式挽救破产企业，使其跳出破产的泥沼，重新焕发生机，是破产法更高的价值追求和更长远的目标。中谷糖业集团合并重整案、华伦集团重整案等都是实质合并收到良好实效的证明。

首先，关联企业实质合并重整能够促进整个集团运营价值的提升。分别重整可能因运营资产不完整、效率低下、延误时间、企业各自为营等影响重整的成功。② 关联企业各成员间的企业机构相似、人员构成重叠、经营业务相同、生产营销流程相衔接，还可能多个成员甚至集团共用某一成员的机器设备或知识产权，关联企业的形成本就是因为控制从属关系或相互影响关系的经营模式有利可图。高度混同的关联企业，其运行机制类似于人类，控制企业恰如人之大脑和身躯，从属企业形如四肢，关联企业破产犹如人患重病，本可通过自我修复或外部的治疗帮助逐渐恢复健康，但是单独破产清算无异于斩断关联企业间的联系，彻底肢解破坏原本的经营模式，剥夺了关联企业重获新生的机会。实质合并破产则借助关联企业本身具有的互益联系以及 1+1>2 的配套性互补互增、互惠互利机制，提高资源的有效利用，为企业重整或营业整体出售带来价值提升与操作便利，提升重整成功的几率。

然后，关联企业单独破产存在很大的道德风险。如果关联企业中只有部分企业进入破产程序，企业集团可能基于弃车保帅的战略，通过虚增债务将全部债务和损失分摊到已经进入破产程序的弃子企业中，并将破产企业中的资产偷梁换柱到依然经营良好的其他关联企业中，并利用对企业资金流转、资产权利转台、经营信息的了解来设立虚假债权，或对本就存在的债权设定虚假担保，通过优先权来排除其他债权人的权利，对破产企业的财产进行优先受偿，逐渐将破产企业变成只承担债务和风险的空壳企业，而使其他关联企业得以毫发无伤地逃离破产旋涡。原本已经进入破产

① 参见浙江省杭州市中级人民法院（2017）浙 01 民众 7660 号民事判决书。

② 参见王欣新、周薇：《论中国关联企业合并破产重整制度之确立》，载《北京航空航天大学学报（社会科学版）》2012 年第 2 期。

的公司被掏空资产，完全丧失重整挽救的可能，关联企业转移资产、逃避债务的欺诈行为恶意弃置并回避破产重整制度，与破产法预防破产、追求企业焕发新生的长远利益背道而驰。待破产风波尘埃落定，空壳公司彻底无力清偿债务而终结破产程序后，被保全的其他关联企业完全可以通过低成本重新设立新的关联公司，满足企业生产发展需要。在利益的驱动下，关联企业又存在天然的经济联系和信息交流渠道，利用市场交易的合法外观来进行虚假破产和破产欺诈行为的道德风险很高且被发现的几率很小，即使被发现，也可因交易的合法外观而轻易逃脱惩处。为防范该道德风险，填补法律漏洞，应对人格高度混同的企业实行实质合并破产，利用企业集团整体的人力、物力、财力来拯救破产公司，将重整制度落到实处。

最后，企业合并破产有效地缩短了破产时间，关联企业间的债权债务因主体合一而消灭，免除了企业资产与负债的区分和清理成本，降低了破产费用，导致企业集团的利益增加，① 为破产企业合并重整提供了更充足的经济支撑，利于实现破产法挽救破产企业的长远利益和终极追求。

四、关联企业实质合并破产的限制措施

公司法以法人人格独立原则为基石，破产法也以企业单独破产为原则，为防止关联企业实质合并破产规则对公司法及破产法的基本原则造成过大冲击，对关联企业实质合并破产应持审慎适用的态度，即以各企业单独破产为原则，合并破产为例外。为此，关联企业破产案件中适用实质合并破产程序应严格遵循关联企业法人人格高度混同、单独清算危害债权人利益、单独清算较为困难且效率低、合并破产利于企业重整的标准，并设置限制措施。

一方面，应坚持权利用尽规则。为尊重法人独立人格，股东滥用公司独立人格和股东有限责任逃避债务，可适用刺破公司面纱制度；债务人为逃避债务而隐匿、转移财产、虚构债务或承认不真实债务等行为，可通过无效制度规制；债务人无偿转让财产、放弃债权等损害债权人利益的行为，可通过撤销制度解决；如果控制企业基于不公平行为对从属企业享有

① 参见王欣新：《关联企业实质合并破产标准研究》，载《法律适用（司法案例）》2017 年第 8 期。

债权，当从属企业出现支付不能或者宣告破产情形时，可根据衡平居次原则（The Rule of Equitable Subordination），认定控制企业的债权次于其他普通债权人的债权得到清偿，① 还可将衡平居次规则扩展，只要债权人（不限于控制企业）实施不正当行为或基于有利地位，从而获得优于其他债权人的不公平优势时，法院就可将该债权人的债权作劣后处理；② 如果关联企业虽然存在破产原因，但是不符合实质破产适用条件的，可通过协调审理程序灵活确定案件的管辖以及破产审理程序。总之，应当穷尽一切救济途径后，再考虑能否适用实质合并破产制度。

另一方面，保护债权人的知情权、表达权和异议权。事前保障债权人的知情权，法院一旦受理破产申请，应当及时通知各方当事人；决策过程中应当维护当事人的表达权和参与权，通过听证会、债权人会议等方式听取债权人、股东、管理人的意见，综合各方建议作出合理决策；裁定作出后应当赋予当事人异议权，通过对当事人异议的审查可以及时纠正合并程序或者调整合并方案。此外，《破产审判纪要》第 36 条中还提出了部分实质合并破产的模式，实质合并破产规则要求将各关联企业作为一个整体，但是可通过和解协议或重整计划保持个别企业的独立，对实质合并破产规则进行灵活变通。

因为关联企业实质合并破产是对企业人格的彻底、终局否定，因此应当在穷尽刺破公司面纱、无效制度、撤销制度、衡平居次原则、协调审理等救济途径无果后，作为最终救济措施，且实质合并破产的决策以及程序的开展都应当保障各方当事人的知情权、表达权和异议权，确有必要时，还可对合并破产程序进行灵活变通，允许个别企业主体独立于集团整体存在。

① 参见赵吟：《论破产分配中的衡平居次原则》，载《河北法学》2013 年第 3 期。

② 参见李丽萍：《破产企业关联债权成立困境探析——从衡平居次原则的引入谈起》，载《河南司法警官职业学院学报》2017 年第 3 期。

第六部分：其他

破产和解制度存废论

张善斌　翟宇翔*

内容提要：破产法中的和解制度存在诸多缺陷，但仍具有独特的制度价值。和解制度相对于重整制度更加灵活，并且制度成本较低，可提高债权人的清偿比例。在实践中，和解制度也发挥了重要作用，挽救了不少了破产企业，并为其提供再生的机会。在比较法上，和解制度虽然有被废除的趋势，但大多数国家和地区仍然选择保留和解制度或与和解类似的制度。因此，我国应在破产法中保留和解制度，并将其完善以发挥更大的作用。

一、和解制度的存废之争

和解制度是指为避免破产清算，由债务人提出和解申请并提出和解协议草案，经债权人会议表决通过并经法院许可的解决债权债务问题的制度。① 和解制度最早出现在古罗马时期，根据十二铜表法第三表之规定，不能还债的债务人在拘禁期间可以与债权人协商达成和解。19 世纪中后期，比利时开创了现代和解制度之先河，颁布《预防破产之和解制度》，此后，世界各国纷纷效仿，建立各自的和解制度。我国 1986 年《企业破产法（试行）》中首次规定了和解与整顿，2006 年颁布的《企业破产

* 张善斌，法学博士，武汉大学法学院教授；翟宇翔，武汉大学法学院 2018 级民商法硕士研究生。

① 参见李永军、王欣新、邹海林、徐阳光：《破产法》（第二版），中国政法大学出版社 2017 年版，第 204 页。

法》更是以专章的形式对和解制度进行了规定。

但是，和解制度在我国司法实践中的适用并不多，甚至可以说是非常少。笔者对我国的破产和解案件进行收集整理，现能收集到的有文字记载的案件仅有67起，相较于破产清算与重整案件来说，可以说少之又少。破产和解案件不仅数量少，而且地域分布也相当不均匀。经济发达省份的破产和解案件数量较多，如在浙江、广东和江苏三个省发生的破产和解案件就有28起。并且，在一些地区，一起破产和解案件取得成功并得到认可后，该地区的破产和解案件数量也会增加，如安徽省淮北市，仅2016年和2017年就出现4起破产和解案件，并都成功结案，被称为淮北模式。① 但在其他地区，和解制度的适用率偏低，甚至有些省份至今未出现过破产和解案件。并且，在2018年最高人民法院发布的《破产审判纪要》中，也没有一条针对和解制度，可见实务界对和解制度的关注之低。

不仅实务界对和解制度缺少必要关注，理论界似乎也对和解制度关注甚少。迄今为止，中国大陆地区还没有一本关于和解制度的专著。而且，据笔者统计，截至2018年9月15日，在中国知网上以破产和解为主题进行搜索只能找到各类文章共274篇，② 而若以破产重整为主题进行搜索，则可以找到各类文章共3576篇。③ 并且，历届中国破产法论坛的主要议题仅有两届涉及和解制度，而重整制度却是历届论坛讨论的重点。④ 由此可看出理论界的偏重所在。

可见，和解制度在理论界和实务界都处于不受重视的尴尬地位，让人不禁对和解制度的未来感到担忧。也难怪有学者认为和解制度在我国破产

① 详见“安徽淮北金色云天破产和解案”、“安徽淮北商运房地产破产和解案”、“安徽淮北润隆房地产破产和解案”与“安徽淮北龙威置业破产和解案”。

② 其中期刊139篇、硕士论文72篇、博士论文7篇、报纸50篇、国内会议3篇、学术辑刊5篇。

③ 其中期刊1188篇、硕士论文650篇、博士论文60篇、报纸1561篇、国内会议26篇、学术辑刊91篇。

④ 涉及和解制度的议题为“第六届中国破产法论坛”之议题“企业挽救程序的适用与完善”；“第七届中国破产法论坛”之议题“企业挽救制度”。其余七届论坛均以重整制度为讨论重点，而未涉及和解制度。

法体系的构建中形同鸡肋，仅为保证我国《企业破产法》立法体系的完整性而存在。① 并且，在重整制度的影响下，和解制度已经濒临灭亡。② 甚至，有学者认为，从长远来看，和解制度应当废除，但现阶段时机还不成熟，应在未来破产实践较为丰富的前提下，再择机会将和解制度完全废止。③

不过，还是有学者还是对和解制度的存续持积极态度，认为和解制度虽然受到重整制度的冲击，但仍有不可替代的作用。④ 尤其是对于中小型企业来说，和解制度对于使其在金融危机中重生的作用更加明显，⑤ 我们还不能轻易地断言它将退出历史舞台。⑥

那么，到底是什么原因让这个起源已久并且在历史上起过重要作用的制度逐渐失去其地位？在今后的《企业破产法》修订中，和解制度还有无存在的必要？本文将从和解制度的缺陷出发，分析其在实践中得不到充分利用的原因；并分析其制度价值，联系司法实践与域外经验对其存废进行思考。

二、和解制度陷入困境的原因剖析

（一）定位不明导致制度选择时出现困惑

和解制度的定位直接影响其独立存在价值，若定位不明则会在制度选择时出现困惑。我国理论界对和解制度的定位尚无统一认识。部分学者认为和解制度具有预防债务人破产的目的，通过债权人的让步使债务人获得

① 参见齐明：《中国破产法原理与适用》，法律出版社 2017 年版，第 176 页。

② 参见齐明：《破产法学：基本原理与立法规范》，华中科技大学出版社 2013 年版，第 167 页。

③ 参见张钦昱：《破产和解之殇——兼论我国破产和解制度的完善》，载《华东政法大学学报》2014 年第 1 期。

④ 参见邹海林：《破产法——程序理念与制度结构解析》，中国社会科学出版社 2016 年版，第 449 页。

⑤ 参见霍敏主编：《破产案件审理精要》，法律出版社 2010 年版，第 208 页。

⑥ 参见王卫国：《破产法》，人民法院出版社 1999 年版，第 222 页。

重生的机会。① 但也有部分学者坚持和解制度具有清算功能，认为债务人与债权人以和解的方式解决债权债务关系而使债务人消灭。② 并且，和解制度不能限制担保权人的权利，其缺乏监督机制和拯救企业的措施，不能很好地承担拯救企业的重任，加之多数学者对和解制度的法律性质采纳和解契约说③，因此，和解制度的定位应该是了结债权债务。④ 甚至有学者认为，和解只不过是一种偿债方式，其目的只在于通过双方让步了结债权债务，正是因为有人将和解制度定性为破产预防程序，才导致和解制度不能充分发挥作用。⑤ 同时，也有学者认为和解制度兼具以上两种功能，因和解类型的不同而不同：破产宣告前的和解仅具有预防破产的功能，而破产宣告后的和解则兼具预防和清算两种功能。⑥

学者们的争论，并没有一个确切的结果，之前认为和解制度只具有清偿功能的学者，后来也承认和解制度可以在相当程度上发挥挽救债务人与避免债务人破产清算的作用。⑦ 相较于明显具有清算功能的破产清算和明显具有预防功能的重整制度来说，和解制度的功能很不明确，这就导致债务人和法院在进行制度选择时将其忽略。

（二）和解制度设计的自身缺陷

我国《企业破产法》虽以专章形式对和解制度作了规定，但规定的

---

① 参见齐明：《破产法学：基本原理与立法规范》，华中科技大学出版社 2013 年版，第 166 页；付翠英：《破产法比较研究》，中国人民公安大学出版社 2004 年版，第 241~242 页；张善斌：《法院外破产和解的功能阐释与运用》，载张善斌主编《破产法的“破”与“立”》，武汉大学出版社 2017 年版，第 23~26 页。

② 参见李永军：《破产法——理论与规范研究》，中国政法大学出版社 2013 年版，第 332、388 页。

③ “和解契约说”认为，和解制度事实上是根据债务人提出的要约与债权人会议的承诺而成立的私法上的契约，经法院认可后契约生效。

④ 参见张钦昱：《破产和解之殇——兼论我国破产和解制度的完善》，载《华东政法大学学报》2014 年第 1 期。

⑤ 参见常敏、邹海林：《中华人民共和国破产法的制定》，载《法学研究》1995 年第 2 期。

⑥ 参见霍敏主编：《破产案件审理精要》，法律出版社 2010 年版，第 206 页。

⑦ 参见邹海林：《破产法——程序理念与制度结构解析》，中国社会科学出版社 2016 年版，第 440 页。

内容不尽合理且没有照顾到与其他相关程序间的衔接问题，以至于和解制度无法在实务中起到应有的作用。

1. 和解程序内部缺陷

（1）和解原因过于严格

我国和解程序的申请原因与破产清算的申请原因相同，即：企业不能清偿到期债务，并且资不抵债或明显缺乏清偿能力。但是这样的规定，明显不利于和解制度作用的发挥。在债务人企业出现破产原因的情形下，企业的生产经营已经无法正常维持，此时再开启和解程序，显然已经错过最佳时机。并且，与和解制度同样具有破产预防作用的重整制度却能够在债务人有明显丧失清偿能力的可能时提起，让人不禁怀疑立法者对和解制度所持的态度。

（2）无法限制担保物权的行使

在和解程序中，享有财产担保的债权人可以直接将担保物变现以实现自己的债权，而不必受和解协议中约定的清偿比例的限制。在当今社会，担保物权的发展完善和广泛适用，使得破产债权附有财产担保的比重越来越大。有财产担保的债权人将担保物变现受偿后，债务人很可能会失去生产经营所必需的厂房和机器设备等财产。这样做既不利于债务人和解后恢复生产经营，也会很大程度地降低普通和解债权人的清偿比例，大大影响和解制度作用的发挥。因此，有复兴希望的债务人也许更愿意选择能够限制担保物权行使的重整程序，一些国家也选择废除和解制度而对重整制度进行完善。

（3）和解协议的履行缺少保障手段

人民法院裁定认可债权人会议通过的和解协议后，和解程序即告终结。但我国《企业破产法》并没对和解协议的执行作出相关规定，这就导致在和解协议执行过程中可能出现损害债权人利益的情形。首先，在和解协议执行期间，债务人所受的公私法上的限制解除，恢复了对自己营业的控制，这就为债务人转移财产损害债权人的利益提供了方便。其次，法律对债务人在和解协议执行期间的行为无任何限制，也没有规定任何监督机制，无法保证债务人严格按照和解协议的内容清偿债务。再次，我国法律并没有赋予和解协议以强制执行的效力，一旦债务人不履行或不能履行和解协议，债权人只能请求法院裁定终止和解协议的执行，并宣告债务人破产，而无法选择对于债权人更为有利的措施。最后，法律对于不执行和解协议的债务人没有规定任何惩罚措施，对债务人来说最差的结果也只是进入破产清算程序，因此，债务人在执行和解协议时并无太多压力。

同时，就算债务人有诚实执行和解协议之意愿，但市场形式瞬息万变，债务人可能因为各种原因而在和解协议执行期间仍旧无力经营甚至面临更大的亏损，对于和解债权人来说不可预料的风险太大。虽然法律允许第三人对和解协议的执行提供担保，但实践中很少有人愿意这么做。因此，债权人的利益很难得到保障。

（4）注重债权人清偿而轻视债务人再生

和解制度所关注的主要是通过债权人的让步，达成减少、延期清偿债务的协议，以了结债权债务，使债务人获得重生。虽然，债务的减少、延期清偿客观上有助于债务人恢复生产经营，但并不能积极推动债务人的重生，和解制度不能实现人们所期望的价值目标，它只能消极地避免债务人受破产宣告，而不能胜任积极挽救的角色。① 虽然，在和解实践中，法院甚至政府部门会帮助债务人企业引资或整体转让。② 但是，正如学者说所，法院的过度干预，会使和解与重整更为接近而无法区分。③ 并且，法院与政府过度干预破产程序，对于我国社会主义市场经济的发展来说未必是一件好事。相对来说，破产重整的挽救措施就更为丰富，更有利于债务人企业的再生，也更受债权人欢迎。

2. 相关程序衔接问题

我国《企业破产法》虽规定了破产清算、重整与和解三大程序，却缺少程序间动态的转化机制，难以满足当今司法实践的需要。首先，关于破产宣告后，企业能否再进入和解程序，我国《企业破产法》无明确规定，虽在实务中有破产宣告后进行和解的案例存在，④ 但《破产审判纪要》第 24 条却明确表示债务人被宣告破产后，不得再转入重整程序或和解程序，这使得在破产宣告后恢复生产经营能力的企业无法通过和解程序

---

① 参见李永军：《破产法学——理论与规范研究》，中国政法大学出版社 2013 年版，第 321 页。

② 参见唐晓春主编：《企业破产的法律风险及防范》，中国法制出版社 2007 年版，第 196~197 页。

③ 参见付翠英：《破产法比较研究》，中国人民公安大学出版社 2004 年版，第 212 页。

④ 参见［2004］襄城民二初字第 333-3 号民事裁定书。

获得新生，限制了和解程序的适用。其次，根据《企业破产法》，和解一旦失败债务人即进入破产清算程序，并且，《企业破产法》也无和解程序向重整程序转换的相应规定，在进入和解程序后，若债务人等发现和解程序并不足够解决其问题，也无法再选择重整程序进行救济，这使得债务人因担心和解失败的后果而放弃选择和解程序。最后，《企业破产法》也无重整程序向和解程序转换的相关规定，进一步缩小了和解程序的适用范围。以上相关程序之间衔接的缺陷，均限制了和解程序的适用，虽不是主要原因，但也不能忽视。

（三）理论界研究不足、立法机关不够重视

我国理论界对和解制度缺少充分的研究，进一步加深了和解制度的困境。如上文所述，迄今为止，中国大陆地区还没有一本关于和解制度的专著。而且，研究和解制度的文章也少之又少，历届破产法论坛的主要议题也少有涉及和解制度。种种迹象表明，理论界对和解制度的研究不够充分，没有足够的理论基础作为支撑，和解制度的适用与发展进一步受到阻碍。

同时，理论界对和解制度的态度也影响到了立法机关。有学者表示，《企业破产法（试行）》规定和解制度只是为了顺应当时改善企业经营管理，避免大量破产倒闭的指导思想。① 而在制定《企业破产法》时，破产法的指导思想已经发生了转变，使立法者对和解制度存续的必要性产生怀疑。果然，在制定《企业破产法》的过程中，就有学者认为，和解制度在域外适用很少，因此新法不必规定，重点规定重整即可。② 并且，从现存资料中我们也可以得知，当时立法专家对和解制度并不重视，甚至有专家建议将新法直接称为《企业破产与重整法》。③ 以上种种迹象足以表明立法者对和解制度的偏见与轻视。

笔者也大胆猜想，是否正是因为学者与立法者的不重视，才使和解制

---

① 参见王卫国：《破产法》，人民法院出版社 1999 年版，第 219-220 页。

② 参见李永军：《破产法学——理论与规范研究》，中国政法大学出版社 2013 年版，第 388 页。

③ 参见朱少平：《有关〈草案〉的几个问题的说明》，载朱少平、葛毅编著《中华人民共和国破产法——立法进程资料汇编（2000 年版）》，中信出版社 2004 年版，第 24 页。

度陷入如下恶性循环之中：学者与立法者不重视——法律规定不够完善——司法工作者不重视——实践中适用少——学者与立法者更加不重视。最后，使得这个在能够在实践中发挥巨大作用的制度一步步走向灭亡。

三、保留和解制度的必要性

虽然和解制度存在诸多缺陷，一些国家在破产法改革的过程中也对其进行了修改或废除，但是，笔者仍认为应在我国保留并完善和解制度。

（一）和解制度的独特价值

有学者认为和解制度具有清算功能，可以被破产清算制度所取代。但是，通说认为，和解制度相较于破产清算，具有程序简易、使债权人利益最大化、保护债务人合法权益和维护社会稳定等优点。① 而破产清算程序本身具有一些无法克服的缺点，如：第一，破产清算程序耗时耗力、所需费用高昂，并且强制变卖会使得财产的实际价值贬损，加之破产宣告影响企业无形价值，导致债权人所受清偿寥寥无几。② 第二，破产清算完成后，债务人将不可逆转地丧失其主体资格，从而失去再生的可能。第三，企业破产可能导致大批职工失业等社会动荡的出现，进而阻碍社会经济的发展。③ 和解制度设立的最初目的就是为了弥补破产清算的缺陷。因此，虽然和解制度具有部分清算功能，但绝不会被破产清算所取代。

---

① 参见顾培东主编：《破产法教程》，法律出版社 1995 年版，第 98 页；王艳梅、孙璐：《破产法》，中山大学出版社 2005 年版，第 209～210 页；汤维建主编：《新企业破产法解读与适用》，中国法制出版社 2006 年版，第 296-298 页；安建、吴高盛主编：《企业破产法实用教程》，中国法制出版社 2006 年版，第 107～108 页；李永军：《破产法——理论与规范研究》，中国政法大学出版社 2013 年版，第 386～397 页；沈志先主编：《破产案件审理实务》，法律出版社 2013 年版，第 324～325 页；李永军、王欣新、邹海林、徐阳光：《破产法》（第二版），中国政法大学出版社 2017 年版，第 174 页。

② 参见齐树洁主编：《破产法》（第二版），厦门大学出版社 2009 年版，第 150 页。

③ 参见郑远民：《破产法律制度比较研究》，湖南大学出版社 2002 年版，第 46 页。

和解制度与重整制度作为两大破产预防制度，具有一些相同之处，因而曾有学者认为应对重整制度重点规定而不必规定和解制度。但是，重整制度与和解制度有其各自的优缺点，无法相互取代，正如学者所说，重整制度正是为了克服和解制度不能真正使债务人重生这一缺陷而产生，二者共同构成现代破产预防制度。① 重整制度相较于和解制度，虽然具有程序适用原因宽松、能够限制担保物权的行使、挽救措施多样等优点。但是，重整制度其实也具有其自身的缺陷，如成本高、社会代价大、程序复杂等。对于想要重生的中小企业来说，重整制度固然能满足其愿望，但重整制度的复杂程序、过高花费等无疑会阻碍其选择。相较而言，和解制度具有程序简便和低成本的特点，对于中小企业来说，无疑是其重生的最佳选择。若真的废除了和解制度，那些陷入破产困境却仍有复兴希望的中小企业就很难重生。因此，重整制度并不能取代和解制度。

（二）和解制度的实践意义

和解制度在实践中的适用频率很低，但是，仅因为适用频率低就可以认为该制度不具有存在价值吗？笔者不以为然。一个制度存在的价值，并不在于其适用频率的高低，而在于被需要时，其能够起到应有的作用。

据笔者统计，虽然破产和解案例数量较少且分布集中，但其仍涉及各种类型的企业（小到一人公司，大到房地产企业和上市公司）和各种类型的债权债务关系（从一两个债务人数万元的债务，到上百个债务人近三十亿的债务），可以看出，和解制度在实践中发挥作用的空间还是很大的。

并且，和解制度在司法实践中大多发挥了很好的效果。首先，通过和解程序，债权人获得了比破产清算更高的清偿率。如在浙江温州昱晟鞋业破产和解案中，债权人的受偿率达到了100%，② 其他和解案件中的债权人也都得到了远高于破产清算的清偿率。其次，和解制度成功挽救了不少僵尸企业，尤其是房地产公司，解决了不少积攒多年的烂尾工程，避免了

---

① 参见韩长印主编：《破产法学》（第二版），中国政法大学出版社2016年版，第283页。

② 参见《瓯海法院成功审结首例破产和解案件》，浙江新闻网，https：//zj.zjol.com.cn/news/238305.html，访问日期：2018年9月29日。

大规模上访事件的发生，维护了社会的稳定。如淮北模式系列案件。最后，和解制度挽救了不少因经营管理出现问题，但仍旧有存续能力和价值的中小企业，保护了地方著名企业。如中显公司破产和解案。①

更重要的是，和解制度还使得企业在重生的同时，能够优化自身生产经营，推进结构调整，扩大有效供给，提高供给对需求变化的适用性和灵活性，响应中央供给侧结构性改革的号召。

（三）和解制度的域外经验

虽然一些学者并不看好和解制度，甚至主张将其废除。但是，很多国家和地区仍选择继续保留并完善和解制度，如俄罗斯、白俄罗斯、意大利、马来西亚、朝鲜、越南、老挝、新加坡和我国台湾地区。同时，一些国家和地区虽然在形式上废除了和解制度，却在另一制度中将和解制度的实质与精神予以保留，如日本和法国。

俄罗斯《无支付能力（破产）法》第八章以专章的形式规定了和解协议，对在不同阶段签订和解协议的特殊性、和解协议的形式及其内容、签订和解协议的后果、和解协议的解除等内容作了具体规定。② 白俄罗斯《破产法》第十章也以专章的形式对和解协议作了细致的规定，涉及和解协议的形式和内容、法院的批准及其后果、和解协议的无效与解除、不履行和解协议的后果等内容。③ 朝鲜虽然没有制定适用于国内企业的破产法，但制定了适用于外国企业的《外国人投资企业破产法》，并在该法第五章规定了和解。其结构内容与我国《企业破产法》中的和解制度的大体相同，只是规定得较为简略。④ 我国台湾地区现行“破产法”第二章规定了法院和解与商会和解，并且，在2016年司法院送请立法院审议的

---

① 参见《1.3亿债务终被免除，中显公司绝处逢生》，网易新闻，http://news.163.com/10/0506/07/66024QOB00014AEE_mobile.html，访问日期：2018年9月29日。

② 参见裘敬梅：《俄罗斯破产法简介》，载李飞主编《当代外国破产法》，中国法制出版社2006年版，第137页。

③ 参见罗利伟编译：《白俄罗斯经济法规选编》，社会科学文献出版社2017年版，第169~173页。

④ 参见李宝奇、庾成日：《朝鲜民主主义人民共和国法律汇编》，法律出版社2016年版，第590~591页。

“债务清理法草案”中，和解程序仍然存在并得到完善，如：将原仅债务人使得申请和解之限制，扩及债权人亦得为和解之申请（“债务清理法草案”第 69 条）。①

日本《民事再生法》的制定与实施虽然废止了旧的《和议法》，但笔者认为，《民事再生法》中规定的再生程序与我国破产法中的和解制度实质上是相同的。首先，二者目的相同。《民事再生法》的宗旨是谋求该债务人的事业及其经济生活的再生。(《民事再生法》第 1 条)，即维持债务人事业，防止陷入困境的债务人经济状况的进一步恶化，抑或对此有所改善，避免由于进行破产清算引起资产减少等经济损失。② 这与我国和解制度通过债务人与债权人协商，达成以让步方式了结债权债务的协议，恢复债务人生产经营的目的基本一致。其次，二者程序基本一致。二者都是由申请、审查受理、计划的决议与认可、程序的终结等组成，不同之处在于《民事再生法》中相关程序的规定更为细致合理。最后，二者效力相同。再生计划对再生债务人、再生债权人以及为再生债务提供担保的担保人都发生效力（《民事再生法》第 177 条第 1 项）。但是，对别除权人的担保权、再生债务人对程序开始前已经与再生债务人同样负有债务的人（如保证人）享有的权利、程序开始前第三人对再生债权人设定的担保权，均不产生效力（《民事再生法》第 177 条第 2 项）。③ 这与我国和解制度中生效和解协议的效力范围基本一致。

法国虽于 2005 年破产法改革时，用调解程序取代了原来的和解程序并对调解程序作了新的规定。但调解程序与原和解程序实质上还是相同的，即通过调解人的行为，促进债务人与其主要债权人，以及相应情况下，与其有经常合同关系的缔约人，订立一项旨在终止企业困难的协议（《法国商法典》第 L611-7 条）。并且调解程序只是在原有基础上进行了一些优化，如：债务人可以请求法院确认其与债权人达成的协议，给予企业和债权人更加稳固的保护，以增加债权人同意签订调解合同挽救企业的

---

① 参见王志诚：《我国台湾地区债务清理法制的立法框架》，载陈厦红、许胜锋主编《破产法信札》，法律出版社 2017 年版，第 312~313、315~316 页。

② 参见付翠英：《一部振兴经济的法律：日本民事再生法介说》，载《法律适用》2003 年第 5 期。

③ 参见［日］谷口安平主编：《日本倒产法概述》，佐藤孝弘、田言等译，中国政法大学出版社 2017 年版，第 252、265、294 页。

意向；若以后仍进入破产清算程序，债权人在此后所作的法律行为可以不予撤销；企业可以在即将无支付能力阶段提出申请。①

小　结

和解制度确实存在一些缺陷，以致在司法实践中适用率较低。但是，和解制度具有破产清算与重整制度所不具有的优点，在实践中也取得了不错的效果，并且诸多国家和地区都选择继续保留和解制度。因此，我们并不能因噎废食，轻易将如此重要的制度废除，而应寻找完善之道，使其在实践中发挥越来越重要的作用。

① 参见郑冲：《法国破产法简介》，载李飞主编《当代外国破产法》，中国法制出版社 2002 年版，第 348 页。

论破产的域外效力

弭　晶*

内容提要：中国跨境破产案件日益增多，由于各国对待破产的域外效力上采取的原则是不同的，而中国《企业破产法》的规定较为单一。中国的管理人在处理破产案件时，在破产的域外效力、法律的规定及对外国破产的承认与执行等特殊问题上应如何处置才能实现真正保护债权人的公平受偿，亟待解决问题、厘清关系，完善法律建制。

2017年武汉市某区的法院受理了债务人P公司的破产清算案件，P公司在武汉市某区工商行政管理局登记注册，公司由中方股东和韩方股东构成，法定代表人为GUN YOUNG SONG，公司董事长。公司成立时的注册资本是1亿元人民币，韩方以美元出资，占70%的股份，中方以土地使用权和设备出资，占30%的股份。在破产清算中，企业已经资不抵债，土地使用权已经被抵押权人申请法院拍卖，企业已经无产可破。但是在清算的过程中，发现韩方的出资并未到位，尚欠缴出资5000万元，根据中国法律的规定，韩方作为破产人的股东，其应缴纳的出资应该由管理人进行追缴并作为企业的破产财产。那么本案的管理人向韩方主张追缴出资的行为就涉及今天我们要讨论的一个问题——我国的破产程序是否具有域外效力，中国的管理人如何在域外追索破产人的财产。

一、破产的域外效力

企业破产是一种市场行为，是市场经济条件下企业竞争的必然结果，

* 弭晶，湖北诚明律师事务所副主任律师。

是企业参与市场竞争，接受优胜劣汰，优化产业机构，实现资源合理配置，提升市场率的一种有效形式。企业破产不仅涉及一个企业的生死存亡，还涉及众多债权人的利益。我国改革开放以来，随着外商投资企业和海外投资企业的迅猛发展，涉外破产案件明显增多。在跨国案件不断增多的今天，我国应尽可能地与国际接轨，只有解决好跨境破产和我国破产的域外效力问题，才能更好地保护我国债权人的利益。与国内破产相比，涉外破产的特殊性是不容置疑的，处理涉外破产案件时会遇到一些特殊的法律问题，如对债权人的保护、破产的域外效力、对外国破产的承认与执行等。在国际私法中，跨国破产问题素来被认为是一个十分复杂的问题，因为他既涉及各国法院的管辖权，也涉及物权法和债权法。① 破产的域外效力简单地说就是一国的破产宣告仅在一国境内具有效力还是在域外具有普遍的效力。也就是说，当债务人在一国宣告破产后，能否将其位于别国的财产归入本国的破产财产，向债权人进行统一的分配。如笔者在实际中遇到的问题，尽管破产人在中国境内已经无产可破，但是破产人的大股东在韩国还有财产应纳入破产人的财产进行统一分配。

破产的域外效力其最早可以追溯到1825年英国 Jabez Henry 法官在其发表的文章中提出破产程序所在地的法官应当对债务人的财产享有普遍的管辖权，无论这些财产位于何处，并且有权对这些财产相关的权利主张一并处置。② 我国在原来的立法中是没有破产域外效力的规定的，2007年开始实施的《企业破产法》有两个条文涉及域外效力。《企业破产法》第4条："破产案件审理程序，本法没有规定的，适用民事诉讼法的有关规定。"第5条："依照本法开始的破产程序，对债务人在中华人民共和国领域外的财产发生效力。对外国法院作出的发生法律效力的破产案件的判决、裁定，涉及债务人在中华人民共和国领域内的财产，申请或者请求人民法院承认和执行的，人民法院依照中华人民共和国缔结或者参加的国际条约，或者按照互惠原则进行审查，认为不违反中华人民共和国法律的基本原则，不损害国家主权、安全和社会公共利益，不损害中华人民共和国领域内债权人的合法权益的，裁定承认和执行。"我国破产的域外效力采

① J. H. C. Morris, The Conflict of Laws 381 (1980).

② 详见《欧洲商业国家国际破产法纲要》(*Outline of Plan of an International Bankrupt Code for the Commercial States of Europe*)。

用的是新实用主义。新实用主义就是在普遍主义和地域主义之中寻找一种新的折中办法，在促进国际交流合作和保护本国债权人利益中寻找平衡点。新实用主义特别关注的是如何对债务人的财产进行最有效、最经济的管理，而这正是破产领域的当事人最关心的地方。①

二、破产域外效力的两种理论

破产的域外效力是长期存在争议的问题，从各国的立法和判例来看长期存在两种主要的观点和理论：一种是单一破产理论或称为普遍性原则，另一种是复式破产理论或称地域性原则。

（一）普遍性原则

1. 普遍性原则的含义及理论基础

根据普遍性原则，在国际破产中，只应该有一个破产宣告，由一个破产程序来解决全球范围内的债务人的所有求偿要求，无论债务人的财产在世界何处。普遍性原则意味着一国的破产宣告具有完全的国际效力。普遍性原则的理论基础在于破产程序设计的理论基础，破产法律制度以公平清偿债务作为立足点，破产程序是对旧的法律关系的集体消灭，对新的法律关系的集体创设。其理论基础在于债权人的平等性，普遍性原则主张的单一破产程序为债权人平等目标的实现提供了有效的法律保护。债务人财产的统一性认为，既然债务人的所有财产以分配给债权人为目的，则债务人所有财产应该是统一的。② 普遍性原则的目标在于简化跨国破产程序，从债权人整体的角度出发，迅速而实际有效地对债务人的财产进行管理和分配。

2. 对普遍性原则的评价

该原则的优点在于主张债权人在世界范围内分配的平等性，主张对破产财产的全球管理与分配，防止对于破产宣告国以外的财产进行扣押、单

① 参见何其生：《新实用主义与晚近破产冲突法的发展》，载《法学研究》2007 年第 6 期。

② 参见陈国栋：《论破产之地域效力》，载杨建华主编《强制执行法、破产法论文选辑》，台湾地区五南图书出版公司 1985 年版，第 409 页。

独清偿、恶意转移。但是由于现实生活的复杂性，普遍性原则在理论上有不完善之处，同时在执行中也困难重重。如果一个国家在国际经济中地位重要并在对外交往中处于优势地位，若该国的企业在国外有大量的财产，那么为了保护本国债权人的利益，当然就希望将债务人在国外的财产纳入破产财产统一进行分配。但是实际上，各国的财产分散于各国，隶属于不同的主权国家，要求各国放弃其实际控制的财产权，统一适用一国的法律规则，是被许多国家拒绝的。该制度执行难度大，法院地国自身规定本国的破产程序具有普遍效力，仅仅是破产程序得到他国承认与执行的前提，能否得到承认和执行，还需他国的配合。而其他国家为了保护本国债权人的利益，或考虑到公共政策等原因会拒绝承认与执行法院地国的破产宣告。

（二）地域性原则

1. 地域性原则的含义及理论基础

地域性原则强调每个国家对于本国境内的财产有进行裁判的固有管辖权，法院地国所作的破产宣告，其效力仅及于破产人在该国领域内的财产。每个国家的破产程序都应该是独立的、全面的，而债权人也只能在本国的破产程序中申报债权。地域性原则基于对本国人债权利益和本国经济秩序的保护，使本国债权人免受在外国程序中进行诉讼的风险和额外增加的费用，有利于保护优先权的实现。

2. 地域性原则的限制

地域性原则否定了对所有债权人进行平等分配的破产法基本原则，会导致各债权人之间的不平等及对破产财产管理的混乱。同时，地域性原则导致的破产程序多重性和多国管理加剧了国际破产合作的难度，也可能从根本上减少债务人可供分配的财产。

三、各国破产域外效力实践的比较分析

尽管在理论上，全世界都通行着上述泾渭分明的两种理论，但是这两种理论更多表现的是思想方法，各个国家对于破产域外效力的选择与其说是学术理论的选择，不如说各国在特定的发展时期的经济状况、国际地位、社会现实在破产法中的综合反映。而且随着各国实际经济状态的变

化，各国的主张也在变化，很多国家从保护自己本国债权人的角度出发，采取双重标准，一方面尽可能将本国破产程序的域外效力扩大，另一方面对于域外破产在本国的效力作极为苛刻且严厉的审查。

（一）美国

1. 美国对本国破产域外效力的态度

美国法律规定，债务人所有的非豁免财产，无论位于何处组成破产财产，从破产开始之日起，审理案件的地方法院对于债务人的所有财产即拥有了排他性的管辖权。美国债务人的所有债权人在破产程序期间，都被禁止针对美国债务人和其破产财产的任何行为。这规定表明美国法院对于本国的破产案件主张普遍性原则。当债务人的财产位于美国国土之外，可以援引此法条予以保护。

2. 美国对于域外破产效力在本国的态度

美国法律有辅助外国程序的规定，这里的外国程序是指一个在债务人的住所地、居住地、主要营业地或者财产所在地开始的、为财产清算目的，通过和解、延期、清偿、整顿等方式来调整债权债务关系的程序，无论该程序是司法的或者行政的，也不论是否根据破产法而提起。① 当外国存在一个待定的破产程序时，如果债务人在美国有破产财产，则允许外国的管理人在美国提起一个辅助程序，来管理位于美国境内的破产财产，防止当地债权人对财产的处置。法律规定了外国的管理人可以享受三种形式的救济。第一，可以请求法院禁止任何人进行针对该外国程序所涉及债务人财产的任何行为；第二，可以请求法院裁决将该财产及收益移交，以利于在外国程序中进行统一分配；第三，法院也可以根据案件的具体情况，提供其他合适的救济。法院在给予外国管理人救济的时候，应以最经济有效管理这些财产为目的，考虑六个因素：第一，公平对待针对这些财产所享有债权或者权益的所有人；第二，保护美国的债权人在外国程序中不受歧视或不便；第三，阻止对这些财产进行优惠的或者欺诈性质的处置；第四，对财产及收益的分配实体上与美国的破产法规定一致；第五，礼让；第六，如果合适的话，外国程序给个人提供重新开始的机会。这种美国模式体现的是普遍性原则与地域性原则相结合的原则，既强调公平分配财产

---

① See 11 U. S. C. A：Section 101（19）（1982）.

和平等对待所有债权人，又支持了对本国债权人的保护。它所反映的是美国试图在国际合作中和保护本国债权人利益之间找到一种平衡，在不损害美国债权人利益和美国价值观的情况下，在一定限度内承认外国破产在美国的效力。

（二）德国

1. 德国对本国破产域外效力的态度

德国的破产法已经有100多年的历史，根据德国法律规定，在外国宣告的破产，效力不及于德国国内的财产，债务人在德国有营业场所或者普通裁判籍者，虽其已经在外国受破产宣告，仍得在德国再受破产宣告。该规定被看作保护国内财产不受外国破产程序影响的标准实践。如果债务人在德国既无营业地也无居所或者某些不动产，那么在德国宣告的破产仅及于德国境内的财产。当然也可以推知，如果债务人在德国有营业地或者居所，那么在德国宣告的破产及于债务人在其他国家的财产。① 从上述规定可以看出，德国在破产域外效力的问题上，对本国和外国破产程序的地域效力也没有给予相同的待遇。从保护本国债权人利益出发，对于外国破产在本国的效力，遵循严格的地域性原则，而对本国破产的域外效力则区别对待。

2. 德国对于域外破产效力在本国的态度

德国法院逐步承认外国破产程序在德国的效力，只要两国破产法之间没有原则性的差别，且有互惠的因素存在，具体体现在：第一，外国程序必须实际是一个破产程序，其目的在于将债务人的财产公平分配给债权人；第二，审理该案件的法院必须有合适的管辖权；第三，案件的开始以及程序本身是有效的；第四，承认该外国程序不违反德国的公共政策；第五，外国法本身规定了其域外效力；第六，德国法院并未进行与该外国程序相冲突的未决程序。

（三）国际

在国内立法纷纷从属地主义向普及主义换轨的同时，国际社会也在关

① See Christoph G. Paulus, “A German Decision on International Insolvency Law”, The American Journal of Comparative Law, Vol. 4, 1993, pp. 667-668.

注国际破产的协作问题。1988 年，国际法学家协会（International Bar Association）制定了《国际破产合作法范本》（*Model International Insolvency Cooperation Act*），要求各国法院相互承认外国管理人的权利，并依外国管理人的请求发布命令，将位于内国的破产财产移交给外国管理人。同时要求外国管理人在管理破产财产时应顾及全体债权人的利益。这一范本充分体现了破产宣告域外效力的普及主义思想。

破产的域外效力问题涉及各国的切身利益，目前各国破产立法与实际中所体现出的社会、经济及法律政策有诸多分歧，很难达成共识。从目前的情状看，没有一个国家给予外国破产程序以充分的、无条件的承认。但是，完全不考虑破产的域外效力又有碍于国际经济合作。关键是如何从保护本国债权人利益与有利于国际交往的角度出发，寻找一种平衡的支撑点。

四、我国的破产域外效力的形成

针对上述两种破产域外效力的原则，我国在最初的时候，不少学者是支持地域主义原则，其根本的原因是大家认为我国还是发展中国家，跨国的经营不多，管理人请求支配在国外的破产财产在程序上、成本上都得不偿失，无更大的实际意义，同时还要承认外国的破产宣告，不利于保护我国国内债权人的利益。这也是我们前面提到的，希望采用普遍性原则的国家跟我国的经济情况的不同。这种理论在 20 世纪的经济情况下是主流，但是到了 20 世纪末期，以石静遐、李双元等教授为代表的学者提出，地域主义原则使本国债权人利益和他国债权人利益之间存在差别地位。① 而且允许债权人对位于本国的破产财产随意扣押或者执行，违背了对所有债权人进行平等分配的破产法原则，不可避免地使债务人位于世界各地的财产处于一种不稳定状态之中，造成对破产财产管理的混乱。② 所以在考察了各国的立法及实践后，我国提出了有限的普遍主义。根据这一观点，一国的破产宣告具有域外效力，及于债务人在国外的财产。同时对于国外的

① 参见汤维建：《论国际破产》，载《比较法研究》1995 年第 2 期。

② 杜仲超：《破产的域外效力与我国涉外破产法的完善》，载《河南师范大学学报（哲学社会科学版）》1997 年第 4 期。

破产宣告在互利互惠的原则基础上有条件地承认。有限的普遍主义在2006年修改破产法时被写进了法律。我国的破产具有域外效力，对外法域法院依据其作出的生效的破产判决、裁定向我国法院申请承认与执行的，我国法院以我国参加的国际条约或者互惠原则为基础，在不违反我国法律的基本原则，不损害国家主权与安全、社会公共利益，保护我国债权人合法权益的基础上，裁定承认与执行。修正之后的普遍主义，在保护本国债权人的前提下，赋予法院选择是否承认破产宣告的域外效力的自由裁量权。当然这也赋予了国外的法院拒绝承认与执行我国破产宣告的权利。

五、对外国破产的承认与执行

我国破产法规定的域外效力的实现很大程度上依赖财产所在国的承认与支持，当然我们自己也必须符合某些要求，公平对待所有债权人。

（一）外国法院承认与协助我国破产的条件

1. 外国法院有适当的管辖权

对于破产案件，一个国家可以基于多种方式主张自己有管辖权，如债务人的住所地、营业地、财产所在地等。正因为这些往往是债务人的经济重心，与债务人在经济意义上的联系最密切，比较符合经济现实并有助于实现债权人平等。对于住所地破产的承认被许多国家接受。如德国在区别地承认外国破产时，要求破产应由债务人住所地或者主要营业地管辖。在英国国际私法中占重要地位的适宜法院理论在适用破产案件时要求外国公司在其成立地法院进行破产清算时，该外国法院应该是清算的适宜法院，清算效力在英国才会得到承认。① 法国判例也承认债务人住所地法院所作的破产宣告。英法等国正在实践中确立了另外一种承认外国破产管辖的标准，即营业，只要债务人在一国领土内设有营业所，并进行业务活动，该国法院就可以对其行使破产管辖。

2. 公平对待所有的债权人

---

① See P. St. J. Smart, "International Insolvency: Ancillary Winding-up and the Foreign Corporation", International and Comparative Law Quarrerly, Vol. 39, 1990, p. 838.

公平清偿是破产的灵魂，公平对待所有的债权人就是对待本国和外国的债权人一视同仁，不能有任何歧视。美国就曾经有判例因为本国的债权人未得到公平待遇而拒绝承认和协助外国破产案件。1983 年东密歇根州地区法院驳回加拿大破产受托人申请转移债务人 20 万美元资产的请求，并根据该州债权人的申请对 20 万元进行扣押。理由是按照该州的法律，该州的债权人能够取得担保债权人的地位，而按照加拿大的法律则不会得到相同或者类似的待遇。①

3. 礼让互惠

礼让是什么？不仅仅指礼貌和善意，从法律意义上讲，它是一国基于国际义务与便利及保护本国利益的考量，而在其国土内对于其他国家的立法、司法、行政行为的一种承认。② 在以礼让承认外国破产宣告时，很多国家是出于互惠的考虑。许多国家礼让的前提是他国存在互惠，也就是给予类似待遇或者规定。但是由于礼让的行使很多时候依赖的是法官的自由裁量权，许多国家通过礼让给予与其贸易、投资关系较密切的国家更大的合作。反之，则以不适用礼让为借口，拒绝承认外国的破产宣告。

（二）我国对外国破产程序的承认与执行

《破产企业法》第 5 条规定："依照本法开始的破产程序，对债务人在中华人民共和国领域外的财产发生效力。对外国法院作出的发生法律效力的破产案件的判决、裁定，涉及债务人在中华人民共和国领域内的财产，申请或者请求人民法院承认和执行的，人民法院依照中华人民共和国缔结或者参加的国际条约，或者按照互惠原则进行审查，认为不违反中华人民共和国法律的基本原则，不损害国家主权、安全和社会公共利益，不损害中华人民共和国领域内债权人的合法权益的，裁定承认和执行。"

如前所述，对于外国破产程序在中国的效力，中国采取的是有限的普遍性原则。依照严格的地域性原则并不能真正地保护中国债权人的利益，特别是在礼让互惠的原则下，中国若不承认外国破产的效力，则中国破产的域外效力也很难实现。所以当外国的破产程序符合一定条件时，中国法

① 参见沈达明、郑淑君编著：《比较破产法初论》，对外贸易教育出版社 1993 版，第 329 页。

② See Harvey R. Milier and Lisa Rothenberg，Supra，pp. 3-8.

院应承认与执行。

1. 有权申请的主体

有资格向中国法院提出承认执行协助要求的当事人应该是外国破产程序指定的管理人，或者受理破产案件法院。而受理申请的法院，按照《民事诉讼法》的规定一般应该为财产所在地的中级人民法院。

2. 承认与协助的条件

(1) 司法审查

首先依照中华人民共和国缔结或者参加的国际条约，或者按照互惠原则进行审查。司法审查的范围非常广泛，包括形式上和实质上的审查。形式上的审查主要审查当事人的请求在主体、途径、步骤、方法及法律文书等方面是否符合我国法律及我国缔结的国际条约的规定；实质上的审查更为重要，要求对判决、裁定的承认和执行不违反中华人民共和国法律的基本原则，不损害国家主权、安全和社会公共利益，不损害中华人民共和国领域内债权人的合法权益的，不能歧视中国境内的债权人。具体关注如下几点：

第一，有学者认为承认和执行的前提和基础是破产地法院是否实行地域性原则，或者是否存在与中国缔结的国际条约或者互惠关系。因为全球在对待破产的域外效力的时候，大多坚持以本国利益为中心，实行的是保护主义政策。但是绝对地域性原则太过封闭，在全球经济一体化的今天，互利互惠是化解社会矛盾协调各国冲突的最直接的方法，绝对的地域性原则是不可取的。如果申请人国家实行的是绝对的地域性原则，则我国应该对等地不予执行和承认，否则既有损我国主权，也达不到互惠的目的。

第二，破产地法院是否有管辖权。在确定破产案件管辖权时，大多数国家还是以属地主义为原则，以债务人的住所地、营业所在地作为管辖的连接点。债务人住所地包括注册地、主要办事机构所在地，因为这些地方与债务人的经济联系非常密切，有利于破产程序有序、公正地开展。而营业地是债务人进行交易、生产和管理活动的地方，有利于清理债权债务关系。

第三，承认与执行不违背中国法律的基本原则，不损害中国的主权、安全和社会公共利益。这既是我国《企业破产法》的规定，也是我国《民事诉讼法》确定的基本原则。通过司法审查的行使，判断外国的破产宣告是否违反了我国的基本公共政策，是否损害了我国债权人的利益，如果司法审查的结果是冲突的，就应该部分承认和执行或者拒绝承认和执行。

第四，是否缔结条约或者存在互惠的因素。按照《民事诉讼法》的规定，要中国法院承认和协助执行外国法院的破产程序，一个很重要的考量因素就是互惠原则。根据《民事诉讼法》第 281 条规定，外国法院作出的发生法律效力的判决、裁定，需要中华人民共和国承认和执行的，可以由当事人直接向中华人民共和国有管辖权的中级人民法院申请承认和执行，也可以由外国法院依照该国与中华人民共和国缔结或者参与的国际条约的规定，或者按照互惠原则，请求人民法院承认和执行。所以说，尽管中国法院对于外国的破产程序没有采用普遍性原则，也没有同国外订立或者参加有关的国际条约，但外国的法院进行的破产程序仍然可以通过互惠的国际原则获得中国法院的承认和执行。国际司法上通行的互惠原则在本质上就是各国互相提供司法上的帮助和协助以及便利和承认等。互惠本身并不是权利，而是一项基本的国际法原则，他的前提就是不分国家大小、强弱，各个国家都是平等的，享有同等的权利，当然也就需要更为平等地承担义务。有的学者也提出，《企业破产法》在没有确定关于域外破产的普遍性原则的情况下，不得不依赖国际条约或者互惠原则，是局限和被动的。在互惠原则之外，更多的是要跟进现在社会的跨区域发展和全球化经济的进程，主动确定我国关于域外破产效力的成熟法律制度，更好地融入国际社会。

（2）协助与执行

区分破产的主要程序与辅助程序不仅在解决跨界破产的管辖上面有着重要的意义，在解决协助和执行的方法上同样重要。2015 年 5 月 20 日，欧盟正式颁布了修订后的《欧盟跨境破产规章》，该规章于 2016 年 6 月 26 日生效。这一思路的主要架构是：以主要利益中心地和营业所在地为核心，区分主要程序和辅助程序。主要利益中心地法院启动的主要破产程序在成员国范围内具有普遍性的效力。但是主要程序的启动不剥夺营业场所所在地法院启动仅在本国境内有效的辅助程序的权利。辅助程序可以在主要程序启动前后启动。① 这一思路不仅照顾到了各国的破产制度存在差

① 参见陈夏红：《欧盟跨境破产体系的守成与创新》，载《中国政法大学学报》2016 年第 4 期。

异的实际情况，在保障债务人实际利益地法院的中心地位的同时，又考虑到财产所在地法院的管辖问题，同时也符合普遍性原则发展的大趋势，又能有效地保护本国债权人的利益。主要程序的开展有利于在和解与重整程序中对债务人财产进行管理、分配时做到公平。

协助与执行的具体做法上也按照此原则区分不同情况，如果外国的破产债务人位于中国的财产很少，债权债务关系简单，可以采取转让的方法，允许外国的管理人提出申请并取得位于中国的财产。如果破产财产在中国非常多，涉及的法律关系也较为复杂，应采取辅助的方法，就是指定中国的破产清算人，搜集位于中国的财产，清理债权债务关系，在确保中国债权人利益的前提下，将剩余财产移交给外国的管理人。

小　结

随着亚投行的正式设立，以及中国政府极力推进的一带一路新型经济体的战略发展思路，中国在国际资本输出的地位会越来越重要，而在国际投资领域的话语权增大，与外界的联系会更为紧密。我们在跨界破产的制度建设上，应该最大限度开展跨界破产的国际合作以最大化地保障中国债权人的利益。

由于我国跟其他法系的国家在法律条文和司法实践上的区别，在跨界破产上有管辖权的冲突是不可避免的。根据不完全的统计，中国的大型企业集团的平均寿命只有7.8年，① 特别是在跨界破产案件中，涉及的范围广泛，既包括本国的债权人、债务人，也包括劳动者、雇员、供应商、消费者、政府，还涉及世界范围内与此相关的各国的利益。我国对跨境破产案件的司法制度的建制和处理跨境破产案件的态度，不仅关乎我国的国际形象，更能确保我国债权人在国外得到有效和公平的分配，也有利于保护我国债务人的财产不受个别债权人的查封和扣押。② 但是我国的《企业破产法》仅在第4条和第5条上对此进行了原则性的规定，而对承认和协助

① 参见《中国企业破产率分析》，找法网，http：//china. findlaw. cn/gongsifalv/pochanfa/pochanfaanli/gongsipochananli/109651. html，访问日期：2018年10月31日。

② 参见于文娟：《跨国破产管辖权冲突及解决途径》，中国政法大学2007硕士学位论文。

执行后的具体合作措施和方法并未作规定。在全球化的时代，过分强调本国的地域性原则，必然会得到对等的国际待遇，那么维护司法主权也就无从谈起。2016 年轰动全球的世界第七大航运巨头韩进海运公司在韩国宣布进入破产重整程序，因其在全球的 90 多个港口担心拖欠卸货费和其他相关费用，导致船舶无法靠港作业，大批货物滞留船上，多艘船被世界各国扣押。韩进海运的管理人在全球多个国家递交了破产保护申请，但是在我国却并未提出，我国的 300 多债权人只能到韩国申报债权。作为韩国最大贸易伙伴的中国，韩运在中国也拥有大量的业务与资产，然而韩国的管理人并未向中国法院申请破产保护，而且是在递交相关申请后，在法院正式受理之前撤回了申请，也就是说在中国当地没有开始破产程序，原因大概是因为中国单一的破产管辖制度和立法体系的缺失。韩运的管理人未向中国法院提出破产保护和申请救济，因而其在中国的财产被部分中国债权人扣押后，迅速变现、折价、低价处置并瓜分，给破产财产造成了巨大的损失。而有些中国的债权人并未参与其中，导致整个清偿极不公平、不公正。

在现有的法律司法体制框架下应开展跨界区域合作，加强我国法院和外域法院对于破产域外效力的合作和对破产政策的理解，促进双方达成更多的合作协议，打造中国良好的国际合作意识。笔者认为这对在实际生活中担任着中国管理人的法律工作者具有切实而重大的意义。

论跨境破产中我国承认外国破产程序条件的完善

孟可心*

内容提要：近年来中国同世界各国的经贸往来愈发密切，但随之而来的跨境破产案件也愈发增多。但我国现有法律规定的承认外国破产程序的条件仍存在承认对象模糊不清、管辖权标准与国际脱节、互惠认定过于严苛、债权人保护条款过于地域性等缺陷。在研究联合国《贸易法委员会跨境破产示范法》和《欧盟破产条例》等相关规定及韩进海运破产案等实践案例后，建议我国在制度规定时，注重衡量跨境破产中普及主义和地域主义的关系，明确承认对象为外国破产程序；确定以“主要利益中心”为管辖权标准区分主要破产程序和次要破产程序；适用推定互惠理论，先行施惠，在符合相关因素的前提下承认外国破产或重整程序；最后应从程序权益的角度对债权人进行保护。

随着经济全球化的发展，跨境企业的增多，跨境破产的发生也与日俱增。而相互联结的世界使得跨境转移资产等欺诈行为更易于设计和实施，所以对跨境破产的法律规制愈发重要。但是这一问题的解决，仅依靠一个国家是无法完成的，需要国内完善的跨境破产制度和国际合作协调。但中国现有的《中华人民共和国企业破产法》（以下简称《企业破产法》）第5条规定的跨境破产制度过于笼统，缺乏实际操作性，一些标准和条件的设立也与国际通行做法不一致，如此将会增加中国现在及未来处理跨境破产案件的难度。

---

* 孟可心，武汉大学法学院2017级国际私法硕士研究生。

一、中国承认外国破产程序条件的规定及其缺陷

（一）中国现有承认外国破产程序条件的法律规定

《企业破产法》第 5 条第 1 款规定了中国的破产程序具有域外效力，即在中国境内开始的破产程序，对债务人在中国领域外的财产也发生效力。第 2 款规定了中国法院承认执行外国法院所做的破产案件的判决、裁定的条件，即：第一，可承认执行的是外国法院作出的已生效的判决、裁定。第二，根据中国缔结或参加的国际条约判断是否满足承认外国破产判决、裁定的具体条件；如若没有相关的国际条约，则根据中国同该外国之间的互惠关系判断承认外国判决、裁定的条件。第三，该外国裁决不违反中国的公共政策，即不违反中国法律的基本原则和国家主权、安全和社会公共利益。第四，由于破产程序的特殊性，《企业破产法》第 5 条增加了一个条件，即“不损害中国领域内债权人的合法权益”。这一点与《民事诉讼法》中规定的承认外国裁决的条件略有不同，属于特殊法对普通法的补充。

（二）中国承认外国破产程序的条件的缺陷

1. 可承认的对象模糊不清

首先，从法条的字面来看，第 1 款提出中国的破产程序有域外效力，但是第 2 款中却规定外国所作生效的破产案件的判决、裁定在我国申请承认的条件等问题，同一个条款前后用词不一致，在进行解释时，是否包括外国正在进行的破产程序的承认？是否包括破产程序进行中作出的判决和裁定？学者们对这一问题，也存在一些争议。郭玉军认为根据我国《企业破产法》第 5 条第 2 款的规定，仅适用于涉及债务人在我国的财产且已发生法律效力的判决和裁定。该规定排除了正在进行中的外国破产程序，限制了我国跨境破产程序承认与协助制度的适用范围。① 王欣新则以“已生效的判决、裁定”为视角，认为由于破产案件

① 参见郭玉军、付鹏远：《我国跨国破产承认与协助制度：理论、实践与规则完善》，载《武大国际法评论》2018 年第 4 期。

的特殊性，“发生法律效力”应解释为发生破产程序开始的效力，并不限于已作出破产宣告。①

其次，在实践中确有存在因《企业破产法》第 5 条中规定的外国破产判决、裁定范围界定不清，导致审理法院难以作出裁定的情况。在 2011 年北泰汽车工业控股有限公司申请认可香港特别行政区法院命令案中，由于《企业破产法》第 5 条中规定的裁决范围界定不清，导致北京市一中院无法在案件审判过程中找到合适的法律依据，但在进行形式审查以及对社会效果的综合考量后，认可香港法院作出的命令属于可承认的裁决，并且基于 1999 年的案件中香港法院认可了内地破产程序在香港的效力，故根据对等原则，拟决定承认该命令，北京市高院认同此观点。② 但是在最高院的回函中，直接指出《企业破产法》和《民事诉讼法》中规定的可承认的裁决为外国法院作出的裁决，直接将香港法院作出的命令排除在可承认执行的范围之外。

但是，此后 2015 年在上海中院审理的一个案件中，当事人一方意图援用上述案件中最高院复函的意见抗辩，但法院明确表示最高人民法院关于个案请示的复函是最高人民法院针对个案的指导意见，其效力仅涉及被请示的个案，不属于法律、行政法规和司法解释的范畴，不能作为法院判案的依据直接予以援引。但本案中上海中院认为争议焦点不涉及香港法院作出的临时清盘命令的域外效力问题，故在否定最高院复函作为法律依据的资格后，没有讨论可承认的外国破产裁决的范围。③ 故而，在实践的需求下，仅有一个最高院对特定案件的复函，在界定可承认的外国破产程序范围的问题上，是远远不够的。

2. 管辖权的认定标准与国际脱节

原判决国法院必须具有合格的管辖权，这是国际社会普遍公认的承认

---

① 参见王欣新、王健彬：《我国承认外国破产程序域外效力制度的解析及完善》，载《法学杂志》2008 年第 6 期。

② 参见《北京市高级人民法院关于北泰汽车工业控股有限公司申请认可香港特别行政区法院命令案的请示函》，京高法［2011］第 156 号。

③ 参见《中国金属再生资源（投资）有限公司等诉中金再生资源（中国）投资有限公司公司登记纠纷案民事判决书》，沪一中［2015］民四（商）终字第 S414 号。

与执行外国法院判决的一项条件。① 这一规定也体现在承认外国破产程序的条件中。但我国现有立法中没有规定跨境破产案件中承认与协助外国破产程序的管辖权标准。根据《企业破产法》规定，破产案件由债务人住所地人民法院管辖。其中“债务人住所地”是指法人或者其他组织的主要办事机构所在地；如果主要办事机构所在地不能确定，则为法人或者其他组织的注册地或者登记地。而国际上，联合国国际贸易法委员会（UNCITRAL）（以下简称联合国贸委会）颁布的《贸易法委员会跨境破产示范法》（以下简称《跨国破产示范法》）和《欧盟破产条例》在这一问题上都是以“主要利益中心”为管辖权标准，将外国破产程序划分为主要破产程序和非主要破产程序分别进行承认。②

虽然不能只因为中国现有的规定同外国标准不相一致即认为其有缺陷，但是跨境破产制度建立的意图就是在全球化进程中，尽可能保证中国走出去的企业能参与国际合作，公正合理地保护自身的利益。而同中国经济往来密切的许多国家，例如美国、韩国、日本等都是以《跨国破产示范法》为蓝本制定本国的跨境破产制度，采用了“主要利益中心”的管辖权标准，欧盟各国虽采用自己制定的《欧盟破产条例》，但标准同《跨国破产示范法》一致。并且对于由主要利益中心标准引申出的外国主要程序和非主要程序，各国承认的条件和承认后可提供的救助也有所差别。如此区分也将决定是基于法律直接规定还是由法院酌情给予相应的救济。③ 故而这对于整个跨境破产程序的进行至关重要，中国也应就此问题采纳国际通行做法，更加有利于实现与其他国家破产案件审理的衔接。④

3. 互惠关系的认定过于严苛

采用互惠原则作为承认外国裁判的依据，是因为期望本国法院的裁判能在同样的情况下获得有关外国法院的承认与执行，从而保护内国或内国当事人的利益。但是，一个国家之所以要承认与执行外国法院的裁判，根

---

① 参见韩德培主编：《国际私法》（第三版），高等教育出版社 2014 年版，第 539 页。

② 参见解正山：《论 COMI 在跨国破产国际管辖中的适用——欧盟及美国的视角》，载《环球法律评论》2009 年第 6 期。

③ 参见解正山：《跨国破产立法及适用研究——美国及欧洲的视角》，法律出版社 2011 年版，第 99 页。

④ 参见张媛：《跨国破产法律制度研究》，吉林大学出版社 2012 年版，第 51 页。

本理由在于近代以来，国际交往日益频繁，国际社会已成为一个不可分割的整体，各国为了生存和发展的需要，不得不在互利合作的基础上考虑承认与执行有关外国法院的裁判。① 而跨境破产程序尤其需要各国的承认与合作，如果我国仍坚持实质互惠原则，即若对方未先给予我国承认，我国将不认为彼此间存在互惠关系，将不予承认与执行对方的相关程序或裁判，那么将会在源头切断跨境破产合作的可能性。这一问题，在2018年3月最高人民法院发布的《全国法院破产审判工作会议纪要》（以下简称《破产审判纪要》）中也有提到，该纪要第49条提出要在跨境破产的合作中探索互惠原则的新方式。

4. 债权人保护条款过于地域性

由于破产程序的特殊性，《企业破产法》第5条中增加了一项承认外国判决的条件，即“对我国债权人合法权益有效保护”，并在《破产审判纪要》的第49条和第50条中，明确提出在跨境破产合作中要合理保护我国境内职工债权、税收债权等优先权的清偿利益，即债务人在中国境内的财产在全额清偿境内的担保权人、职工债权和社会保险费用、所欠税款等优先权后，剩余财产才会按照外国法院的规定进行分配。这样的规定一方面确实能有效保护我国债权人的利益，但另一方面，国际中各个国家对破产清偿的顺序规定各有不同，当外国裁决结果与我国规定的清偿顺序不同时，我国法院是否会以侵害我国债权人合法权益为由拒不承认外国破产程序？虽然在国际合作中注重本国债权利益的保护无可厚非，但多数国家在保护内国债权人时也是侧重于程序的公正性，而非清偿顺序或清偿率的高低。那么我国如此规定是否会释放一种过于地域保护的信息，阻碍中国在跨境破产程序中同其他国家的合作？

二、完善我国承认外国破产程序条件的必要性分析

（一）明确承认对象为外国破产程序的必要性

在明确跨境破产案件中承认的对象为何之前，要明确一个问题，即承

① 参见韩德培主编：《国际私法》（第三版），高等教育出版社2014年版，第538页。

认外国破产程序和承认外国破产案件中的判决、裁定是否为同一概念？在研究《跨国破产示范法》后可发现，二者并非同一概念。《跨国破产示范法》表明，跨境破产中各国承认的是外国破产程序（proceedings），并对破产程序的内涵进行界定，即属于《跨国破产示范法》范围内的外国破产程序所需具备的属性包括以下内容：以起源国与破产有关的法律为基础；债权人集体参与；由法院或另一官方机构对债务人资产和事务进行控制或监督；债务人的重整或清算是程序的目的（第2条（a）项）。外国破产程序是否具备或曾经具备这些属性，将在审议要求承认的申请时确定。①

究其原因，联合国贸委会（UNCITRAL）认为各国实践中有的以礼让为原则，有的适用承认执行外国法院判决令的做法，作为处理跨境破产案件的法律框架。② 但是纯粹以礼让原则或执行外国法院判决令为基础的做法，所提供的可预测性和可靠性程度，与《跨国破产示范法》所载的诸如有关司法合作、承认外国破产程序和外国管理人进入法院等具体制度所提供的并不相同。例如，在某一法律制度内，关于包括执行外国法院判决令在内的相互承认判决的一般性法律，可能仅限于执行两当事方之间争议的具体金钱判决或强制令，因而排除了启动集体破产程序的决定。此外，对外国破产程序的承认可能不被视为承认某项外国“判决”的事项，例如，如果仅仅将外国破产令看作是对债务人地位的宣布，或者认为该破产令并非终局命令，就属于这种情况。③ 所以承认外国破产程序是一个更为广泛的概念，可能包括承认外国判决、裁定以及允许指定的管理人在内国进行一系列活动在内的多种行为。

但是这里也存在一个问题，即承认外国破产程序是否自动包括承认整个破产程序外国法院作出的一系列命令、判决、裁定？这一问题其实也是《跨国破产示范法》的一个漏洞，根据《跨国破产示范法》的条款，承认外国的破产程序仅是跨境破产合作的第一步，还应给予为有效公正进行跨

① 参见《贸易法委员会跨境破产示范法与颁布及解释指南》，联合国维也纳办事处英文、出版和图书馆科2014年版，第39页。

② 参见《贸易法委员会跨境破产示范法与颁布及解释指南》，联合国维也纳办事处英文、出版和图书馆科2014年版，第21页。

③ 参见《贸易法委员会跨境破产示范法与颁布及解释指南》，联合国维也纳办事处英文、出版和图书馆科2014年版，第21页。

境破产所认为必要的救助来协助外国程序。① 而承认与执行与破产相关的判决属于承认国可提供的救济手段之一，但是《跨国破产示范法》第 7 条和第 21 条中都没有明确授权规定判决的承认问题，故而导致在司法实践中针对法院是否能够承认和执行外国破产程序过程中所作的判决，例如交易的撤销程序中作出的判决等，出现了一些不一致的司法裁决，导致了一些不确定性的出现。②

对《跨国破产示范法》适用和解释上的这些担心，以及普遍缺乏一项可适用的国际公约或其他制度处理承认和执行与破产有关的判决，③ 还有现存重要的国际公约文书中在承认和执行外国法院判决时不包括关于破产事项的判决，④ 导致了 2014 年一些国家向联合国贸委会提出建议，希望制定关于承认和执行与破产有关判决的示范法或示范立法条文。

从联合国贸委会（UNCITRAL）的官方文件中可以看出，由于原有《跨国破产示范法》重点在于对外国破产程序的承认，未明确表明在程序中与破产有关的判决、裁定是否可因破产程序的承认而自动获得承认，在实践中各国在参照《跨国破产示范法》订立国内跨境破产法时，采取的模式也不尽相同，如美国的破产法第 15 章就将与程序启动、进行或终结直接相关的裁决的承认包含在承认的程序范围之内。⑤

故而，出于法律制度的完善，联合国贸委会（UNCITRAL）2014 年开始起草并于 2018 年颁布了《承认和执行与破产有关的判决：示范法》（以下简称《破产有关判决示范法》），明确《跨国破产示范法》重在外国破产程序的承认，而《破产有关判决示范法》重在承认破产程序开始

---

① 参见《贸易法委员会跨境破产示范法与颁布及解释指南》，联合国维也纳办事处英文、出版和图书馆科 2014 年版，第 29 页。

② A/CN. 9/WG. V/WP. 126，第 2 页，第 2 段。

③ 现有制度的重点主要限于区域范围，如拉丁美洲、欧洲联盟和中东。参见 UNCITRAL A/CN. 9/WG. V/WP. 126 号文件，第 1 页，第 6 段。

④ 1971 年《关于承认和执行民商事外国判决的公约》第 1 条第 5 款规定，本公约不适用于“破产、和解协议或类似的程序问题，包括可能从中产生的裁决和那些涉及债务行为有效性的裁决。”2005 年《关于选择法院协议的公约》第 2 条第 2（e）项规定，本条不适用于“破产、和解协议和类似的事项”。

⑤ 参见解正山：《跨国破产立法及适用研究——美国及欧洲的视角》，法律出版社 2011 年版，第 117 页。

时和开始后与破产程序相关的判决，二者侧重点不同，并且出于衔接考虑，破产程序开始的裁决属于《跨国破产示范法》的范畴。① 这两个示范法的颁布，就更可以看出，破产程序的承认与破产判决的承认存在差异，我国在法律规定中应明确承认的对象，以免出现适用错误。

那么，我国现行法律规定中采用“承认外国法院作出的破产案件的判决和裁定”的表述，以及根据上述案件中最高院的回复中表示仅承认执行外国法院判决，表明依我国现行的法律规定，跨境破产的承认无法完全包含整个破产程序，这样可能难以实现跨境破产制度设计的目的。

与一般民商事案件不同，破产案件有其特殊性，即从裁定受理破产案件到最终破产宣告裁定的作出，是一个时间段，并且可能包括各种对债务人、管理人、破产财产等所作的判决、裁定、命令等，故较为复杂。故而其中最为基础也最为核心的部分往往在破产程序进行之中而非结束之后。因为破产程序一旦开始，债务人就会对其财产和经营丧失处分权和管理权，而由管理人接管。如果承认的对象仅限于最终作出的破产宣告和相关的裁判，将无法防止从破产程序开始到最终宣告期间债务人的个人清偿和转移财产等行为，最终将导致对外国破产程序的承认与协助事倍功半。② 所以，我国在制定跨境破产制度时，对于承认的对象应考虑到破产案件的特殊性，适用“承认外国破产程序”的表述。

（二）确立“主要利益中心”为管辖权标准的必要性

现行国际通行做法是以“主要利益中心”为标准，将跨境破产程序分为主要破产程序和次要破产程序，其背后的法理基础是涉外破产程序效力的利益权衡。这一问题，传统上主要有普及主义和属地主义两种主张。根据普遍性原则（普及主义），在跨国破产中，只应该有一个破产宣告，由一个破产程序来解决世界范围内的针对债务人财产的所有求偿要求。而地域性原则（属地主义）则强调每个国家对位于本国境内的财产有固有的管辖权。根据这一原则，一国法院所作的破产宣告，其效力仅及于债务

① A/CN. 9/WG. V/WP. 157，第 9 页，第 33~37 段。

② 参见王欣新、王健彬：《我国承认外国破产程序域外效力制度的解析及完善》，载《法学杂志》2008 年第 6 期。

人在该国领域的财产。① 普及主义虽然抓住了破产案件以一个程序平等解决所有债权债务关系的性质，但是过于理想化。实践中各国的法律和实践有所不同，难以在一个程序中一次性解决所有问题。而属地主义则将眼光仅放在一国领域内，忽视国际合作在跨境破产中的作用，所得结果可能适得其反。由此，衍生出各种各样的折中主义。

《跨国破产示范法》和《欧盟破产条例》均允许在主要破产程序存在的情形下，在本国启动一项新的破产程序，但其效力仅限于债务人位于本国的资产。其中《欧盟破产条例》设计的程序模式是：在债务人设有其主要利益中心的成员国启动普遍适用的主要破产程序，而同时保留在债务人设有营业所的另一成员国启动附属程序的可能性。而主要破产程序的普遍性表现在，只要没有开始或采取相关的措施以便开始另外的破产程序，开始主要破产程序的法院任命的破产清算人就可以在其他成员国行使程序开始国法律赋予他的权利，并且将有权将债务人位于其他成员国境内的财产进行转移。但考虑到成员国之间法律制度的差异，并不排除其他成员国开始附属破产程序的效力，附属程序是一种地域性的程序，故欧盟将二者结合的做法是一种修正的普遍主义。《跨国破产示范法》因其采纳国没有欧盟成员国之间经济政治联结的紧密性，它所体现的更多的是一种合作的地域原则，即在允许主要破产程序存在的情形下，在本国启动一项新的破产程序，但其效力仅限于债务人位于本国的资产。② 而不论是修正的普遍主义还是合作的地域原则，都是代表普及主义的主要破产程序和代表地域主义的非主要破产程序的结合，是跨境破产中各国合作的有效途径。

而此种方案最为人诟病的缺点就是如何确定“主要利益中心”。虽然《跨国破产示范法》和《欧盟破产条例》最初都未给出明确定义，但是在后续实践中，已经总结出一些具有实际操作性的参考因素。在《跨国破产示范法指南 2014 版》中，首先明确了关于在哪一日期确定“主要利益中心”的问题。即考虑到在申请承认时所附的必要证据以及启动外国程序和指定管理人的决定所具有的相关性，该程序的启动日期即为适当的确

---

① 参见石静霞：《跨国破产的法律问题研究》，武汉大学出版社 1999 年版，第 22~23 页。

② 参见何其生：《新实用主义与晚近破产冲突法的发展》，载《法学研究》2007 年第 6 期。

定主要利益中心所在地的日期。① 其次，明确债务人主要利益中心的基本属性，能够让那些和债务人有着业务往来的人（特别是债权人）弄清有关债务人的破产程序有可能在哪里启动。故而，《跨国破产示范法》推定债务人的注册地即为符合这些属性的地点，但是允许在不一致时举证推翻该推定。最后，还提出了一系列可辅助认定主要利益中心的因素，比如债务人账簿和记录所在地；组织或授权融资的所在地；现金管理系统运营地；债务人主要资产或业务所在地；债务人主要银行所在地；雇员所在地；确定商业政策的所在地；管辖法律也就是管辖公司主要合同的法律的所在地；对采购和销售政策、工作人员、应付账款和计算机系统实施管理的所在地等等。② 这些因素的补充，都是对“主要利益中心”的完善。

欧盟 2015 年对《欧盟破产条例》进行了修改，一个亮点就是对“主要利益中心”的具体化、细致化。根据该规章第 3（1）条规定，债务人主要利益中心所在地成员国法院，享有启动主破产程序的管辖权；主要利益中心所在地，为债务人实施常规管理且为第三方所确信的地方；对于公司及法人来说，若无相反证据，应假定公司注册办公室所在地为其主要利益中心所在地；该假定仅适用于启动主破产程序的请求发出前三个月内，注册办公室未被移往其他成员国的情形。③ 这一规定从时间因素上对“主要利益中心”进行限定，操作性进一步强化。

实践中，在近来讨论颇多、意义重大的韩进海运破产案中也可以看到“主要利益中心”的适用。虽然新加坡并未采纳《跨国破产示范法》，但是其高等法院在批准承认韩国破产程序时，认为韩国首尔中央地方法院作为审理韩进海运破产案的法院，该院所在地是韩进海运的注册地、总部和上市地点；韩进海运的董事均为韩国人且居住在韩国；韩进海运提交的申请书显示韩进海运在韩国集中发出指示。因此，韩国是韩进海运的主要利益中心，韩进海运与韩国法院存在密切联系，故承认韩国法院开启的重整

① 参见《贸易法委员会跨境破产示范法与颁布及解释指南》，联合国维也纳办事处英文、出版和图书馆科 2014 年版，第 75 页。

② 参见《贸易法委员会跨境破产示范法与颁布及解释指南》，联合国维也纳办事处英文、出版和图书馆科 2014 年版，第 70~71 页。

③ 参见陈夏红：《欧盟新跨境破产体系的守成与创新》，载《中国政法大学学报》2016 年第 4 期。

程序。① 故而，不论从法理基础还是实践操作层面看，规定以“主要利益中心”为标准划分的主、次破产程序以促进跨境破产的合作与问题解决，是一种较为合适的思路。

（三）互惠关系认定软化的必要性

在国际社会上，对于判决承认与执行领域中的互惠要求呈现出一种弱化趋势。在互惠原则下，国家所要考虑的主要还是国家利益。但是，在判决承认与执行的案件中，当事人主要考虑的则是其私人的合法利益。国家利用互惠原则进行报复，很可能损害各方当事人的合法权益。② 而跨境破产程序的进行更是需要各国之间的合作协调，故而不应因坚守事实上的互惠关系而阻断合作路径。

《跨国破产示范法》及《美国破产法》第 15 章均未将互惠原则作为承认外国破产裁决的条件。故而在 2014 年“尚德电力破产案”中，美国法院并未考虑是否与中国存在破产案件的互惠关系，而是在判断中国的破产程序满足其规定的主要破产程序的条件后，认为如中国是“主要利益中心”且未落入其公共政策例外条款的范围，即承认我国浙江海宁中院进行的“浙江尖山光电股份有限公司”的破产重整程序为“外国主要程序”，并给予相应的破产保护和救济措施。③ 在韩进海运全球破产案中，新加坡等国也未将互惠原则作为考虑因素。

近年来，随着我国“一带一路”倡议的提出，中国同外国之间经贸往来愈发频繁，为保证经贸关系的健康稳定发展，彼此之间承认与执行法院裁决的重要性也愈发提升，故在 2015 年最高院发布的《关于人民法院为“一带一路”建设提供司法服务和保障的若干意见》中对承认外国法院裁决的条件——互惠原则作出了放宽的规定。即由实质互惠到承诺互惠转变，并且表示在对方承诺给我国互惠等情况下，我国可考虑率先给予司法协助，这在很大程度上软化了互惠原则的认定，降低了承认外国法院裁

---

① 参见张可心：《外国破产程序在中国的承认与协助制度——基于韩进海运破产案的思考》，载《人民司法》2017 年第 19 期。

② 参见徐伟功：《我国承认与执行外国法院判决制度的构建路径——兼论我国认定互惠关系态度的转变》，载《法商研究》2018 年第 2 期。

③ 参见石静霞、黄圆圆：《中美跨界破产合作里程碑——“尖山光电案”评析》，载《法律适用》2017 年第 4 期。

决的难度，也向外释放出我国对外国法律及判决的尊重和友好态度，为他国承认和执行我国的裁决奠定了一定的基础。

此后，2017 年中国—东盟大法官论坛《南宁声明》强调，尚未与中国缔结有关外国民商事判决承认和执行国际条约的国家，在承认与执行对方国家民商事判决的司法程序中，如对方国家的法院不存在以互惠为理由拒绝承认和执行本国民商事判决的先例，在本国国内法允许的范围内，即可推定与对方国家之间存在互惠关系。这些规定都表明中国法院在承认外国裁决时，对互惠原则的把握更趋向宽松，重在促进中国同外国的司法协助。尽管上述意见是针对“一带一路”沿线国家，其亦可扩展到我国对所有国家关于外国法院判决承认与执行制度的构建中。① 这其中应当包括对外国破产程序的承认。

（四）从程序角度保护债权人的必要性

《跨国破产示范法》在序言中明确，制定跨境破产法的目的在于为处理跨国界破产案件提供有效机制，以期达到公平而有效率地实施跨国界破产管理，保护所有债权人和其他有关当事人的利益，并且促进本国法院及其他主管机构与外国法院及其他主管机构之间涉及跨国破产案件的合作。② 其是在尊重各国法律制度的不同的基础上，寻求最大可能的合作以解决跨境破产案件，这体现的是对跨境破产中普及主义的追求。但在具体裁定时，各国无可避免地会考虑本国债权人的利益，这又是地域主义的体现。但是，应该看到，保护本国债权人的利益并不应仅仅体现在债务人财产优先偿还本国债权人方面。因为这样的做法相当于否定了破产程序的集体性，即在跨国破产案件中，一国的债权人成为类似于普通破产案件中的个别债权人而获得优先受偿，这突破了破产程序创设的初衷，是难以使人信服的。

《跨国破产示范法》在第 22 条规定了对债权人和其他相关人的保护条款，指出在许多情况下，受影响的债权人将是“本国”债权人，但对

---

① 参见徐伟功：《我国承认与执行外国法院判决制度的构建路径——兼论我国认定互惠关系态度的转变》，载《法商研究》2018 年第 2 期。

② 参见《贸易法委员会跨境破产示范法与颁布及解释指南》，联合国维也纳办事处英文、出版和图书馆科 2014 年版，第 3 页。

与其相关人的保护是与国家法律关于通知要求的规定相联系的，这些可能是一般性的公告要求，旨在通报潜在的相关人（例如本国债权人或债务人的本国代理人）外国程序已得到承认，或可能又是对个别通知的要求，法院根据其本身的程序性规则，必须向将会受法院给予的承认或救济影响的人发出这种通知。① 可以看出《跨国破产示范法》不否定对债权人的保护，但是这种保护更多地体现在程序方面，特别是得到通知的权利，即重在保护各债权人亲身参与程序以及获得公平、平等对待的权利而非确保其在跨境破产程序中获得与国内程序等同或更高的清偿率。

实践中，在韩进海运案件中，各国法院也很重视对本国债权人的保护，但重点也多在于本国债权人可否在外国程序中获得平等对待。新加坡法院明确规定，如果本国法院查明外国破产程序对债权人整体受偿不公平或者不利于债务人实施重整计划，新加坡法院有权利拒绝承认该程序。同时，新加坡法院还强调本国债权人在韩进海运破产中的权利行使情况，包括债权人是否是指参与债权人会议。② 当然，也存在澳大利亚法院在2012年的一个案件中出于保护本国税务机关利益的目的，宽泛解释债权人保护条款，命令终止破产程序并返还债务人位于澳境内的所有资产的做法，③ 但是这种拒绝参与国际合作的做法对于其国际形象的影响可能是长远的、负面的。

而如果根据《破产审判纪要》的规定，我国虽然明确界定了“债权人保护条款”的内涵，但是这种过于地域保护的要求，是否会向外界传达中国在跨境破产问题上的保守态度，从而使他国在寻求合作时望而却步？韩进海运一案中，并非是韩进公司在中国没有财产，但是韩国代理人却没有在中国申请破产保护，背后的原因虽不得而知，但多少有些对中国法律制度的开放性存疑的考量。那么我国非但不对外释放开放的态度，而是进一步地束缚，即使可用我国存有的债务人财产对国内债权人优先偿付，但无法参与到完整程序中，最终的结果为何实际不得而知。故而，我

① 参见《贸易法委员会跨境破产示范法与颁布及解释指南》，联合国维也纳办事处英文、出版和图书馆科 2014 年版，第 90~91 页。

② 参见刘瑶：《中国跨境破产国际合作的法律问题研究》，载《中国海商法研究》2018 年第 3 期。

③ 参见黄圆圆：《公共政策例外条款在跨界破产中的适用与启示》，载《时代法学》2018 年第 4 期。

国至少不应在法律规定上直接限制程序的可能性。

三、中国承认外国破产程序条件的完善

（一）明确承认对象为外国破产程序及其范围

首先，在法条行文中，应改为承认外国破产程序，并明确外国程序的含义。而不论采用列举或概括式的立法模式，最重要的是明确破产程序的集体性（collective），因为破产程序的开启就是为所有利益攸关方提供一种全面协同解决纠纷的办法。《跨国破产示范法》明确指出评价一个程序是否为集体性程序，一个关键因素是在不违反当地优先事项和法定例外情况以及与有担保债权人的权利有关的当地除外规定的条件下，该程序是否处理债务人几乎所有的资产和负债。①《欧盟破产条例 2015 版》也明确表明，本规章适用于公开的集体破产程序。并且进一步重视程序的“公开性”，排除了一些涉及秘密的破产程序，因其认为若一程序秘密进行，那么其他成员国的债权人或法院将不可能获得该程序启动的消息，更不可能主张权利，因此直接将其排除出该规章的适用范围。② 所以中国在未来立法时都应注意相应的用词和解释。

其次，可承认的外国破产程序可否包括非清算目的的程序？虽然传统的破产程序主要是指破产清算程序，但是近些年也出现为拯救个人或企业而进行的重整、债务调整等程序。《跨国破产示范法》中规定债务人的重整或清算是程序的目的（第 2 条（a）项）。也就是说《跨国破产示范法》是一部针对出现严重财务麻烦或资不抵债的债务人，以及防止或处理这些债务人财务困境的法律。③ 而以《跨国破产示范法》为蓝本的美国破产法，则在《跨国破产示范法》的定义的基础上增加“债务调整”的目的，

---

① 参见《贸易法委员会跨境破产示范法与颁布及解释指南》，联合国维也纳办事处英文、出版和图书馆科 2014 年版，第 40 页。

② 参见陈夏红：《欧盟新跨境破产体系的守成与创新》，载《中国政法大学学报》2016 年第 4 期。

③ 参见《贸易法委员会跨境破产示范法与颁布及解释指南》，联合国维也纳办事处英文、出版和图书馆科 2014 年版，第 39 页。

以扩大其适用范围。① 在修改后的《欧盟破产条例 2015 版》中，一大改革亮点即是扩大外国破产程序的范围，即表明意图在企业达到破产地位之前对其进行重整（restructure）的“前破产程序”（“pre-insolvency” proceedings）属于规章涵盖的集体破产程序。② 由此看出在对破产程序界定时，并不单单指清算程序，中国自身的破产制度中已有重整制度的规定，因而在跨境破产法律制度的规定中，对破产程序的界定也应体现出于重整的意图，以实现国内外制度的对接。

最后，应在可提供的救助中明确包括承认与破产相关的判决、裁定。由于中国现今还未采用《跨国破产示范法》的模板，也就不存在《跨国破产示范法》与《破产有关判决示范法》的重叠及衔接问题，因此可以吸收二者之优点，排除已出现的模糊点。而《破产有关判决示范法》的指南草案中表明，由于在《跨国破产示范法》关于救济的规定（主要是第 21 条）并没有具体提及承认和执行判决，故向颁布（或考虑颁布）《跨国破产示范法》的国家指明，《跨国破产示范法》第 21 条下可以提供的救济包括承认和执行与破产有关的判决，因此，可以根据《跨国破产示范法》第 21 条寻求这种救济。③ 故我国在跨境破产法律制度构建时，应注重二者的关系并将承认执行判决放在可提供的救助之中，以实现规定的完整和各规定之间的协调。

（二）以“主要利益中心”为标准区分主次破产程序

除了承认对象的明晰，在管辖权标准方面，我国可首先确定以“主要利益中心”为管辖权标准区分主要破产程序和次要破产程序。然后借鉴《跨国破产示范法》和《欧盟破产条例》中对“主要利益中心”的界定，给出明确“主要利益中心”的参考因素。根本在于使债权人可明晰破产程序在何地开启的标准，辅以主要营业中心、主要资产所在地、债务人员工及业务开展地等具体因素，确定主要利益中心。那么当涉及我国的

---

① 参见解正山：《跨国破产立法及适用研究——美国及欧洲的视角》，法律出版社 2011 年版，第 118 页。

② See WESSELS. BOB, “The European Union Regulation on Insolvency Proceedings (Recast): The First Commentaries”, European Company Law, Vol. 13, No. 4, 2016, p. 131.

③ A/CN. 9/WG. V/WP. 157，第 33 页，第 126 段。

跨国企业集团破产时，我国法院可以开始主要破产程序；如果主要利益中心位于其他国家，我国可以在承认外国主要程序的基础下开始辅助破产程序或采取国际合作的方式解决跨国破产问题，力求平等保护各方当事人的合法权益。①

（三）采用推定互惠原则

对于互惠关系的认定，现今直接取消互惠关系的限制并不现实，但鉴于我国对“一带一路”沿线各国互惠关系态度的转变，可以在保留互惠原则的情况下，对其进行灵活解释与适用。在两国间不存在条约基础以及互惠先例的情况下，中国法院可以通过适用推定互惠理论，先行施惠，在符合相关因素的前提下承认外国破产或重整程序，突破“承认难”的司法现状，从而有效推动跨界破产领域的国际合作。②

（四）从程序角度保护债权人利益

而对于债权人保护的规定，应更多从程序权益的角度予以解读，如外国破产法中是否有保护境内外债权人合法权益的条款、中国债权人是否有权参与在外国程序中举行的债权人会议，是否有权就相关事项进行投票表决等。③

综上，中国在完善承认外国破产程序的条件时，应注重权衡跨境破产中普及主义（即国际合作）与地域主义（即本国利益尤其是本国债权人利益保护）的关系，借鉴《跨国破产示范法》及《欧盟破产条例》中先进的经验，结合中国的实际完善现有的跨境破产制度。

---

① 参见邓瑾：《论欧盟破产法中“主要利益中心地”的确定及其对我国的启示》，载《法律适用》2010 年第 8 期。

② 参见石静霞、黄圆圆：《跨界破产中的承认与救济制度——基于“韩进破产案”的观察与分析》，载《中国人民大学学报》2017 年第 2 期。

③ 参见黄圆圆：《“一带一路”倡议下的跨界破产合作及中国的因应》，载《武大国际法评论》2018 年第 2 期。

执行转破产程序中相关问题及对策研究

刘 霞 陈新友 路艺婷*

内容提要： 执行转破产程序的设立能够批量解决部分执行难案件，同时出清一些没有营运价值的“僵尸企业”，为社会主义市场经济的发展提供良好的环境。但在司法实务中其存在启动难、执行与破产程序衔接不完善、审判人员与管理人经验不足等问题，笔者结合自己的实务经验分析了问题出现的原因并提出了建立信息公开和告知制度、“开源节流”解决破产费用之忧、建立诉前审查机制等建议，以期能够完善执行转破产程序，使其发挥更好的社会效果与司法效果。

执行转破产程序最初确立于《民诉法解释》第513条至第516条的规定，之后最高院为指导具体的实务操作发布了《最高院关于执行案件移送破产审查若干问题的指导意见》，该规定将执行程序与破产程序相衔接，有利于解决部分执行难，有利于清理部分资不抵债缺乏运营价值的企业，并维护良好的市场环境。但司法实践中仍存在诸多问题。

一、执转破企业的现状及特点分析

关于执转破程序设立后的司法现状，笔者以工作所在地安阳市为例进行分析，主要包括执行案件中同意移送破产审查的比例、债务人资产状况、债务企业资产负债率等方面。第一，执转破案件中同意移送破产审查

* 刘霞，河南省安阳市中级人民法院企业破产审判庭负责人；陈新友，河南省安阳市中级人民法院民事审判一庭副庭长；路艺婷，河南省安阳市中级人民法院企业破产审判庭法官助理。

的比例极低。安阳作为豫北老工业基地，国营企业和民营企业数量并不算少，但其中不乏僵尸企业，据初步统计，在执行部门已受理的案件中约有160起案件中的被执行人已经资不抵债或明显缺乏清偿能力，但当事人同意将案件移送破产审查的仅有10起，同意移送破产审查率约为6%。其中，债权人同意移送的比例为70%，债务人同意移送的比例为30%。第二，执转破案件的债务人负债率较高。在已经移送的10起案件中，债务人企业的最低资产负债率为130%，平均资产负债率为228%，显然已处于严重资不抵债的情形。第三，债务人企业的资产多为机器设备、房产、土地。在移送破产审查的10起案件中，2起案件中债务人企业无任何财产可供执行，其他8起案件的债务人名下资产主要为房产和土地，部分企业有机器设备和车辆，所有企业均无账面流动资金。第四，移送破产审查前债权人通过执行程序获得清偿的比例极低。在10起案件中，只有1起案件的债权人获得清偿，清偿数额占所有债权数额的3%，其他9起案件的债权人均未获清偿。通过以上数据可以发现，被移送破产审查的企业本身已经严重资不抵债，大部分已停业多年并明显缺乏清偿能力，但执行过程中执转破案件的比例却很低，这反映出执行转破产程序在司法实务中存在一些问题，阻碍该程序作用的有效发挥。

二、执转破程序需要解决的问题

（一）执行转破产程序启动难

最高人民法院《关于执行案件移送破产审查若干问题的指导意见》（以下简称《指导意见》）规定，执行转破产程序的启动，须经被执行人或者有关被执行人的任何一个执行案件的申请执行人的书面同意，执行部门负有对执行案件移送破产审查的征询、告知义务。在司法实务中，很多执行不能的案件符合移送破产审查的条件，但当事人不同意移送，导致案件在终本执行—恢复执行—终本执行—恢复执行之间无限循环往复，浪费司法资源却得不到良好的执行效果，降低执行部门的公信力。笔者在分析本市执行案件移送破产审查的案例后，认为执转破程序启动难主要有以下几个方面的原因：

1. 申请执行人担心债权的清偿比例降低。在执行程序中，对于已申请执行部门查封或冻结被执行人财产的申请执行人而言，一旦法院对被执行人的财产进行评估拍卖，其债权可以得到完全清偿或较高比例的清偿，而案件一旦由执行程序转入破产程序，此类债权人便可能丧失首封人的优势，在其不享有担保权时，将与其他债权人处于平等地位共同分配债务人的财产，在除去企业欠税、破产费用、共益债务后，其债权得到清偿的比例极低。因此，申请执行人基于自身利益的考虑往往极力反对被执行人进入破产程序。

2. 部分债务人企业高级管理人员担心因企业破产而担责，故而拒绝移送或阻碍债权人同意移送破产审查。《企业破产法》第125条规定："企业董事、监事或者高级管理人员违反忠实义务、勤勉义务，致使所在企业破产的，依法承担民事责任；有前款情形的，自破产程序终结之日起三年之内不得担任任何企业的董事、监事、高级管理人员。"部分符合破产条件企业的高级管理人员担心企业进入破产程序后其需要承担相应的责任，因而宁愿放任破产企业继续存续，也不同意对企业进行破产审查，甚至对债权人申请启动执转破程序进行百般阻挠。而另一部分企业往往对自身经营抱有幻想，希望能够继续留存，认为一旦移送破产审查，企业就被判了死刑，再无回转余地。因此，司法实务中债务人企业也因种种原因而不愿移送破产审查。

3. 部分案件因缺乏破产费用而拒绝将案件移送破产审查。破产费用主要包括三部分：破产案件的诉讼费、管理、变价和分配债务人财产的费用以及管理人执行职务的费用、报酬和聘用工作人员的费用。在司法实务中破产费用对案件的移送阻碍主要为两方面：首先是破产费用的先行垫付。法院在裁定受理破产申请后，会指定管理人入驻破产企业进行资产的整理与清算，而破产企业大多没有账面资金，难以支付破产费用，因此破产费用在无政府或有关部门的垫付下需要债权人先行垫付，而债务人资产是否足够支付破产费用、能否顺利变现、债权人在破产程序中其债权能否得到清偿或清偿比例是多少还是未知状态，因而债权人基于自身现有利益的考虑也很难同意移送破产审查。其次是破产费用高昂，当事人即使愿意垫付也会力不从心。破产费用不仅种类较多，且与案件的审理时间、债务人最终清偿债务的数额、资产的管理与变现难易程度等息息相关，以致破产费用较高。在我院经办的破产案件中，有些案件历经十余年之久才结案，破产费用高达数百万元之多，如此高昂的破产费用如无政府支持或垫付，当事人难以承受。

（二）执转破程序衔接机制需进一步完善

执行转破产程序设立的目的在于批量解决执行过程中的执行不能案件，保护所有债权人的合法权益，及时出清一些没有经济价值的企业，维护良好的社会与市场经济秩序。但只有两个程序衔接好，才能发挥执转破应有的作用，较好地实现该程序设立的最初目的。在司法实务中，两个程序的衔接并不太完善，存在一些急需改进的地方。

1. 需进一步发挥执行部门查询、拍卖平台的作用。案件进入破产程序后管理人会接收债务人企业的相关资产，开展债权债务审查、资产整理等工作，这往往需要花费较多的时间和精力才能完成，对于不配合的金融机构或其他部门甚至需要法院出面调取相关资料，从而使案件审理周期延长、破产费用增加。而债务人的相关信息，在前期的执行过程中，执行部门已获悉，如债务人的财产数额、是否存在权属纠纷、是否有其他债权人、债务总额等情况，尤其在全国执行部门建立相关平台的情形下，债务人资产查封、拍卖、变动情况也极易获得。但实务中，案件一旦进入破产审查程序，执行部门几乎不再参与此案，导致其获得的信息不能及时共享，管理人会进行重复的工作。此外，在处理债务人资产方面，管理人往往以拍卖公司举行拍卖会的方式进行，其宣传力度较小，受众覆盖面窄，一些价值较高的机器设备或房产往往竞拍者较少甚至流拍，根据法律规定，每流拍一次便要进行降价，这就导致了债务人资产的不断贬值及变现困难。而执行部门往往通过网上拍卖平台进行资产的处置，其拍卖公告的传播面更广，参与竞拍的人数较多，容易产生较高的溢价率。

2. 缺乏诉前审查机制。破产案件不同于普通的民事案件，其往往牵涉面较广，审理周期长，在我院审理的破产案件中有部分案件十年未结。法律上虽未规定破产案件的审理期限，但我院在审理案件的过程中探索出简案快审模式，对于无资产、无账册、无人员的破产企业，实行快审结案，将案件审理周期控制在六个月以内。执行部门在将案件移送正式破产审查前，对案件的基本情况尤其是债务人的资产状况、经营状况、规模大小、职工人数等已充分了解，但并未根据其掌握的资料对债务人企业进行区分，只是简单地将案件基本材料移送，致使移送破产审查后，需要再次对该债务人企业进行评估，来确定其是否适用简易程序，延长了审理周期。

（三）审判团队和管理人团队经验不足

在审理执转破案件的过程中审判人员和管理人经验有所欠缺，能力需进一步提高，此外，破产审判队伍也需进一步扩大。就我市而言，所有的基层法院均有破产合议庭，也都审理过破产案件，但在调研的过程中发现，部分审判人员存在思路不清、对管理人职能认识不到位等问题，直接导致案件审理速度慢、审理周期长，资产迟迟不能变现。破产案件不同于普通的民事案件，其牵涉面较广，其中多包含职工安置、产权纠纷、债权催收等问题，但目前各法院从事破产审判的员额法官人数少，因而存在案多人少的矛盾。除法院外，管理人作为破产企业的代理人和资产管理者也处于十分重要的位置，其工作能力和态度直接影响案件的审理进程。现有的注册管理人中部分管理人仍存在对破产企业财产划分不清、对政府与法院在破产案件审理中的作用认识不到位等问题，对于新出现的问题不能及时作出正确判断，导致部分破产案件多年未有进展，处于长期停滞状态，引发债权人和职工的不满，对社会稳定和谐产生不利影响。

三、完善执行转破产程序的对策与建议

执行转破产程序存在的启动难、衔接机制不完善等问题严重影响了该程序作用的发挥，产生的社会效果和司法效果与当初设立该程序的预期效果存在一定差距，下面是笔者对解决以上问题提出的一些对策和建议，以期不断完善该程序，使其达到预期效果。

（一）多方努力共破启动难题

对于债权人基于自身利益考虑不愿移送破产审查的情况，笔者认为可以尝试从以下几个方面努力。

1. 建立债务人信息公开和告知制度。符合执行转破产的案件几乎都是执行不能的案件，但债权人对债务人的相关信息一无所知，由于信息不对称致使其认为可以从债务人处获得清偿，因此不同意移送破产审查。建立债务人信息公开和告知制度，将债务人企业的资产负债情况、生产经营情况等对债权人进行披露告知，让其对债务人的真实情况有所了解，同时

细化执行部门的解释机制，加强对当事人的观念引导，消除公众心中移送破产就是将企业送进火葬场的错误观念，使债权人明白破产程序包括清算、和解和重整，是对存在问题的企业进行针对性的治疗而非一律判处死刑，使债权人在了解真实状况和法律相关规定的情形下，权衡利弊作出理性的选择。

2. 与政府协调申请开通绿色通道，适当减免债务人所欠税款。破产法规定破产财产对普通债权的清偿顺序位于破产费用、共益债务、职工工资及各种保险费用、企业所欠税款之后，在实践中，普通债权人的债权往往很难得到清偿或者清偿比例很低，这就降低了债权人同意移送破产申请的积极性。因此，笔者认为，破产企业可以申请政府开通绿色通道适当地减免破产企业的应交税款，如减免其本会计年度内的应交税款或所欠税款，对其已缴纳的税款可部分或全部退还，从而增加对普通债权的清偿几率和清偿比例，以此来激励债权人同意移送破产审查。

3. 增加破产企业法定代表人、董事、监事及高级管理人员申请破产义务的规定。大多数的破产企业经营状况恶化并非一日之寒，也并非一种原因造成的，因此，在企业濒临破产边界时，应规定企业法定代表人、董事、监事及高级管理人员的申请破产义务。这样不仅有利于保存企业的资产，减少不必要的财产流失，而且能够倒逼公司管理人员勤勉尽责，避免在企业符合执转破条件时因害怕担责而反对企业移送破产审查，造成企业继续占用社会资源和资产的逐渐贬值，损害债权人利益。

4. 开源节流解决破产费用之忧。破产费用是阻碍当事人同意移送破产审查的重要原因，上文已经论述。想要解决这一难题，需要各方着力。首先，可以借鉴深圳、浙江等地的做法，设立专门的破产费用管理基金或破产费用筹措平台，由当地企业、管理人协会和政府部门共同出资设立，制定相应的资金使用办法及资金补充办法，对符合规定的债权人或债务人可由该基金或平台预先垫付破产费用。此外，对政府有意收购破产企业部分资产时，也可与政府协商由其垫付一定的破产费用。其次，对于过高的破产费用各法院也应该做好监督和审查工作。第一，对聘用工作人员的工资应结合本地的经济发展水平、本地区最低工资标准和破产企业事务的多少等制定相应的标准。第二，对资产评估费用的控制。如果执行部门在移送前就已经对企业的部分或全部资产进行了评估，破产审判部门应将该评估报告交给管理人参考使用，避免二次评估产生不必要的费用。第三，对管理人的报酬和安置职工的报酬作出最高限额的规定。对资产少、债权债务关系简单、无需安置职工或职工安置数量较少的案件，可规定一次性支付管理人不超过四十万元的破产费用，对职工安置人数较多的破产企业可根据职工安置人数，制定阶梯式的收费标准，如将安置职工人数每100人作一个阶段划分，每个阶段对应不同的费用收取标准，同时规定最高的安置职工收费额度，有效地控制破产费用过高的现象。最后，可以对执转破案件的受理费采取缓交或分阶段收取的方式，减轻当事人的垫付压力。

（二）完善执行转破产的衔接机制

1. 利用执行部门相关平台，助力破产企业资产的查控和变现。在现有的全国范围内全力以赴攻坚基本解决执行难的形式下，执行部门的技术和查询手段更便捷，获取的被执行人的资产状况、查封冻结、土地权属等信息也更全面，如果由执行部门和破产审判部门共同组成合议庭，由执行部门的法官负责获取债务人企业的相关财产信息，能够更方便快捷同时避免管理人因为查询信息而浪费更多的时间和精力，节省破产费用。此外，破产企业的管理人在处置债务人资产时，主要是通过拍卖公司举行拍卖会处置，很多情况下由于拍卖公告受众有限，往往出现参加竞拍者较少甚至多次流拍的情况，导致资产不断贬值或难以处置变现。相比之下，执行部门的网拍平台有更大的影响力，通过网络平台拍卖能够吸引更多的竞拍者，资产的溢价率也更高，但该拍卖平台目前不能实现与破产重整信息平台的对接，因此，如果由执行部门的法官利用该平台处置破产企业的资产，将很大程度地提高资产变现率和溢价率，债权人的分配率也将提高。

2. 建立诉前审查机制。笔者认为应建立执转破案件正式立案前的审查机制，由破产审判部门、执行部门的人员组成审查小组，在案件移送前对案件进行预审分类及基本材料的审查，根据案件的不同情况决定适用简案快审程序还是普通的审理程序，同时对案件是否可能存在信访风险等作出评估，这样能够使案件更快地进入破产程序，加快案件的审理速度争取做到简单案件六个月内审结，普通案件一年半以内审结，复杂案件两年到三年审结，并对可能存在的信访因素及时消除，切实做到维护当事人合法权益与维护社会稳定和谐并行。

（三）加强培训交流提高审判人员和管理人素质

面对审判人员经验欠缺的问题，首先，应通过培训学习来提高。就全国而言，深圳、浙江等地的执转破案件审理工作始终走在前列，我们应该加强与高校联合，多组织一些破产法论坛、讲座等，邀请经验丰富的法官作一些经验交流，同时，也应看到本省执转破案件存在的特殊性，立足本省的问题进行交流学习。其次，针对执转破案件存在的案多人少的矛盾，一方面可以通过执行法官与破产法官共同组成合议庭的方法缓解，既可以减轻破产审判人员的压力，也可以保证执行部门发挥应有的作用，加快案件审理。另一方面应增加破产审判的员额法官，减轻办案人员压力。最后，应增加对注册管理人的培训，同时建立淘汰机制，对于工作能力差、思路不清的管理人应及时清退出管理人名册，以此来倒逼管理人加强自身的学习，提高工作能力。

结　语

执行转破产程序在中部地区仍未发挥出应有的作用和效果，这与该程序本身存在的问题有关，也与当地的法治环境有关，作为一名司法工作者，我们的任务就是要及时发现制度存在的问题，并结合实务经验给出相应的完善建议，只有多方共同努力才能使执转破案件顺利推进。笔者实务经验和能力有限，若文中有不当之处请批评指正。

“执转破”程序启动机制之修缮

陶 强*

内容提要：执行程序和破产程序均是实现债权的救济方式，但二者的价值取向却截然不同。在被执行财产不足以清偿确定债权的情况下，破产程序因公平清偿原则、债权债务关系终结和市场退出等功能而具有存在的合理性和必要性。司法实践的数据表明，执行程序因个别清偿原则而受到执行当事人的青睐，导致“执转破”程序的适用空间极其有限。但有限理性人的个人意志不能实现司法整体效率的最大化，公权力便具备了介入私法领域的正当性。“执转破”程序启动机制的设置，应当以职权主义为补充，为法院设定释明和启动义务。立法应该赋予未参与执行程序的实际债权人申请主体之资格，同时认可单个破产案件可以折抵若干普通执行案件结案量或将破产案件结案率单独考核，并对法官履行职责进行司法监督，以使“执转破”程序能够发挥预期的理想效果。

一、问题的提出

执转破程序是对将执行案件移送破产审查制度的简称，在现有法律规定中，是指法院在执行过程中发现被执行人财产符合破产条件，通过一定程序将执行案件转换为破产程序来化解社会矛盾。该制度在我国肇始于2015年最高人民法院《关于适用〈中华人民共和国民事诉讼法〉的解释》（以下简称《民诉法解释》）第513条至第516条，经2017年最高人民法院《关于执行案件移送破产审查若干问题的指导意见》（以下简称

* 陶强，武汉大学法学院2017级民商法硕士研究生。

《指导意见》）对具体流程进行规定，至此执转破程序的制度规则基本健全。为大力推动符合破产条件的执行案件，包括执行不能案件，进入破产程序，充分发挥破产程序的价值，2018 年 3 月最高人民法院印发的《全国法院破产审判工作会议纪要》（以下简称《破产审判纪要》）对程序的衔接作了进一步细化。最高人民审判委员会专员杜万华表示，执转破制度的重大意义在于，有利于贯彻中央供给侧结构性改革、加大僵尸企业处置力度和解决执行难问题，进而在新形势下实现经济持续健康发展。

我国现行《民事诉讼法》奉行当事人主义，而执转破程序的启动模式则由当事人申请主义向法院职权辅助模式过渡。那么，这三年来此种过渡模式在实践中效果如何？从频繁更新的规范性文件中可知，司法机关的重心倾向于细化程序衔接的具体规则，但由于设计者前见的局限性，衔接规范仍存诟病。有学者指出，司法解释对执转破衔接程序的设计并不十分科学合理，也没有达到预期目标。① 从民事执行角度来看，还有必要在执行程序与破产程序对接中细分执行程序的内容，并提高融合机制的有效性水平。② 对此，尽管已有学者对执行和破产关系进行了探讨，③ 但仍值得思考的是执转破的必要性和可操作性何在？执转破程序包括启动和衔接两个步骤，理论和实务忽视了前者，并未充分论证启动模式的合理性和有效设计启动机制的具体条件。质言之，这种应功利主义而产生的制度又是否具有正当性？笔者将在下文中回复上述问题。鉴于此，本文以启动机制为视角，拟通过破产司法案例反映的实践现状，对启动困境的原因进行剖析，进而提出可行的建议。

二、执转破程序的实践困境

执行程序和破产程序是两种不同的债权清偿机制，各自有其独特的价值选择，前者主张债权实现的优先原则，后者则体现债权实现的平等原

① 参见曹守晔、杨悦：《执行程序与破产程序的衔接与协调》，载《人民司法》2015 年第 21 期。

② 参见谭秋桂：《执行程序与破产程序衔接机制的理论思考》，载《人民法院报》2015 年 6 月 10 日第 8 版。

③ 参见齐树洁、陈洪杰：《破产程序与执行程序的冲突及其协调》，载《厦门大学学报（哲学社会科学版）》2007 年第 3 期。

则。《破产审判纪要》第七部分开头便重申了执转破制度的意义，以深化各级人民法院对此制度价值的认识。① 有人认为，将执行不能案件及时地转入破产程序，通过两种程序的衔接和配合可以达到“1+1>2”的效果。② 执行程序和破产程序共同维护债权债务秩序的稳定，二者的适用关系是平行的还是互补的？学界通说认为，破产程序优先于民事执行程序，即破产程序一经开始则应当中止民事执行程序。③ 因为破产程序作为一种概括执行程序，其目的在于使全体债权人的债权受到公平清偿，若允许个别债权在执行程序中得到清偿，必然会损害其他债权人的利益。④ 根据公平受偿原则，破产程序具有优先性确有道理，可前提是已经启动破产程序。在执转破制度中，破产替代执行又是否具有独特优势呢？换句话说，是否有必要将执行不能案件转入破产程序？

执行与破产的关系可以追溯到古罗马法的规则中，二者具有明显的同步现象。⑤ 反观我国司法现实，总会出现二者孰优孰劣的问题。恰如徐阳光教授所言，对执转破制度之构建，不应局限于现实中的优劣之分，而应回归到彼此之间的功能定位。⑥ 根据现行法律框架，比较执行程序与破产程序的操作规范可以从下表得出：

表一　**执行程序与破产程序之比较**

	执行程序	破产程序
功能定位	保护个人或部分债权人利益，即已经取得执行依据的债权人。	保护全体债权人利益

① 参见葛洪涛：《执行程序与破产程序衔接的困难与应对——〈全国法院破产审判工作会议纪要〉的解读（五）》，载《人民法院报》2018年4月18日第7版。

② 参见张艳丽、库颜鸣：《执行转破产：功能定位及运行》，载《人民法治》2017年第12期。

③ 参见［日］伊藤真：《破产法》，刘荣军译，中国社会科学出版社1995年版，第177页。

④ 参见邹海林：《破产法若干理论与实务问题研析》，载梁慧星主编《民商法论丛（第1卷）》，法律出版社1994年版，第136页。

⑤ 参见徐国栋：《罗马破产法研究》，载《现代法学》2014年第1期。

⑥ 参见徐阳光：《执行与破产之功能界分与制度衔接》，载《法律适用》2017年第11期。

续表

	执行程序	破产程序
清偿原则	普通债权先到先得	同一顺位债权平等受偿
启动条件	债务人未在规定时间内履行生效法律文书	债务人无法清偿全部债务或明显缺乏清偿能力
程序周期	一般6个月	不固定，但多数超过6个月
债务关系	执行财产不足以清偿的，终结本次执行，待被执行人有新的财产时，恢复执行。	债权债务关系终结，债务人不足清偿的债务得以免除。
刑事犯罪	拒不执行判决裁定罪	管理人承担民事赔偿责任

从表一可以看出，执行程序在启动条件、费用成本和清偿范围等方面，比破产程序更具优势，且刑法和相关司法解释也构筑了一条合理的制度保障路径。据考证，我国从20世纪90年代起就大力推行执行程序，使得执行程序的门槛低、效率高，且执行费用远低于程序成本，刺激了当事人通过执行程序解决事实上的破产问题。① 实践中便出现了大执行、小破产；强制性，弱破产；简执行，繁破产的审判格局。② 但是，破产程序独具公平分配债务人财产、债权债务关系清理终结和市场退出等功能，这一点学界和实务已达成共识。笔者认为，执行程序和破产程序的功能定位反映的是法律制度的实然状态，而执转破的应然状态还需回归到价值选择之中，破产程序的公平清偿原则更符合现代社会发展的客观需求。

从形式理性出发，执行程序的手段和程序的可计算性高于破产程序，但这一优势只能体现立法者使执行程序符合形式法治的要求。而实

① 参见唐应茂：《为什么执行程序解决破产问题》，载《北京大学学报（哲学社会科学版）》2008年第6期。

② 参见章恒筑、王雄飞：《论完善执行程序与破产程序衔接协调机制的若干问题——基于浙江法院的实践展开》，载《法律适用》2017年第11期。文中指出：“‘大执行、小破产；强制性，弱破产；简执行，繁破产’的审判格局具体指：执行队伍大，破产审判队伍小；执行程序对被执行人财产的查控和处分强于破产管理人的调查职能；执行程序更为简便，破产程序还需通知债权人、申报债权和债权人会议等子程序。”

质理性的法律则要求将规范目的和价值固定于规范设计之中，坚持实质正义的价值标准。① 执行程序在形式理性之外，其个别清偿和法人人格承认行为可能会为被执行人逃避、转移财产提供契机。究其根本，执行程序是基于被执行人偿还债务的能力，并不提供概括结算的制度环境，故不能公平地实现所有财产的清算和所有债务的清偿。破产立法的价值选择经过了债权保护—债务救济—社会本位的变化。在社会合作的模式下，考虑到现代经济组织之间具有整体性和社会性，彼此之间的联系具有命运一体化的特征，某一经济组织的破产可能会产生一系列不良反应。因此，通过强化国家干预，贬低破产当事人的程序地位，更利于实现社会效益、债权人和债务人利益并重。破产程序对债权人而言，不在于满足债权的全额清偿，而是为全体债权人提供公平有序的清偿机会；于债务人而言，免受多重累诉和实现债务终结，对于其安全退出市场提供了有效机制。可见，公平作为破产法的第一理念，② 同时保护了债权人和债务人。因此，在被执行人资不抵债的情形下，程序的价值取向应当从维护单一债权人的合法权益转向实现全体债权人的利益的最大化，方符合法律制度实质理性的要求。

司法机关虽未述及破产程序的必要性，但能结合审判实践的需要直接赋予执转破程序以合法性，除工具主义的特征明显之外，不失为一种制度创新的举措。执转破程序已有三年之久，是否达到预期效果，还需数据支撑。根据最高人民法院研究室工作人员称，2003 年至 2012 年期间，破产案件的审结数量呈现下降趋势，而 2012 年仅为 2100 件。③ 根据最高人民法院 2014 年工作报告，2013 年全国的破产案件数量仅为 1998 件。④ 而

---

① 参见［德］马克斯·韦伯：《经济与社会（下卷）》，林荣远译，商务印书馆 1997 年版，第 15~16 页。在韦伯看来，法律的理性有形式理性和实质理性之分，前者是指不同事物之间的逻辑关系判断，后者是指不同价值之间的逻辑判断。

② 参见李永军：《破产法——理论与规范研究》，中国政法大学出版社 2013 年版，第 8 页。

③ 参见马剑：《2002—2012 年人民法院审理破产案件的统计分析》，载《法制资讯》2014 年第 3 期。

④ 参见周强：《2014 年最高人民法院工作报告》，最高人民法院网，http://www.court.gov.cn/zixun-xiangqing-82562.html，访问日期：2018 年 10 月 17 日。

2014 年的法院工作白皮书披露的破产案件数量较为平稳，为 2059 件。① 政策性导向的制度改革，确实对破产审判工作数量的增加有实质性推动作用。国家发改委财政金融司司长陈洪宛在 2018 年 8 月 16 日的新闻发布会上表示，2015 年以来企业破产案件审结数量达 1. 5 万余件。2015 年至 2017 年，破产案件的立案数量分别是 3586 件、4081 件和 10195 件；审结数量分别为 2018 件、3373 件和 5712 件，保持 50%左右的增长幅度。② 针对这一增长趋势，有学者认为可能归功于执行转破产的程序立法，但从僵尸企业的总体数量来看，以千为计量单位的破产案件数量并未达到制度设计的初衷。③ 此外，从各地实践可以看出，尽管破产案件的数量呈上升趋势，但破产启动可能是直接依据《企业破产法》的规定，而非通过执转破制度。多数地方法院经调查认为，由于执转破程序的衔接规范在操作中仍有漏洞，导致在诸多破产案件中执转破的案件所占比例少之又少。④

笔者认为，从这些数据至少可以看出，执转破程序在推进破产案件审判工作的过程中收效甚微。但将适用率低仅归结于制度衔接规范不通畅，显然不足。启动机制是程序开始的前提，在探究执转破程序实践效果反差的原因时，还是应该固本清源，回归到制度的先决条件。

---

① 参见《〈人民法院工作年度报告（2014）〉执法办案篇简版介绍》，最高人民法院网，http：//www. court. gov. cn/zixun-xiangqing-13848. html，访问日期：2018 年 10 月 17 日。

② 参见于祥明：《发改委财政金融司司长陈洪宛接受上证报记者提问》，中国证券网，http：//news. cnstock. com/news，yw-201808-4260128. htm，访问日期：2018 年 10 月 17 日。

③ 参见赵泽君、林洋：《“执转破”程序启动模式的分解与重塑》，载《政法论丛》2018 年第 3 期。

④ 例如潍坊市执行不能案件占全部民事执行案件的 32. 56%，但全市三年来的执行转破产案件不足 10 件，参见潍坊市中级人民法院课题组：《关于完善执行转破产程序的调研报告》，载《山东审判》2017 年第 1 期。再如，广东省作为 2017 年全国通过“执转破”受理的破产案件数量最多的地区，也仅有 277 件，占全部执行结案的 7. 06%。参见徐春建：《广东法院开展“执转破”工作情况汇报》，广东省高级人民法院微信公众号，https：//www. qichacha. com/postnews _ 454233d43977f1d5f77e6f381a3d5486. html，访问日期：2018 年 10 月 17 日。

三、执转破程序启动困境之分析

如前所述，执转破程序并未扮演好清道夫的角色，未能充分发挥其公平分配、市场拯救和清理的功能。制度衔接的操作规范不完备并非适用率低的症结所在，而应该追溯至程序的开端——启动机制。启动机制所面临的阻碍，主要有以下情形：

（一）启动主体利益相背离

执转破程序的参与主体之间存在利益之争，且参与主体与发起机制本身也存在利益相悖的情况，导致各方启动程序的动力不足。对债权人而言，他们追求高效快捷地实现债权利益最大化，尤其是已经采取了保全措施的债权人，甚至愿意将强制执行程序作为唯一的选择。执行程序以国家公权力实现债权，除执行费用以外，诸多调查、协调和组织等隐形费用皆由法院承担。执行程序又坚持不告不理原则，更加注重个别债权的实现和保护，阻止了未取得执行依据的债权人对被执行人财产的瓜分。更重要的是，在终结本次执行程序后，未足额清偿的债权仍有可能得到实现。① 诸多类似优势，前文已有列举。因此，实然状态中作为理性市场主体的债权人往往不愿启动破产程序。

对债务人而言，在我国社会诚信体系尚不完备的现状下，逃避债务、隐匿财产等行为难以在执行中被发现，但在破产程序中由于存在债权人撤销权和管理人制度，债务人难以转移财产。对于企业法人和高管而言，在破产终结之后可能会受到任职的限制，甚至面临刑事处罚。② 与此同时，债务人企业在非履约期间的认缴出资以及其他未到期的债权债务均会提前到期。③ 因此，债务人也会排斥执转破程序的适用。

---

① 以上观点可参见：韩蓉、徐阳光：《“执转破”之问题研究与对策》，载《法制与经济》2016 年第 7 期；詹应国：《执行与破产程序的衔接与规范》，载《人民司法》2016 年第 4 期。

② 参见吴郯光、王海桥：《论刑法中的欺诈破产罪》，载《河南省政法管理干部学院学报》2007 年第 2 期。

③ 参见刘旭东、陆晓燕：《效益法则框架下“执转破”之功能透视及其制度建构》，载《法律适用》2017 年第 11 期。

（二）启动主体和事实基础之冲突

《民诉法解释》第513条明确了执转破启动程序的申请主体为申请执行人之一和被执行人，这就意味着只有进入执行程序的当事人才有权利选择执转破程序的分配方式。破产程序本以实现全体债权人利益最大化为价值取向，但在程序启动的主体范围中，却排除了尚未取得执行依据但实际享有请求权的债权人。有学者指出，司法机关主要是考虑到未经生效判决确认的债权的合法性和真实性不能确定，遂不能作为强制执行的依据。① 这部分债权人仍有权依据《企业破产法》第7条向人民法院提起债务人破产清算申请，但在法院受理破产申请以前，并不中止已经开始的执行程序，其可得利益很可能由于执行程序的个别清偿而得不到公平分配。执转破程序启动伊始，执行法院会裁定中止执行程序，相关财产的保全和强制措施的效力便会及于全体债权人，它可以激发潜在申请人启动程序的积极性。

另一方面，《民诉法解释》第513条确立的执转破程序启动的事实基础是被执行人资产不足以清偿全部债务或明显缺乏清偿能力。笔者认为，以全部债务作为事实基础的法条存在逻辑冲突。在执行程序中，申请人只有根据执行依据才能够申请强制执行，而强制执行的债权可能只是被执行人所负债务的一部分，还存在其他债权人没有行使请求权。与破产清算不同，执行程序保障的是个别债权而非概括债权，若对被执行人的财产进行全部债务清算，则无疑扩大了执行程序的适用范围。执行依据是经过法院实体裁判予以确认的债权权利证书，所以在介入国家公权力保障时，无需再进行实质审查。破产程序则不同，申请人即便主体适格，其债权债务关系仍需经过法院实体审查。该条本意是，对于经过实体裁判进入执行程序的当事人，转入破产程序以后法院可以简化对债权债务关系的审查，径直对债权人的债权予以确认，即直接赋予执行程序中申请人参与分配破产财产分配的资格。但条文在排除未取得执行依据的实际债权人的申请资格的同时，又以全部债务作为被执行人能否清偿的标准，这实际上是推定未取得执行依据的债权人的债权合法有效，但却不赋予这部分权利人启动主体

---

① 参见曹守晔、杨悦：《执行程序与破产程序的衔接与协调》，载《人民司法》2015年第21期。

的资格。显然，该条在主体范围和构成事实基础的债权范围上存在不一致。

为配合第 513 条的实施，《民诉法解释》在第 516 条采取了倒逼手段，即对于普通债权人，按照执行中财产保全和强制措施的先后顺序进行清偿，其目的在于迫使执行程序中不能足额受偿的后顺位申请人和满足破产原因的被执行人选择破产路径。① 笔者认为，在当事人主义的启动模式下，倒逼手段没有跳出申请主体利益相背离的囹圄，也没有化解上述第 513 条在逻辑上的矛盾。实践中，先顺位的申请执行人为阻止破产程序的适用，可能会让渡一部分利益给后顺位的债权人，甚至在执行分配方案中直接达成平等分配的协议。后顺位的执行申请人考虑到破产费用及新债权人的加入，在未能受偿和不足受偿之间显然会选择后者。当被执行人资不抵债时，并不能直接认定这种权利让渡协议是无效的。因为在先顺位的债权人，有权放弃或变更自己部分或全部债权，即清偿顺位的变更，只要不对后顺位的债权人产生不利影响，法律则应该尊重债权人之间意志的自主权，视为有效。未能参加执行程序的债权人，可能是债权未届清偿期或怠于行使权利，也可能是正在审理尚未完结，即处于权利真实合法性不明确的状态。无论哪种情况，执行申请人之间受偿顺位的变更，都不会对尚未取得权利依据的债权人的利益造成法律上的损害。一言以蔽之，未参与执行程序的债权人的可得利益属于破产程序的保护范围，其债权数额也被纳入执转破程序的事实基础构成中，但其却不具备启动主体资格，导致执转破启动标准高、主体范围窄的现象。

（三）执行参与分配程序的冲击

执行参与分配程序是指，在执行程序开始后，部分债权人发现债务人财产有限，可以向执行法院提交申请加入本案执行，从变价财产中得到公平受偿。② 该制度端始于 1992 年最高人民法院《关于适用〈中华人民共和国民事诉讼法〉若干问题的意见》的第 297 条，后经最高人民法院

① 参见沈德咏主编：《最高人民法院民事诉讼法司法解释理解与适用》（下册），人民法院出版社 2015 年版，第 189 页。

② 参见江伟、肖建国主编：《民事诉讼法》（第五版），中国人民大学出版社 2012 年版，第 419 页。

《关于人民法院执行工作若干问题的规定（试行）》的第90至96条，将适用主体扩大到了企业法人。这实际上突破了强制执行程序中的个别清偿原则，转化为多数债权平等分配，替代了破产法的部分分配功能。① 有学者认为，应当将适用参与分配制度的债务人限定在自然人和其他组织的范围内，并将申请人的范围扩大到享有优先权和从法律上对标的物采取控制性措施的债权人。② 但实践中，多数法院会对适用条件采取从宽标准，不排除被执行人为企业法人的情形，使得执行参与分配具备简化破产程序的功能，进而严重挤压了破产程序的适用空间。

值得思考的是，执行参与分配制度既然是为了填补破产立法的缺失，并且在实践中具备准破产程序的功能，那么将其适用主体扩大到企业法人又有何不妥？笔者认为，执行参与分配程序与破产程序的价值取向相悖，不能实现对债权的平等保护。债权具有平等性的前提是债务人以其全部财产为债权人设立一般担保，即不论债权产生的时间先后，一律平等受偿。但这种平等性并不能直接适用于执行分配程序之中，尤其是被执行人为企业法人时。在进入执行程序之后，企业法人并没有丧失民事主体资格，其仍然参与生产、分销和交换的市场经营活动，不断地产生新的债权债务关系。在被执行人债权债务数量集合没有结点的情况下，无法使得在先申请人无期限地等候其他债权人参与分配。而破产清算中，债权债务关系会集中清算，债务人的债权和债务会有明确的范围，债权受平等清偿的几率更高。因此，执行参与分配程序不具备替代破产程序的优势。

（四）法院缺乏释明动力

破产程序对债权的清偿具有概括性和终局性，可以排除执行程序中个别清偿的风险和终结本次执行程序后的司法资源的陆续耗费，对提高整体司法效率具有重要意义。但对司法个案而言，执转破程序反而会降低司法效率。执行人员需穷尽措施查控涉案企业的全部财产，全面掌握被执行人的纠纷情况，还需对这些情况进行整合审查。在执行资源有限的情形下，

① 参见韩长印：《破产程序的制度价值和破产程序的启动机制》，载王欣新主编《破产法茶座（第一卷）》，法律出版社2016年版，第18~27页。

② 参见曹兴权、尚彦卿：《民事执行中参与分配程序的适用条件》，载《政法论丛》2017年第5期。

执行人员释明当事人可以申请执转破程序的动力并不高涨。① 同时，法官绩效考核以件计算、重视审限和结案率，而破产案件较普通民商事执行案件办理难度大、周期长，会影响审判业绩的考核，进而影响法官评优升职的机会。因此，囿于破产案件的复杂性、专业审判人员力量不足和司法绩效考量标准等因素的制约，执行法院缺乏移送动力，受移送法院也很少会受理此类破产案件。

综上，执转破程序启动机制的病症在于当事人申请主义的模式。在此模式下，当事人鉴于执行程序和破产程序在个案中的优势比较，一般会选择清偿比例高、周期短和未受偿债务不终结的执行程序。对于利益相互偏离的申请主体而言，执转破程序的设计形同虚设。对法院而言，其无严格的释明义务更无依职权启动破产程序的职责，在现行业绩考核办法的背景下，法官也会尽量选择个案司法效率更高的执行程序。如此一来，执转破程序的启动和运用两端主体皆失去了动力，该程序便成为了无人骑用的木马。

四、启动机制完善之路径

如上所述，当事人申请主义是造成执转破程序适用率低的主要原因，除少数坚持此模式的观点外，② 学界和实务还存在两种意见。第一种是以当事人申请为主，以依职权为辅，来重构执行参与分配程序；③ 第二种观点是主张所有执转破程序皆由执行法院依职权启动。④ 笔者支持法院依职权启动的模式，但并不代表现有理论趋于合理。以职权为辅的观点只是在理论上对当事人申请主义的缓和，在执行参与分配效率优势的背景下，并不能改善《民诉法解释》第 513 条所造成的阻碍。依职权主义虽然可以从制度设计层面解决执转破启动难的困境，但对以法院公权力介入私法领

① 参见徐建新、汝明钰：《执行程序与破产程序衔接机制的实务探索》，载《人民法院报》2015 年 6 月 10 日第 8 版。

② 参见陈明灿：《执行转破产程序的困境与出路》，载贺荣主编《深化司法改革与行政审判实践研究（下）》，人民法院出版社 2017 年版，第 996 页。

③ 参见韩亮：《对执行程序转破产程序之制度设计的再思考》，载《山西政法管理干部学院学报》2016 年第 3 期。

④ 参见李帅：《论执行案件中法院职权主义破产程序启动程序的构建》，载《法律适用》2015 年第 11 期。

域的正当性和限制性的论述存在不足。

(一) 依职权主义模式的正当性证成

现代社会，个人私域的保障程度是衡量自由与否的本质性标准，除非国家机构有自然法或实然法上的依据，否则不能以任何名义行使介入权。① 易言之，公权力介入私法领域应当具有正当性。星野英一认为，近代私法中的人经历了被作为有理性、有意识的存在，转向愚而钝的把握方向，即从不干涉人根据权利内容为其自身创设的危险，转向积极保护人的各项权利。② 在理性人的标准下，意思表示是私法产生效力的关键，私权的设立、变更和消灭完全取决于私法主体的个人意志，任何个人和组织无正当理由不得干预。但人们受前见影响，即人类先前存在的心态，这种心态由其所处的特定历史环境、历史条件和历史地位等因素构成，会导致人们对同一事物的评价产生差异。只要人在理解，就会产生不同的理解。③ 由于智识上的缺陷，处于特定时空的个体的理性也是有限的，完全理性人就成为了乌托邦式的假设。人以类为交往方式，其存在方式决定了社会属性，必定会与他人产生社会关系。如此一来，有限理性的个体并不完全可以做出实质利己且不损他人利益的合理行为，若不对私权进行限制，可能会给社会发展造成危害和混乱。

公权力的干预并不是为自由设置束缚，而是为了改善社会生活，在社会需要的范围内重构自由秩序。在债权救济方式中，当事人选择何种救济路径是自由行使权利的表现，其追求清偿效率更高的执行程序也无可厚非。诚然，效率意识是人类共同偏爱的思维方式，民事法律规则也以此为动力。④ 但有限理性的当事人，若片面追求效率，可能会对程序正当理念造成冲击。因为，现代经济的基本组成部分是企业，而任何企业不仅仅是债权人和企业主的利益焦点，同时可能也是其他利益主体的集合体。在执转破程序中，若尊重当事人选择程序的自主权，固然可以满足个体对效率

---

① 参见［德］麦克斯·施迪纳：《唯一者及其所有物》，金海平译，商务印书馆1989年版，第246页。

② 参见［日］星野英一：《私法中的人》，王闯译，载中国法制出版社编《民法总则论文选粹》，中国法制出版社2004年版，第279页。

③ 参见［德］汉斯·格奥尔格·伽达默尔：《哲学解释学》，夏镇平、宋建平译，上海译文出版社2004年版，第17页。

④ 参见熊丙万：《中国民法学的效率意识》，载《中国法学》2018年第5期。

的追求。但这一程序涉及多重主体之间的利益分配、私权保障和公权力控制，触及多个集体的法律关系。若在被执行人财产不足以清偿现有执行债务的情况下，无期限地终结本次执行程序或对个别债务进行清偿，不利于实现司法整体效率的最大化。当通过当事人申请主义解决不了启动困境时，就有必要借助公权力来发挥执转破的制度效果。同时，基于禁止程序恣意原则，典型的程序性事项应该由法官依职权进行推动。执转破制度的启动会带来一系列程序性效果，其关系到执行程序的中止、案件管辖的转移和查封措施的变更等程序性事项，因而具有公益属性，应该由法院依职权决定程序的进程。

因此，以盘活市场经济、提高司法效率以及实现债权公平正义的价值选择为逻辑起点，在当事人规避满足一定条件的执转破程序时，法院依职权将执行不能的案件转入破产程序更符合当前司法实践的客观要求。

（二）依职权启动的条件限制

公权力介入私法领域应该符合比例原则，其介入私法领域虽具有正当性，但是应该保持二者的力度平衡。法院依职权启动执转破程序并非排除了当事人申请启动的权利，而是对当事人申请主义的一种补充。这种补充，还需对法院启动条件进行严谨限制，否则会有损司法机关的中立形象，更会损害当事人的救济权利。笔者认为，依职权主义的启动模式需要满足两个步骤要件。第一步，明确程序转换的事实基础。法院必须穷尽所有强制措施来调查被执行人的财产状况，特定于被执行人的工资、劳务报酬、证券和股息红利等，并确认被执行人无财产可供执行。被执行财产是否可供执行的衡量标准是生效法律文书所确认的债务，从而将执行财产的清偿范围限定在相对应的事实基础范围。

第二步，将法院释明义务法定化。民事执行规范中，对法官告知义务的规定存在可以告知和应当告知的立场。① 为避免法院工作人员怠于履行

---

① 参见1991年《最高人民法院关于贯彻执行〈中华人民共和国企业破产〉（试行）若干问题的意见》第15条：“在民事诉讼程序或民事执行程序进行中，人民法院获悉债务人不能清偿到期债时，应当告知债务人可以向其所在地人民法院申请破产。”1998年《最高人民法院关于人民法院执行工作若干问题的规定（试行）》第89条：“被执行人为企业法人，其财产不足清偿全部债务的，可告知当事人依法申请被执行人破产。”从中可以看出，1998年前后法院告知义务经历“应当”到“可以”。

告知义务，今后应当将这一义务法定化。在被执行人具备破产原因时，法院应告知执行当事人关于执转破程序的相关事项，征询其是否申请或同意启动破产程序。若当事人在规定期限内拒绝或不作答复，法院可依职权启动程序。法院释明的内容应当包括转入破产程序的立案、移送和审理程序，以及相关费用和时间成本，确保各方充分了解行使其权利和放弃其权利的法律后果。

此外，《指导意见》第 2 条仅规定了执转破程序启动的积极条件，并未规定该程序启动的消极条件。考虑到债权人利益、国家利益和社会秩序，应该对执转破程序启动的消极条件予以规定。① 如被执行的企业有大量职工被裁员，破产安置和再就业保障困难，存在安全稳定的重大风险；再如只有被执行企业一方同意移送破产审查，但其财产不明确，有可能利用破产程序逃避债务。

（三）相关激励措施的完善

如前所述，当前司法解释对执转破申请主体范围的限定过于狭窄，导致申请主体和债权债务主体不对称。可以考虑允许尚未取得执行依据，但确有证据证明享有合法债权的债权人申请启动破产程序。对于尚未取得执行依据的债权人提供的证明材料，可以由执行法院进行形式审查，在破产案件审理过程中再进行实质认定。因为，即便采取了倒逼手段，仍然无法排除当事人申请主义下相关利益主体对破产程序的规避。同样，职权主义作为补充方式，法院对被执行人是否具备破产原因享有自由裁量权，不能保证每一件执行不能的案件都可以依法转入破产程序。相反，未参与执行程序的债权人，由于破产程序为其提供平等受偿的机会，会成为执转破启动程序最有力的推动者。

鉴于现行破产程序的复杂性，可以考虑借鉴域外司法经验，在我国设立破产简易程序。由于本文篇幅有限，仅论证破产简易程序的必要性。日本破产法设立了小破产程序：法院在破产程序中发现破产财团的财产不足 100 万日元时，应当作出小规模的破产决定。日本用法院的决定取代了债

---

① 参见廖丽环：《正当程序理念下的执行转破产机制：基于法理视角的思考》，载《法制与社会发展》2018 年第 3 期。

权人会议的决议，并且对债权人进行一次性分配，这也简化了债权申报。① 英国破产法还规定了无担保债务的个人破产案件的简易程序，要求标的额不超过 20000 英镑。② 总的来说，破产简易程序耗时短、成本低，可以满足债权人快速实现债权清偿和债务人低成本退出市场的需要。破产简易程序在执转破制度中具有必要性和可行性，可以有效激励相关主体启动执转破程序。明确简易程序适用标准、降低破产费用以及简化与普通程序的转换规定，以满足司法实务和经济发展的需要。

制度的构建和完善不仅体现在法律规范的设置中，还取决于对制度操作者权利的监督和制约。法院作为执转破程序进程的决定者，影响着整个程序的生命力。为确保法院履行释明告知义务、保证执行人员的工作积极性，最高人民法院的《破产审判纪要》第 44 条设置了强化执行转破产工作的考核和管理制度。但《破产审判纪要》仅作了原则性规定，具体还需各地人民法院结合自身实际来细化规则，这样可能导致各地法院做法不一。除此之外，该条的考核管理结果仅作为绩效的参考因素，而且还是法院系统内部的监督机制，其效果是否明显还有待考证。笔者建议，第一，改变法官工作绩效考核标准，以单件破产结案案件折抵若干普通执行案件结案量（如“以 1 抵 50”），保障办理破产案件的法官获得公平甚至更为有利的考核条件，从而激励相关工作人员的积极性和主动性。抑或量化考核指标，将破案案件从普通民事案件中剥离出来单独考核。第二，由人民检察院对人民法院开展的执转破工作实施司法监督。我国司法诉讼中，人民检察院对于法院的判决有检查监督的权力，这一权力源于我国《宪法》赋予的法律监督权。具体设计为：人民法院若不及时或不依法推进执行转破产程序，检察院应当对其提出检察建议，督促法院在一定时间内履行职权。法院若拒不履行或逾期不履行，检察院可以向上一级检察院报告，由上一级检察院向该法院的上一级法院提出检察建议。

① 参见［日］石明川：《日本破产法》，何勤华、周桂秋译，中国法制出版社 1995 年版，第 242~243 页。

② 参见丁昌业译：《英国破产法》，法律出版社 2003 年版，第 372 页。

结　　语

《民诉法解释》首次确立的执转破制度虽是应工具主义需要而催生的，但其在正当程序理念下有存在的合理性和必要性。在被执行人财产不足以清偿已确认的债权的前提下，个人效益应让位于社会整体效益，通过破产程序来实现债权平等保护、化解过剩产能以及疏导各方利益冲突。针对当前执转破启动机制的困境，结合理论研究和实践经验，笔者提出了以下具体修改意见：

第 n 条：在执行中，作为被执行人的企业法人的财产不足以清偿执行债权的，法院应当告知执行申请人和被执行人有权提出破产申请；执行当事人提出破产申请的，执行法院应当立即裁定中止执行程序，并将相关材料移送至被执行人所在地人民法院；尚未参与执行程序但有证据证明确有债权的债权人，可以向执行法院申请将执行案件转入破产程序，执行法院应当形式审查并作出中止执行程序的裁定。

第 n+1 条：执行中，执行法院穷尽一切执行措施足以认定被执行人企业确无财产可供执行，且当事人明示或默示拒绝申请破产程序的，人民法院应当依职权启动破产程序。但下列情形除外：

（1）被执行企业的员工人数众多、破产后难以安置，存在安全稳定的重大风险；

（2）仅有一家被执行企业同意移送破产审查，但其财产不明确，有可能逃避债务的；

（3）其他不宜移送破产审查的情形。

第 n+2 条：符合破产简易程序的，应当适用简易程序审理破产案件。

第 n+3 条：若人民法院不及时或不依法推进执行转破产程序，检察院应当对其提出检察建议，督促法院在一定时间内履行职权。若法院拒不履行或逾期不履行，检察院可以向上一级检察院报告，由上一级检察院向同级法院提出检察建议。